21세기 한국교회를 위한

갈라디아서 강설

KB193198

머리말

예수 그리스도의 복음이 유대인 세계와 이방인 세계로 전해지기 시작했던 1세기부터, 거의 모든 세계에 복음이 전해진 오늘날 21세기까지 목사나 교사(신학자 포함) 등과 같이 복음을 전하고 가르치는 사람 중 일부에 의해 복음은 끊임없이 왜곡되고 공격받았습니다. 오늘날, 하나님을 떠나 사망에 이르게 된 사람에게 필요한 구원의 복음을 일부 교회가 임의로 다시 정의해서 심리요법이나 카타르시스를 제공하는 수단, 그리고 사람의 필요와 만족을 채워주는 수단으로 바꾸고 있다면(게리 길리[Gary Gilley, 『다른 복음을 전하는 교회들』, p.257.), 1세기 갈라디아 교회들 가운데서 활동했던 율법주의(Legalism, Nomism) 유대인 교사들은 그들에게 복음을 전해준 사도 바울이 떠난 후 예수 그리스도의 십자가 복음만으로는 구원에 이를 수 있는 의(義)를 온전히 얻을 수 없다면서 유대교 의식이었던 할례를 받도록 갈라디아 지역 신자들을 설득하고 강요했습니다. 이 지역 교회들은 바울이 20년 이상 이방인 지역에 복음을 전했던 시기 중에서 초창기(바울의 제1차 전도여행)에 해당하는 시기에 복음을 받아들였는데, 교회들이 너무나도 빨리 복음에서 멀어졌고, 바울이 부활하신 예수 그리스도께 받은 사도직의 진정성과 그가 전한 복음의 진실성마저 의심받게 된 상황으로 바뀌게 되었습니다. 이에 사도 바울이 실망과 분노로 가득 찬 상태에서 갈라디아 지역 교회들을 향해 이 편지를 쓰게 되었고, 필자는 이러한 바울 사도의 심정

을 최대한 헤아리면서 본문을 총 38강으로 나누어 2024년 4월부터 12월까지 교회에서 강설한 내용을 정리해서 출간하게 되었습니다.

　복음이 이방인 세계로 본격적으로 전해지기 시작했던 1세기 중반(AD 45년 이후)부터 복음 전파의 주도적 역할을 했던 사도 바울은 유대인들이 보기에는 유대교를 버린 배신자요 이단이었습니다. 누구보다도 열렬한 유대교 신봉자요 학자였던 바울이 갑자기 개종하여 유대교를 배설물처럼 여기고(빌 3:3-9) 그리스도의 사도가 된 일은 그들에게는 큰 충격이었고, 그때까지 이방인들이 유대교로 개종했던 속도와는 비교도 안 될 정도로 많은 이방인이 그리스도를 믿도록 바울이 큰 영향을 미쳤기에 유대인들은 그들의 기득권 유지에도 큰 타격을 입었으며, 점점 유대교 신앙의 입지도 좁아졌던 것입니다. 이에 그들 사이에서 시기심이 생겼고 그들은 사도 바울을 모함하고자 했습니다(행 13:43-45). 바로 이때 일어난 교회의 첫 번째 이단 무리가 유대주의자들(Judaizers, 또는 유대화주의자들)이었습니다. 이들의 핵심 세력은 유대인이면서 그리스도인이 된 율법 교사들로, 갈라디아 지역 이방인 신자들에게 할례를 받아야 온전한 구원을 얻을 수 있다면서 할례와 유대교 전통을 따르도록 설득하기 시작했습니다. 이들은 이방인 그리스도인들을 교활하게 미혹하고 설득해서 할례를 받도록 유도한 다음, 할례를 받는 신자들이 늘어나자 나중에는 그들의 영향력을 앞세워 나머지 신자들에게 할례를 강요하는 정도까지 이르게 되었습니다. 이들의 계획은 이방인 신자들을 모두 유대주의자로 만드는 일이었습니다. 이들의 계획과 행동에 이름을 붙이자면, '유대화 프로젝트'(Judaization Project)라고 할 수 있습니다. 오늘날 시온주의자들(Zionists)에 의해 정치적으로 유대화(Judaization) 작업이 진행되고 있다면, 1세기 유대 사회에서는 이방인 그리스도인들을 대상으로 한 종교적 유대화 작업 즉 '유대화 프로젝트'가 빠르게 진행되고 있었던 것입니다. 그렇게 해서 유대인 핵심 그룹과 거기에 적극적으로 동조한 이방인 추종 세력이 합해져 '유대주의자들'('유대화주의자들')이 되었고, 이들은 교회 역사에서 첫 번째 이단이 되었습니다. 게다가 이들은 그들 다음으로 등장한 이단 에비온파(Ebionites)와 영지주의(Gnosticism)의 토대를 마련해주었습니다.

지금 21세기에는 다양한 형태로 교회가 세속화되어 가고 있습니다. 현대교회의 가장 음흉하고 교활한 이단 무리는 교회 밖에 있는 이단 집단이 아니라 오히려 교회 안에서 '세속화 프로젝트'(Secularization Project)를 진행하고 있는 거짓 목사들과 교사들, 그리고 이들에게 미혹되고 세뇌당한 신자들입니다. 사탄은 세속주의를 추구하는 사역자들을 통해서 세상의 문화와 복음을 혼합하고, 세상의 종교와 복음을 절충하는 일을 행하고 있습니다. 혼합주의를 지향하는 이런 사역자들과 신자들은 '세속인 그리스도인들'로서 그리스도인의 옷을 입은 세속인입니다. 원래 한국인이면서 미국 시민권을 취득한 사람을 '코리안-아메리칸'이라고 하듯이 이들은 교회법으로나 형식적으로나 그리스도인이라고 하지만 본질은 세속인입니다. 이들은 세속인이기에 철저하게 정치적 종교인으로서 종교인의 모습을 하지만 정치적 인물을 하나님의 대리자처럼 여기고 신봉하는 경향도 강합니다. 이런 사람은 집단적 세속화에 빠지기 쉽습니다. 일제 강점기에는 일본 천황 만세를, 미군정시대에는 미군 만세를, 독재 시대에는 독재자 만세를 외치고 그들을 위해 부역하고 기도했습니다. 반면에 성경적 그리스도인들 대부분은 일제 강점기에는 항일운동과 독립운동, 미군정시대에는 자주독립운동, 독재 시대에는 민주화운동에 동참하고 지지하는 자들이었습니다. 물론, 민주주의 체제가 주는 자유로 인해 교회는 항상 세속화(secularization)의 유혹을 피하기 어렵고, 교회 스스로 극복해야 할 가장 큰 문제이기도 합니다. 민주주의는 많은 우상을 만들어낼 수 있고 사람들이 우상에 빠질 수 있는 위험이 크기에 민주주의를 성경적이라고 떠받드는 일 역시 옳지 않습니다. 자유가 더 많이 주어진 사회일수록 개인의 방종과 타락과 부패는 더 심해질 수 있기 때문입니다. 또한 비기독교적인 다수와 기독교적인 소수가 언제나 대립하고 갈등할 수 있는 구조를 낳을 수 있는 것이 민주주의이기도 합니다(D. A. 카슨, 『교회와 문화, 그 위태로운 관계』, pp.213-221.).

어떤 체제 속에 살더라도 그리스도인은 개인적으로든 집단적으로든 세속주의로 향할 수 있습니다. 정치적으로, 종교적으로, 또한 이념적으로 혼란스러운 21세기를 살아가는 신자들(앞으로 신자가 될 사람들까지 포함)이라면 갈라디아서를 읽고 묵상함으로써, 그리고 본 강설 내용을 읽고 스스로 적용해봄으로써 자기 모습을 객관적으로 바라볼 수 있기를 바랍니다. 만약 예수 그리스도를 믿는다면서 여전히 율법의 행위나 종교적 행위를 추구한다면, 예수 그리스도를 믿는다면서 여전히 세속 정치나 철학에 빠진다면, 예수 그리스도를 믿는다면서 여전히 기복신앙에서 벗어나지 못한다면, 예수 그리스도를 믿는다면서 여전히 무속과 주술에 관심이 있다면, 예수 그리스도를 믿는다면서 여전히 세속적인 문화와 비성경적인 전통과 불합리한 관습을 따라간다면, 1세기 이단 '유대주의자들'(유대화주의자들)처럼 21세기 이단 '세속주의자들'(세속화주의자들)이 될 것입니다.

2025년 1월 용인에서 김세민 목사

CONTENTS

제1강

마그나 카르타

(자유 대헌장)

갈라디아서 1장 1-5절

1. 사람들에게서 난 것도 아니요 사람으로 말미암은 것도 아니요 오직 예수 그리스도와 그를 죽은 자 가운데서 살리신 하나님 아버지로 말미암아 사도 된 바울은
2. 함께 있는 모든 형제와 더불어 갈라디아 여러 교회들에게
3. 우리 하나님 아버지와 주 예수 그리스도로부터 은혜와 평강이 있기를 원하노라
4. 그리스도께서 하나님 곧 우리 아버지의 뜻을 따라 이 악한 세대에서 우리를 건지시려고 우리 죄를 대속하기 위하여 자기 몸을 주셨으니
5. 영광이 그에게 세세토록 있을지어다 아멘

갈라디아서는 신약성경을 구성하는 서신들 가운데 로마서 및 고린도전·후서와 함께 대표적인 교리 서신입니다. 사도 바울이 갈라디아 지역 여러 교회에 보낼 목적으로 기록했습니다. 그런데 독특하게도 먼저 "사람들에게서 난 것도 아니요 사람으로 말미암은 것도 아니요 오직 예수 그리스도와 그를 죽은 자 가운데서 살리신 하나님 아버지로 말미암아 사도 된 바울은"이라고 시작합니다. 이는 편지를 기록한 바울 자신을 소개하는 데 있어서 단순히 누가 기록했는지를 밝히는 정도가 아니라는 사실을 우선 알아야 합니다. 베드로가 "예수 그리스도의 사도 베드로는"(벧전 1:1)이라고 시작한 것과는 차이가 있음을 알 수 있습니다. 베드로는 논쟁의 여지가 없이 예수 그리스도의 사도로 인정받았기에 자기를 간단히 소개하면 되는 상황이었으나, 바울은 특이한 경우라서 그렇게 강조할 필요가 있었던 것입니다. 게다가 갈라디아 그리스도인들에게 그렇게 해야만 하는 심적 상태였음을 먼저 알아야 합니다. 또한 갈라디아서는 물론이고, 모든 성경은 기록자가 있는데, 기록자가 누구인

지 아는 것보다, 그 기록자가 누구로부터 보냄을 받았는지가 더 중요하다는 사실도 분명히 알아야 합니다. 갈라디아서는 바울이 기록했지만, 그가 예수 그리스도와 하나님으로부터 보냄을 받은 자라는 사실을 확실히 믿고, 우리가 일차적으로 바울이 쓴 편지로 읽더라도 중요한 것은 하나님의 말씀이라는 사실을 확실히 믿기를 바랍니다. 이제부터 갈라디아서 전체 내용을 조금씩 자세히 들여다봄으로써 하나님의 뜻을 발견할 수 있기를 바랍니다.

다음으로 우리는 "사도 된 바울"이라는 표현에 주목해야 합니다. 이 표현은 사도행전 9장에 잘 소개되어 있습니다. 1절부터 15절까지만 보면 다음과 같습니다.

1. 사울이 주의 제자들에 대하여 여전히 위협과 살기가 등등하여 대제사장에게 가서
2. 다메섹 여러 회당에 가져갈 공문을 청하니 이는 만일 그 도를 따르는 사람을 만나면 남녀를 막론하고 결박하여 예루살렘으로 잡아오려 함이라
3. 사울이 길을 가다가 다메섹에 가까이 이르더니 홀연히 하늘로부터 빛이 그를 둘러 비추는지라
4. 땅에 엎드려져 들으매 소리가 있어 이르시되 사울아 사울아 네가 어찌하여 나를 박해하느냐 하시거늘
5. 대답하되 주여 누구시니이까 이르시되 나는 네가 박해하는 예수라
6. 너는 일어나 시내로 들어가라 네가 행할 것을 네게 이를 자가 있느니라 하시니
7. 같이 가던 사람들은 소리만 듣고 아무도 보지 못하여 말을 못하고 서 있더라
8. 사울이 땅에서 일어나 눈은 떴으나 아무 것도 보지 못하고 사람의 손에

끌려 다메섹으로 들어가서

9. 사흘 동안 보지 못하고 먹지도 마시지도 아니하니라

10. 그 때에 다메섹에 아나니아라 하는 제자가 있더니 주께서 환상 중에 불러 이르시되 아나니아야 하시거늘 대답하되 주여 내가 여기 있나이다 하니

11. 주께서 이르시되 일어나 직가라 하는 거리로 가서 유다의 집에서 다소 사람 사울이라 하는 사람을 찾으라 그가 기도하는 중이니라

12. 그가 아나니아라 하는 사람이 들어와서 자기에게 안수하여 다시 보게 하는 것을 보았느니라 하시거늘

13. 아나니아가 대답하되 주여 이 사람에 대하여 내가 여러 사람에게 듣사온즉 그가 예루살렘에서 주의 성도에게 적지 않은 해를 끼쳤다 하더니

14. 여기서도 주의 이름을 부르는 모든 사람을 결박할 권한을 대제사장들에게서 받았나이다 하거늘

15. 주께서 이르시되 가라 이 사람은 내 이름을 이방인과 임금들과 이스라엘 자손들에게 전하기 위하여 택한 나의 그릇이라

"이 사람은 내 이름을 이방인과 임금들과 이스라엘 자손들에게 전하기 위하여 택한 나의 그릇이라"(15절)는 말씀은 교회를 박해하는 자였던 사울이 예수님에 의해 사도가 되었다는 가장 확실한 증거입니다. 사도는 영어로 'Apostle'(어파슬)이라는 말인데, 헬라어 'apostolos'(아포스톨로스)에서 나온 말로 '보냄을 받은 사람'이라는 뜻입니다. 그러므로 사도 바울은 예수 그리스도에 의해 보냄을 받은 자라는 사실을 확실히 믿어야 합니다. 사도들은 예수님에 의해 선택된 제자들 12명을 뜻하는데, 12명 중 가룟 유다가 예수님을 배반한 후 스스로 목숨을 끊어서 11명이 되었고, 그래서 제자들이 모여 기도한 후 1명을 다시 채우기로 한 결과 맛디아가 들어오게 되었습니다. "제비 뽑아 맛디아를 얻으니 그가 열한 사도의 수에 들어가니라"(행 1:26)는 말씀은 열한 사도

외에 추가로 선출되었다는 뜻입니다. 사도 바울은 이들 열한 제자들과 맛디아와는 달리 부활 후 승천하신 예수님이 다메섹에서 바울에게 나타나셔서 사도로 삼으셨기에 그들과는 다르게 선택된 아주 특별한 사도입니다. 신약성경 27권 중 절반 정도(13권, 내용으로는 3분의 1 정도)를 기록한 것은 물론이고, 그는 이방인들이 사는 지역에 복음이 전해지도록 하는 데 있어서 가장 큰 역할을 한 사도입니다. 그런데 이런 특별한 사도를 사람들이 크게 문제 삼은 일이 하나 있었는데 바로 열두 명의 사도와 달리 사도직을 누구로부터 받았는지 다메섹 사람 아나니아(행 9:10) 외에는 아는 사람이 없어서 사도직을 의심받기에 이르렀다는 것입니다. 그래서 갈라디아 교회들을 향해 *"사람들에게서 난 것도 아니요 사람으로 말미암은 것도 아니요 오직 예수 그리스도와 그를 죽은 자 가운데서 살리신 하나님 아버지로 말미암아 사도 된 바울은"*이라고 한 것입니다. 사람들이 사도 바울을 사도로 세운 것도 아니고, 어떤 사람을 통해서 사도로 임명된 것도 아니라 전적으로 하나님이 바울 자신을 사도로 세우신 것이고, 예수 그리스도를 통해 정식으로 사도로 임명된 것임을 강조한 것입니다. 바울은 편지를 쓰면서 가장 먼저 자신의 사도직을 의심하는 교회들을 향해 하나님께 받은 것이요 예수 그리스도로부터 임명된 것임을 명확하게 밝힘으로써 논란의 종지부를 찍고자 했음을 명확히 알기를 바랍니다.

1절에서 한 가지 더 언급해야 하는 중요한 내용은 *"그를 죽은 자 가운데서 살리신 하나님 아버지"*라는 부분입니다. 기독교 신앙의 핵심이 바로 여기에 있습니다. 하나님이 세상에 구원자 예수 그리스도를 보내셨는데, 사람들(유대인)은 처음에는 그를 메시아로 따르다가 끝내는 십자가의 형벌을 받아 죽도록 배척하고 말았습니다. 그러나 하나님은 예수 그리스도를 사망 후 3일 만에 다시 일으키셨습니다. 예수 그리스도는 사망을 이기고 다시 살아나심으로써 *"십자가의 도"*(고전 1:18) 즉 '구원의 도'를 세우셨습니다. 사도 바울은 바로 예수 그리스도의 부활이 하나님으로부터 일어난 일이고, 자기 자신은 부활하신 그리스도를 만나 특별하게 사도가 되었음을 강조한 것입니다. 그러므로 부활은 그리스도를 따르는 신앙의 핵심이요, 바울 자신의 사도직 역시 그리스도의 부활로 말미암았음을 강조한 것임을 깨닫기를 바랍니다. 또한 그가 전하는 복음이 바로 부활 신앙임을 밝히고 있음을 확실히 믿기를 바랍니다.

2절은 *"함께 있는 모든 형제와 더불어 갈라디아 여러 교회들에게"*라는 내용인데 이는 편지를 보내는 이가 바울, 그리고 바울과 함께 있는 형제들이라는 뜻이고, 편지를 받게 될 사람들이 바로 *"갈라디아 여러 교회들"*이라는 것임을 나타내줍니다. 함께 한 형제들은 아마도 사도행전 13장 1절에 기록된 안디옥 교회 선지자들과 교사들일 것입니다. 이렇게 언급한 것도 바울 자신이 독단적으로 복음을 전하는 것이 아니라 안디옥 교회의 동역자들과 함께 기도하면서 복음을 전하고 있음을 강조한 것입니다. 안디옥은 최초로 복음이 전해진 이방인 지역으로, 예루살렘에서 북쪽으로 올라가는 지중해 북쪽 끝 지역에 자리 잡은 곳입니다. 예루살렘에서 수리아 북쪽에 있는 안디옥까지는 약 500km 정도 떨어진 먼 거리입니다. 수리아는 지금의 시리아로 최초의 이방인 교회 지역이었던 안디옥이 있는 곳인데, 2011년부터 지금까지 13년 이상 내전이 끝나지 않고 있는 그 지역입니다. 수리아는 아람이라고 불리며, 수도는 다메섹(다마스쿠스, Damascus)입니다. 셈족의 후예들이 주로 살았던 곳입니다. 반면에 갈라디아는 지금의 튀르키예(터키)에 위치한 지역으로 지중해에서 가까운 터키 남서쪽에 있었습니다. 갈라디아는 당시 로마제국 통치하에 있었던 행정구역(속주)이었고, 지금의 튀르키예 중 일부였습니다. 갈라디아는 원래 '고울'(Gaul)이라는 말에서 나왔는데, 이탈리아반도 위쪽에 있는 알프스산맥 북쪽 지역(오늘날 프랑스와 스위스 지역) 사람들 일부가 터키 지역으로 내려와 이주하게 되면서 '갈라티아'(고울 사람들이 사는 지역)가 되었습니다. 터키 지역에는 야벳의 일곱 아들 중에서 마곡(창 10:2, 대상 1:5)의 후손이 자리 잡게 되었고, 이들 중에서 스키타이인(Scythians)이 나왔습니다. 스키타이인의 혈통 또는 문화를 이은 민족은 흉노족, 돌궐족(터키족), 훈족, 위구르족, 선비족, 퉁구스족, 티무르족, 거란족, 여진족, 몽골족 등입니다. 우리 민족은 남방계 셈족 혈통이 섞인 북방계 스키타이인으로 거슬러 올라갑니다. 튀르키예 역사 교과서에는 6-7세기에 돌궐이 고구려와 피로 동맹을 맺었다는 내용이 기술되어 있습니다. 그 이전에는 고조선의 후예 중 돌궐족이나 흉노족이 나중에 다시 서방으로 이동해서 지금의 튀르키예, 불가리아, 핀란드, 헝가리까지 진출했다는 설이 있는데 상당히 설득력이 있습니다. 이는 19세기 중엽부터 핀란드나 헝가리 언어학자들이 자기 민족들의 언어를 추적하면서 우리 민족처럼 우랄산맥과 알타이산맥 지역에서 왔다는 사실을 밝혀냄으로써 알 수 있게 되었습니다. 그렇다면 당시 갈라디아 여러 지방에는 고조선의 후예와 마곡의 후손이 섞여 살았다고 추정해볼 수 있습니다. 갈라디아 지방 역시 흩어져 살고 있었던 유대인의 영향으로 유대교로 개종한 사람들이 많이 있었고, 그들 중 일부가 예수 그리스도의 복음을 받아들였던 것입니다. 그런데 그들에게 큰 문제가 생겼고, 사도 바울이 편지로써 그들에게 올바른 교리를 가르쳐야 할 필요가 있어서 갈라디아서를 쓰게 된 점을 알기를 바랍니다.

3절은 "우리 하나님 아버지와 주 예수 그리스도로부터 은혜와 평강이 있기를 원하노라"는 당시 보편적인 인사였던 "은혜와 평강"을 바라는 인사였습니다. 우리가 사람들에게 인사할 때 '안녕'(安寧)이라고 함으로써 '아무 탈 없이 편안함'을 비는 뜻과도 큰 차이가 없습니다. 그러나 바울은 "우리 하나님 아버지와 주 예수 그리스도로부터"라고 함으로써 세속적인 인사와는 차원이 다른 인사를 했음을 알 수 있습니다. 결국 죽을 수밖에 없는 사람들의 마음과 입에서 귀로 전해지는 인사가 아니라 영원히 살아계시는 하나님에게서 오는 "은혜와 평강"을 빌었던 것입니다. 이것은 단순한 인사이기도 하지만 예수 그리스도와 하나님으로부터 진정한 은혜와 평강이 주어진다는 그리스도교의 진리를 전하고 있음을 깨닫기를 바랍니다. 사람에게서 비롯되는 은혜와 평강은 일시적이고 잠정적이고 불완전한 것입니다. 그러나 예수 그리스도와 하나님에게서 나오는 은혜와 평강은 영원하고 완전하다는 것을 확실히 깨닫기를 바랍니다. 여기에 있는 우리 모두에게 "우리 하나님 아버지와 주 예수 그리스도로부터 은혜와 평강이 있기를" 원합니다.

4절 "그리스도께서 하나님 곧 우리 아버지의 뜻을 따라 이 악한 세대에서 우리를 건지시려고 우리 죄를 대속하기 위하여 자기 몸을 주셨으니"라고 인사에 덧붙여서 한 말은 갈라디아서를 더 특별하게 만들었습니다. 고린도전서를 보면 1장 3절에 "우리 하나님 아버지와 주 예수 그리스도로부터 은혜와 평강이 있기를 원하노라"고만 되어 있습니다. 예수 그리스도가 십자가에서 희생당하신 것은 하나님의 자녀들에게 있는 죄를 대신해서 돌아가신 것이고, 이 악한 세상에서 하나님의 자녀들을 구하시기 위한 것이며, 예수 그리스도의 대속(代贖)이 전적으로 하나님 아버지의 뜻에 따른 구속(救贖)의 행위였음을 강조한 것입니다.

이는 갈라디아 지역의 신자들에게 십자가에서 희생당하신 그리스도를 특별히 강조한 것임을 깨닫기를 바랍니다. 이 부분만 읽더라도 갈라디아 지역 신자들이 예수 그리스도의 죽음보다 더 중요하게 여겼던 것이 있었음을 짐작할 수 있습니다. 당시 갈라디아 지역 교회들은 바울 사도의 첫 번째 전도 여정(제1차 선교여행) 때 세워진 교회들이었는데, 그들에게 큰 문제가 생겼던 것입니다. 바울은 또 "*영광이 그에게 세세토록 있을지어다 아멘*"이라고 인사 후에 하나님을 찬양함으로써 갈라디아 교회들을 향해 하나님을 바로 알게 하고자, 하나님의 뜻을 바로 알도록 편지를 기록했음을 확실히 알기를 바랍니다.

오늘날 선진국 대부분은 '마그나 카르타'(Magna Carta Libertatum)라고 하는 '자유 대헌장'의 혜택을 누리고 있다고 해도 과언이 아닙니다. 1215년 영국에서 지나친 왕권에 대한 반동으로 귀족들과 성직자들의 반란이 일어났고, 그로 인해 생겨난 것이 '대헌장'이라고 불린 '마그나 카르타'(Magna Carta)입니다. 영국 왕 존(John, 1166-1216)은 프랑스와 영토 전쟁을 위해 과도한 세금을 부과했는데, 결국 전쟁에서 지고 말았습니다. 귀족들과 성직자들은 그들이 누려왔던 권한과 권리를 빼앗기지 않으려고 왕권을 문서로 제한했고, 왕은 동의할 수밖에 없었습니다. 1215년 6월 15일 영국 왕 존은 귀족들과 성직자들과 합의한 후 문서에 사인했습니다. 이는 나중에 영국 헌법이 발전하는 데 도움이 된 일이었고, '의회'라는 체제가 생기게 했으며, 결과적으로 왕권이 제한됨으로써 민주주의 태동의 초석이 되었다고 훗날 세대가 평가한 것입니다. 그런데 성경에 있어서 갈라디아서가 그리스도인의 자유를 선포하는 일종의 '마그나 카르타'와 같은 서신이라는 사실입니다. 비록 부분적이기는 하지만 절대 왕권으로부터 정치적 자유를 얻게 된 사실을 '마그나 카르타'가 보여준 것이라고 하면, 율법의 속박으로부터 완전한 종교적 자유를 선포한 것이 바로 갈라디아서입니다. 이제부터 이어지는 총 6장, 총 149절에 대한 자세한 강설을 통해 우리에게 진정한 자유를 주는 그리스도의 복음의 위대함과 완전함을 확실히 깨닫고 믿기를 바랍니다. 아멘.

(2024년 4월 7일)

῍Ω ἀνόητοι Γαλάται, τίς ὑμᾶς ἐβάσκανεν

어리석도다 갈라디아 사람들아, 누가 너희를 꾀더냐(갈 3:1)

제2강

다른 복음
vs. 그리스도의 복음

갈라디아서 1장 6-10절

6. 그리스도의 은혜로 너희를 부르신 이를 이같이 속히 떠나 다른 복음을 따르는 것을 내가 이상하게 여기노라

7. 다른 복음은 없나니 다만 어떤 사람들이 너희를 교란하여 그리스도의 복음을 변하게 하려 함이라

8. 그러나 우리나 혹은 하늘로부터 온 천사라도 우리가 너희에게 전한 복음 외에 다른 복음을 전하면 저주를 받을지어다

9. 우리가 전에 말하였거니와 내가 지금 다시 말하노니 만일 누구든지 너희가 받은 것 외에 다른 복음을 전하면 저주를 받을지어다

10. 이제 내가 사람들에게 좋게 하랴 하나님께 좋게 하랴 사람들에게 기쁨을 구하랴 내가 지금까지 사람들의 기쁨을 구하였다면 그리스도의 종이 아니니라

지난 주일에는 갈라디아 교회들에게 편지를 쓰며 인사하는 내용 중 바울 사도가 자신의 사도직을 특히 강조한 부분을 살펴보았습니다. 글을 쓰자마자 "사람들에게서 난 것도 아니요 사람으로 말미암은 것도 아니요 오직 예수 그리스도와 그를 죽은 자 가운데서 살리신 하나님 아버지로 말미암아 사도 된 바울은"(갈 1:1)이라고 한 부분은 편지를 쓰고 있는 사람이 누구인지 밝히는 내용이지만 다른 서신들과는 달리 이례적인 표현을 함으로써 감정이 고조되어 있음을 나타낸 것입니다. 그 감정은 잔뜩 화가 치밀어 오른 사람의 감정이라 할 수 있습니다. 오늘 살펴볼 본문 6절에서도 그 감정을 충분히 느낄 수 있습니다. "그리스도의 은혜로 너희를 부르신 이를 이같이 속히 떠나 다른 복음을 따르는 것을 내가 이상하게 여기노라"고 하면서, 인사말에 이어서 왜 갈라디아 교회들을 대상으로 편지를 쓰게 되었는지를 단도직입적으로 표현한 것

입니다. 일반적으로 편지를 받는 대상에게 고마움을 전하거나 그런 대상으로 인해 하나님께 감사하거나 기쁜 마음을 표현하는 것이 정상인데, 갈라디아서는 실망과 분노와 놀람과 충격을 표현한 것입니다. 그정도로 갈라디아 교회들 가운데 바울을 실망하게 하고 분노하게 한 큰문제가 있었다는 사실을 알 수 있습니다. 본문 6절부터 10절까지 내용을 통해 어떤 심각한 문제가 있었는지 정확히 알고 우리 자신을 돌아볼 수 있는 기회가 되기를 바랍니다.

6절에서 갈라디아 교회들의 문제를 발견할 수 있습니다. 근본적으로는 한 가지 문제지만, 두 가지 측면으로 구분해서 볼 수 있습니다. 첫번째는 "그리스도의 은혜로 너희를 부르신 이를 이같이 속히 떠나"라고 한 말에서 알 수 있듯이 그리스도의 십자가 대속을 통해 죄를 용서하시고 그들을 하나님의 자녀로 부르신 하나님을 너무나도 빨리 떠났다는 것입니다. 바울의 전도를 통해 그리스도를 믿고 회개한 지 얼마되지 않아서, 또는 바울이 그들을 떠난 후 얼마 되지 않아서 문제가 생겼다는 것으로, 비유를 들자면 마치 결혼한 부부가 신혼여행을 다녀온 후로 몇 주간 함께 지내다가 신랑이 해외로 출장을 간 사이에 신부가 다른 남자의 유혹과 속임에 빠져 신랑에 대해 의심하고 신랑에 대한 사랑이 갑자기 식어버린 상황처럼 되어버린 것입니다. 멀리 떨어진 곳에서 이런 상황을 전해 듣는다면 얼마나 크게 실망하고 분노로 가득 차 있겠습니까? 얼마나 화가 나고 괘씸한 생각이 들었겠습니까? 불과 얼마 전에 신혼여행을 다녀와서 단꿈을 여전히 꾸고 있는데, 얼마나 큰 충격에 휩싸였겠습니까? 결혼을 한 사람들이 외도하고 이혼을하게 되는 것은 적지 않은 일입니다. 그런데 이렇게 빠르게 문제가 생기는 일은 거의 없는 일입니다. 두 번째는 "다른 복음을 따르는 것"인데 앞에 비유에 이어서 표현하자면, 다른 남자를 사귀고 따르게 되었다는 것입니다. 다른 남자를 사귀게 되었다는 것에 분노가 치밀어 올랐고, 그렇게도 빨리 외도를 한 사실에 충격에 빠진 것입니다. 바울은 갈라디아 교회들 때문에 충격과 분노로 감정이 폭발해버린 것입니다. 그러나 바울은 분노와 충격을 표현한 것뿐만 아니라 갈라디아 교회들이 양심의 가책을 크고 깊이 느끼도록 "그리스도의 은혜로 너희를 부르신 이를"이라고 함으로써 하나님이 너희를 어떻게 구원해주셨는지 알면서 그럴 수 있느냐고 심하게 책망한 것입니다. 하나님이 구약시대 유대인들에게는 지키기 불가능한 율법을 통해서 하나님의 백성을 부르셨지만, 신약시대에 와서는 율법과 상관없이 그리고 할례를 받지 않은 이방인들임에도 불구하고 오로지 그리스도의 희생을 통해 하나님이 은혜를 베푸심으로써 자기 백성으로 부르셨는데, 그와 같은 은혜를 저버렸다고 책망한 것입니다. 비유적으로 표현하자면 구약시대에는 여자가 남자에게 시집오기 전에는 반드시 남자를 사귄 적이 없는 처녀이어야 하고, 결혼지참금도 마련하기 불가능한 액수를 준비해야만 했다면, 또는 천문학적인 비용 때문에 준비하기 불가능한 혼수를 장만해야만 했다면, 신약시대에는 아무리 문제가 있는 여자라도 모두 용서하고 아무 일도 문제 삼지 않고 빈손으로 와도 되도록 모든 것을 친히 준비해준 것이며, 신랑으로부터 최고의 대우와 헤아릴 수 없는 사랑을 받을 수 있도록 해준 것으로 비유할 수 있습니다. 갈라디아 교회들이 그런 은혜와 축복을 하나님으로부터 받았음에도 하나님을 헌신짝 버리듯이 버리고 떠난 것에 사도 바울은 충격과 분노에 휩싸였던 것입니다. 이런 바울의 감정을 충분히 헤아리고 공감하면서 갈라디아서를 읽고 묵상할 수 있기를 바랍니다.

그렇다면 그들이 따른 "다른 복음"은 무엇일까요? 6절에도 "다른 복음"이라는 말이 있고, 7절에도 "다른 복음"이라는 말이 있습니다. 이 두 가지 말은 우리말로는 같은 단어지만 헬라어로는 서로 다른 단어라는 것을 먼저 알아야 합니다. 6절의 "다른"(heteron)은 '비슷하게 보이지만 결코 같은 것이 아닌'이라는 뜻입니다. 즉 이단 사상이라는 것입니다. 진짜처럼 보이지만 가짜라는 것입니다. 전혀 다른 종류라는 것입니다. 명품 가방처럼 보이지만 전혀 그 명품이 아니라는 것과 같습니다. 반면에 7절의 "다른"(allo)은 같은 종류로 두 개 중 또는 여러 개 중에서 하나를 뜻합니다. 예를 들어 여러 개의 사과 중에서 하나를 사기 위해 골랐으나 왠지 다른 사과가 더 맛있게 보여서 다른 것을 택할 때 쓸 수 있는 단어입니다. 그런데 사과가 여러 개인 반면에 복음은 여러 개가 아니라는 사실입니다. 오로지 복음은 하나밖에 없다는 것을 강조한 것입니다. 사과는 여러 개여서 언제든지 다른 사과를 살 수 있지만, 복음은 오직 하나라는 것을 강조한 것으로 복음의 절대성과 유일성을 드러낸 것임을 깨닫기를 바랍니다. 그리고 6절의 "다른 복음을 따르는 것"과 7절의 "다른 복음은 없나니"는 서로 모순되는 말입니다. 6절을 그대로 받아들이면 다른 복음이 있어서 그렇게 따르는 것이고, 7절은 아예 처음부터 다른 복음이 없었기에, 그것을 따른다는 것은 어불성설이 되는 것입니다. 6절에 의하면 다른 복음이 있다는 뜻이고, 7절에 의하면 다른 복음이 없다는 뜻이 됩니다. 6절은 결혼한 신부가 다른 신랑을 따른다는 것, 즉 신랑처럼 잘 생기고 친절하지만 다른 남자를 따르고 있다는 것입니다. 7절은 결혼한 신랑은 오로지 한 사람이라는 것입니다. 그러함에도 불구하고 갈라디아 교회들은 오로지 하나뿐인 진짜 복음을 헌신짝처럼 버리고 가짜 복음을 따랐던 것입니다. 그들은 예수 그리스도를 믿음으로써 구원받게 된다는 진짜 복음을 버리고, 율법을 지켜야만 온전한 구원을 받게 된다는 가짜 복음을 따랐던 것입니다. 당시 상황으로 볼 때 그들 생각으로는 복음을 완전히 버리기보다는 복음도 믿고 율법도 따랐습니다. 그러나 바울의 생각으로는, 그런 혼합주의 또는 절충주의 신앙을 용납할 수 없었고, 복음을 버렸다고 간주한 것입니다. 그런 이방인 그리스도인들을 유대주의자(Judaizers, 또는 유대화주의자)라고 합니다.

또한 바울이 그들을 향해 "다른 복음을 따르는 것을 내가 이상하게 여기노라"고 한 것은 《현대인의성경》에서는 "다른 복음을 따르다니 정말 놀라지 않을 수 없습니다."로 번역되어 있습니다. 이는 크게 충격을 받았다는 뜻입니다. 바울은 비록 충격을 받았지만, 그 상태에서 어찌할 바를 모르고 있었던 것이 아니라 그런 후에 단호하게 "다른 복음은 없나니 다만 어떤 사람들이 너희를 교란하여 그리스도의 복음을 변하게 하려 함이라"고 교훈했습니다. 갈라디아 교회들이 처음 믿었던 복음에서 이탈하도록 어떤 사람들이 어지럽게 했다는 것입니다. 복음보다 더 그럴듯한 것을 소개해서 복음을 소홀히 여기도록, 복음을 무시하거나 외면하도록 잘못된 가르침을 주입했다는 것입니다.

8절과 9절에도 "다른 복음"에 대한 내용이 계속 이어집니다. 8절을 보면 "그러나 우리나 혹은 하늘로부터 온 천사라도 우리가 너희에게 전한 복음 외에 다른 복음을 전하면 저주를 받을지어다"라고 함으로써 훨씬 강한 어조로 말했는데, 이번에는 "다른 복음"을 받아들인 교회들이 아니라, 갈라디아 교회들을 대상으로 "다른 복음"을 전한 자들은 누구도 예외 없이 저주받을 대상임을 강조했습니다. 사도 바울 자신을 비롯한 동역자들은 물론이고 심지어 하늘로부터 온 천사들이라 할지라도 "다른 복음" 즉 복음이 아닌 것을 복음처럼 전한다면 저주를 받아야 할 대상이라고 강력한 어조로 책망한 것입니다. 9절 "우리가 전에 말하였거니와 내가 지금 다시 말하노니 만일 누구든지 너희가 받은 것 외에 다른 복음을 전하면 저주를 받을지어다"라고 말한 것으로 볼 때 이 전에도 "다른 복음"을 전한 일로 경고한 적이 있었음을 알 수 있습니다. 그런데 또 이런 일이 발생해서 바울이 격노한 것이고, "다른 복음"을 전한 자들은 하나님으로부터 저주를 받을 것이라고 엄중히 경고한 것입니다.

그렇다면 바울에 의해서 가짜 복음으로 여겨진 그 "다른 복음"은 무엇일까요? 2장에서 자세히 다루게 되지만, 이 "다른 복음"과 관련된 가장 큰 이슈가 바로 할례였습니다. 유대인 남자아이들은 누구나 출생 후 8일째 되는 날에 할례를 받습니다. 이는 '브리트 밀라'(הְלִימַ תִירְב, brit milah)라는 것인데 '언약의 할례'라는 뜻입니다. 유대인 즉 이스라엘 백성은 하나님과 언약 관계에 있는 백성으로 반드시 두 가지 언약 조건을 이행해야 하는데 하나는 일생에 한 번 지키는 할례(창 17:10-14, 레 12:3), 다른 하나는 매주 거룩하게 지키는 안식일(출 31:16-17)이었습니다. 그런데 할례는 안식일인 경우에도 반드시 지켰습니다(요 7:22-23, 빌 3:5). 결국 유대인의 정체성은 언약의 외적 증표였던 할례에 있었던 것입니다. 그래서 이방인이 유대교로 개종해서 유대인으로 공인받고자 할 때, 즉 완전한 개종자(full converts, proselytes)가 되려면 할례를 받아야 했습니다. 그러나 갈라디아 지역 교회 문제는 할례를 받은 일부 유대인 그리스도인들이 할례와 상관없는 이방인 출신 그리스도인들에게 할례를 요구하는 일이 벌어지면서 시작된 것입니다. 이들은 유대교로 개종하는 것이 아니라 그리스도를 믿게 된 사람들이기에 할례와 무관한 사람들이었습니다. 할례를 받을 필요나 의무가 없었습니다. 그런데 유대인 그리스도인들이 이들 이방인 그리스도인들에게 할례를 받지 않으면 구원받은 백성의 수에 포함되지 못한다는 주장을 한 것입니다. 이런 주장 또는 가르침이 바로 가짜 복음인 "다른 복음"이었던 것입니다. 사도 바울이 떠난 후 얼마 되지도 않았는데 "야고보에게서 온 어떤 이들"(갈 2:4, 12)로 소개된 자들이 그리스도만 믿으면 되는 것이 아니라, 할례도 받아야 한다고 가르쳤던 것입니다. 이들은 아마도 야고보에게서 보냄을 받은 사람들이라고 거짓말을 한 것 같습니다. 사도행전 15장에 기록된 예루살렘 회의를 살펴보면 야고보는 "그러므로 내 의견에는 이방인 중에서 하나님께로 돌아오는 자들을 괴롭게 하지 말고"라는 19절 말씀을 통해서 할례 의무를 이방인 그리스도인들에게 요구하지 않도록 결정했음을 알 수 있습니다. 이방인들에게는 성인이 된 상태에서 받기 때문에 죽을 수도 있는 위험한 의식이었던 할례의식은 의학적인 측면만 고려했을 때, 지금의 포경수술과 거의 같습니다. 포경수술은 남자 성기 끝부분 귀두를 덮고 있는 포피를 도려내서 발기가 안 된 상태에서도 항상 귀두가 노출되어 있도록 만드는 수술로써 일종의 의료행위인데, 유대교 할례는 주로 '모헬'(מוֹהֵל, mohel)이라고 불리는 전문적으로 훈련된 랍비가 집도하는 종교의식입니다. 이때 할례를 받은 아이는 하나님의 백성으로 인정이 되어 자기 이름이 주어지며, 가족과 친척과 이웃들로부터 축하받게 됩니다. 이렇게 할례를 받은 아이는 13세가 되면 성인식을 치르게 됨으로써 율법의 사람이 되는 것입니다. 종교적 할례와 달리 문화적이고 의료적 차원인 현대의 포경수술은 마취제와 좋은 수술 도구가 있어서 위생적으로 간단히 할 수 있습니다. 물론 상처가 다 아물고 제 기능을 하기 위해서는 한 달 이상의 기간이 필요하기는 합니다. 그러나 아주 옛날에는 돌이나 날카로운 도구를 이용하기도 했고, 할례를 받는 남자는 마취가 없는 상태에서 출혈과 큰 고통을 견디며 할례를 받아야 했습니다. 생후 8일 만에 하는 할례는 의학적인 연구결과(네이든 스칸질로[Nathan Scanzillo]의 비타민K와 프로트롬빈[prothrombin] 양에 관한 연구)로 볼 때도 혈액이 가장 잘 응고되는 날이어서 출혈도 많지 않지만, 성인이 된 이방인 그리스도인들이 율법주의(Legalism)자들의 교훈대로 할례를 받는다고 하면, 고통은 둘째치고라도 감염병의 위험과 부작용이나 합병증의 위험을 감수해야만 했습니다. 당시에는 그리스도를 믿는 신앙을 가진 사람이 유대인들의 종교의식과 전통에서 자유롭게 벗어나는 일은 상당히 어려운 일이었습니다. 우리가 생각하는 것 이상으로 매우 큰 문제였습니다. 아브라함이 99세였던 때, 이스마엘이 13세였던 때부터 할례를 시작했기 때문에 그때로부터 예수님이 오실 때까지 약 2,000년 동안 지켜오던 종교의식과 전통으로부터 하루아침에 벗어난다는 것은 생각조차 하기 어려운 일이었습니다. 특히 복음이 유대인에게서 이방인으로 전해지는 순서였기 때문에 당연히 할례는 가장 큰 이슈였습니다. 유대인 그리스도인들은 이방인 그리스도인들에게 할례를 받으라고 설득했지만, 사도 바울은 달랐습니다. 그는 로마서 2장 28-29절에 기록되어 있듯이 "무릇 표면적 유대인이 유대인이 아니요 표면적 육신의 할례가 할례가 아니니라 오직 이면적 유대인이 유대인이며 할례는 마음에 할지니 영에 있고 율법 조문에 있지 아니한 것이라"고 했습니다. 그래서 사도 바울은 갈라디아 여러 교회들을 향해서 "우리가 전에 말하였거니와 내가 지금 다시 말하노니 만일 누구든지 너희가 받은 것 외에 다른 복음을 전하면 저주를 받을지어다"라고 강한 어조로 편지를 썼는데, 이는 누군가가 그리스도를 믿는 신앙 외에 율법의 의식들을 지켜야만 구원받는다고, 특히 할례를 받아야 한다고 가르친다면, 다시 말해서 "다른 복음"을 전한다면, 그 사람은 저주받게 될 것이라고 한 것임을 확실히 알기를 바랍니다.

끝으로 10절 "이제 내가 사람들에게 좋게 하랴 하나님께 좋게 하랴 사람들에게 기쁨을 구하랴 내가 지금까지 사람들의 기쁨을 구하였다면 그리스도의 종이 아니니라"라는 말을 살펴보고자 합니다. 바울이 이렇게 말한 것으로 볼 때, 갈라디아 지역에 있는 일부 유대인 그리스도인들은 물론이고, 그리스도를 믿지 않은 유대인들조차도 바울이 이방인을 대상으로 복음을 쉽게 받아들이도록 율법의 요구사항을 지키지 않아도 된다고 가르침으로써, 사람들을 편하고 자유롭게 해주고 있다고 생각했던 것으로 보입니다. 유대교 관점에서 보면, 갑자기 그리스도를 전하는 사도가 나타나 그때까지 이방인들이 유대교로 개종했던 속도와는 비교도 안 될 정도로 많은 이방인이 그리스도를 믿도록 영향을 미친 것은 그들의 기득권 유지에도 큰 타격을 받은 것이기에 바울을 모함할 필요가 있었던 것입니다(참조, 행 13:43-45). 유대교 신앙의 입지가 크게 흔들리고 있었는데, 누구보다도 열렬한 유대교 신봉자요 학자였던 바울이 갑자기 개종하여 유대교를 배설물처럼 여기고 그리스도의 사도가 된 것도 그들에게는 배신자요 변절자였던 것입니다. 그래서 바울이 떠난 사이에 바울이 세운 교회들을 의도적으로 어지럽히고자 했던 것으로 짐작할 수 있습니다. 영적인 시각으로 보면, 바울이 교회를 세우고 갔는데 바울이 떠나자 바로 사탄이 개입해서 교회를 무너뜨리고자 한 것입니다. 그렇게 시도를 한 가장 큰 무기가 바로 할례의 식이었던 것입니다. 그런 사람들은 바울이 예전에는 하나님께 좋게 하려는 열정으로 누구보다도 헌신적인 삶을 살았는데, 이제는 사람들의 기분을 좋게 하려고, 특히 이방인들이 쉽고 편하게 신앙을 받아들일 수 있도록 율법의 의무사항을 무시하고 다닌다는 식으로 갈라디아 교회들에게 가르쳐서 이방인 그리스도인들이 바울의 사도직을 의심하도록 선동한 것입니다. 이런 의도를 안 바울은 "이제 내가 사람들에게 좋게 하랴 하나님께 좋게 하랴 사람들에게 기쁨을 구하랴 내가 지금까지 사람들의 기쁨을 구하였다면 그리스도의 종이 아니니라"고 단호한 어조로 말한 것입니다. 그는 오로지 하나님의 뜻에 따라 사도가 되었고, 하나님의 영광을 위해서, 하나님을 기쁘게 하려는 목적으로 사명을 감당하고 있음을 강조하면서 사도 바울이 전한 복음을 훼손하려고 "다른 복음"을 전하는 즉 가짜 복음을 전하는 자들을 대상으로 분노에 찬 강력한 어조로 저주했다는 사실을 깨닫고, 오늘날도 "다른 복음"을 전하는, 즉 가짜 복음을 전하는 자들이 우리 주변에 항상 존재한다는 사실을 잊지 말기를 바랍니다. 그러므로 사도행전 17장 11절 "베뢰아에 있는 사람들은 데살로니가에 있는 사람들보다 더 너그러워서 간절한 마음으로 말씀을 받고 이것이 그러한가 하여 날마다 성경을 상고하므로"라는 말씀은 우리에게 큰 교훈을 줍니다. "베뢰아에 있는 사람들은" 말씀을 듣기 위한 간절한 생각은 물론이고, 사도 바울이 전한 그 말씀이 옳은지 성경(구약성경)을 찾아보고 꼼꼼하게 확인했다는 것입니다. 오늘날 기독교 안에 이단 사상이 난무하고, 세상에는 교회가 아닌데 마치 교회처럼 보이게 하는 사이비 종교 단체들이 만연해 있습니다. 이런 시대에 살고 있기에 미혹되지 않도록 항상 주의하고 경계하면서 신앙생활을 하기를 바랍니다. 아멘.

(2024년 4월 14일)

제3강

예수 그리스도의 계시

갈라디아서 1장 11-12절

11. 형제들아 내가 너희에게 알게 하노니 내가 전한 복음은 사람의 뜻을 따라 된 것이 아니니라

12. 이는 내가 사람에게서 받은 것도 아니요 배운 것도 아니요 오직 예수 그리스도의 계시로 말미암은 것이라

지난 주일에는 바울 사도가 떠난 뒤 어떤 사람들이 와서 갈라디아 교회 신자들을 가르치고자 했는데, 그들이 전한 교훈이 "다른 복음" 즉 가짜 복음이었고, 그 가짜 복음의 본질은 이방인들이 그리스도를 믿으면 유대인처럼 할례를 받아야 온전히 구원받을 수 있다는 거짓 가르침이었음을 살펴보았습니다. 오늘 본문을 들여다보기에 앞서 한 가지 알고 넘어갈 사항이 있는데, 오늘날 그리스도인들에게는 신앙적으로 전혀 화제가 되지 않는 일이지만 갈라디아서를 통해서 알 수 있듯이 당시 그리스도인들에게는 할례가 가장 큰 이슈였다는 것입니다. 신약성경에는 할례라는 단어가 총 53회 기록되어 있는데, 절반이 넘는 28회가 로마서와 갈라디아서에 나타납니다. 그런데 로마서보다 훨씬 짧은 갈라디아서에 13회나 언급된다는 것은 그만큼 갈라디아 지역 이방인 그리스도인들에게 큰 이슈였음을 알 수 있습니다. 사도 바울은 할례를 받을 필요가 없는 이방인 그리스도인들에게 할례를 권유하거나 강요한 일부 유대인 그리스도인들에 대한 분노는 물론이고, 갈라디아 교회 사람들이 그런 사람들의 가르침과 설득에 넘어가서 바울의 가르침은 물론이고 사도직까지 의심하게 되자 참을 수 없는 분노와 실망감에 편지를 쓰게 된 것입니다.

1절부터 10절까지 내용은 마치 이성을 잃은 사람처럼 바울이 분노와 실망으로 가득 찬 자신의 감정을 쏟아냈다면, 11절부터는 감정을 추스르고 사랑의 마음을 담아서 훈계하는 식으로 말을 이어갔음을 알 수 있습니다. 11절 "형제들아"라고 부르면서 그리스도 안에서 하나님의 가족이 된 자들, 또는 함께 하나님의 교회를 위해 섬기는 자들이라는 뜻을 드러냄으로써 갈라디아 지역에 복음을 전한 사도 바울 일행이나 갈라디아 교회 사람들이나 모두 그리스도 안에서 한 가족임을 강조한 것입니다. 그러면서 동시에 고조된 감정을 가라앉히고 말하고자 하는 본론으로 들어가려는 상황임을 알 수 있습니다. 여기서 우리는 당시 그 지역 교회들을 대상으로 전해지고 회람되었던 갈라디아서가 거의 2,000년이라는 시간을 지나 오늘날 우리에게도 똑같이 전해지게 되었다는 사실을 명심하기를 바랍니다. "형제들아"라는 부름은 시공간을 뛰어넘어 존재하는 모든 그리스도인을 하나로 이어주는 호칭입니다. 지금부터 우리는 바울의 교훈과 증거에 집중해야 합니다. 이에 앞서 그가 전한 복음의 진실성과 그에게 주어진 사도직의 진정성에 대해 조금도 의심이 없기를 바랍니다.

　11절과 12절 "형제들아 내가 너희에게 알게 하노니 내가 전한 복음은 사람의 뜻을 따라 된 것이 아니니라 이는 내가 사람에게서 받은 것도 아니요 배운 것도 아니요 오직 예수 그리스도의 계시로 말미암은 것이라"는 내용은 사도 바울이 자신의 감정을 억제하고 그가 전한 복음의 진실성에 대해 특별히 강조한 부분입니다. 그는 자신이 전한 복음의 기원에 대해 단순명료하면서도 정확히 표현한 것입니다. 바울은 갈라디아 지역 교회들에게 전한 복음의 진실성을 네 가지로 묘사했습니다. 첫째, "사람의 뜻을 따라 된 것이 아니니라"고 했습니다. 둘째, "내가 사람에게서 받은 것도 아니요"라고 했습니다. 셋째, "배운 것도 아니요"라고 했습니다. 넷째, "오직 예수 그리스도의 계시로 말미암은 것이라"고 했습니다. 갈라디아 교회 전체를 어지럽힌 사람들이 주장한 것처럼 사람들을 기쁘게 하려고 지어낸 것도 아니고, 사람의 생각이나 의도대로 지어서 가르친 것이 아니라고 했습니다. 그리스도의 복음은 사람이 생각하거나 고안해서 나온 결과물이 결코 아닙니다. 복음은 원래 그리스-로마 시대에서 전쟁에서 승리했다는 '승전보'에서 나온 말인데, 영어로는 '가스펠'(Gospel, god + spel)로 '좋은 소식'(Good News)이라는 뜻입니다. 바울이 전한 복음은 바울이 고안해낸 것이 아니라 바울이 받아서 그대로 전한 기쁜 메시지였고, 그 메시지는 예수 그리스도로부터 직접 받은 것이었습니다. 그러므로 복음 자체에 사람이 뭔가를 첨가해서는 안 되는 것입니다. 전쟁에서 승리했다는 소식을 전하는 자는 그 기쁜 소식을 그대로 전달하면 되는 것입니다. 단순명료하게 그 소식을 빠르고 제대로 전할 때 그는 임무를 완수한 것이며, 그 대가로 화관이 머리에 씌워지고 큰 선물을 받기도 했던 것입니다. 사도 바울은 자신이 받은 그대로를 전했을 뿐인데, 그가 전한 복음이 교묘하고 악의적으로 왜곡되었고, 그의 사도직까지 의심받게 된 상황이었습니다.

이어서 바울은 자신이 전한 복음이 누군가로부터 전달받았을 때 중간에서 왜곡될 수 있으므로 그런 가능성조차도 전혀 없음을 강조하기 위해서 "내가 사람에게서 받은 것도 아니요"라고 했습니다. 실제로 그가 복음을 누군가로부터 전달받았다면 자신이 전한 복음에 대해 자신감이 부족했을지도 모릅니다. 우리가 누군가에게 복음을 전할 때 우리 자신이 정확하고 자세히 알지 못한 상태에서 누군가로부터 전해 들어서 다시 전달하는 상황이라면, 사실 제대로 전달하기가 어렵고 부족하기 마련입니다. 내용에 대한 확신도 부족하기 마련입니다. 그런데 바울은 "내가 사람에게서 받은 것도 아니요"라고 함으로써 확신에 차 있음은 물론이고, 그다음으로 어떤 중요한 말을 하고자 했음을 알 수 있습니다. 또한 "배운 것도 아니요"라고 함으로써 누군가에게 배워서 전달하는 과정에서 왜곡될 가능성마저 없다고 강력히 주장한 것입니다. 우리는 어떤 학문 분야에서 최고의 권위자가 말하는 것과 그 권위자로부터 배운 제자들이 전하는 것에는 권위나 내용에 있어서 어느 정도 차이가 생길 수 있음을 알고 있기에 사도 바울의 주장을 통해서 그가 전한 복음의 진실성 또는 신빙성을 생각하게 되는 것입니다. 그리고 그는 결정적으로 "오직 예수 그리스도의 계시로 말미암은 것이라"고 함으로써 앞에서 말한 세 가지 주장에 대해 더욱 확신할 수 있도록 신뢰성을 준 것입니다. 사도 바울이 당시 갈라디아 교회들에게 전한 복음, 그리고 성경을 통해서 우리에게 전해지는 복음이 그리스도의 계시로 받은 것임을 확실히 믿기를 바랍니다. 바울은 디모데에게 편지를 쓰면서 "모든 성경은 하나님의 감동으로 된 것으로"(딤후 3:16)라고 했는데,《공동번역》은 이 부분을 "성경은 전부가 하느님의 계시로 이루어진 책으로서"라고 번역함으로써 "감동"이라는 단어보다는 "계시"라는 단어를 사용했습니다. 여기서는 다만 계시든, 감동이든 그 기원이 사람이 아니라 하나님이라는 사실이 중요합니다. 이 세상에 존재하는 모든 종교적 가르침은 그 기원이 사람이지만 오직 성경만 하나님입니다. 우리나라를 예로 들면, 조선시대 중기부터 후기까지 백성 사이에서 상당한 영향력이 있었던 정감록(鄭鑑錄), 남사고비결(南師古秘訣, '격암록'이라고도 함), 송하돈비결(松下豚秘訣, 송하비결)은 민중 사이에서 3대 예언서로 인정받아왔습니다. 심지어 정감록은 동학사상과 우리나라 신흥 사이비 종교(백백교, 영생교 등) 발흥에도 영향을 끼쳤다고 하지만 이런 예언서들은 모두 그 기원이 사람입니다. 게다가 수백 년간 이어져 온 민간전승처럼 첨삭되고 왜곡된 부분이 많은 것으로 알려져 있습니다. 풍수지리, 도참(圖讖), 음양오행설과 같은 내용들이 많이 있어서 그런 사상이나 철학에 관심이 있는 일반 사람들은 믿고 싶은 책일 수도 있습니다. 예언이 이루어졌다고 하는 내용들도 한자의 자획을 풀거나 조합하는 파자(破字) 또는 해자(解字)에 의한 것이 대부분이어서 신빙성도 낮습니다. 물론, 과거와 당대의 시대적 상황을 고려해서 미래를 내다보는 통찰력에 따른 예측은 어느 정도는 가능합니다. 그러함에도 불구하고 그런 책들은 그 기원이 사람입니다. 예언과 그 성취에 대해 궁금하다면, 도참사상이 말하는 길흉에 대해 궁금하다면, 나라의 흥망성쇠와 인간의 삶과 죽음에 대해 궁금하다면, 이 세상에서 찾을 수 있는 십승지지(十乘之地, 십승지)가 궁금하다면, 죄와 사망의 길에서 구원의 길로 인도하고 영원한 피난처요 안식처인 천국을 계시하는 성경을 읽어야 합니다. 이런 책들은 "헛된 철학과 속임수"에 불과합니다. 바울 사도는 골로새 교회를 향해 "누가 철학과 헛된 속임수로 너희를 사로잡을까 주의하라 이것은 사람의 전통과 세상의 초등학문을 따름이요 그리스도를 따름이 아니니"(골 2:8)라고 교훈함으로써 "철학" 또는 "헛된 속임수"에 지나지 않는 종교적 가르침을 "사람의 전통과 세상의 초등학문"이라고 분명히 말했습니다. 이는 아무리 훌륭한 철학과 가르침이라도 결국 그리스도의 복음에 결코 견줄 수 없는 "초등학문" 수준밖에 되지 않는다는 것입니다. 또한 "사람의 전통"이라고 함으로써 그 출처나 기원이 하나님이 아닌 사람임을 강조했습니다. 당시 바울이 전한 복음은 전적으로 부활하신 예수 그리스도로부터 받은 것임을 확실히 믿기를 바랍니다.

여기서 우리는 바울이 그가 전한 복음에 대해 "오직 예수 그리스도의 계시로 말미암은 것이라"고 한 말을 더 생각해볼 필요가 있습니다. 먼저 그가 전한 복음이 예루살렘에서 복음을 전하기 시작한 사도들로부터 받은 것이 아님을 강조한 것입니다. 이는 예루살렘 사도들의 권위 못지않게 그 역시 독자적인 권위를 부여받은 것이기에 바울이 전한 복음은 그들로부터 평가 또는 승인받을 필요가 없는 온전한 복음이라는 것입니다. 그러함에도 불구하고 갈라디아서 2장 8-9절 "베드로에게 역사하사 그를 할례자의 사도로 삼으신 이가 또한 내게 역사하사 나를 이방인의 사도로 삼으셨느니라 또 기둥 같이 여기는 야고보와 게바와 요한도 내게 주신 은혜를 알므로 나와 바나바에게 친교의 악수를 하였으니 우리는 이방인에게로, 그들은 할례자에게로 가게 하려 함이라"는 말과 같이 자신이 받은 복음을 전하는 일에 있어서는, 또는 사도로 세움을 받은 일에 대해서는 서로 대상만 다를 뿐 예루살렘 사도들과 다를 바 없다고 한 사실을 기억하기를 바랍니다.

갈라디아서 1장 11-12절은 우리가 생각하는 복음에 대해서 다시 한 번 그 정의를 바로 알게 하는 말씀이기도 합니다. 우리는 다양한 지역과 분야에서 전해져 오는 역사와 전통과 지식과 문화에 대해 의심을 할 수 있어야 합니다. 정치적으로 고안되거나 선정된 몇 가지 역사 책을 통해 과거로부터 현재까지 이어져 온 역사를 올바르게 배우고 있다고 생각해버리는 오류에 빠져 있지는 않습니까? 교과서를 통해 배워 온 우리나라 또는 민족의 역사가 맞을까요? 과연 고구리(고구려), 백제, 신라, 가야의 강역이 이 좁은 한반도에만 해당했을까요? 몽골 군대의 공격에도 결코 쉽게 무너지지 않았던 고리(고려, Corea)는 얼마나 큰 나라였을까요? 한 예로, 2016년 우리나라 어느 다큐멘터리 촬영팀이 교황청이 있는 바티칸 수장고에 방문했을 때 1333년에 교황이 고려왕(충숙왕)에게 보낸 편지 필사본이 발견되었는데(KBS 9시 뉴스, "교황이 고려 왕에게 보낸 '친서' 발견", 2016. 10. 04.), 유럽과 교류한 역사 기록을 200년 이상 앞당겨 고쳐야 할 정도의 중대한 발견이었습니다. 라틴어로 "*Regi Corum*"(고리인들의 왕)이라고 쓰여 있는데 복수 소유격 'Corum'은 주격으로 'Cori'(고리)가 됨을 알 수 있습니다. 2017년 새해 첫날 연합신문은 "*교황은 정말 고려 충숙왕에게 서신을 보냈을까*"라는 제목으로 기사를 게재했는데, 기사에 의하면, 교황 요한 22세가 당시 칸발리크(Khanbaliq, 중국 북경에 해당한 지역) 지역 대주교가 사망하자 니콜라우스(Nicolaus) 신부를 후임자로 임명하면서 그에게 서신을 함께 보낸 것이라 했습니다. 이 신문 기사는 'Corea'가 아닌 'Cori'라는 이유로, 또한 편지의 수신지가 한반도가 아닌 중국 북경지역(칸발리크)이라는 이유로 교황의 편지에 의문을 품은 내용이었습니다. 고리(고려)의 강역이 거기까지였을 수 있다는 사실을 확인해보는 노력은 왜 하지 않을까요? 조선시대와 일제 강점기의 관점에서 벗어나지 못하는 것은 아닐까요? 과연 우리는 제대로 배우고, 알고 있는 것일까요?

또한 우리가 지켜온 유교적 전통 즉 조상제사가 옳다고 생각하지는 않았습니까? 종묘(宗廟)와 사직(社稷)이 진짜로 왕권을 지켜주고 그로 인해서 나라가 든든히 서고 모든 백성이 안녕과 풍요를 누린다고 생각하지는 않았습니까? 미국에서 한동안 사회적으로 인정받아 온 의학적 지식이 미신적이고 개인적 신념으로 가득했다는 사실을 안다면 얼마나 충격적이겠습니까? 19세기 중후반에 척추측만증에 대한 치료적 접근이 활발해지기 시작했는데 미국의학협회 대표로 국제의학회의에 참석해서 골반관절 절개 시범까지 선보인 당대 최고의 외과의사 루이스 세

이어(Lewis A. Sayre, 1820-1900)는 당시 관절에 관한 강의를 책으로 엮어 출판했는데 외과 의사들에게 그의 책은 성서와 다름없는 책이었습니다. 그런데 그는 많은 종류의 병을 치료하기 위해 포경수술을 적극적으로 시도했고, 미국을 포경수술의 나라로 만들어버린 주역이나 다름없는 인물이었습니다. 그는 물론 그의 추종자들까지 많은 질병을 예방한다는 목적으로 포경수술을 장려했고, 수많은 책과 논문을 쏟아내며 포경수술 예찬론자가 되었습니다. 심지어 그를 비롯한 수많은 의사가 여성의 신경증에 대한 최고의 처방이 음핵절제(clitoridectomy)라고 확신할 정도였습니다. 1870년대부터 지금까지 약 150년 동안 미국은 유대교의 할례의식을 의료적 관점에서 매우 긍정적인 시각으로 보고 포경수술을 의학지식의 좋은 결과물로 여겨왔습니다. 최근에는 생후 즉시 하는 포경수술이 많이 줄어서 1/3 정도는 하지 않는다고 하지만 그러함에도 불구하고 여전히 2/3는 하고 있다는 사실입니다. 심지어 감리교의 창시자 존 웨슬레(John Wesley, 1703-1791)가 주창한 도덕적 '깨끗함'에 새로운 의미를 부여함으로써 위생 관념이 생겨났고, 그로 인해 주택에서 가장 중요한 것이 욕조가 되었으며, 위생적인 생활은 마치 신앙의 한 모습처럼 여겨지게 될 정도였습니다(데이비드 골래허[David L. Gollaher], 『할례, 포경수술, 성기훼손: 세계에서 가장 논쟁이 된 외과수술의 역사』, p.167.).

끝으로 문화에 대해서는 너무나도 많고 광범위해서 여기서 예를 들지는 않겠습니다. 그러나 우리는 사람들의 문화가 얼마나 비성경적인 것들로 가득 차 있는지 알고 있습니다. 심지어 교회조차 성경을 잘못 해석하고 피상적으로 받아들여서 세속문화와 이교 문화까지 수용하고 있는 현실입니다. 대표적으로 성탄절 문화와 부활절 문화는 교회에서

척결되어야 하는 비성경적이고 이교도적인 문화입니다. 결국 이런 역사와 전통과 지식과 문화가 복음에 스며들어 복음을 왜곡하고 변질시키는 것임을 깨닫기를 바랍니다.

복음을 왜곡하는 일은 어리석고 교만한 사람의 생각에서 비롯됩니다. 갈라디아 교회들을 혼란스럽게 해서 잘못된 길로 빠지게 한 것은 곧 역사와 전통과 지식과 문화에서 비롯되었습니다. 그러기에 누구보다도 사도 바울은 복음이야말로 역사를 통해 전해져 오는 이야기도 아니요, 전통으로 물려받은 것도 아니며, 지식을 통해 발견한 것도 아니며, 문화를 통해 형성된 것도 아니라, 오로지 그리스도의 계시로 주어진 것이라고 명확하고 확실하게 가르쳤던 것입니다. "형제들아 내가 너희에게 알게 하노니 내가 전한 복음은 사람의 뜻을 따라 된 것이 아니니라 이는 내가 사람에게서 받은 것도 아니요 배운 것도 아니요 오직 예수 그리스도의 계시로 말미암은 것이라"는 사도 바울의 교훈을 진지하게 받아들여서 성경에서 복음의 진수를 풍성하게 찾아내는 여러분이 되기를 바랍니다. 아멘.

(2024년 4월 21일)

᾽Ὦ ἀνόητοι Γαλάται, τίς ὑμᾶς ἐβάσκανεν

어리석도다 갈라디아 사람들아, 누가 너희를 꾀더냐(갈 3:1)

제4강

나를 택정하시고
은혜로 부르신 하나님

갈라디아서 1장 13-17절

13. 내가 이전에 유대교에 있을 때에 행한 일을 너희가 들었거니와 하나님의
교회를 심히 박해하여 멸하고
14. 내가 내 동족 중 여러 연갑자보다 유대교를 지나치게 믿어 내 조상의
전통에 대하여 더욱 열심이 있었으나
15. 그러나 내 어머니의 태로부터 나를 택정하시고 그의 은혜로 나를 부르신 이가
16. 그의 아들을 이방에 전하기 위하여 그를 내 속에 나타내시기를 기뻐하셨을
때에 내가 곧 혈육과 의논하지 아니하고
17. 또 나보다 먼저 사도 된 자들을 만나려고 예루살렘으로 가지 아니하고
아라비아로 갔다가 다시 다메섹으로 돌아갔노라

갈라디아 지역 교회들을 향해 "형제들아"라고 부르면서, 사도 바울
은 격노했던 감정을 누그러뜨리고 그가 전한 복음의 진실성에 대해 강
조했는데, 복음을 그리스도의 계시로 받은 것이라고 했습니다. 이어서
그는 그에게 주어진 사도직의 진정성을 주장하기 위해 그의 과거와 현
재를 간략하게 요약해서 어떻게 사도가 되었는지 설명했습니다. 박해
자였던 사울이 가장 위대한 복음 전도자요 신약성경 상당 부분을 기록
한 사도가 되도록 바울을 택하시고 부르시고 변화시킨 하나님의 능력
에 대해 오늘 살펴볼 본문을 통해 깨닫는 시간이 되기를 바랍니다.

13-14절 "내가 이전에 유대교에 있을 때에 행한 일을 너희가 들었거
니와 하나님의 교회를 심히 박해하여 멸하고 내가 내 동족 중 여러 연
갑자보다 유대교를 지나치게 믿어 내 조상의 전통에 대하여 더욱 열심
이 있었으나"라는 고백을 통해 그가 교회를 박해한 자였음을 강조했
습니다. 누구보다도 유대교에 충실한 나머지 유대교에 큰 위협적 존재

가 된 교회에 대해 얼마나 혹독하게 박해했는지를 말했습니다. 그가 아그립바(헤롯왕) 앞에서 변론했던 내용을 보면 대제사장들에게 권한을 받아 그리스도를 믿는 신자들을 체포해서 감옥에 가둔 일, 그들에게 사형을 내리기 위한 재판을 할 때 찬성표를 던진 일, 회당마다 돌아다니면서 처벌받을 자들을 찾아낸 일, 심지어 그들에게 강제로 시켜서 예수를 저주하게 한 일, 그밖에 외국 지역까지 가서 신자들을 괴롭히고 박해한 일을 고백했습니다(행 27:9-12). 예수를 믿기 전에 그가 예수 믿는 자들을 얼마나 박해했는지를 고백했는데, 당시 바울은 그리스도인들이 가장 무서워했던 인물 중 하나였습니다. 바울이 그렇게 했던 이유는 자신이 몸담았던 유대교에 대한 지나친 믿음 때문이었고, 조상 대대로 내려온 전통을 누구보다 열심히 지키다 보니 그런 유대교 신앙에 있어서 가장 큰 위협이 되는 그리스도인들을 박해했던 것입니다. 이 일에 대해 "내가 이전에 유대교에 있을 때에 행한 일을 너희가 들었거니와"라고 말한 것은 사도가 되기 전 바울의 유대교 신앙은 누구보다도 헌신적이었음을 강조한 것입니다. 바울은 자기가 신봉했던 유대교가 여호와 하나님을 바르게 섬긴다고 생각한 것이고, 그리스도를 믿는 교회는 유대교를 방해하고 무너뜨릴 수 있는 이단 종파라 생각했던 것입니다. 바울은 특히 당시 가장 권위가 높았던 산헤드린 공회의 지도자 가말리엘(Gamaliel) 문하생 중 한 사람이었고, 장래가 촉망되는 바리새인이었습니다. 사도행전 22장 3-4절 "나는 유대인으로 길리기아 다소에서 났고 이 성에서 자라 가말리엘의 문하에서 우리 조상들의 율법의 엄한 교훈을 받았고 오늘 너희 모든 사람처럼 하나님께 대하여 열심이 있는 자라 내가 이 도를 박해하여 사람을 죽이기까지 하고 남녀를 결박하여 옥에 넘겼노니"라는 고백에서도 알 수 있듯이, 유대교에 대한 열정과 헌신은 물론이고 최고의 학자가 되기 위한 충분한 교육을 받은 사람임을 강조했습니다. 특히 조상으로부터 내려오는 전통(구전, Oral Law)에 관한 한 누구보다도 더 열심히 지켜왔다고 말했습니다. 그런데 14절 "내가 내 동족 중 여러 연갑자보다 유대교를 지나치게 믿어 내 조상의 전통에 대하여 더욱 열심이 있었으나"라고 말한 것은 과거에는 그랬지만 지금은 그런 사람이 더 이상 아니라는 말을 하기 위한 것이고, 전혀 다른 사람이 되었다고 이야기하고자 한 것입니다. 또한 사람은 얼마나 어리석고 교만한 존재인가를 깨달아야 합니다. 특히 지식이 쌓일수록 교만해지기 쉬운 법입니다. 바울은 가말리엘 문하에서 자신의 지식이 쌓일수록 마치 자기가 세상에서 가장 학식이 풍부하고, 그로 인해서 깊은 통찰력과 올바른 판단력을 가지게 된 줄로 알았을 것입니다. 교만한 바울은 하나님이 보내신 구원자를 알지 못하는 어리석음 때문에 교회를 박해했던 것입니다. 존 칼빈(John Calvin)은 『기독교강요』 제2권 제1장에서 우리 자신을 바르게 아는 지식에 대해 논하면서 인간이 창조되었을 때 얼마나 위대하고 탁월한 상태였는가를 아는 것이 우선이고, 인간의 타락 이후 얼마나 비참한 상태가 되었는가를 아는 것이 그다음이라고 했고, 이러한 지식이 없으면 사람은 본성적으로 자기도취에 빠지게 된다고 했으며, 그 결과 자기를 자랑하고 자기를 신뢰하게 된다고 했습니다. 바울은 유대교에 열심을 가진 자기 자신을 신뢰하고 결국에는 사람들을 죽이는 일에 앞장서는 악독한 자가 되고 말았던 것입니다. 그는 자기 자신에 대한 올바른 지식도 없었고 그래서 결과적으로 하나님에 대한 올바른 지식도 없었던 것입니다. 인간은 자신이 교만하고 악하고 비참한 상태에 있음을 알아야 비로소 하나님을 향하게 됨을 잊지 말기를 바랍니다(존 칼빈, 『기독교강요』, 제2권 제1장).

15절 "그러나 내 어머니의 태로부터 나를 택정하시고 그의 은혜로 나를 부르신 이가"라는 말씀을 통해 하나님의 예정 가운데 그가 그리스도의 복음을 전하는 자로 부르심을 받았으며, 그리스도를 구원자로 믿도록 하나님이 그를 은혜로 부르셨다고 했습니다. 16절 *"그의 아들을 이방에 전하기 위하여 그를 내 속에 나타내시기를 기뻐하셨을 때에 내가 곧 혈육과 의논하지 아니하고"*라는 말씀을 통해서 확실히 알 수 있는 것은 하나님의 아들을 이방인들에게 전하는 사도가 되도록 하나님이 바울을 따로 구별해서 세우셨다는 사실입니다. 이 부분에서 '택정하셨다'는 말과 '부르셨다'는 말은 헬라어 시제로 '아오리스트'(aorist)라고 하는데, 이는 과거나 현재나 미래에 상관없이 단순 발생한 일로 완결적 특징이 있습니다. 딱 한 번의 일이든, 특정 기간에 여러 번 발생한 일이 완결된 사건이든 하나의 사건으로 종결된 것을 나타냅니다. 그러므로 사도 바울을 하나님이 부르시고 택하신 일은 바울의 행동이나 생각과는 전혀 상관없이 하나님이 친히 행하셔서 완결 지으신 하나의 사건이라는 뜻입니다. 바울이 하나님의 사람으로 선택받기 위해 사전에 준비해서 행해야 할 일은 없었다는 뜻입니다. 바울이 하나님의 종으로 세움을 받기 위해 그가 스스로 행할 수 있는 일은 아무것도 없었습니다. 선택과 부르심의 주체는 하나님이라는 사실입니다. 이 구절과 다음 구절(16절)을 통해서 우리는 하나님이 바울을 이방인을 위한 사도로 예정하셨다는 사실을 알아야 합니다. 다만 여기서 우리는 하나님이 바울을 이방인의 사도로 예정하셨다는 점에서 그 예정을 이해하는 일보다 예정하신 하나님의 지혜와 능력을 찬양할 수 있기를 바랍니다(『기독교강요』, 제3권 제21장 1–4절). 16절 *"그의 아들을 이방에 전하기 위하여 그를 내 속에 나타내시기를 기뻐하셨을 때에 내가 곧 혈육과 의논하지 아니하고"*에서 알 수 있듯이 부활하신 그리스도를 만났을 때 하나님의 예정에 대해 확신하게 되었으나 그러한 신비에 대해 좀 더 알아보고 확인하기 위해 가족과 친척과 동료와 의논하지 않았다는 것은 하나님의 뜻에 대한 즉각적인 순종을 의미하고, 하나님의 예정에 대한 찬양을 의미합니다. 다르게 표현하자면, 부활하신 예수님을 만나고 나서 유대교에 헌신적이었던 자신이 어리석고 교만하고 악하고 무능한 존재였음을 확실히 깨달은 것입니다. 예수님이 승천하신 후로는 사람들이 말씀을 듣고 성령을 받음으로써 예수 그리스도를 영접하게 되고, 자기 자신이 이 세상에서 어리석고 교만하고 악한 자였다는 사실을 비로소 깨닫게 됩니다. 예수님을 영접한 사람은 자기 자신이 죽음을 피할 수 없고, 죽음이라는 것으로부터 자유롭지 못한 무능한 존재였음을 깨닫게 됩니다. 이 세상에서 아무리 존귀하고 지식이 뛰어나다고 할지라도 영원히 살지 못하고, 아무리 재물이 많고 부유한 인생을 살더라도, 아무리 사람들로부터 칭찬을 듣는다고 할지라도, 그리스도를 영접하지 않은 사람이라면 "멸망하는 짐승"이요 "스올의 권세"에서 벗어나지 못한다는 사실(시편 49편)을 확실히 깨닫기를 바랍니다.

또한 "그의 아들을 이방에 전하기 위하여 그를 내 속에 나타내시기를 기뻐하셨을 때에"라고 함으로써 다메섹으로 가는 길에서 예수님을 만난 후 그의 회심과 사도로서 사명 받은 일이 동시에 이루어졌음을 강조했습니다. 바울은 부활하신 그리스도를 본 것뿐만 아니라, 그리스도에 대해서 분명히 계시해주신 하나님의 특별한 은혜를 받게 된 것입니다. 그래서 그리스도의 죽음과 부활에 대해, 구원의 길에 대해 명확히 알게 되었고, 율법을 지킴으로써 구원받는 것이 아니라는 사실을 알게 된 것입니다. 바울은 하나님이 자신을 이방인들을 위한 사도로 택하셔서 그리스도의 복음을 전하는 사명을 주셨다는 명확한 소명 의식을 가지고 갈라디아 교회들에게 편지한 것임을 확실히 믿기를 바랍니다.

끝으로 17절 "또 나보다 먼저 사도 된 자들을 만나려고 예루살렘으로 가지 아니하고 아라비아로 갔다가 다시 다메섹으로 돌아갔노라"는 말씀은 그가 복음에 대해 알기 위해서, 예수 그리스도에 대해 더 정확히 알기 위해서 "먼저 사도 된 자들"을 필요로 하지 않았다는 뜻입니다. 그 정도로 예수님에 대해, 복음에 대해 정확히 알게 되었다는 것입니다. 예수님을 만나기 전에는 누구보다도 사람의 권위와 전통을 중시했던 그였기에, 만약에 예루살렘으로 가서 바로 사도들을 만나서 교제하고, 사도로 부르심을 받았음을 공인받고 그가 받은 복음에 대해 평가받은 후 그리스도를 전하기 시작한다면 그는 예수 그리스도의 권위보다 사도들의 권위를 더 높이는 결과를 초래하는 일이 될 것으로 생각을 했을 것입니다. 그가 비록 가장 나중에 사도가 되었지만, 권위에 관해서는 "먼저 사도 된 자들"과 다를 바 없음을 말한 것입니다.

"아라비아로 갔다가 다시 다메섹으로 돌아갔노라"는 말씀에서 "아라비아"는 다메섹에 가까운 지역인 것 같습니다. 당시 나바테아(Nabatea) 왕국이 자리하고 있었는데, 고린도후서 11장 32절을 보면 아레다 왕(나바테아 왕 아레타스 4세)이 언급되어 있습니다. 바울은 나바테아 왕국의 중심 도시였던 페트라(Petra)에서도 복음을 전한 것으로 추정되고, 아라비아 지역에 있는 동안(약 3년) 경건 훈련은 물론이고 계시로 받은 복음에 대해 정리했던 것 같습니다. 정확히 무엇을 했는지는 성경에 기록된 내용이 없어서 그렇게 짐작할 수밖에 없습니다. 그리고 바울이 다메섹으로 다시 돌아간 것은 오랜 기간이 지난 후였는데, 사도행전 9장 22-23절 "사울은 힘을 더 얻어 예수를 그리스도라 증언하여 다메섹에 사는 유대인들을 당혹하게 하니라 여러 날이 지나매 유대인들이 사울 죽이기를 공모하더니"라는 말씀을 보면 "여러 날"로 번역되어 있어서 아주 짧은 기간으로 이해할 수 있습니다. 그러나 "매우 긴 기간" 또는 "상당히 오랜 기간"으로 번역되어야 마땅합니다. 결국 잠언 16장 9절 "사람이 마음으로 자기의 길을 계획할지라도 그의 걸음을 인도하시는 이는 여호와시니라"는 말씀처럼 바울은 유대교에 대한 믿음이 남달라서 스스로 다메섹으로 가서 예수님의 제자들을 체포해서 오려고 계획한 후 실행에 옮겼지만, 그의 발걸음을 인도하시는 분은 하나님이었음을 깨닫기를 바랍니다. 사도행전 9장 1-5절을 보면 확실히 알 수 있습니다.

1. 사울이 주의 제자들에 대하여 여전히 위협과 살기가 등등하여 대제사장에게 가서
2. 다메섹 여러 회당에 가져갈 공문을 청하니 이는 만일 그 도를 따르는 사람을 만나면 남녀를 막론하고 결박하여 예루살렘으로 잡아오려 함이라
3. 사울이 길을 가다가 다메섹에 가까이 이르더니 홀연히 하늘로부터 빛이 그를 둘러 비추는지라
4. 땅에 엎드러져 들으매 소리가 있어 이르시되 사울아 사울아 네가 어찌하여 나를 박해하느냐 하시거늘
5. 대답하되 주여 누구시니이까 이르시되 나는 네가 박해하는 예수라

바울은 자기의 생각과 결정에 대해 스스로 옳다고 여기고, 심지어 그가 행하는 일이 하나님의 뜻에 부합된 일이라 생각했을 것입니다. 그러나 하나님은 그를 이방인을 위한 그리스도의 사도로 예정하셨고, 때가 되어 그를 부르셨습니다. 하나님은 그의 생각이나 계획과는 전혀 다른 방향으로 바꾸어 그를 사용하신 것입니다. 바울은 부활하신 예수님을 만나기 전에는 오로지 자기중심적으로 생각했던 사람이었습니다. 자기가 배우고 얻은 지식을 최고로 여겼으며, 자기가 믿는 유대교 전통

을 가장 중시해왔고, 자기 선조들로부터 내려온 역사를 자랑스럽게 여겼으며, 그가 속한 유대인의 문화를 이방인의 문화보다 우월한 것으로 여겨왔습니다. 마찬가지로 예수님을 믿지 않는 자들은 여전히 자기중심적으로 세상을 이해하고 살아갑니다. 자기가 경험하거나 배워서 얻은 지식을 최고로 여깁니다. 또한 자기가 믿는 철학이나 종교를 신봉하고, 종교적 전통을 중시합니다. 그리고 자기가 속한 공동체의 문화에 대해 자긍심을 가지곤 합니다. 설령 법적으로나 사회적으로 문제가 있거나 비도덕적이고 비상식적인 문화라 할지라도 바람직한 것으로 여기는 경향이 있습니다. 그래서 사람들이 스스로 선택하거나 결정하는 것을 통해 그리스도를 구원자로 믿는 것이 불가능한 일인 것입니다. 하나님의 부르심이라는 은혜가 없이는 결코 하나님이 보내신 구원자 예수 그리스도를 믿을 수 없음을 깨닫기를 바랍니다. 구원자 예수 그리스도를 영접하는 일은 곧 자기 자신을 버리는 것이기 때문에 바울은 빌립보 교회에 쓴 편지에서 그동안 자신에게 유익했던 모든 것들을 이제 그리스도를 위해서는 해로운 것들이라 여김으로써 잃어버리고자 했고 심지어 배설물로 여겼다고 했습니다(빌 3:7-9). 어떻게 바울에게 이런 변화가 생겼을까요? 예수 그리스도를 믿는 제자들을 모조리 잡아 가두고 처단하려 했던 사람 맞나요? 우리는 명백히 알아야 합니다. 이런 변화는 오로지 하나님의 선택과 부르심에 있다는 사실입니다. 사도 바울을 변화시킨 하나님이 우리를 그리스도 안에서 택하시고 부르실 때 우리는 그리스도를 믿어야 할지 말아야 할지 가족과 친척과 친구와 의논하지 않습니다. 하나님의 선택과 부르심에는 우리가 하나님의 뜻에 거부할 수 없이 순종하게 하는 능력이 있음을 확실히 믿기를 바랍니다. 아멘.

(2024년 4월 28일)

제5강

그리스도인들을 박해하던
자의 변화

갈라디아서 1장 18-24절

18. 그 후 삼 년 만에 내가 게바를 방문하려고 예루살렘에 올라가서 그와 함께 십오 일을 머무는 동안
19. 주의 형제 야고보 외에 다른 사도들을 보지 못하였노라
20. 보라 내가 너희에게 쓰는 것은 하나님 앞에서 거짓말이 아니로다
21. 그 후에 내가 수리아와 길리기아 지방에 이르렀으나
22. 그리스도 안에 있는 유대의 교회들이 나를 얼굴로는 알지 못하고
23. 다만 우리를 박해하던 자가 전에 멸하려던 그 믿음을 지금 전한다 함을 듣고
24. 나로 말미암아 하나님께 영광을 돌리니라

　지난 주일에는 1장 13-17절 말씀을 통해 바울의 극적인 변화를 가능케 한 하나님의 능력에 대해 살펴보았습니다. 유대교 신앙에 대해 열심이었던 바울이 맺은 열매는 놀랍게도 예수 그리스도를 믿는 자들에 대한 극렬한 박해였습니다. 그것은 곧 그가 믿는다고 여겼던 하나님이 보내신 구원자 예수 그리스도를 박해하는 결과로 이어지고 말았습니다. 스스로 여호와 하나님을 잘 믿는다고 자부했지만, 그는 실제로 하나님을 가장 무시하고 모독한 자였던 것입니다. 우리에게 있는 하나님에 대한 열렬한 신앙이 단지 지식에 기초하고, 전통으로 이어받고, 역사에서 기인하고, 문화에서 형성된 것이라면 바울이 가졌던 잘못된 신앙처럼 하나님이 보내신 구원자를 외면하거나 적대시하게 된다는 사실을 잊지 말아야 합니다. 참다운 신앙은 반드시 하나님의 계시 곧 성경에 기초합니다. 바울 사도가 그리스도로부터 직접 복음을 받았기에 그의 사도직 역시 그리스도로부터 직접 주어진 것임을 오늘 살펴볼 본문을 통해서 확실히 깨닫기를 바랍니다.

18절 "그 후 삼 년 만에 내가 게바를 방문하려고 예루살렘에 올라가서 그와 함께 십오 일을 머무는 동안"이라는 말은 게바 즉 베드로를 만나 교제하기 위해 예루살렘으로 향했는데, 그가 그리스도로부터 복음을 받은 후 3년이 되어서 베드로를 만나고자 했다는 것입니다. 이는 그가 회심한 후에 복음을 전했을 때 그 복음이 예루살렘에 있는 예수 그리스도의 제자들을 만나 전해 받은 것이 아님을 분명히 한 것입니다. 또한 베드로를 만나서 15일간 함께 함으로써 사도가 된다는 것 역시 어불성설이기에 바울의 사도직이 예루살렘에 있는 사도들에 의해 주어진 것이 아니라 전적으로 하나님에 의해 주어진 것임을 다시 한번 확실히 믿기를 바랍니다.

19절 "주의 형제 야고보 외에 다른 사도들을 보지 못하였노라"고 말한 것은 같은 사도로서 베드로를 만나서 교제를 나누기 위해 간 것이며, 다른 사도들을 모두 만나서 그들로부터 자신의 사도직을 인정받으려 한 것이 아님을 강조하기 위한 것이라 할 수 있습니다. 15일간 머무는 동안 베드로 외에 다른 사도 중에서는 오직 야고보만 봤다고 했습니다. 만약 바울이 복음을 예루살렘에서 사도들로부터 받았다면 사도들과 최소한 몇 개월에서 길게는 몇 년 동안 함께 지냈을 것입니다. 만약 바울이 사도직을 예루살렘에서 사도들로부터 받았다면 사도들 전부 또는 대부분을 만났어야 했을 것입니다. 18절과 19절을 통해 바울 사도가 말하고자 한 것은 시간적으로나 그가 만난 사도들의 수로 보나 결코 복음을 그들로부터 받은 것이 아니고, 사도직을 그들로부터 부여받은 것도 아니라는 사실입니다. 특히 20절 "보라 내가 너희에게 쓰는 것은 하나님 앞에서 거짓말이 아니로다"라고 한 말에서 그가 그렇게 주장한 것임을 확실히 알 수 있습니다. 11절부터 19절까지 내용을 통해서 바울이 강조한 것은 그가 전한 복음이 "예수 그리스도의 계시로 말미암은 것"이고, 그의 사도직이 전적으로 하나님에 의해서 주어진 것입니다(15–17절). 바울은 자신을 믿지 못하는 사람들이 많았기에 때때로 하나님 또는 그리스도를 언급하면서 자신이 거짓말을 하고 있지 않다고 강력하게 주장했습니다. 고린도후서 11장 31절 "주 예수의 아버지 영원히 찬송할 하나님이 내가 거짓말 아니하는 것을 아시느니라"와 로마서 9장 1절 "내가 그리스도 안에서 참말을 하고 거짓말을 아니하노라 나에게 큰 근심이 있는 것과 마음에 그치지 않는 고통이 있는 것을 내 양심이 성령 안에서 나와 더불어 증언하노니"라고 한 것이 대표적입니다. 바울은 그리스도를 만나서 계시받았고, 성령의 인도하심 가운데 복음을 전했기 때문에 그렇게 말할 수 있었던 것입니다. 그는 일종의 맹세로 자신의 주장에 대한 정당성을 갈라디아 교회들을 향해 강조했습니다. 웨스트민스터 신앙고백서(Westminster Confession of Faith) 22장 3항에 의하면 "맹세하는 자는 맹세가 엄숙한 행동이라는 중대성을 알고 진리로 확신하는 것만을 맹세해야 하며"라고 되어 있습니다. 바울은 하나님으로부터 특별한 부르심을 받아 이방인들을 위한 사도로 세움을 받았고, 그리스도의 계시로 복음을 받았기에 그의 말은 결코 거짓이 아니었으며, 충분히 맹세할 수 있었던 것입니다.

우리는 종종 어떤 계기로 예수님을 믿게 되었는지 사람들에게 질문을 받곤 합니다. 무신론자였던 사람들이, 또는 다른 종교에서 적극적으로 활동했던 사람들이 그리스도를 믿고 회개한 사례는 헤아릴 수 없이 많습니다. 특별하고도 결정적인 계기로 예수님을 믿게 된 사람들도 있겠지만, 별다른 계기 없이 평범한 가정이나 기독교적인 배경에서 자연스럽게 예수님을 믿게 되는 사람들도 많습니다. 사도 바울은 예수님을 믿는 자들을 박해하다가 부활하신 예수님을 직접 만나게 됨으로써 박해자에서 사도로 변한 사람이었습니다. 그러나 바울의 회심처럼 극적인 경우는 찾아보기 힘들 것입니다. 그의 회심은 성경에 자세히 기록되어 있기에 하나님의 선택과 부르심에 대해, 그리고 믿음과 순종에 대해 찾아볼 수 있습니다. 사도행전 9장, 22장, 그리고 26장에는 그가 언제 어떻게 예수 그리스도를 만나게 되었는지 기술되어 있습니다. 9장 1절부터 25절까지 내용은 바울(사울)이 세계에서 가장 오래된 도시 중 하나인 다메섹(다마스쿠스, 현 시리아 남서부)에서 그에게만 특별히 나타나신 예수 그리스도를 만나 제자가 된 놀라운 사건이 다음과 같이 기록되어 있습니다. 지금까지 이 세상을 살다가 간 모든 그리스도인 중에 바울처럼 갑작스럽고 극적인 변화를 경험한 사람은 많지 않을 것입니다. 그렇기에 사람들이 세상에 태어나 인생을 살다가 이 사건에 대해 알거나 듣지도 못하고 죽는 것처럼 불쌍한 일은 없을 것입니다. 예수 그리스도의 교회를 박해하던 바울에게 나타나셔서 그를 사도로 삼으신 예수님의 능력을 성경에 기록된 내용을 통해 볼 수 있기를 바랍니다.

1. 사울이 주의 제자들에 대하여 여전히 위협과 살기가 등등하여 대제사장에게 가서
2. 다메섹 여러 회당에 가져갈 공문을 청하니 이는 만일 그 도를 따르는 사람을 만나면 남녀를 막론하고 결박하여 예루살렘으로 잡아오려 함이라
3. 사울이 길을 가다가 다메섹에 가까이 이르더니 홀연히 하늘로부터 빛이 그를 둘러 비추는지라
4. 땅에 엎드려져 들으매 소리가 있어 이르시되 사울아 사울아 네가 어찌하여 나를 박해하느냐 하시거늘
5. 대답하되 주여 누구시니이까 이르시되 나는 네가 박해하는 예수라
6. 너는 일어나 시내로 들어가라 네가 행할 것을 네게 이를 자가 있느니라

하시니

7. 같이 가던 사람들은 소리만 듣고 아무도 보지 못하여 말을 못하고 서 있더라

8. 사울이 땅에서 일어나 눈은 떴으나 아무 것도 보지 못하고 사람의 손에 끌려 다메섹으로 들어가서

9. 사흘 동안 보지 못하고 먹지도 마시지도 아니하니라

10. 그 때에 다메섹에 아나니아라 하는 제자가 있더니 주께서 환상 중에 불러 이르시되 아나니아야 하시거늘 대답하되 주여 내가 여기 있나이다 하니

11. 주께서 이르시되 일어나 직가라 하는 거리로 가서 유다의 집에서 다소 사람 사울이라 하는 사람을 찾으라 그가 기도하는 중이니라

12. 그가 아나니아라 하는 사람이 들어와서 자기에게 안수하여 다시 보게 하는 것을 보았느니라 하시거늘

13. 아나니아가 대답하되 주여 이 사람에 대하여 내가 여러 사람에게 듣사온즉 그가 예루살렘에서 주의 성도에게 적지 않은 해를 끼쳤다 하더니

14. 여기서도 주의 이름을 부르는 모든 사람을 결박할 권한을 대제사장들에게서 받았나이다 하거늘

15. 주께서 이르시되 가라 이 사람은 내 이름을 이방인과 임금들과 이스라엘 자손들에게 전하기 위하여 택한 나의 그릇이라

16. 그가 내 이름을 위하여 얼마나 고난을 받아야 할 것을 내가 그에게 보이리라 하시니

17. 아나니아가 떠나 그 집에 들어가서 그에게 안수하여 이르되 형제 사울아 주 곧 네가 오는 길에서 나타나셨던 예수께서 나를 보내어 너로 다시 보게 하시고 성령으로 충만하게 하신다 하니

18. 즉시 사울의 눈에서 비늘 같은 것이 벗어져 다시 보게 된지라 일어나 세례를 받고

19. 음식을 먹으매 강건하여지니라 사울이 다메섹에 있는 제자들과 함께 며칠 있을새

20. 즉시로 각 회당에서 예수가 하나님의 아들이심을 전파하니

21. 듣는 사람이 다 놀라 말하되 이 사람이 예루살렘에서 이 이름을 부르는 사람을 멸하려던 자가 아니냐 여기 온 것도 그들을 결박하여 대제사장들에게 끌어 가고자 함이 아니냐 하더라

22. 사울은 힘을 더 얻어 예수를 그리스도라 증언하여 다메섹에 사는 유대인들을 당혹하게 하니라

23. 여러 날이 지나매 유대인들이 사울 죽이기를 공모하더니

24. 그 계교가 사울에게 알려지니라 그들이 그를 죽이려고 밤낮으로 성문까지 지키거늘

25. 그의 제자들이 밤에 사울을 광주리에 담아 성벽에서 달아 내리니라

본문 21절 "그 후에 내가 수리아와 길리기아 지방에 이르렀으나"라고 한 말은 예루살렘 사도들과는 전혀 다른 지역에서 복음을 전했다는 뜻입니다. 수리아의 안디옥이나 소아시아 지역의 길리기아는 예루살렘과 아주 멀리 떨어진 곳으로 바울이 예루살렘 교회의 사도들과는 달리 독자적인 사역을 감당했음을 나타냅니다. 게다가 "그리스도 안에 있는 유대의 교회들이 나를 얼굴로는 알지 못하고"(22절)라고 함으로써 유다 여러 지역의 교회들조차 바울의 얼굴을 알지 못한다고 했습니다. 이어서 "다만 우리를 박해하던 자가 전에 멸하려던 그 믿음을 지금 전한다 함을 듣고"(23절)라고 함으로써 이전에 그리스도를 믿는 것 때문에 박해했던 바울이 회심을 한 후에는 오히려 "그 믿음"을 전하는 자가 되었고, 그와 그 일이 유다 땅에 존재하는 교회들에게 널리 알려져 있음을 갈라디아 교회들에게 강조한 것입니다. 그리고 24절 "나로 말미암아 하나님께 영광을 돌리니라"는 말을 덧붙였습니다. 이는 바울을 박해자로 알았던 유대의 교회들이 복음을 전하는 자로 완전하게 변화된 바울의 인생을 통해서 하나님께 영광을 돌리고 있다는 말을 한 것입니다. 이들은 바울의 얼굴을 보지 못한 사람들이고, 다만 박해자였던 바울이 어떻게 사도로 부르심을 받아 복음을 전하게 되었는지 사람들에게 전해서 들은 것밖에 없었습니다. 그러함에도 불구하고 그들은 바울의 변화된 삶을 통해 하나님께 영광을 돌렸다는 것입니다. 그러나 갈라디아 교회들은 바울을 직접 보고, 함께 시간을 보내고, 그의 가르침을 직접 받았음에도 불구하고 하나님께 영광을 돌리기는커녕 바울이 전한 복음을 외면하고, 바울의 사도직까지 의심하게 되었다는 것을 부각한 것임을 깨닫기를 바랍니다.

끝으로 24절을 통해 우리는 한 가지 더 교훈을 얻어야 하는데, *"나로 말미암아 하나님께 영광을 돌리니라"*는 말씀과 같이 사도 바울의 능력을 체험하고 나서 바울에게 영광을 돌리는 일은 없어야 한다는 사실입니다. 사람들은 과거에도 그랬고, 현재에도 그러고 있고, 앞으로 계속 그럴 수 있습니다. 특별한 은사를 가진 사람을 보면 쉽게 그 사람을 신격화하는 나쁜 경향이 사람들에게 있습니다. 오늘날 바울과 같은 사람을 본다면 그런 사람을 극진히 모시고 신격화하는 사람들이 많을 것입니다. 사람들이 그만큼 타락한 상태에 있기에 능력과 은사를 주신 하나님을 보기보다는 그런 능력과 은사를 받은 사람을 보고 숭배하려는 경향이 생기게 마련입니다. 그리스도를 믿고 변화된 사람을 보거나, 하나님이 주신 은사를 통해 특별한 능력을 행하는 사람을 보거나, 우리가 해야 할 것은 하나님께 영광을 돌리는 일임을 확실히 깨닫기를 바랍니다. 또한 세상에서 큰 권위를 가지고 있고, 수준 높은 지식과 높은 신분의 사람이라도, 하나님의 말씀에서 벗어난 주장을 하거나 성경의 교훈에 반하는 행위를 요구한다면 *"다른 복음"* 즉 *"가짜 복음"*을 전하고 있다는 사실을 깨닫고 미혹되지 않기를 바랍니다. 아멘.

(2024년 5월 5일)

Ὦ ἀνόητοι Γαλάται, τίς ὑμᾶς ἐβάσκανεν

어리석도다 갈라디아 사람들아, 누가 너희를 꾀더냐(갈 3:1)

그리스도 예수 안에서 가진 자유

갈라디아서 2장 1-5절

1. 십사 년 후에 내가 바나바와 함께 디도를 데리고 다시 예루살렘에 올라갔나니
2. 계시를 따라 올라가 내가 이방 가운데서 전파하는 복음을 그들에게 제시하되 유력한 자들에게 사사로이 한 것은 내가 달음질하는 것이나 달음질한 것이 헛되지 않게 하려 함이라
3. 그러나 나와 함께 있는 헬라인 디도까지도 억지로 할례를 받게 하지 아니하였으니
4. 이는 가만히 들어온 거짓 형제들 때문이라 그들이 가만히 들어온 것은 그리스도 예수 안에서 우리가 가진 자유를 엿보고 우리를 종으로 삼고자 함이로되
5. 그들에게 우리가 한시도 복종하지 아니하였으니 이는 복음의 진리가 항상 너희 가운데 있게 하려 함이라

　　우리는 지난 주일 본문을 통해서 바울 사도가 그리스도로부터 직접 복음을 받았고, 그의 사도직 역시 그리스도로부터 직접 받았다는 사실을 더욱 확실히 알게 되었습니다. 이제 우리는 오늘 본문을 통해 사도 바울이 처음부터 독자적으로 이방인들을 대상으로 복음을 전했지만, 그가 전한 복음이 예루살렘 사도들이 전한 복음과 다른 것이 아니라는 사실을 확실히 알게 될 것입니다. 또한 예루살렘 사도들 역시 바울을 사도로 인정한 사실을 알게 될 것입니다. 갈라디아서 2장 1-5절은 바울이 예루살렘 사도들을 만나서 대담을 가졌다는 내용입니다. 이 내용을 통해서 사도 바울이 당시 갈라디아 교회들에게 무엇을 말하고자 했고, 지금 우리에게 무엇을 말하고 있는지 깨닫기를 바랍니다.

　　1절 "십사 년 후에 내가 바나바와 함께 디도를 데리고 다시 예루살렘

에 올라갔나니"라고 함으로써 언제 누구와 어디를 갔는지 말해줍니다. "십사 년 후"는 언제부터 14년을 말하는 것인지 정확하지는 않지만 대체로 다메섹에서 예수 그리스도를 만나고 나서 처음 예루살렘에 방문한 후 14년을 말한 것으로 이해합니다. 사도행전을 통해서 바울이 예루살렘을 모두 다섯 차례 방문했음을 알 수 있는데, 다메섹을 떠난 후 15일간(행 9:26-30, 갈 1:18-20), 기근 때 구제헌금 전달을 위해(행 11:27-30, 12:25), 예루살렘 총회 참석(행 15:1-30), 제2차 전도여행 후(행 18:22), 그리고 제3차 전도여행 후(행 21:15-23:35)입니다. 갈라디아서를 기록한 시기로는 두 번째 방문 후부터 세 번째 방문 전후 어느 때로 보는 견해가 설득력이 있습니다. 존 칼빈은 예루살렘 총회 이전으로 봅니다. 바울이 회심한 때를 대략 AD 33년경으로 추정하는데, 그렇다면 3년 후에 게바를 만나기 위해 예루살렘을 방문(갈 1:18)한 때로부터 14년을 더하면 AD 48~49년경에 갈라디아서를 기록한 것으로 추정할 수 있습니다. 처음 예루살렘을 방문한 이후로 다소에서 약 8년을 머문 기간(이때 헬라파 유대인들과 이방인들을 대상으로 복음을 전했을 것임)을 포함해서 계속해서 이방인들을 위해 복음을 전해왔고, 그가 전한 복음과 그의 사도직에는 전혀 문제가 없음을 강조한 것임을 깨닫기를 바랍니다.

또한 사도 바울이 누구와 함께 갔는지 말해주는데 바나바와 디도와 함께 갔음을 말해줍니다. 사도행전 4장에서 알 수 있듯이 바나바는 지중해 구브로(Cyprus) 섬 출신 유대인으로 레위족 사람이었습니다. "구브로에서 난 레위족 사람이 있으니 이름은 요셉이라 사도들이 일컬어 바나바라[번역하면 위로의 아들이라]하니 그가 밭이 있으매 팔아 그 값을 가지고 사도들의 발 앞에 두니라"(행 4:36-37)는 말씀에서 그가 가난한 그리스도인들을 위해 재산을 처분했음을 알 수 있습니다. 사도행전 11장 24절 "바나바는 착한 사람이요 성령과 믿음이 충만한 사람이라 이에 큰 무리가 주께 더하여지더라"는 말씀과 같이 바나바는 예루살렘뿐만 아니라 이방인 지역 안디옥에서도 큰 영향을 미친 사람이었습니다. 사도행전 11장 25-26절을 보면 "바나바가 사울을 찾으러 다소에 가서 만나매 안디옥에 데리고 와서 둘이 교회에 일 년간 모여 있어 큰 무리를 가르쳤고 제자들이 안디옥에서 비로소 그리스도인이라 일컬음을 받게 되었더라"라고 기록되어 있습니다. 바나바는 예루살렘 교회와 이방인 교회들을 이어주는 중요한 인물임을 알 수 있습니다. 바울이 전한 복음이 예루살렘 사도들이 전한 복음과 다르지 않다는 사실을 바나바는 누구보다도 확실히 아는 인물이었던 것입니다. 게다가 히브리파 유대인에게서 시작된 복음이 이방 세계로 전해지도록 한 결정적인 인물이 바로 헬라파 유대인이었던 바울과 바나바였기에 예루살렘과 이방 세계에 전해진 복음이 결코 서로 다른 것이 아니었습니다. 다음에 나오는 인물이 디도인데, "디도를 데리고"라고 단순히 표현되어 있지만, 사실상 고민 끝에 데리고 갔음을 나타낸 표현입니다. 본문 3절에 기록된 것과 같이 디도는 유대인이 아닌 헬라인이었습니다. 헬라인이었던 디도를 통해 바울은 갈라디아 교회들을 대상으로 확실한 교훈을 주고자 했던 것임을 알기를 바랍니다.

다음 2절을 보면 "계시를 따라 올라가 내가 이방 가운데서 전파하는 복음을 그들에게 제시하되 유력한 자들에게 사사로이 한 것은 내가 달음질하는 것이나 달음질한 것이 헛되지 않게 하려 함이라"고 기록되어 있습니다. "계시를 따라 올라가"는 그가 스스로 어떤 계획이나 뜻을 가지고 간 것이 아니라 하나님의 인도하심을 따른 것임을 밝힌 것입니다. 비록 "내가 이방 가운데서 전파하는 복음을 그들에게 제시하되"라는 말이 바울이 사도들을 만나 하고자 한 일이 있었음을 드러내지만, 결코 자기의 뜻으로 말미암은 일이 아니라 하나님의 뜻으로 말미암은 일이라고 밝힌 것입니다. "내가 이방 가운데서 전파하는 복음을 그들에게 제시하되 유력한 자들에게 사사로이 한 것은"이라는 내용은 공식적으로 이방인들에게 전한 복음과 그 결과에 대해 존귀하고 유력한 지도자들에게 보고했음을 나타내고, "사사로이"라는 표현을 통해 알 수 있듯이 개별적으로도 만나서 자세하게 이야기했음을 나타냅니다. 좀 쉬운 번역으로는 "나는 하나님의 계시를 받고 예루살렘에 올라가 내가 이방인들에게 전파하는 기쁜 소식을 공식 석상에서 전하였고 지도자들에게는 개인적으로 설명했습니다."《현대인의성경》라고 되어 있습니다. 그런데 그렇게 한 이유가 뒤에 나와 있는데 "내가 달음질하는 것이나 달음질한 것이 헛되지 않게 하려 함이라"는 것입니다. "달음질"은 복음을 전하는 일이나 복음에 따른 삶을 말하는데, 현재 하는 것과 과거에 했던 것이라는 뜻으로 "달음질하는 것이나 달음질한 것"이라고 한 것입니다. 만약 그가 회심 후 그리스도를 위해 달려온 삶이 예루살렘 교회와 그곳 사도들과 지도자들로부터 인정받지 못하고, 아울러 예루살렘 교회 지도자들이 이방인 그리스도인들에게 할례와 같은 율법 준수를 요구한다면, 바울의 수고와 헌신은 물거품이 될 수 있는 상황이었던 것입니다. 또한 향후 복음을 전하는 일을 하면서 큰 어려움을 당할 수도 있는데, 이방인 지역에 사는 유대인 그리스도인 중 율법을 지켜야 온전한 구원을 받는다고 주장하는 자들이 있었기 때문입니다.

3절 "그러나 나와 함께 있는 헬라인 디도까지도 억지로 할례를 받게 하지 아니하였으니"라는 말은 사실상 가장 중요한 내용입니다. 만약 헬라인 디도가 개인적으로 원해서 유대인처럼 할례를 받고자 했다면 그렇게 하도록 할 수 있었는데, 헬라인에게 복음을 전하기 위해서는 굳이 받을 필요가 없다고 디도에게 가르쳤다는 뜻입니다. 따라서 할례를 받지 않은 디도가 예루살렘 교회에서 그리스도인으로 공식적인 인정을 받게 되면, 갈라디아 지역의 이방인 그리스도인들에게 할례를 받을 필요가 없다고 가르쳤던 바울이 옳았음을 공식적으로 인정받는 것이 되기 때문에 매우 중요한 인물이었던 것입니다. 사도행전 16장에는 바울이 디모데에게 할례를 권유한 내용이 나오는데 이는 디모데의 가족을 잘 아는 유대인들을 대상으로 복음을 전하는 데 있어서 걸림돌이 되지 않게 하려는 의도였습니다. 디모데 어머니가 유대인이고 아버지가 헬라인이라는 사실(유대인들이 여러 나라로 흩어져 살게 되면서 모계 혈통을 따라 유대인의 혈통을 유지하게 되었음)을 해당 지역 사람들이 모두 알고 있었기 때문에 디모데가 할례를 받지 않았다면 유대인들에게 복음을 전하는 것 자체가 어려운 상황이었기 때문에 어쩔 수 없이 할례를 받도록 했고, 그런 다음 바울은 디모데를 데리고 유대인들에게도 복음을 전했던 것입니다. 그러나 디도는 유대인이 아닌 헬라인이었기 때문에 아무리 다른 유대인들이 압박해도 거부했던 것입니다. 바울은 복음의 진리를 지키기 위해서 디도에게는 할례를 받지 않도록 했고, 한편으로는 복음의 진리를 유대인들에게 전하기 위해서는 유대인들의 강한 거부감을 없애려고 할례를 받도록 하기도 했다는 사실입니다. 결과적으로 보면 그의 우선순위는 할례가 아니라 언제나 복음이었다는 사실을 기억하기를 바랍니다.

4절 "이는 가만히 들어온 거짓 형제들 때문이라 그들이 가만히 들어온 것은 그리스도 예수 안에서 우리가 가진 자유를 엿보고 우리를 종으로 삼고자 함이로되"라는 말씀을 통해 바울의 의도를 분명히 알 수 있습니다. 왜 바울이 디도에게 할례를 받지 않도록 했는지 더 구체적인 이유가 나옵니다. 바울은 디도에게 할례를 받지 않도록 한 것은 *"가만히 들어온 거짓 형제들 때문이라"*고 했습니다. *"가만히 들어온"*이라는 말은 '몰래 옆으로 들어온' 것을 뜻합니다. 이는 염탐하러 온 간첩이라는 뜻입니다. 또한 *"거짓 형제들"*이라고 표현되어 있는데 '가짜 형제들' 또는 '가짜 그리스도인들'이라는 뜻으로 지금 우리가 사용하는 이단이나 사이비 신자들을 말합니다. 그들은 복음을 받아들여서 마치 신자들인 것 같았지만 사실은 율법을 지켜야 하나님의 백성이 되고 구원받을 수 있다고 가르쳐서 신자들을 잘못된 길로 이끌려고 했던 율법주의자들입니다. 바울은 *"그리스도 예수 안에서 우리가 가진 자유"*라는 표현을 통해 그리스도를 믿음으로써 율법의 속박에서 벗어나 자유를 얻게 된 사실을 강조한 것입니다. 예수님은 *"수고하고 무거운 짐 진 자들아 다 내게로 오라 내가 너희를 쉬게 하리라"*(마 11:28)고 하셨는데, 율법 아래에서 온전하게 지킬 수도 없는 율법 조항들을 지키려고 애쓰고 율법의 멍에로 인해 구속된 상태에서 힘겨워하는 무리를 향해 말씀하신 것이고, 율법이 요구하는 의식과 준수사항들, 그리고 조상 대대로 구전으로 이어져 내려온 의무사항들과 금기사항들을 지키느라 고통 가운데 있었던 사람들에게 평안과 자유를 주기 위해 오셨음을 선포하신 것입니다. 그러므로 바울은 그리스도의 복음을 전하면서 할례로부터 자유를 선포했고, 그 *"자유를 엿보고"* 다시 *"종으로 삼고자"* 했던 가짜 그리스도인들 즉 여전히 율법주의자들이요 할례주의자들인 거짓 교사들과 그들에게 미혹된 신자들을 향해 복음을 더욱 강력하게 선포하고 조금도 진리를 숨기거나 부끄럽게 여기지 않았던 것입니다.

만약 누군가가 우리에게 대대로 내려오는 전통이고 의무적이고 필수적인 일이라면서 조상에게 제사를 지내는 일에 참여하라고 하거나, 아니면 단지 절만 한번 하라고 하거나, 또는 집터 신에게 고사를 지내는데 삶은 돼지머리 앞에 절을 강요한다면 어떻게 해야 할까요? 이런 우상숭배에 참여했다고 해서 당장 저주당하거나 하나님의 심판을 받는 것은 아니지만, 그렇게 함으로써 자신이 우상 숭배자임을 하나님과 사람들 앞에서 공개적으로 드러낸 것이 되고 맙니다. 결국 나중에 영원한 지옥의 심판을 받을 자임을 스스로 인정한 꼴이 되는 것입니다. 다니엘 3장에 보면 바벨론 느부갓네살 왕이 3미터 두께에 30미터에 가까운 높이의 금 신상을 세워 절하게 했을 때 다니엘의 세 친구는 절하지 않았습니다. "누구든지 엎드려 절하지 아니하는 자는 즉시 맹렬히 타는 풀무불에 던져 넣으리라 하였더라"(단 3:6)는 말씀처럼 왕의 명령을 따르지 않으면 수천 도가 되는 풀무 불에 던져지게 될 상황이었는데도 불구하고 그들은 우상에게 절함으로써 여호와 하나님을 믿는 신앙을 저버리는 일을 택하지 않았던 것입니다. 결국 그들은 불에 던져지고 말았으나, 하나님은 그들을 불에 타지 않도록 보호하셨고 살아나게 하셨습니다. 다니엘 3장 마지막을 부분을 보면 그 결과를 알 수 있습니다.

28. 느부갓네살이 말하여 이르되 사드락과 메삭과 아벳느고의 하나님을 찬송할지로다 그가 그의 천사를 보내사 자기를 의뢰하고 그들의 몸을 바쳐 왕의 명령을 거역하고 그 하나님 밖에는 다른 신을 섬기지 아니하며 그에게 절하지 아니한 종들을 구원하셨도다
29. 그러므로 내가 이제 조서를 내리노니 각 백성과 각 나라와 각 언어를 말하는 자가 모두 사드락과 메삭과 아벳느고의 하나님께 경솔히 말하거든 그 몸을 쪼개고 그 집을 거름터로 삼을지니 이는 이같이 사람을 구원

할 다른 신이 없음이니라 하더라

*30. 왕이 드디어 사드락과 메삭과 아벳느고를 바벨론 지방에서 더욱 높이니
라*

우리나라 교회들 대부분은 일제 강점기에 일본 천황이 주거하는 황거(또는 황궁)를 향해 절을 하는 '황거요배'(황성요배, 동방요배, 궁성요배 등으로 불렸음)를 했고, 신사참배도 했습니다. 일본 군국주의자들의 전쟁범죄를 위해 조복(調伏, 부처 또는 주술의 힘으로 적을 굴복시키는 행위) 기도를 했고, 전쟁에 필요한 비용과 군수품 마련을 위해 헌금도 열심히 했습니다. 해방 이후 독재 정부를 위해서도 기도하고 지지했습니다. 이런 교회들은 로마서 13장 1-2절 *"각 사람은 위에 있는 권세들에게 복종하라 권세는 하나님으로부터 나지 않음이 없나니 모든 권세는 다 하나님께서 정하신 바라 그러므로 권세를 거스르는 자는 하나님의 명을 거스름이니 거스르는 자들은 심판을 자취하리라"*는 말씀에 근거해서 그런 악한 일에 가담한 행위를 마치 하나님이 세우신 권세에 복종한 신앙 행위로 여겼던 것입니다. 그러나 그들은 흉악한 권세들의 힘에 굴복한 것입니다. 심지어 일제는 우리나라 기독교가 구약성경에 등장하는 다니엘의 세 친구처럼 저항하는 일이 없도록, 예언서에 등장하는 선지자들처럼 정의를 말하는 일이 없도록 1940년대 초에 구약성경 말살 정책을 폈고, 장로교와 감리교가 앞장서서 구약 속 유대 사상이 드러나지 않도록 설교도 복음서를 중심으로 했습니다(강성호, 『한국 기독교 흑역사』, pp.60-64). 결국 한국교회는 힘이 없는 국민의 편에 서기보다는 권세를 가진 독재자나 전쟁을 앞장서서 지지하는 정치 세력이 되고 말았습니다. 이는 그리스도가 주신 자유를 누리지 못하고 대신 권세를 악용하고 남용하는 통치자들 편에 선 비굴하고 어리석은 종이 되

고 만 것입니다. 다니엘과 그의 친구들은 바벨론에 포로로 끌려가서 권세를 가진 통치자를 섬겼지만, 신상을 세워 놓고 절하라고 한 명령은 결단코 따르지 않았습니다. 우상을 섬기지 말라는 여호와 하나님의 명령을 지키기 위함이었습니다. 그런데 일제 강점기부터 현재에 이르기까지 많은 한국교회 신자들이 무고한 사람들을 학살한 전쟁범죄자들과 독재 권력자들을 위해 기도하고 그들을 위해 부역한 일은 큰 비난을 받아야 마땅한 일입니다. 그리스도 예수 안에서 가진 자유를 누리지 못하고 세속 권력자의 종과 사탄의 종이 되었던 것입니다. 그러나 사도 바울은 그리스도의 복음을 훼손하지 않기 위해, 하나님의 뜻을 저버리지 않기 위해 주변의 압박에도 불구하고 디도에게 할례를 받지 않도록 했습니다. 그렇게 할 수 있었던 것은 바로 "그리스도 예수 안에서 가진 자유" 때문이었습니다.

끝으로 5절 "그들에게 우리가 한시도 복종하지 아니하였으니 이는 복음의 진리가 항상 너희 가운데 있게 하려 함이라"는 말씀은 바울과 그 일행(바나바와 디도)이 아무리 할례주의자들이 그럴듯한 논리로 할례의 필요성을 주장해도 결코 그들과 타협하거나 그들의 주장에 굴복하지 않았다는 것입니다. 그렇게 한 이유는 "복음의 진리가 항상 너희 가운데 있게 하려 함이라"고 했듯이 복음이 율법의 부족함을 채워서 완성하는 것이요, 율법이 요구하는 바를 복음이 온전히 충족시킨 것이며, 율법을 준수함으로써 구원을 얻는 것이 아니라, 복음이 제시하는 그리스도를 믿음으로써 율법의 속박에서 벗어나 구원을 얻는다는 진리를 항상 가르치고 그 믿음에서 떠나지 않도록 하려고 한시도 그들의 설득이나 속임수에 넘어가지 않았다는 것입니다. 이처럼 사도 바울은 예루살렘 사도들과는 달리 오랫동안 독자적으로 이방지역에서 복음을 전했고, 사도로서 인정을 제대로 받지 못하고 의심받는 경우가 많았지만 그러함에도 불구하고 복음의 진리를 전하고 가르치는 일에 최선을 다했으며, 동역자들과 함께 예루살렘에 가서 회의에 참석함으로써 그가 전한 복음이 결코 예루살렘 사도들이 전한 복음과 다르지 않다는 것을 공식적인 자리에서 인정받은 것입니다. 또한 할례를 받지 않은 헬라인 디도를 데리고 간 일을 이야기함으로써 갈라디아 교회들을 대상으로 교훈했던 복음의 진리가 더 이상 할례 문제로 왜곡되거나 교회들이 혼란을 겪는 일이 없도록 했다는 점에서 그가 갈라디아 지역 교회들이 얻은 자유를 지키기 위해 얼마나 헌신했는지 깨닫기를 바랍니다.

아울러 4절에 있는 "그리스도 예수 안에서 우리가 가진 자유"의 소중함을 잊지 말아야 합니다. 이 자유는 돈과 권력을 가진 자들이 맘껏 돈과 권력의 힘이나 맛을 누리는 그런 가짜 자유가 아닙니다. 그리스도 안에서 누리는 이 자유는 겉으로만 '자유민주주의'를 외치는 자들이 말하는 그들을 위한 자유, 그들에 의한 자유, 그들의 자유가 결코 아닙니다. 한국교회가 이 나라 기득권자들의 자유를 위해 그들의 종이 되는 어리석은 행태를 더 이상 부리지 말아야 합니다. 광화문에 모여서 태극기와 성조기를 흔들며 정치 기득권자들의 종을 자처하는 모습은 일반 국민의 눈살을 찌푸리게 만든다는 사실을 잊지 말아야 합니다. 세상에서 돈과 힘을 가진 자들의 자유는 오히려 죄악의 노예가 되어 잠시 세상의 쾌락을 즐기는 일에 불과합니다. 사형수가 사형당하기 직전에 마지막으로 담배 한 대를 피우는 것이나 다름없이 덧없는 자유임을 깨닫기를 바랍니다. 참다운 자유의 시작은 종교적인 이유로 할례를 받아야 하는 고통과 압박에서 벗어나는 것이고, 문화적이고 사회적인 이유로 할례를 받는 수많은 남녀 아이들이 잘못된 전통과 악습에서 벗어나는 것이며, 이 세상의 철학과 교육과 종교와 전통과 권력에서 벗어나 그런 것들을 초월하는 것입니다. 그리고 죄악과 사망의 늪에서 벗어나는 것이 성경이 제시하는 진정한 자유임을 깨닫기를 바랍니다. 이 자유를 위해서 예수님이 구원자로 오셨고 *"진리를 알지니 진리가 너희를 자유롭게 하리라"*(요 8:32)고 하셨음을 확실히 믿기를 바랍니다. 아멘.

(2024년 5월 12일)

Ὦ ἀνόητοι Γαλάται, τίς ὑμᾶς ἐβάσκανεν

어리석도다 갈라디아 사람들아, 누가 너희를 꾀더냐(갈 3:1)

제7강

이방인을 위한 사도

갈라디아서 2장 6-10절

6. 유력하다는 이들 중에 (본래 어떤 이들이든지 내게 상관이 없으며 하나님은 사람을 외모로 취하지 아니하시나니)저 유력한 이들은 내게 의무를 더하여 준 것이 없고
7. 도리어 그들은 내가 무할례자에게 복음 전함을 맡은 것이 베드로가 할례자에게 맡음과 같은 것을 보았고
8. 베드로에게 역사하사 그를 할례자의 사도로 삼으신 이가 또한 내게 역사하사 나를 이방인의 사도로 삼으셨느니라
9. 또 기둥 같이 여기는 야고보와 게바와 요한도 내게 주신 은혜를 알므로 나와 바나바에게 친교의 악수를 하였으니 우리는 이방인에게로, 그들은 할례자에게로 가게 하려 함이라
10. 다만 우리에게 가난한 자들을 기억하도록 부탁하였으니 이것은 나도 본래부터 힘써 행하여 왔노라

갈라디아서 2장 1-5절은 바울이 예루살렘 사도들을 만나서 대담했다는 내용으로 시작하는데, 대담한 내용을 근거로 바울 자신이 갈라디아 지역에서 전한 복음은 예루살렘에서 사도들이 전한 복음과 다르지 않다는 사실을 명백히 보여주었습니다. 이제 살펴볼 6-10절은 복음을 전하는 일은 똑같지만 쓰임에 있어서 베드로는 할례를 받은 유대인들을 위해, 바울 자신은 할례를 받지 않은 이방인들을 위해 각각 사도가 되었음을 강조한 내용입니다.

먼저 6-7절 *"유력하다는 이들 중에 (본래 어떤 이들이든지 내게 상관이 없으며 하나님은 사람을 외모로 취하지 아니하시나니) 저 유력한 이들은 내게 의무를 더하여 준 것이 없고 도리어 그들은 내가 무할례자에게 복음 전함을 맡은 것이 베드로가 할례자에게 맡음과 같은 것을 보았고"*

라고 말한 내용을 살펴보고자 합니다. 7절은 쉽게 이해가 되지만 6절은 쉽게 이해되지 않는 표현입니다. 그래서 《현대인의성경》으로 보면 "지도자들이라는 사람들은 나에게 아무것도 새로운 것을 제시해 주지 못했습니다. 그들이 어떤 사람이건 간에 나와는 상관이 없습니다. 하나님은 사람의 겉모양을 보시지 않기 때문입니다. 그들은 베드로가 유대인들에게 기쁜 소식을 전하는 일을 맡은 것같이 내가 이방인들에게 기쁜 소식을 전하는 일을 맡은 것을 보았습니다."라고 번역되어 있습니다. 표현 자체는 훨씬 쉽지만, 바울이 말하고자 한 정확한 의도를 알기에는 역시 쉽지 않습니다. 그래서 행간을 좀 자세히 들여다볼 필요가 있습니다. 바울이 "유력하다는 이들"과 "저 유력한 이들"이라고 표현한 것을 두고 원래 무식하고 천한 신분이었던 예루살렘 사도들을 바울이 업신여긴 것으로 이해하는 사람들도 있지만 9절 "기둥 같은 지도자로 알려진 야고보와 베드로와 요한도"라는 표현으로 보면 바울이 근본적으로 예루살렘 사도들을 존귀하고 훌륭한 자들로 존중했음을 알 수 있습니다. 오히려 바울이 앞에서 그렇게 표현한 것은 당시 다른 유대인들의 일반적인 생각을 반영한 표현임을 알 수 있습니다. 오순절 성령강림 사건 때 성령을 받은 제자들은 갈릴리 출신의 천한 사람들이 중심이 된 무리였는데, 그들이 외국 여러 나라에서 온 유대인들이 알아들을 수 있는 방언으로 말을 하자 "다 놀라 신기하게" 여긴 나머지 "보라 이 말하는 사람들이 다 갈릴리 사람이 아니냐"(행 2:7)라고 했고, 어떤 유대인들은 "그들이 새 술에 취하였다"라고 조롱했습니다(행 2:13). 특히 헬라파 유대인 그리스도인들이 헬라의 지식과 철학에 깊은 영향을 받았는데 그중에서 거짓 그리스도인들이 예루살렘에서 복음을 전하기 시작한 사도들을 천하게 본 시각이 있었기에 바울이 그렇게 표현한 것이라 보는 것이라면 이해할 만합니다. 게다가 "하나님은 사람을 외모로 취하지 아니하시나니"라는 표현이 그런 관점을 어느 정도 뒷받침해줍니다. 2장 4절에 있는 "가만히 들어온 거짓 형제들"이라는 말에서도 알 수 있듯이 이들은 바울 사도의 가르침과 달리 율법을 준수해야 한다고 했고, 특히 할례를 받아야 온전한 구원을 받는다고 가르쳤던 것입니다. 그러기에 그들은 원래부터 율법을 지키는 삶에서 좀 부족했던 예루살렘 제자들을 경멸하는 시각을 어느 정도 가지고 있었음이 틀림없고 그리스도를 만나서 회심하기 전에 철저한 율법주의자로 살았던 바울과 그들을 비교해서 이간질하려는 의도 역시 가지고 있었던 것으로 보는 것이 자연스럽습니다.

이어서 바울이 "저 유력한 이들은 내게 의무를 더하여 준 것이 없고"라고 했는데, 이는 바울이 예루살렘 사도들의 현재 모습을 기준으로 봤을 때 그들은 예수님과 함께 3년의 기간을 보냈고, 직접 가르침을 받았으며, 많은 이적을 베풀기도 한 훌륭하고 유력한 자들이지만, 바울은 바울대로 특별한 부르심을 받았기에 그들과 전혀 다르게 독자적으로 복음을 전하는 사도가 되었다는 사실을 강조한 것입니다. 그들과는 전혀 다른 방법으로 사도로 세움을 받았음을 말한 것입니다. 7절 "도리어 그들은 내가 무할례자에게 복음 전함을 맡은 것이 베드로가 할례자에게 맡음과 같은 것을 보았고"라고 말한 것으로 볼 때, 예루살렘 사도들이 바울에게 복음을 전수하거나 따로 사도로 세워서 보낸 것이 아니라, 하나님에 의해서 베드로는 할례자를 위해, 바울은 무할례자를 위해 사도로 세움을 받았다는 사실을 예루살렘 사도들이 확실히 인정했다고 강조한 것임을 알기 바랍니다. 여기서 우리는 그렇다고 해서 베드로는 오로지 할례를 받은 유대인들만, 바울은 오로지 할례를 받지 않은 이방인들만을 위해 세움을 받았다고 생각하지 말아야 합니다. 이것은 원칙에 대해 말한 것입니다. 베드로도 이방인들에게 복음을 전했습니다. 이방인 고넬료가 대표적인 경우입니다(행 15:7). 반대로 바울 역시 예루살렘 유대인들과 다른 지역 유대인들에게도 복음을 전했습니다(행 23:11). 복음을 전하는 일에 있어서 바울과 베드로의 대상이 엄격하게 구분되어 있었던 것은 아닙니다. 다만 원칙적으로 베드로는 유대인들을 위해, 바울은 이방인들을 위해 쓰임 받은 것입니다. 그리고 그런 사실을 예루살렘 사도들이 인정했다고 바울이 말한 것입니다. 8절 "베드로에게 역사하사 그를 할례자의 사도로 삼으신 이가 또한 내게 역사하사 나를 이방인의 사도로 삼으셨느니라"는 말씀을 통해서 하나님이 각자 받은 능력과 은사에 맞게 복음을 전하는 사도로 사용하셨다는 사실을 기억하기를 바랍니다.

9절 "또 기둥 같이 여기는 야고보와 게바와 요한도 내게 주신 은혜를 알므로 나와 바나바에게 친교의 악수를 하였으니 우리는 이방인에게로, 그들은 할례자에게로 가게 하려 함이라"는 내용을 통해서도 더욱 분명히 알 수 있듯이 같은 복음을 서로 다른 부류의 대상에게 전하게 되었음을 서로가 확실히 알게 되었다는 것입니다. 예루살렘 교회에서 기둥과 같은 사도들인 야고보와 게바와 요한은 주로 할례자들에게, 바나바와 바울은 주로 이방인들에게 복음을 전하도록 사명 받은 자들임을 서로 인식한 것이고 서로를 사도로 인정한 것입니다. 그러므로 갈라디아 교회들은 더 이상 사도 바울에 대해 의심하지 말아야 했습니다. 갈라디아 교회들이 계속해서 사도 바울이 전한 복음의 진실성을 의심하고 사도직의 진정성을 의심한다면 예루살렘 교회가 "기둥 같이 여기는 야고보와 게바와 요한"의 사도직 역시 인정하지 않는 것과 다름없게 됩니다. 그들은 서로 "교제의 악수"를 나눔으로써 같은 복음을 서로 다른 대상에게 전하는 사명 받은 사도임을 서로 인정했음을 알기 바랍니다.

10절 *"다만 우리에게 가난한 자들을 기억하도록 부탁하였으니 이것은 나도 본래부터 힘써 행하여 왔노라"*는 말씀을 더 함으로써 단순히 복음을 전하는 사도 또는 교회의 지도자로서의 진정성을 논하는 것에 그치지 않고 예루살렘 교회와 이방인 교회가 힘들고 어려울 때 서로 돕고 섬기는 사랑의 공동체가 되어야 함을 강조했습니다. 이 부분은 다른 한편으로는 예루살렘 교회가 바울에게 요구한 것이 없다는 것입니다. 즉, 이방인 그리스도인들도 모두 할례를 받아야 한다는 요구를 전혀 하지 않았다는 것입니다. 바울이 전한 복음에 율법적인 그 무언가를 추가할 것을 요구하지 않았다는 사실입니다. 바울이 의도적으로 데리고 온 헬라인 디도에게 당장 할례를 받도록 요구하지도 않았다는 사실입니다. 기독교 교리와 실천의 관점에서 본다면, 예루살렘 사도들은 바울이 전한 복음이 교리상 전혀 문제가 없다고 확인해준 것입니다. 다만 교회가 실천적인 면에 있어서 다른 지역 교회들이 재난이나 어려움을 당하면 적극적으로 도와야 한다는 것을 요구한 것입니다. 예루살렘 사도들이 바울 일행에게 요구한 일이라고는 얼마 전 기근으로 궁핍하게 된 예루살렘 교회에 물질적으로 큰 도움을 준 것처럼 그와 같은 사랑과 섬김의 실천이었던 것입니다. 바울은 *"이것은 나도 본래부터 힘써 행하여 왔노라"*라고 함으로써 복음의 진리를 전하고 가르치는 것 못지않게 어려운 일을 당한 교회들을 돕는 일만큼은 처음부터 계속 힘써왔다고 했습니다. 사도행전 11장 29절과 30절에 보면 *"제자들이 각각 그 힘대로 유대에 사는 형제들에게 부조를 보내기로 작정하고 이를 실행하여 바나바와 사울의 손으로 장로들에게 보내니라"*고 기록되어 있습니다. 바울과 바나바가 예루살렘 교회를 돕기 위해 모은 돈을 가지고 갔음을 알 수 있습니다. 고린도전서 16장 1–3절을 통해서도 알 수 있듯이 바울은 예루살렘 교회의 어려움을 알고 구제헌금을 모았습니다. 유대인 그리스도인들이 기근으로 인해 어려움을 당할 때 이방인 그리스도인들이 힘을 모아 그들을 도왔습니다. 이런 일을 바울은 힘껏 해왔습니다. 그는 단지 복음의 진리를 전하는 것으로 그치지 않고 언제나 복음을 통해 사랑과 섬김의 삶을 가르치고 실천하도록 힘썼다는 사실을 기억하기를 바랍니다.

또한 우리는 바울과 그 일행이 왜 그토록 어려움을 당할 수밖에 없었는지 알아야 합니다. 이스라엘 백성의 기원으로 거슬러 올라가면 당시 기준으로 아브라함까지 그들에게는 2,000년의 역사가 있었습니다. 그들은 하나님의 백성으로 선택되어 하나님이 주신 율법에 따라 살아야 했는데, 하나님의 백성이 되는 표시가 바로 할례였던 것입니다. 그래서 할례는 율법을 받은 민족으로서 하나님의 백성이 되는 의무사항이었습니다. 이스라엘 백성의 조상은 율법을 받기 전에도 할례를 이행하도록 명령받았는데, 창세기 17장 9–11절 "하나님이 또 아브라함에게 이르시되 그런즉 너는 내 언약을 지키고 네 후손도 대대로 지키라 너희 중 남자는 다 할례를 받으라 이것이 나와 너희와 너희 후손 사이에 지킬 내 언약이니라 너희는 포피를 베어라 이것이 나와 너희 사이의 언약의 표징이니라"는 말씀을 통해 알 수 있습니다. 하나님은 아브라함과 언약을 맺으시면서 할례를 이행조건으로 삼으셨던 것입니다. 아브라함의 후손 즉 이스라엘 백성이 애굽에서 430년간 살다가 나왔을 때, 하나님은 모세에게 "이스라엘 자손에게 말하여 이르라 여인이 임신하여 남자를 낳으면 그는 이레 동안 부정하리니 곧 월경할 때와 같이 부정할 것이며 여덟째 날에는 그 아이의 포피를 벨 것이요"라고 명령하셨고, 아예 율법으로 규정하셨습니다. 그런데 새 언약의 중보자 예수 그리스도로 인해 율법이 폐지되면서 하나님의 언약 백성이 되는 길도 완전히 새롭게 바뀌게 된 것입니다. 할례가 아닌 세례로 바뀌게 된 것입니다. 그러므로 초대교회는 대변혁을 겪어야 했고, 하나님의 백성 구성원도 새롭게 바뀌게 된 것입니다. 갈라디아서는 그러한 시기에서 생겨난 진통과 혼란을 보여준 것이며, 새로운 하나님의 백성이 곳곳에서 모이기 시작했는데 그 영역이 예루살렘과 유대 지역을 중심으로 해서 이방지역까지 확대되었던 것이며, 그러한 과정에서 할례가 가장 큰 문제가 되었던 것입니다. 그래서 할례를 받은 유대인들을 위해서는 베드로와 요한과 야고보와 같은 히브리파 유대인 출신의 사도들이 주로 쓰임을 받았고, 할례를 받지 않은 이방인들을 위해서는 바울과 바나바와 같은 헬라파 유대인 출신의 사도가 주로 쓰임을 받게 되었던 것입니다. 2,000년간 이어져 온 전통을 더 이상 지킬 필요가 없어지게 되면서 곳곳에서 문제가 생겨났습니다.

우리나라 경우도 제사 전통이 귀족이나 양반에게서 평민(중인과 상인 계층)까지 널리 확대된 것은 겨우 130년 정도밖에 되지 않습니다. 갑오개혁 전까지는 제사가 양반 계층의 전유물이었기 때문에 전체 백성 중 아주 일부분만 제사를 지낸 것입니다. 중국 송나라 주자(朱子, 본명: 주희[朱熹])가 집대성한 성리학(주자학이라고도 함)의 영향을 받아 고리(고려) 말기부터 조선 중기까지 상류층에서만 지키던 제사가 평민들에게도 장려되면서 조선시대 후기에 널리 퍼지게 되었습니다. 일반인들의 기준으로 볼 때, 아무리 길게 잡아도 지금으로부터 200년, 짧으면 130년 정도의 제사 전통이 우리 사회와 의식 구조 속에 깊이 뿌리박혀 있습니다. 이런 문화적 환경에서 살아온 사람들이 제사를 거부하거나 중단하는 일은 매우 어려운 일입니다. 그런데 그보다 훨씬 오래된 2,000년의 민족 전통이 더 이상 필요 없게 되었다면서 예수 그리스도만 믿으면 하나님의 백성이 되고 죄와 사망 가운데서 구원받게 된다는 복음의 진리가 유대인들에게는 얼마나 황당하고 허무맹랑한 소리로 들렸겠습니까? 그래서 유대인으로서 그리스도를 믿게 된 사람 중에 이방인들에게도 할례를 요구한 사람들이 있었던 것이고, 그런 사람들 때문에 바울과 그 일행이 복음을 전하는 데 큰 어려움을 당했습니다. 또한 처음에는 복음을 전하고 성경에 대해 가르치는 일에 큰 문제가 없었지만, 점점 그런 거짓 그리스도인들의 영향 때문에 교회가 혼란스러워지고, 바울이 전한 복음도 교회들 사이에서 왜곡되기 시작했으며, 그의 사도직까지 의심받게 되었습니다.

이제 예수님의 공생애 이후 약 2,000년이 흐른 오늘날 우리에게까지 사도 바울이 전한 복음의 진리가 이렇게 이어져 왔음을 기억하기를 바랍니다. 또한 베드로와 요한과 야고보와 같은 사도들이 기록한 복음서와 서신들이 오늘날 우리에게까지 전해지게 되었습니다. 그런데 복음이 교회 밖에서 왜곡되는 것이 아니라 교회 안에서 사람들이 지켜온 온갖 전통과 관습과 문화, 교만한 사람들의 철학과 지식, 그밖에 복음 외에 다른 것들을 더하려는 충동과 시도로 인해 복음이 왜곡되고 있다는 사실입니다. 바울과 베드로와 같은 사도들이 이 시대 한국교회의 모습을 본다면 어떤 반응을 할까요? 드럼을 치며 기타를 치는 무대를 바라보고 몸을 흔들며 박수로 호응할까요? 기도를 드린다고 하면서 '남묘호렌게쿄'와 같은 주술과 별 차이가 없는 듯한 기도를 하고, 무슨 소리인지 모르는 괴성을 반복적으로 지르는 모습을 보고 바울 일행도 같이 따라서 할 것 같습니까? 교회당에서는 경건하고 거룩한 신자들로 보이는 사람이 넘쳐나는데, 사회와 직장에서는 교회 다니는 사람들이 오히려 이상한 경우가 많습니다. 기본 예의와 상식도 없고, 기본적인 양심과 성품도 갖추지 못한 사람들이 참 많습니다. 무엇 때문에 그럴까요? 바로 복음이 아닌 것들에 심취해 있고, 그런 것들을 더 좋아하는 경향 때문입니다. 또한 복음을 전해준 바울보다 당시 사회적으로나 정치적으로 영향력이 있는 사람들의 지식이나 사상이나 철학을 따랐던 것처럼, 오늘날도 역시 유명한 사람들이나 정치인들이나 권력자들이나 지식인들의 생각이나 가르침에 더 신뢰성을 가지기 때문입니다. 일제 치하(특히 1938년) 우리나라 교회는 일본이 정치적 목적에 따라 만든 일본종교협의회(신도, 불교, 기독교)에 편입되어서 미국이나 영국과 같은 당시 일본의 적국들이 전쟁에서 패배하거나 항복하도록 매일 새벽기도를 했습니다. 처음에는 일제에 항거하기 위해 독립운동 차원에서 동참했던 새벽기도가 일본을 위한 조복이 된 것입니다. 이런 영향 때문에 한국교회도 복음을 사랑하는 교회가 되기보다는 오히려 세상의 종교와 철학과 문화를 더 사랑한 나머지 지신밟기나 다름없는 "땅 밟기"를 하고, "영적 도해"(Spiritual Mapping)라는 이름으로 특정 지역을 장악하고 점령한 귀신들이 있다면서 그런 곳을 표시하고, 온갖 이상한 것들을 행하고 있는 교회들이 많습니다. 갈라디아 교회들도 주변에 있는 유력한 인사들의 영향을 받아 바울이 전한 복음을 외면하고 율법주의를 따르며 유대교 신앙으로 기울고 있었던 것입니다. 이런 이방인 신자들은 율법주의 유대인들의 영향을 받아 점점 유대인처럼 변해가고 있었습니다. 이들을 유대주의자(Judaizers) 또는 유대화주의자라고 합니다. 우리는 바울의 가르침을 통해서 더욱더 복음을 중심으로 살아가야 합니다. 바울은 오로지 복음을 위해 헌신했습니다. 그는 빌립보 교회에 이런 말을 했습니다. 빌립보서 3장 7-9절입니다.

> 7. 그러나 무엇이든지 내게 유익하던 것을 내가 그리스도를 위하여 다 해로
>   여길뿐더러
> 8. 또한 모든 것을 해로 여김은 내 주 그리스도 예수를 아는 지식이 가장
>   고상하기 때문이라 내가 그를 위하여 모든 것을 잃어버리고 배설물로 여
>   김은 그리스도를 얻고
> 9. 그 안에서 발견되려 함이니 내가 가진 의는 율법에서 난 것이 아니요 오
>   직 그리스도를 믿음으로 말미암은 것이니 곧 믿음으로 하나님께로부터
>   난 의라

　오늘 본문을 통해서 우리가 명심해야 할 것은 복음 외에 다른 것들을 향해 눈을 돌리지 않는 것입니다. 교회는 하나님이 주신 은혜를 알고 그 은혜를 가장 소중히 여겨야 한다는 것입니다. 하나님의 말씀이 우리에게 가장 큰 은혜임을 깨닫기를 바랍니다. 예수 그리스도가 우리에게 가장 큰 은혜임을 믿기를 바랍니다. 그리고 끝으로 하나님께 은혜를 입은 자들은 교회들 또는 교회 구성원들이 어려움을 당할 때 서로 돕는 것입니다(갈 6:2). 복음을 전하고 가르치고, 그 복음을 듣고 받아들이는 것이 가장 큰 일이라는 것을 잊지 말기를 바랍니다. 그리고 반드시 해야 하는 다른 것이 있다면 어렵고 힘들 때 돕는 것임을 잊지 말기를 바랍니다. 아멘.

(2024년 5월 19일)

제8강

유대화주의자들
(Judaizers)

갈라디아서 2장 11-14절

11. 게바가 안디옥에 이르렀을 때에 책망 받을 일이 있기로 내가 그를 대면하여 책망하였노라
12. 야고보에게서 온 어떤 이들이 이르기 전에 게바가 이방인과 함께 먹다가 그들이 오매 그가 할례자들을 두려워하여 떠나 물러가매
13. 남은 유대인들도 그와 같이 외식하므로 바나바도 그들의 외식에 유혹되었느니라
14. 그러므로 나는 그들이 복음의 진리를 따라 바르게 행하지 아니함을 보고 모든 자 앞에서 게바에게 이르되 네가 유대인으로서 이방인을 따르고 유대인답게 살지 아니하면서 어찌하여 억지로 이방인을 유대인답게 살게 하려느냐 하였노라

오늘 함께 살펴볼 갈라디아서 2장 11-14절은 바울이 안디옥에서 게바(베드로)를 직접 책망했던 일을 소개한 내용입니다. 편지에 이 일을 기록함으로써 바울 자신이 베드로와 동등한 사도임을 강조한 것이고, 복음을 선포하고 가르치는 것에 있어서 그와 동등한 권위를 가지고 있다는 사실을 갈라디아 교회들이 알도록 한 것입니다. 이 부분은 16절 "사람이 의롭게 되는 것은 율법의 행위로 말미암음이 아니요 오직 예수 그리스도를 믿음으로 말미암는 줄 알므로 우리도 그리스도 예수를 믿나니 이는 우리가 율법의 행위로써가 아니고 그리스도를 믿음으로써 의롭다 함을 얻으려 함이라 율법의 행위로써는 의롭다 함을 얻을 육체가 없느니라"는 말씀이 가리키는 '이신득의'(以信得義) 또는 '이신칭의'(以信稱義)를 설명하는데 필요한 서론적 이야기로 사용된 것이기도 합니다. 이신칭의와 관련하여 유대교, 로마가톨릭, 그리고 개혁교회가 어떻게 다른지 확실히 알기 위한 사전 배경지식을 오늘 본문을 통해 명확

히 얻을 수 있기를 바랍니다.

"열 길 물속은 알아도 한 길 사람의 속은 모른다"는 속담이 있습니다. 사람 속마음을 알기가 참 어렵다는 뜻입니다. 그래서 사람을 대할 때 아무리 좋은 사람처럼 보여도 늘 경계하고 조심해야 한다는 뜻입니다. 사람을 아는 것과 관련하여 나 자신은 물론이고 주변 사람들이 어떤 유형인지 알 수 있는 MBTI가 젊은이들 사이에서 널리 퍼져있습니다. 사람의 성격을 16가지 유형으로 나눈 이 심리검사를 통해 자기는 물론이고 남들까지 어느 정도 파악하고 있다고 믿는 시대입니다. 그런데 이는 아주 어리석은 생각이고, 특히 기독교인들은 이런 흐름을 따라가서는 안 됩니다. MBTI를 알아볼 시간에 차라리 칼 융(Carl Jung, 1875-1961)의 심리학과 철학이 녹아 있는 헤르만 헤세(Hermann Hesse, 1877-1962)의 소설 〈데미안〉을 읽는 게 낫습니다. 물론 비기독교적인 소설이지만 차라리 그런 시간에 문학을 접하는 게 오히려 낫다는 뜻입니다. MBTI는 한때 프로이트(Sigmund Freud, 1856-1939)의 정신분석학 후계자였던 칼 융의 분석심리학으로 거슬러 올라갑니다. 기독교와 거리가 너무 먼 심리학과 철학에 기초한 것이 MBTI이고, 그나마도 심리학계에서 인정받지 못한 경우가 많습니다. MBTI로 사람을 알 수 없습니다. "열 길 물속은 알아도 한 길 사람의 속은 모른다"는 속담이 말해주듯이 사람 속은 알 수 없고, 다르게 표현하면 정말로 다양한 생각을 가지고 살아갑니다. 때로는 일관성이 뚜렷한 사람들을 만나지만, 반대로 일관성이 전혀 없는 사람들도 만납니다. 오늘 본문에 등장하는 베드로가 바로 한편으로는 알기 쉬운 단순한 사람인 것 같지만 또 한편으로는 일관성이 없어서 알기 어려운 사람입니다. 사람의 기질과 성격은 유전의 영향을 많이 받거나 선천적인 면이 강해서 어렸을 때부터 어른이 될 때까지 크게 변하지 않지만, 성품은 교육이나 종교와 같은 후천적인 환경, 또는 상대하는 사람들이나 삶의 여건에 따라 영향을 크게 받습니다. 그래서 인성(personality)은 기질(temperament)과 성격(character)이 후천적인 영향을 받아 만들어지는 것입니다. 이런 인성을 거의 그대로 부모에게 물려받은 사람도 있습니다. 그러나 그렇게 받은 인성도 자신의 상황과 여건에 따라 변하기도 합니다. 여기서 우리는 이런 단어들이 때로는 같은 뜻으로 쓰이기도 하고, 다르게 구분되기도 하는 것을 접하기도 하지만, 여기서는 모두 이해하기 쉽게 인성이나 성품(personality)은 기질이나 성격을 바탕으로 후천적인 영향(교육, 종교, 환경, 문화 등)으로 형성된다는 것으로 알기를 바랍니다.

베드로는 예수님의 제자 중 대표자 역할을 했고, 주로 유대인들을 대상으로 복음을 전하는 사도로 세움을 받았습니다. 그의 인성을 파악하는 데 있어서 기질이나 성격을 알기 위해 단편적이고 부분적인 성경 기록을 보고 정확히 판단하기는 어렵습니다. 다만 일반적으로 이해할 수 있는 것은 이렇습니다. 그는 생각보다는 말과 행동이 앞서는 충동적이고 즉흥적인 사람입니다. 게다가 학식이 없는 어부여서 능력이 있고 지식이 풍부한 사람 앞에 쉽게 고개를 숙이고, 자기의 고집스러움을 쉽게 버리는 아주 단순한 유형의 사람입니다. 또한 남의 눈치 보지 않고 누구보다 앞장서는 솔선수범하는 유형이기도 합니다. 스승을 잘 따르는 의리가 있는 유형이고, 스승을 지키기 위해서 칼을 즉시 빼서 휘두르는 용감한 사람입니다. 반면에 하지도 못하고 지키지도 못하는 일이나 행동에 대해 호언장담도 잘합니다. 자기를 위해서는 스승도 쉽게 배반하는 일관성이 없는 사람이기도 합니다. 용기를 가진 사람이면서 소심한 사람이었고, 자신의 직업과 모든 것을 버리고 스승을 따른 제자였지만 예수님을 모른다고 세 번이나 부인한 배신자였습니다. 그러함에도 불구하고 예수님은 베드로를 열두 제자 중 가장 먼저 부르 셨고, 모든 제자를 대표하는 수제자로 삼으셨습니다. 그것은 전적으로 하나님의 은혜와 섭리였다는 사실을 확실히 믿기를 바랍니다. 물론 그 는 죄에 대해 누구보다 빠르게 인식하고 죄에 대한 회개도 진정성이 있 었습니다. 그 부분 역시 큰 틀에서 보면 하나님의 은혜지만 그에게는 그런 바람직하고 좋은 면이 있었습니다. 하나님은 전반적으로 좋은 성 품, 좋은 기질을 가지고 있는 사람만을 골라서 쓰시는 것이 아니라 어 떤 사람이라도 부르셔서 좋은 성품으로 만들어 가시는 분입니다. 또한 우리가 어떤 사람을 상대적으로 좋은 사람이라고 할 수 있지만 하나님 앞에서는 그 어떤 사람도 절대적으로 좋은 사람이 없습니다. 창세기 6 장 5절 "여호와께서 사람의 죄악이 세상에 가득함과 그의 마음으로 생 각하는 모든 계획이 항상 악할 뿐임을 보시고"라는 말씀과 같이 사람 은 본성이 부패해 있음을 명심하기를 바랍니다. 또한 MBTI는 이런 본 성의 부패를 전혀 고려하지 않은 것이기에 신뢰성이 낮다는 점을 참고 하기를 바랍니다.

계속해서 베드로를 더 살펴보자면, 베드로는 심지어 이방인들(고넬료 등)에게 복음을 전하고 그들과 함께 식사도 했는데(행 10-11장), 우리가 살펴볼 본문을 보면 이방인들과 함께 식사하다가 유대인들이 온다는 말을 듣고 얼른 자리에서 일어나 현장을 떠난 사람이었습니다. 복음을 전하는 사도로서 전혀 합당치 않은 모습이었고, 초대받은 일반 손님이 라 해도 용납하기 어려운 행동을 보였습니다. 특히 12절 "야고보에게서 온 어떤 이들이 이르기 전에 게바가 이방인과 함께 먹다가 그들이 오매 그가 할례자들을 두려워하여 떠나 물러가매"라는 내용을 보면, 할례를 받은 유대인들에게 그가 할례를 받지 않은 이방인들과 식사하는 모습을 들킬까 봐 두려워했다는 말이 나옵니다. 게다가 더욱 심각한 것은 베드로 한 사람으로 그치지 않았다는 사실입니다. 베드로의 그런 모습을 보고 다른 유대인 그리스도인들도 그랬고, 바나바도 이방인 그리스도인들과 식사하다가 자리를 뜬 것입니다. 13절 "남은 유대인들도 그와 같이 외식하므로 바나바도 그들의 외식에 유혹되었느니라"는 말씀을 통해 그 당시 상황을 정확히 알 수 있습니다. 바로 이런 일에 대해 바울은 그냥 지나치지 않고 그를 책망했던 것입니다. 11절 "게바가 안디옥에 이르렀을 때에 책망받을 일이 있기로 내가 그를 대면하여 책망하였노라"는 말씀은 바울이 베드로에게 어떻게 대응했는지 확실히 보여줍니다. 바울은 그런 일을 편지에 기록함으로써 결코 예루살렘 제자들보다 그의 권위가 낮거나 그들로부터 복음에 대해 가르침을 받는 존재가 아니라고 강조한 것임을 깨닫기를 바랍니다.

다음으로는 11절부터 13절 내용을 통해 우리는 당시 할례 문제가 얼마나 컸는지 알아야 합니다. 할례를 받은 자들과 받지 않는 자들의 차이는 엄청난 것이었습니다. 할례를 받은 유대인들은 원래부터 이방인들을 부정한 죄인으로 여겼습니다. 15절 "우리는 본래 유대인이요 이방 죄인이 아니로되"라고 한 내용을 통해서도 분명히 알 수 있습니다. 유대인들은 율법을 지키지 않고 부도덕하게 사는 일반 백성을 죄인이라고 했는데, 대표적인 사람들이 세리(눅 19:7)와 이방인(갈 2:15)이었습니다. 그런데 놀랍게도 이방인들을 죄인으로 규정한 것은 율법이 아니라 유대인들이었습니다. 그들은 부정한 음식(우상의 제물, 피, 하나님이 부정하다고 하신 동물 등)을 먹는 이방인들과 가까이 있게 되면 자기들이 더러워진다고 생각했기 때문에, 더러운 음식을 먹는 이방인들을 모두 죄인으로 여겼던 것입니다. 그러나 하나님이 베드로에게 환상을 통해 부정한 음식을 먹는 이방인들에게도 복음을 전하도록 하셨습니다. 그래서 베드로는 이방인 고넬료 집에 초대받아 갔을 때 *"이르되 유대인으로서 이방인과 교제하며 가까이 하는 것이 위법인 줄은 너희도 알거니와 하나님께서 내게 지시하사 아무도 속되다 하거나 깨끗하지 않다 하지 말라 하시기로 부름을 사양하지 아니하고 왔노라 묻노니 무슨 일로 나를 불렀느냐"*(행 10:28-29)라고 했던 것입니다. 베드로는 하나님의 계시를 받고 이방인들에게도 복음을 전해야 한다는 것, 이방인들을 속되거나 부정하다고 규정하지 말아야 하는 것, 즉 그들과 함께 식사할 수 있게 되었다는 사실을 깨닫게 된 것입니다. 유대인과 이방인을 외적으로 나누었던 할례도 더 이상 의미가 없어졌다는 사실을 베드로는 알게 된 것입니다. 그런데 *"그가 할례자들을 두려워하여 떠나 물러가매"*라는 말씀처럼 베드로는 강경파 유대인들을 의식하고 식사를 하던 중에 자리를 뜬 것입니다. 이 지점에서 우리는 사람들의 의식 또는 관념, 그리고 신앙인들의 신앙관을 들여다볼 수 있습니다. 베드로는 이미 그리스도의 사도가 되었고, 이방인들에게도 복음이 전해져야 한다는 사실을 알았기에 그는 기회가 될 때 의식적으로, 또는 의도적으로 이방인들에게 복음을 전하고 교제하고 식사를 했던 것입니다. 그러나 베드로 안에는 칼 융이 말한 '집단무의식'처럼 선천적이고 원초적인 이방인에 대한 부정한 관념이 여전히 자리 잡고 있었습니다. 아주 뿌리 깊게 자리 잡고 있었습니다. 15절 *"우리는 본래 유대인이요 이방 죄인이 아니로되"*라고 한 말을 통해 알 수 있듯이 유대인들은 2,000년이라는 역사와 함께 할례의식을 지켜오면서 이방인들을 부정하게 생각하고 죄인이라고 생각하는 관념이 깊이 자리 잡고 있었는데, 이는 대대로 반복적으로 교육받음으로써, 그리고 유대인들이라면 모두가 그렇게 간주해

옴으로써 마음 깊이 자리 잡은 일종의 집단무의식과 비슷한 관념이었던 것입니다. 베드로의 행동에서 발견된 것은 첫 번째로 그런 집단무의식의 한 형태로 볼 수도 있습니다. 우리도 언제든지 그런 행동을 할 수 있습니다. 마치 관성의 법칙처럼 자신도 모르게 반응으로 나오는 것입니다. 뱀을 본 적도 없는 유아가 뱀을 보면 놀라거나 가까이 접근하지 않는 것처럼 잠재된 관념의 영향을 받게 되는 것입니다. 우리가 심리학을 신앙적인 면에서 배척하더라도 세상을 보고 판단하는 근거가 있는 주장이나 발견에 대해서는 경험적이고 상식적인 차원에서는 부분적으로 수용할 만하다고 봅니다.

그러나 두 번째로 우리가 명심해야 하는 점은 바로 의식적이고 의도적인 외식입니다. 이것은 마치 남자가 본능적으로 또는 무의식적으로 지나가는 예쁜 여자를 보고 고개를 돌려 한 번 쳐다보게 되는 것과는 달리, 의도적으로 그 여자를 계속 쳐다보고 심지어 따라가서 추행하거나 폭행하는 것에 비유될 수 있습니다. 베드로는 이방인들과 식사하고 있다가 유대인들이 그곳에 오자 그들을 본 순간 그들로부터 부정하다는 소리를 듣게 될 것이라는 걱정에 의도적으로 자리를 떠나버렸습니다. 이런 행위가 바로 외식에서 비롯된 것입니다. "화 있을진저 외식하는 서기관들과 바리새인들이여 회칠한 무덤 같으니 겉으로는 아름답게 보이나 그 안에는 죽은 사람의 뼈와 모든 더러운 것이 가득하도다"(마 23:27)라고 예수님이 말씀하셨는데, 이들은 이방인들을 멀리하고 그들과 식사하지 않음으로써 사람들에게 자기들이 깨끗하고 거룩하게 보이도록 했던 것입니다. 베드로는 자기를 향해 손가락질하고 부정하다고 할 유대인들이 무서워서 자리를 떴는데, 이런 행동은 함께 식사하고 있었던 이방인 그리스도인들을 의도적으로 무시한 행동이었고, 그들을 부정한 사람들로 취급해버린 것입니다. 베드로와 그 일행의 행동 때문에 이방인 그리스도인들은 한순간에 더러운 사람으로 취급받게 된 것입니다. 서울에는 1800년대 말과 1900년대 초에 세워진 교회들이 여러 개 있는데, 승동교회의 경우 백정 출신 신자가 먼저 장로가 되자 양반들이 나와서 따로 교회를 세웠는데 바로 안동교회였습니다. 연동교회의 경우는 갖바치 출신 신자가 먼저 장로가 되자 역시 양반들이 따로 나가서 묘동교회를 시작했습니다. 이처럼 같은 민족 사이에서도 뿌리 깊은 차별이 있었습니다. 그런데 초대교회 당시 유대인들과 이방인들 사이에 존재한 차별의식은 훨씬 심각했습니다. 그들은 이방인들을 사람으로 생각하지 않을 정도로 더럽고 추악한 존재로 여기고 혐오했습니다. 그들은 이방인들과 교제하지 않고 그들과 함께 식사하지 않음으로써 깨끗하고 거룩한 사람으로 유지된다고 생각했습니다. 속은 이방인들과 다름없으면서 겉은 종교적 의식, 음식에 관한 법, 이방인을 부정하게 여기고 멀리하는 행동을 통해서 마치 정결하고 거룩한 사람들인 것처럼 외식(外飾)했던 것입니다. 더 큰 문제는 지도자들의 이런 외식이 다른 사람들에게도 영향을 미친다는 점입니다. *"남은 유대인들도 그와 같이 외식하므로 바나바도 그들의 외식에 유혹되었느니라"*는 13절 말씀처럼 함께 있던 유대인들은 물론이고 심지어 바울의 동역자 바나바까지 외식 행동을 따라 했습니다. 우리는 골로새서 3장 11절 *"거기에는 헬라인이나 유대인이나 할례파나 무할례파나 야만인이나 스구디아인이나 종이나 자유인이 차별이 있을 수 없나니 오직 그리스도는 만유시요 만유 안에 계시니라"*는 말씀처럼 예수 그리스도를 구원자로 믿는 교회 안에서는 그 어떤 사람도 차별할 수 없음을 깨닫기를 바랍니다.

결국 14절 *"그러므로 나는 그들이 복음의 진리를 따라 바르게 행하*

지 아니함을 보고 모든 자 앞에서 게바에게 이르되 네가 유대인으로서 이방인을 따르고 유대인답게 살지 아니하면서 어찌하여 억지로 이방인을 유대인답게 살게 하려느냐 하였노라"는 바울의 말에서 알 수 있듯이 베드로는 바울에게 크게 책망받았습니다. 바울이 이렇게 말한 것은 외식했느냐 안 했느냐의 문제보다도 그 외식으로 인해 이방인들 사이에서 복음의 진리가 부인될 수 있었기 때문입니다. 조금 쉬운 번역으로 보면, "그래서 나는 그들이 기쁜 소식의 진리대로 바로 살지 않는 것을 보고 모든 사람 앞에서 베드로에게 '유대인인 당신이 이방인처럼 살면서 어떻게 이방인에게는 유대인답게 살라고 할 수 있습니까?' 하고 책망했습니다."《현대인의성경》라고 기록되어 있습니다. 바울은 당시 다른 사람들이 모두 있는 가운데서 베드로를 비롯해 외식행위를 한 자들을 향해 거침없이 책망했습니다. 바울은 그들의 모습을 보고 "복음의 진리를 따라 바르게 행하지" 않았다고 했습니다. "복음의 진리"대로 행하지 않았다는 것은 복음을 전했지만 동시에 그 복음의 진리를 부인하고 있음을 행동으로 보이고 말았다는 뜻입니다. 유대인들은 오직 율법을 지켜 행함으로써 의롭다고 함을 얻는다고 가르쳤고, 복음의 사도들은 율법을 지키는 행위가 아니라 오직 믿음으로만 의롭다고 함을 받는다고 가르쳤습니다. 그런데 베드로는 복음의 진리를 이방인들에게도 선포하고 가르쳤음에도 불구하고, 그리고 그들과 교제하고 그들과 식사함으로써 복음의 진리대로 살아가는 모습을 실제로 보였음에도 불구하고, 야고보 사도에게서 온 어떤 유대인들이 다가오자 마치 율법이 요구하는 행위를 지키는 것처럼 이방인들과 함께 있었던 자리를 벗어나고 말았던 것입니다. 결과적으로 이런 행위는 복음의 진리도 받아들이고, 율법도 지키는 것이 되고 맙니다. 갈라디아 교회들의 문제가 복음을 믿음으로써 구원을 얻기에는 온전하지 않고 부족하므로 율법의 행위들을 지켜야 한다고 가르친 것이었는데, 바울이 보기에는 베드로가 바로 그런 사람들의 가르침과 다를 바 없었습니다. "게바에게 이르되 네가 유대인으로서 이방인을 따르고 유대인답게 살지 아니하면서 어찌 하여 억지로 이방인을 유대인답게 살게 하려느냐 하였노라"는 말에서 바울의 의중은 유대인들의 전통과 의식을 이방인들에게 따르라고 가르치는 거짓 교사들과 다름없다는 말입니다. 만약 베드로가 거짓 교사들처럼 유대인들의 전통을 따르면서 이방인들을 멀리하는 거라면 이해를 할 수 있지만, 이방인들에게도 복음을 전한 유대인이었던 베드로는 오직 믿음으로 의롭다고 함을 받는다는 진리를 가르쳤기 때문에 그들과 식사하고 교제를 하는 것은 당연한 일이었습니다. 그래서 베드로는 외식하는 행위를 하지 말아야 했습니다. 베드로는 그들과 끝까지 함께 함으로써 복음의 진리대로 살아가는 거듭난 유대인이 되든지, 아니면 복음의 진리를 믿지 않고 율법의 행위를 따라 의롭게 된다는 율법주의 유대인이 되든지 해야 했습니다. 복음의 진리를 따르든지, 복음의 진리를 따르지 않든지 둘 중 하나를 택해야 했습니다. 그러나 복음의 진리를 따른다고 하면서 실상은 복음의 진리를 따르지 않고 율법의 행위를 중시하는 행동을 잠깐 보였다는 것만으로도 베드로는 큰 잘못을 범한 것입니다.

또한 여기서 중요한 사실 하나를 알아야 합니다. 기독교의 첫 번째 이단 출현과 관련되어 있습니다. 바로 2장 14절 끝부분에 있는 "유대인답게 살게 하려느냐"라는 바울의 말에서 "유대인답게 살다"(ιουδαΐζειν, live like Jews)는 의미가 바로 유대화(Judaize)입니다. 여기서 유대화주의자, 유대주의자 또는 유대적 기독교라는 이단이 생겨난 것입니다. 갈라디아 교회들 가운데서 이들은 명목상 그리스도인들이었을 뿐 사실상 유대교인이 된 신자들로, 할례와 안식일, 기타 율법의 행위들을 지켜야 구원받는다고 믿었습니다. 여기에서 더 발전해서 2세기경에 나타난 이단이 에비온파(Ebionites)입니다. 유대적 기독교와 마찬가지로 혼합주의였고, 마태복음 외에는 받아들이지 않았으며, 예수 그리스도의 신성을 부인함으로써 모세 다음가는 선지자로 여겼습니다. 나중에 영지주의에 흡수되었고, 훗날 이슬람교의 창시자 무함마드(Muhammad, 마호메트)에게도 영향을 미쳤다고 볼 수 있습니다.

여기서 우리는 오늘날 상황으로 볼 때 크게 네 개의 신앙 유형이 존재하고 있음을 알아야 합니다. 오직 율법의 행위로 의롭다고 함을 받는다는 유대교 신앙, 율법과 복음의 혼합주의인 유대적 기독교 신앙(유대화주의 신앙), 복음과 선한 행위를 통해서 의롭다고 함을 받는다는 가톨릭 신앙, 그리고 오직 복음을 믿음으로 의롭다고 함을 받는다는 개혁교회 신앙입니다. 현대 미국에서는 이 네 가지를 통틀어서 유대-기독교(Judeo-Christian) 신앙이라고도 하는데, 유대교와 기독교의 유일신 세계관을 공유하는 미국의 주류 종교를 통칭하는 말이기도 합니다. 바울이나 베드로 모두 유대교 신앙을 가진 사람들이었으나 그리스도의 복음을 통해서 개혁교회 신앙을 가지게 된 것으로 생각하면 이해가 빠를 것입니다. 그런데 바울이 세운 갈라디아 교회들 속에 혼합주의 신앙처럼 복음에 대한 믿음과 율법의 행위를 동시에 요구하는 자들이 영향력을 행사하기 시작했고, 그들은 복음을 왜곡하면서 교회들을 혼란스럽게 하고 있었습니다. 베드로가 바로 그런 사람들처럼 어느 순간 이도 저도 아닌 중간에 서게 되자, 바울은 그를 강하게 책망했습니다. 베드로가 율법주의자들의 시선이 두려워서 율법이 요구하는 행위를 다시 따르게 된다면, 이방인들 역시 유대인들과 교제하기 위해서는 그들도 반드시 할례를 받아야 하는 상황이 되는 것입니다. 그래서 바울이 "네가 유대인으로서 이방인을 따르고 유대인답게 살지 아니하면서 어찌하여 억지로 이방인을 유대인답게 살게 하려느냐"고 강하게 책망했던 것입니다. 쉽게 말하자면 복음을 통해 누리는 자유를 이방인들에게 선포해놓고 그 이방인들에게 자유를 누리지 못하게 막는 자가될 것이냐고 크게 호통을 친 것입니다. 그런데 당시 베드로만의 문제가 아님을 우리는 알아야 합니다. 오늘날 한국교회도 오직 예수 그리스도를 믿음으로 의롭다고 함을 받는다는 신앙이 크게 흔들리고 있습니다. 우리뿐만 아니라 세계적으로도 마찬가지입니다. 복음 외에 다른 것들을 첨가하는 신앙이 점점 확산하고 있습니다. 교회들이 이교도 축제에서 비롯되었고, 예수 그리스도의 신성을 없애고 인성을 드러내는 크리스마스 지키기를 고집한다면 명백한 혼합주의요, 갈라디아 교회들 속에 존재했던 유대화주의 이단(Judaizers)과 다를 바 없습니다. 개혁된 교회는 혼합주의나 절충주의 신앙을 따르지 말아야 합니다. 특히 한국교회는 '신사도적 개혁 운동'(New Apostolic Reformation, 약칭 '신사도 운동')으로 인해 교회가 정치를 비롯한 다양한 분야에서 혼합주의를 추구하고 있습니다. 신사도 운동은 새롭게 정의된 사도와 선지자 직분을 가진 자들이 사회 여러 분야에서 통치하게 될 것이라는 비전을 제시합니다. 이 운동은 7권역(7 Spheres) 또는 일곱 산(7 Mountains)에 대한 지배와 통치를 제시하는데, 그 일곱 권역은 가족(family), 종교(religion), 정치(government), 경제(business), 미디어(media), 문화(arts & entertainment), 교육(education)입니다. 기독교라는 옷을 입고 세속주의를 추구하는 것으로 율법주의와 복음의 단순한 혼합이 아니라, 기독교 신앙을 세속의 다양한 분야와 혼합하는 것으로써, 명목상으로는 기독교 운동이지만 실질적으로는 반(反)기독교 운동입니다. 이 운동은 "하나님과 재물을 겸하여 섬길 수 없느니라"

(눅 16:13)는 예수님의 교훈과는 전혀 다르게 하나님과 재물이라는 두 기둥을 통해 지상천국을 이룩하겠다는 혼합주의와 세속주의 신앙입니다. 이 운동은 교회의 세속화를 더욱 촉진할 것이고, 한국교회는 이러한 '세속주의 바이러스'에 의해 심각한 병에 걸리고 말 것입니다. 1세기 율법주의자들이 갈라디아 교회들을 유대주의로 이끌었던 것과 같은 방식으로 현대교회를 세속주의로 향하게 할 것입니다. 그러므로 21세기 한국교회에서는 종교개혁자들이 주장했던 '오직'(Sola)이 사라져가고 있습니다. 종교개혁의 5대 강령이 되었던 오직 성경(Sola Scriptura), 오직 그리스도(Solus Christus), 오직 믿음(Sola Fide), 오직 은혜(Sola Gratia), 오직 하나님께 영광(Soli Deo Gloria)을 확실히 붙잡음으로써 세속주의와 혼합되지 않도록 힘쓰기를 바랍니다. 아멘.

(2024년 5월 26일)

Ὦ ἀνόητοι Γαλάται, τίς ὑμᾶς ἐβάσκανεν

어리석도다 갈라디아 사람들아, 누가 너희를 꾀더냐(갈 3:1)

제9강

이신칭의

(以信稱義)

갈라디아서 2장 15-16절

15. 우리는 본래 유대인이요 이방 죄인이 아니로되
16. 사람이 의롭게 되는 것은 율법의 행위로 말미암음이 아니요 오직 예수 그리스도를 믿음으로 말미암는 줄 알므로 우리도 그리스도 예수를 믿나니 이는 우리가 율법의 행위로써가 아니고 그리스도를 믿음으로써 의롭다 함을 얻으려 함이라 율법의 행위로써는 의롭다 함을 얻을 육체가 없느니라

지난 주일에는 바울이 안디옥에서 게바(베드로)를 직접 책망했던 일을 소개한 내용을 살펴봄으로써 바울 역시 베드로 사도와 동등한 권위를 가졌다는 것을 그가 갈라디아 교회들을 대상으로 강조했다는 점을 확실히 알게 되었습니다. 또한 그 본문이 '이신칭의'(以信稱義)를 설명하는데 필요한 서론적 이야기로 사용된 것이라는 점도 알아보았습니다. 이제 15절과 16절을 통해서 바울이 당시 갈라디아 교회들은 물론 모든 그리스도인에게 선포한 메시지가 얼마나 중요한 것인지 확실히 깨닫고 하나님의 은혜에 감사할 수 있기를 바랍니다.

15절과 16절 앞부분 "우리는 본래 유대인이요 이방 죄인이 아니로되 사람이 의롭게 되는 것은 율법의 행위로 말미암음이 아니요"라는 말씀을 보면, 먼저 "우리"라는 특별한 사람들의 정체성을 말하면서 동시에 그 정체성을 규정하는 것에 큰 문제가 있음을 보여줍니다. 여기서 "우리"라고 하는 특별한 사람들은 바로 베드로와 바울과 같은 유대인이면서 그리스도인이 된 사람들입니다. 그리고 다음에 이어지는 "이방 죄인"은 당시 보편적으로 유대인들에 의해 죄인 취급을 받는 모든 이방인을 말합니다. 지난번에도 살펴보았듯이 이방인들은 율법에 따라 죄

인으로 규정된 것이 아니라 유대인들에 의해 죄인으로 규정되었습니다. 이방인들에게 유대인의 종교적 기준을 적용하다 보니 그렇게 된 것입니다. 이방인들은 우상의 제물이나 피를 먹고, 하나님이 부정하다고 규정해놓은 동물을 먹기 때문에, 이들과 유대인이 접하게 되면 부정한 음식을 먹는 사람들과 접하게 됨으로써 자연히 유대인들도 부정하게 된다고 믿었고, 그런 점 때문에 유대인은 이방인을 아예 부정한 죄인으로 여기게 된 것입니다. 반대로 생각하면, 유대인들은 음식 규정만 놓고 보더라도 그들은 당연히 스스로 의인으로 여겼던 것입니다. 그들은 이방 죄인과 달리 거룩한 하나님의 백성이라는 정체성을 가지고 있었는데, 그들의 진정한 정체성은 그들이 지금까지 생각해온 대로 음식 규정을 지키거나 할례를 행하거나 안식일을 지킴으로써 확립되는 것이 아니라는 사실을 유대인 그리스도인들은 새롭게 알게 된 것입니다. 그래서 바울도 자기가 옳다고 여겨왔던 유대교 신앙에 문제가 있다는 것을 회심 후에 비로소 확실히 알게 되었고, 그가 회심하기 전까지는 부정한 이방 죄인과 구별되는 정결한 유대인으로 알고 있었다는 점에서 "우리는 본래 유대인이요 이방 죄인이 아니로되"라고 한 것임을 알기 바랍니다.

그다음에 바로 "사람이 의롭게 되는 것은 율법의 행위로 말미암음이 아니요"라고 한 것은 그전까지 보편적으로 믿어왔던 그들의 믿음에 큰 문제가 있었음을 인정한 것입니다. 사람들은 스스로 옳다고 믿어 온 것이 사실이 아니라는 점을 알게 될 때 충격에 빠지기도 하고, 자기가 믿었던 것들을 끝까지 사실로 인정하려는 고집스러운 경향이 있습니다. 이런 경향을 '제멜바이스 반사작용'(Semmelweis Reflex)이라고 부릅니다. 19세기 헝가리 산부인과 의사였던 제멜바이스가 당시 산모들이 많이 죽는 이유를 사람들이 알지 못했을 때 의사가 손을 깨끗이 씻지 않고 산모의 아기를 받는 과정에서 문제가 생긴 것을 의심하고 손을 세척하고 산모를 도운 결과 사망률이 현저히 낮아지는 것을 알게 되었습니다. 그는 씻지 않은 더러운 의사 손이 산욕열(産褥熱)의 가장 큰 원인이라고 주장했지만, 당시 대부분의 산부인과 의사들은 믿지 않거나 아예 그의 주장을 무시해버렸습니다. 심지어 그는 의사의 명예를 실추시킨 돌팔이 의사 취급받기도 했습니다. 제멜바이스의 주장을 신뢰한 일부 의사들만이 수술 전 손 씻기에 동참했을 뿐입니다. 전해진 바에 따르면, 그의 가족마저 그를 외면했다고 합니다. 결국 의사들 대부분에게 배척받음으로써 그는 정신병원에서 지내다가 죽게 되었다고 합니다. 그가 죽은 후 뒤늦게 그의 주장이 의학계에서 받아들여졌습니다. 이렇게 사람들은 오랫동안 스스로 사실이라고 믿어온 것을 쉽게 부정하지 못합니다. 오래전부터 가지고 있었던 규범이나 가치관, 신념이나 믿음과 상충이 되는 정보나 사실이 드러난다고 할지라도 여전히 거부하고, 설득이나 가르침에 반발하는 경향이 있습니다. 마찬가지로 "사람이 의롭게 되는 것은 율법의 행위로 말미암음이 아니요"라고 사도들이 선포하고 가르쳤을 때 유대인들 대부분은 그들의 믿음을 잘못된 것으로 인정하지 않았습니다. 오히려 그들은 자신들의 신념을 더욱 강력하게 주장하면서 사도들의 새로운 가르침에 대해 강하게 반발했던 것입니다. 갈라디아 지역 교회들 속에서 이런 종류의 사람들이 있었습니다. 그들은 이방인들이 의롭다고 함을 받으려면, 즉 하나님의 백성이 되려면 당연히 하나님의 백성이 지난 2,000년간 지켜왔던 할례를 받아야 한다는 것을 주장하기 시작했습니다. 사실 이들은 율법을 지키는 행위를 통해서 하나님으로부터 의롭다고 함을 받는다는 믿음을 버리지 못한 것입니다. 오늘날도 사람들이 저마다 잘못된 믿음을 가지고 있음에도 버리지 못한 것은 자기의 생각이 옳다고 믿는 어리석음 때문입니다. 심지어 심리학에서도 메타인지(meta-cognition, 자기 인식 또는 자기 판단에 대한 인지능력)라는 것을 통해 사람이 가진 지식, 신념이나 사상, 개인적 능력을 더 잘 이해하고 개선할 수 있다고 하는데, 그리스도를 믿는다고 하면서도 자기 믿음이 성경적인지 아닌지를 판단하지 못한 경우가 많습니다. 설교를 들으면서도 성경 맥락에 맞는지, 교리에 부합하는지 분별하지 못하는 경우가 많습니다. 그래서 우리는 사도행전 17장 11절 "베뢰아에 있는 사람들은 데살로니가에 있는 사람들보다 더 너그러워서 간절한 마음으로 말씀을 받고 이것이 그러한가 하여 날마다 성경을 상고하므로"라는 말씀의 중요성을 알아야 합니다. 베뢰아 사람들의 너그러움은 심리학적으로 표현하면 '메타인지'가 좋은 것을 의미합니다. 친숙하고 권위가 있는 사람의 말이라면 무조건 믿는 맹신이 아니라 성경적으로 또는 교리에 따른 검증을 할 줄 아는 것을 뜻하기도 하고, 그렇게 알아보려는 노력이나 자세를 포함한 말이기도 합니다. 쉽게 믿고 즉흥적으로 받아들이는 천박함보다는 차분히 따져보고 분석하고 확인해보는 고상함과 깊이가 있음을 말합니다. 생각하는 틀(frame)이 좁은 사람들과는 달리 그들의 틀보다는 넓다는 것입니다. 당시 유대인 그리스도인들은 자기들의 의식과 관습과 종교에서 벗어나지 못하고 그 틀 속에서 복음을 받아들인 경우가 대부분이었습니다. 그 틀을 깨고 부수지 못한 것입니다. 좀처럼 부수지 못하는 게 인간입니다. 그래서 제멜바이스 반사작용도 있고, 선입견이나 확증편향(確證偏向, 자신의 가치관, 신념, 판단 따위와 부합하는 정보에만 주목하고 그 외의 정보는 무시하는 사고방식)도 생기는 것입니다. 특히 정치적으로 잘못된 신념을 가진 사람들이 그러한 경우입니다. 거짓 정보에 의해 가스라이팅(gaslighting)을 당하고 있는지 깨닫지 못하는 경우입니다. 물론 종교적으로도 마찬가지입니다. 여러분은 그런 틀을 깨고 부수고 나와서 새로운 틀 즉 예수 그리스도의 틀 속에서 세상을 보고 판단하고, 예수 그리스도의 틀 속에서 성경을 읽고 묵상할 수 있기를 바랍니다.

16절은 복음의 핵심이요, 그리스도를 믿는 신앙이 다른 종교들과 어떻게 다른지 명백하게 보여주는 구절입니다. "사람이 의롭게 되는 것은 율법의 행위로 말미암음이 아니요 오직 예수 그리스도를 믿음으로 말미암는 줄 알므로 우리도 그리스도 예수를 믿나니 이는 우리가 율법의 행위로써가 아니고 그리스도를 믿음으로써 의롭다 함을 얻으려 함이라 율법의 행위로써는 의롭다 함을 얻을 육체가 없느니라"는 이 말씀에 그 어떤 것도 더하는 일이 없기를 바랍니다. 바울과 당시 그리스도인들은 "오직 예수 그리스도"를 통해 "사람이 의롭게 되는 것"이라고 확실히 믿었습니다. 그런데 일부 유대인 출신의 그리스도인들(실상은 그리스도인들이 아닌 가짜 그리스도인들)이 "율법의 행위" 즉 모세를 통해 받은 율법의 조항들을 지키는 행위, 그리고 그들이 전통적으로 지켜온 종교적 관습이나 선행을 여전히 이어가야 한다고 가르쳤던 것입니다. 그렇다고 그들이 중요하게 여긴 "율법의 행위"가 모두 필요 없다고 예수님이 말씀하신 것은 아닙니다. 예수님이 십자가에서 돌아가심으로써 더 이상 의무적으로 지킬 필요가 없게 되었지만, 율법의 교훈을 잊지 말아야 하고, 율법에 기초한 정의롭고 바른 행위를 이어가야 합니다. 다만 율법이 사람들에게 더 이상 필요하지 않아서 예수님이 오신 것이 아니라 율법이 요구하는 삶을 사람들이 충족시킬 수 없기에, 죄악으로 인해 온전히 지킬 수 있는 능력을 상실했기 때문에, 예수님이 대신 율법의 의를 이루기 위해 오셨다는 사실을 명심하기를 바랍니다. 신명기 27장 26절 "이 율법의 말씀을 실행하지 아니하는 자는 저주를 받을 것이라 할 것이요 모든 백성은 아멘 할지니라"는 말씀은 율법을 지키지 않는 모든 자들에 대한 저주를 선포한 말씀입니다. 그러나 아무리 지키려고 애써도 "율법의 말씀"을 온전히 실행할 수 있는 사람은 아무도 없습니다. 그래서 모든 사람이 율법의 저주 아래에 있는 것입니다. 바울은 이에 대해 "율법의 행위로써는 의롭다 함을 얻을 육체가 없느니라"고 분명히 교훈한 것입니다. 아울러 의롭다고 함을 받을 수 있는 길은 "율법의 행위로써가 아니고 그리스도를 믿음으로써"라고 분명히 교훈했습니다. 그러므로 복음을 믿는 것 외에, 어떤 행위를 덧붙여야만 의롭게 되는 것이 아님을 확실히 알기 바랍니다.

갈라디아 교회들 속에 들어온 거짓 교사들은 이방인들이 그리스도를 믿어 하나님의 백성이 된다는 것은 구원에 있어서 여전히 부족한 부분이 있으므로 할례를 받아야 한다고 주장한 것입니다. 즉 복음 외에 의무적인 행위를 요구한 것입니다. 이들은 바울의 가르침과는 다른 주장을 펼쳤으나 당시 갈라디아 지역 그리스도인들은 점점 그런 주장을 받아들이고 있었습니다. 그런데 20세기에 와서도 세계적인 신학자들이 바울에 대한 새로운 관점(새 관점)으로 유대교를 바라보면서 이신칭의 교리가 위협을 받기 시작했습니다. 이런 사람들(E. P. Sanders, James Dunn, N. T. Wright 등)의 생각으로는, 바울이 "율법의 행위"(Works of Law)에 대해서 기존의 생각을 버린 것이 아니라 이방인을 포용하려는 방법의 하나로 '언약적 신율주의'(Covenantal Nomism)였던 유대교를 '율법주의적 유대교'(legalistic Judaism)로, 또는 '공로신학'(Merit Theology)으로 변경했다는 것입니다. 이방인들에게 복음을 전하는 바울을 유대인들이 방해했고, 그래서 바울이 쉬운 방법으로 이방인을 얻기 위해 독자적으로 제시한 칭의론(稱義論)이 바로 '오직 그리스도를 믿음'으로 의롭다고 함을 받는다는 내용이라는 것입니다. 결국, 이런 신학자들의 주장에 따르면 오직 그리스도를 믿음으로 의롭다고 함을 받는다는 이신칭의 교리는 무너지게 됩니다. 이는 그리스도를 믿는 신앙 자체를 흔들어버리는 비성경적인 주장입니다. 이들의 주장에 따르면, 하나님의 백성은 하나님과 이미 언약 관계에 있으므로 여전히 하나님의 백성이며, 그들은 그들에게 주어진 율법을 지킴으로써 하나님과 맺은 언약 관계를 유지할 수 있다는 것입니다. 당시 바울이 "다른 복음"(갈 1:6)이라고 했던 것과 크게 다를 바 없이 오늘날에도 여전히 가짜 복음을 가르치는 거짓 교사들(신학자들) 있다는 점을 명심하기를 바랍니다.

"의롭다 함"을 얻는 또는 그렇게 칭함을 받는 것이 전적으로 "율법의 행위"에 있다고 믿는다면 이는 유대교 신앙입니다. 하나님의 은혜를 부인하고 그리스도의 십자가 구속을 부인하는 신앙입니다. 반면에 "율법의 행위"는 아니더라도 "선한 행위"를 쌓아감으로써 하나님의 은혜를 바탕으로 의롭다고 함을 받는다고 하면 이는 로마가톨릭이 주장하는 교리가 됩니다. 로마가톨릭은 루터와 칼빈으로 이어지는 종교개혁 운동에 대응하기 위해 트렌트 종교회의(Council of Trent, 1545-1563)를 개최하여 개신교(Protestantism, 가톨릭이 칭한 말) 칭의 교리를 중점적으로 반박했습니다. 로마가톨릭도 나름대로 종교개혁(Catholic Reformation, 개신교는 이를 반[反]종교개혁이라 칭함)을 시작한 것입니다. 가톨릭 종교개혁의 주요 인물 중 대표적인 사람이 바로 예수회(Jesuit)를 창설한 이그나티우스 로욜라(Ignatius Loyola, 1491-1556)였습니다. 로마가톨릭은 종교개혁자들이 주창한 믿음이 '행함이 없는 죽은 믿음'(약 2:17)이라고 선언했습니다. 결국 로마가톨릭은 구원을 얻기 위해서는 하나님의 은혜와 선한 행위 모두 필수적이라고 규정한 것입니다. 여기에 로마가톨릭과 개신교 사이에 교리상 중간쯤 위치한 성공회와 감리교의 저명한 신학자들(샌더스, 던, 라이트 등)이 바울 신학에 대한 새로운 견해를 내놓으면서 20세기 후반부터 수십 년간 복음주의 신학자들도 영향을 받게 되었습니다. 바울 사도의 명백한 가르침을 심각하게 왜곡해버린 일이 초대교회 당시나, 종교개혁이 시작되기 전이나, 그 이후나, 그리고 지금이나 여전히 일어나고 있습니다. 바울은 원래 철저한 율법주의자로서 "율법의 행위"로 의롭다고 함을 받는 줄 알았으나 부활하신 예수 그리스도를 만나고 나서는 "율법의 행위로써는 의롭다 함을 얻을 육체가 없느니라"고 했습니다. 이렇게 명백한 가르침에 그 어떤 해석이 또 필요하겠습니까? 율법이 정한 어떤 행위를 지킴으로써 의롭다고 함을 받을 수 있는 사람이 없다고 했습니다. 십계명을 보더라도 그중에 단 하나라도 온전히 그리고 계속 지킬 수 있는 사람은 이 세상에 단 한 사람도 없습니다. 전도서 7장 20절은 "선을 행하고 전혀 죄를 범하지 아니하는 의인은 세상에 없기 때문이로다"라고 교훈합니다. 로마서 3장 23절은 "모든 사람이 죄를 범하였으매 하나님의 영광에 이르지 못하더니"라고 교훈함으로써 선을 행할 능력이 아예 없음을 말해줍니다. 마찬가지로 로마서 3장 12절은 "다 치우쳐 함께 무익하게 되고 선을 행하는 자는 없나니 하나도 없도다"(시편 14편)라고 합니다. 사람이 선을 행한다고 할 때 그 선은 상대적인 것을 뜻합니다. 다른 사람들에 비해서 비교적 선하다는 뜻입니다. 절대적으로 하나님이 인정하시는 선을 행할 수 있는 사람은 이 세상에 아무도 없다는 사실을 인정하기를 바랍니다. 그렇다고 해서 사람이 율법을 지킬 수 없다는 이유로, 또는 예수님이 율법의 의를 완전히 이루셨기 때문에 더 이상 필요 없다는 율법 폐기론자가 되어서는 안 됩니다. 마태복음 5장 17절을 보면 "내가 율법이나 선지자를 폐하러 온 줄로 생각하지 말라 폐하러 온 것이 아니요 완전하게 하려 함이라"고 예수님이 말씀하신 것을 알 수 있습니다. 율법은 우리를 예수 그리스도에 대한 믿음으로 이끄는 수단이요, 예수 그리스도를 믿음으로 의롭다고 함을 얻는 자들의 삶에 교훈을 제시한다는 점을 기억하기를 바랍니다. 끝으로 "사람이 의롭게 되는 것은 율법의 행위로 말미암음이 아니요 오직 예수 그리스도를 믿음으로 말미암는 줄 알므로 우리도 그리스도 예수를 믿나니 이는 우리가 율법의 행위로써가 아니고 그리스도를 믿음으로써 의롭다 함을 얻으려 함이라 율법의 행위로써는 의롭다 함을 얻을 육체가 없느니라"는 말씀을 통해 '이신칭의' 또는 '이신득의' 교리를 단단히 붙잡기를 바라고, 이 교리를 믿고 깨달을 수 있도록 은혜를 베푸신 하나님께 영광을 돌리기를 바랍니다. 아멘.

(2024년 6월 2일)

Ὦ ἀνόητοι Γαλάται, τίς ὑμᾶς ἐβάσκανεν

어리석도다 갈라디아 사람들아, 누가 너희를 꾀더냐(갈 3:1)

제10강

십자가에 못 박혀 죽은 자

갈라디아서 2장 17-21절

17. 만일 우리가 그리스도 안에서 의롭게 되려 하다가 죄인으로 드러나면 그리스도께서 죄를 짓게 하는 자냐 결코 그럴 수 없느니라
18. 만일 내가 헐었던 것을 다시 세우면 내가 나를 범법한 자로 만드는 것이라
19. 내가 율법으로 말미암아 율법에 대하여 죽었나니 이는 하나님에 대하여 살려 함이라
20. 내가 그리스도와 함께 십자가에 못 박혔나니 그런즉 이제는 내가 사는 것이 아니요 오직 내 안에 그리스도께서 사시는 것이라 이제 내가 육체 가운데 사는 것은 나를 사랑하사 나를 위하여 자기 자신을 버리신 하나님의 아들을 믿는 믿음 안에서 사는 것이라
21. 내가 하나님의 은혜를 폐하지 아니하노니 만일 의롭게 되는 것이 율법으로 말미암으면 그리스도께서 헛되이 죽으셨느니라

지난 주일에는 이신칭의 또는 이신득의 교리를 핵심적으로 교훈하는 15-16절 내용을 살펴보았습니다. 오늘은 당시 이신칭의 교리를 무너뜨리려 했던 거짓 교사들의 논리를 반박하는 바울의 설명을 통해 율법의 행위로 의를 얻으려는 것과 오직 하나님의 은혜를 믿음으로 의롭다고 함을 받게 되는 차이를 확실히 깨닫기를 바랍니다.

17절 "만일 우리가 그리스도 안에서 의롭게 되려 하다가 죄인으로 드러나면 그리스도께서 죄를 짓게 하는 자냐 결코 그럴 수 없느니라"는 말씀은 복음을 믿는 것 외에 율법의 행위를 더해야 진정한 구원을 받는 것이라고 주장했던 거짓 교사들의 가르침을 염두에 둔 표현입니다. 그들의 논리는 바울이 전한 복음으로 인해 이방인 신자들이 율법을 지킬 의무가 없으니 선한 행위도 필요 없고, 결국 방종(放縱)으로 치우치

게 되며, 죄를 짓게 되기 때문에 그리스도가 바로 죄를 짓게 만드는 장본인이라는 것입니다. 갈라디아 교회 신자들이 생각하기에도 매우 설득력이 있는 논리였던 것입니다. 유대인이 아닌 갈라디아 그리스도인들은 율법을 지키는 엄격한 삶을 살아본 경험이 없으므로 그들의 삶을 보더라도 그리스도를 믿음으로 의롭다고 함을 받는다는 복음의 진리가 논리적으로나 상식적으로 불완전하고 부족하게 느껴졌을 것입니다. 그래서 복음을 받아들이는 것 외에 율법의 행위를 통해서 부족한 부분을 채운다면 더욱 확실하게 의롭다고 함을 받게 될 것이라고 설득당하게 된 것입니다. 그러나 바울은 *"그리스도께서 죄를 짓게 하는 자냐 결코 그럴 수 없느니라"*고 함으로써 강력한 어조로 반박했습니다. *"결코 그럴 수 없느니라"*는 절대로 그럴 수 없다는 것입니다. 또 한편으로는 유대인 그리스도인들은 그들이 중요시해왔던 '율법의 의'를 예수 그리스도가 없애버리심으로써, 즉 그들이 생각한 '의의 옷'이 벗겨짐으로써 그들의 죄 또한 드러날 수밖에 없도록 만들어버렸다고 바울을 향해 주장한 것입니다. 그러나 '율법의 의'는 존재하지도 않은 것으로써 그들이 만들어낸 신념일 뿐이고, 그리스도는 사실 율법의 행위로 치장하고 있던 그들의 거짓 가면을 도리어 없애버리신 것임을 깨닫기를 바랍니다.

18절 *"만일 내가 헐었던 것을 다시 세우면 내가 나를 범법한 자로 만드는 것이라"*는 말씀의 의미는 바울 사도가 복음을 믿음으로써 "헐었던", 즉 버렸던 율법주의를 다시 수용한다면 스스로 율법주의자로 다시 돌아가는 것이기에 결국 자신을 율법을 범한 자로 만드는 꼴이 되고 만다는 뜻입니다. 그리스도를 믿음으로써 율법주의 삶을 모두 허물어버렸는데 율법주의로 다시 돌아가는 것은 결국 죄인임을 증명한 꼴이 된다는 것입니다. 베드로를 비롯한 유대인 그리스도인들이 이방인 그리스도인들과 식사하다가 외식(外飾)함으로써 율법의 행위를 따르는 예전의 신앙 행태를 잠시 보인 적 있는 것처럼, 만약 바울 자신도 그렇게 한다면 스스로 허물어 버린 것을 일으켜 세운 결과가 된다는 뜻입니다.

19절 "내가 율법으로 말미암아 율법에 대하여 죽었나니 이는 하나님에 대하여 살려 함이라"는 말씀은 바울이 율법의 존재 자체를 자기 자신의 삶 속에서 없애버린 것이 아니라 예수 그리스도를 믿고 난 후에 그동안 그가 제대로 알지 못했던 율법의 참된 역할을 깨닫게 됨으로써 율법을 통해 의를 얻고자 했던 율법주의 신앙과 단절했다는 뜻입니다. 마찬가지로 우리에게 적용해보면, 예수 그리스도가 우리를 죄와 사망에서 구원하셨다는 복음의 진리를 믿기 전에 해왔던 우상숭배나 조상숭배에서 완전히 벗어나서 참다운 신앙을 가지게 되었을 때 우리는 우상숭배와 조상숭배에 대해 죽었다고 할 수 있습니다. 그러나 만약 예수님을 구원자로 믿으면서도 여전히 조상에게 제사하고 우상에게 절을 한다면 그것은 예수님에 대해 살아있는 것이 아니라 귀신과 마귀에 대해 아직도 살아있는 것이 됩니다. 이런 신앙이 바로 혼합주의 신앙이요, 초대교회 첫 번째 이단이었던 유대적 기독교(Judaizers)와 다름없는 가짜 신앙이 된다는 사실을 잊지 말기를 바랍니다.

우리가 하나님에 대해 살기 위해서는 반드시 율법주의나 인간이 고안한 종교에 대해 죽은 자가 되어야 합니다. 또한 바울 자신이 율법에 대해 죽었다고 표현한 것은, 즉 율법의 행위를 통해서 의를 얻는다는 잘못된 믿음과 단절했다는 것은 확실한 목적이 있었기 때문입니다. 그 목적은 바로 "하나님에 대하여 살려 함이라"는 고백에 있습니다. 이 고백은 죄와 사망의 법에서 벗어나 그리스도 안에 있는 생명을 누리는 것을 의미합니다. 바울 사도는 로마서 8장 1–2절을 통해 이렇게 표현했습니다. *"그러므로 이제 그리스도 예수 안에 있는 자에게는 결코 정죄함이 없나니 이는 그리스도 예수 안에 있는 생명의 성령의 법이 죄와 사망의 법에서 너를 해방하였음이라."* 아멘.

20절 *"내가 그리스도와 함께 십자가에 못 박혔나니 그런즉 이제는 내가 사는 것이 아니요 오직 내 안에 그리스도께서 사시는 것이라 이제 내가 육체 가운데 사는 것은 나를 사랑하사 나를 위하여 자기 자신을 버리신 하나님의 아들을 믿는 믿음 안에서 사는 것이라"*는 말씀은 바울이 19절에서 표현한 내용을 좀 더 자세히 표현한 것입니다. 먼저 *"내가 그리스도와 함께 십자가에 못 박혔나니"*라고 상징적으로 말한 것은 두 가지 의미를 담고 있습니다. 첫째로, 율법의 요구에 따라 십자가에서 돌아가신 예수님과 하나가 되었다는 뜻입니다. 십자가의 고난을 받은 그리스도와 바울 자신을 완전히 동일시 한 것인데, 이는 십자가에 매달려야 할 존재가 예수 그리스도가 아닌 바로 자신이라는 사실을 확실히 깨닫게 되었다는 뜻으로, 자기를 위해 대신 십자가에서 돌아가신 예수님 때문에 그가 죄 사함을 받고 의롭다고 함을 얻게 되었다는 고백입니다. 이는 예수 그리스도의 십자가에 바울 자신도 이미 못 박혔고 현재도 여전히 못 박혀 있음을 나타낸 말로 이해할 수 있습니다. 둘째로, 율법주의 신앙을 통해 자기 자신을 의롭게 여기고 교만하게 살았던 옛 삶을 완전히 십자가에 못 박았다는 상징적 표현입니다. 이는 *"그런즉 이제는 내가 사는 것이 아니요 오직 내 안에 그리스도께서 사시는 것이라"*는 다음 고백을 통해서 확실히 알 수 있습니다. 자기 의를 내세웠던 교만한 자신은 죽었기 때문에, 더 이상 인생의 주인이 아니라는 것입니다. 이제는 그리스도가 자기의 주인이고 자기는 종으로써 겸손히 주인을 따르는 자가 되었다는 뜻입니다. 바울의 인생이 바울 자신의 것이 아니라 이제는 그리스도의 것이 되었다는 뜻입니다. 우리 역시 그리스도를 믿고 하나님의 자녀가 되었다면, 우리 인생은 그리스도의 것이 되었음을 인정해야 합니다. 그러므로 바울은 "이제 내가 육체 가운데 사는 것은 나를 사랑하사 나를 위하여 자기 자신을 버리신 하나님의 아들을 믿는 믿음 안에서 사는 것이라"는 아름다운 고백을 할 수 있었습니다. 이는 자기 자신도 이제 십자가에서 죽었다는 뜻이며, 율법에 대해 죽고 하나님에 대해 살게 되었다는 뜻입니다. 다르게 표현하면, 십자가에 자신의 정욕을 못 박았다는 것으로 새로운 마음과 각오로 하나님을 위해 살겠다는 신앙적 표현이기도 합니다. 19절 "내가 율법으로 말미암아 율법에 대하여 죽었나니"라는 고백을 통해 바울의 옛사람은 죽었고, 이제 새 사람으로 살아간다는 뜻으로 "하나님의 아들을 믿는 믿음 안에서 사는 것"이라고 한 것입니다. 바울은 로마서 6장 6-9절을 통해서 '옛사람'과 의롭다고 함을 받은 '새 사람'에 대해 이렇게 교훈했습니다.

> 6. 우리가 알거니와 우리의 옛 사람이 예수와 함께 십자가에 못 박힌 것은 죄의 몸이 죽어 다시는 우리가 죄에게 종노릇 하지 아니하려 함이니
> 7. 이는 죽은 자가 죄에서 벗어나 의롭다 하심을 얻었음이라
> 8. 만일 우리가 그리스도와 함께 죽었으면 또한 그와 함께 살줄을 믿노니
> 9. 이는 그리스도께서 죽은 자 가운데서 살아나셨으매 다시 죽지 아니하시고 사망이 다시 그를 주장하지 못할 줄을 앎이로라

끝으로 21절 "내가 하나님의 은혜를 폐하지 아니하노니 만일 의롭게

되는 것이 율법으로 말미암으면 그리스도께서 헛되이 죽으셨느니라"는 말씀을 살펴보고자 합니다. 이 문장에는 세 가지 중요한 주제가 등장하는데, 하나님의 은혜, 율법으로 말미암아 의롭게 되는 것, 그리고 그리스도의 죽음입니다. 하나님의 은혜는 죄인에게 주어진 것인데, 죄인은 율법으로 말미암는 의를 결코 얻을 수 없기에 의롭게 되기 위해서는 반드시 하나님의 은혜가 필요합니다. 율법이 요구하는 바를 온전히 만족시키고 죄인을 구원하시기 위해 하나님은 그리스도의 십자가 죽음을 섭리하셨습니다. 이렇게 죄인을 구원하시기 위한 하나님의 섭리가 바로 하나님의 은혜임을 깨닫기를 바랍니다. 죄인이 율법을 지킴으로써가 아니라, 그리스도의 대속의 죽음을 통해서 의롭게 되도록 뜻을 정하신 하나님의 은혜를 받아들임으로써 의롭게 됩니다. 그러므로 바울이 "내가 하나님의 은혜를 폐하지 아니하노니"라고 한 말의 뜻은 하나님의 섭리를 아무것도 아닌 것으로 만들어버리는 사람이 아니라는 뜻이 됩니다. 만약 "의롭게 되는 것이 율법으로 말미암"는다고 바울이 가르치게 된다면, 그리스도의 죽음도 헛된 것으로 만들어버리는 것이고, 결과적으로 하나님의 은혜도 아무런 쓸모가 없는 것으로 만들어버리는 것입니다. 그렇게 되면 하나님의 뜻이 이루어지도록 죄인들을 위해 예비하신 하나님의 은혜를 거부한 것이 되므로 하나님의 심판에서도 벗어날 수 없습니다. 또한 사람이 의롭게 되는 것은 율법의 행위로써는 불가능하고 오직 하나님의 은혜를 통해서만 가능합니다. 이 세상이 제시하는 그 어떤 종교적 행위로도 죄악으로 인해 죽은 인간이 스스로 구원에 이르는 길은 없습니다. 세상에서 인정받고 칭찬받을 만한 그 어떤 선행으로도 창조주 하나님의 뜻을 거역함으로써 받게 된 죽음의 형벌에서 인간 자신을 스스로 구원할 수 없음을 깨닫기를 바랍니다. 또한 구원자 그리스도를 믿는다고 하면서 십자가의 대속 외에 그 어떤 것을 구원의 조건으로 추가한다면 그리스도를 통해 주시는 하나님의 은혜가 완전하지 못하다고 여기는 것이고, 하나님의 은혜를 무시하는 결과에 이르게 됨으로써 그리스도를 부인하는 것이 된다는 사실을 명심하기를 바랍니다. 유대인들은 율법의 행위로 의를 얻으려고 합니다. 유대주의자들은 복음을 믿는 것에 율법의 행위를 더해서 의를 얻으려고 합니다. 가톨릭주의자들은 하나님의 은혜에 선한 공로를 더함으로써 의를 얻는다고 합니다. 그러나 참된 그리스도인들은 오직 하나님이 베푸신 십자가의 은혜, 즉 예수 그리스도를 믿음으로 의롭다고 함을 얻는다고 믿는 자들로, 앞에 언급한 사람들과는 확실하고도 분명한 차이가 있습니다. 사도 바울은 그 차이를 분명히 가르치기 위해 자기가 예수 그리스도의 십자가에 함께 못 박혔다고 상징적으로 교훈한 것입니다. 고린도 교회에 쓴 편지와 바울의 모습을 실제 본 그들의 표현을 통해서 바울이 십자가의 복음만을 전하기로 얼마나 노력했는지 알 수 있습니다. *"내가 너희 중에서 예수 그리스도와 그가 십자가에 못 박히신 것 외에는 아무것도 알지 아니하기로 작정하였음이라"*(고전 2:22)고 할 정도로 그는 오직 십자가만을 전했다고 했습니다. 고린도 교회 신자들은 *"그의 편지들은 무게가 있고 힘이 있으나 그가 몸으로 대할 때는 약하고 그 말도 시원하지 않다"*(고후 10:10)라고 실망스러운 반응을 했는데, 이는 그들이 바울에게서 최소한 수사학적이고 철학적인 웅변술을 사용한 가르침을 기대했지만, 바울이 그렇게 하지 않아서 그들이 지적(知的) 갈증을 해소하지 못했다는 뜻입니다. 그만큼 바울이 십자가만을 전했다는 사실을 알 수 있습니다.

또한 바울은 사람들의 일반적인 기대와 달리, 눈에 보이고 현실적인 이상향이 아닌 십자가에 달린 예수 그리스도와 그를 믿음으로써 죄와 사망에서 구원을 얻어 영생을 누린다는 복음을 항상 전했습니다. 만약 복음을 믿는 것 외에 고행(苦行)을 통해서 덕을 쌓거나 율법의 행위를 따름으로써 온전한 의를 얻는다는 식으로 눈에 보이는 행위를 요구했으면 사람들이 복음을 받아들이기에 오히려 쉬웠을 것입니다. 정감록에 기록된 도참 내용이 조선시대 중기와 말기 수백 년 동안 민중에게 설득력이 있었던 것 중 하나는 십승지라고 하는 구체적인 지역이 제시되었기 때문입니다. 십승지 중 가장 좋은 곳이라 여겼던 영주시 풍기(豊基)읍 금계리는 많은 이북 사람들이 전쟁과 기근과 전염병을 피할 수 있는 곳이라 믿고, 그곳을 찾아 거주하게 되면서 원주민보다 이주민이 더 많을 정도로 현실적 이상향이 되었던 장소였습니다. 이렇게 사람들은 눈에 보이지 않는 이상향보다 눈에 보이는 현실적인 이상향을 원합니다. 마찬가지로 십자가에 못 박혀 죽었다고 하는 바울의 상징적인 말을 사람들은 제대로 이해하지 못했습니다. 그래서 갈라디아 교회 신자들 역시 바울로부터 들은 보이지 않는 복음보다는 율법주의 교사들이 제시한 눈에 보이는 할례와 절기를 지키는 행위에 점점 설득당했던 것입니다. 그러나 하나님의 은혜를 받은 사람들은 십자가에 못 박혔다는 사도 바울의 말을 정확히 알게 됩니다. 우리 각자가 *"내가 그리스도와 함께 십자가에 못 박혔나니"*라고 말할 수 있으려면 십자가에 매달려야 할 존재가 예수 그리스도가 아닌 바로 자기 자신이었어야 함을 확실히 인정해야 합니다. 또한 하나님을 믿지 않았던 교만과 불신앙의 모습이 이제는 더 이상 살아나지 못하게 해야 합니다.

　바울은 '십자가에 못 박힌' 자기 자신을 상징적으로 표현했는데, 실제로 예수님처럼 십자가에 못 박혀 죽는 모습을 재현하려고 시도해서 죽은 사람이 있었습니다. 2023년 6월 22일 SBS 방송 *"꼬리에 꼬리를 무*

는 *그날 이야기*"를 통해 지난 2011년 5월 1일 발견된 "*문경 십자가 시신 사건*"이 다시 조명되었습니다. 당시 한 남성이 둔덕산에서 십자가에 못 박힌 상태로 숨진 채 발견되었는데, 주변이나 상황을 보았을 때 예수님이 십자가형을 당할 때의 모습을 그대로 재현하고자 했던 것입니다. 외신들은 세계적으로 유사한 사례를 찾기 어려운 사건이라고 할 정도로 독특한 일로 보도했다고 합니다. 죽은 그 사람에 대해 아는 사람들의 말에 의하면, 그 남성은 평소 사이비 종교에 심취해 있었다고 합니다. 바울이 자기 자신을 '십자가에 못 박혀 죽은 자'라고 했던 말을 상징적으로 받아들이지 않고, 그 말의 맥락을 벗어나 문자적으로 받아들이게 되는 어리석음을 범하지 말아야 합니다. 초대교회부터 지금에 이르기까지 성경의 맥락을 벗어나 특정 구절이나 문자에 빠져 이단이 되고 사이비 신앙으로 빠진 경우들이 허다합니다. '십자가에 못 박혀 죽은 자'라고 말할 때 예수 그리스도는 실제 사건이고, 사도 바울의 경우는 상징적 표현인데, 둘 다 실제로 잘못 이해하지 말아야 합니다. 우리는 예수 그리스도가 우리 죄 대신 십자가에서 돌아가심으로써, 그리고 십자가에서 돌아가신 일을 통해 우리 죄를 용서하셨다는 성경의 교훈을 확실히 믿음으로써, 아울러 예수 그리스도의 십자가에 우리가 함께 못 박힘으로써, 우리는 거듭난 삶과 거룩한 삶을 이 세상에서 살고 있고, 영원한 천국을 향해 순례의 길을 걷고 있다는 사실을 확실히 믿기를 바랍니다. 아멘.

(2024년 6월 9일)

Ὦ ἀνόητοι Γαλάται, τίς ὑμᾶς ἐβάσκανεν

어리석도다 갈라디아 사람들아, 누가 너희를 꾀더냐(갈 3:1)

제11강

확증편향과 마녀재판

지금까지 갈라디아서 1-2장을 통해서 유대인 출신 그리스도인 중 거짓 교사들이 갈라디아 교회들을 미혹해서 율법의 행위를 따르도록 한 일에 대해 분노하면서 자신의 사도직의 진정성과 그들에게 전한 복음의 진실성을 강조했던 사도 바울에 대해 살펴보았습니다. 특히 2장 마지막 부분에서는 바울이 이신칭의 교리에 대해 강한 어조로 교훈한 내용을 살펴보았습니다. 이제부터 살펴볼 3장은 갈라디아 지역 교회들의 어리석음을 강하게 질타하면서 이신칭의 교리를 더 자세히 설명하는데, 성령, 믿음, 약속, 그리고 하나님의 아들들이라는 주제들과 함께 이어갑니다. 먼저 1-5절을 살펴봄으로써 영적 분별력을 키우지 못해 미혹된 갈라디아 교회 신자들에 대해 알아보고, 또한 우리 주변 신자들과 우리 자신을 돌아보는 기회로 삼기를 바랍니다.

1절 "어리석도다 갈라디아 사람들아 예수 그리스도께서 십자가에 못 박히신 것이 너희 눈앞에 밝히 보이거늘 누가 너희를 꾀더냐"라는 내용을 보면, 바울이 갈라디아 지역 교회들에 대해 실망과 격노의 감정을 드러냈음을 알 수 있고, 동시에 그들을 강하게 책망했음을 알 수 있습니다. 먼저 "어리석도다"라고 표현했는데, "어리석은"이라는 뜻은 잠언에서 수없이 언급되는 "어리석은 자"(잠 1:4 등)의 "어리석은"과 같은 뜻입니다. 이 말은 다양한 뜻을 포함하고 있지만 근본적으로 하나님을 알지 못하는 수준에서 시작해서 하나님을 안다고 하지만 아직 어린아이 수준과 같은 사람에 이르기까지 적용되는 표현입니다. 이 말의 뜻이 담고 있는 단어들을 최대한 나열해보면, 우매한, 미련한, 바보 같은, 멍청한, 거만한, 오만한, 교만한, 지혜가 없는, 무분별한, 즉흥적인, 통찰력이 없는, 순진한, 미성숙한, 천박한, 단순한, 경험이 없는, 쉽게 믿는, 어수룩한, 쉽게 속는, 세속적인, 감정적인 등과 같은 단어들입니다. 바울이 "어리석도다 갈라디아 사람들아"라고 시작해서 "누가 너희를 꾀더냐"라고 한 것을 볼 때 거짓 교훈에 대한 분별력이 없이 쉽게 속어 넘어간 것을 크게 한탄했음을 알 수 있습니다. 갈라디아 교회 신자들은 믿음이 있었다고는 하지만 아직 어수룩한 상태였습니다. 사람으로 치자면, 겨우 걸음마 정도를 하는 수준인 아이들과 다름없었습니다. 마치 제대로 교육받지 못한 아이가 나쁜 사람이 건네는 사탕을 받아먹으며 그 사람의 말을 듣고 따라간 것과 같은 아주 위험한 상황이었습니다. 낳고 기르느라 고생한 부모의 말보다 달콤한 말로 유혹하는 친절하고 근사하게 보이는 낯선 사람을 더 신뢰한 경우와 같습니다.

사람은 하나님을 거역하고 타락했기 때문에 본성적으로 우매하고, 교만하고, 무분별하고, 쉽게 믿는 어리석음을 범하게 마련입니다. 어떤 사람들은 인간이 이룩해놓은 눈부신 업적과 발전을 가리키면서 인간의 위대함과 지혜로움에 감탄을 할 것입니다. 그래서 인간에게 있는 이

성적 기능이 대단한 것처럼 보입니다. 그러나 다른 한편으로는 자기 자신의 어리석음을 깨닫지 못할 정도로 이성적 기능에 심각한 문제가 있기도 합니다. 자극적이고 극단적인 정치 성향을 가지고 있는 언론의 뉴스나 유튜버(YouTubers)가 제작한 영상을 보는 시청자 중에 이런 경향이 특히 많이 나타납니다. 확인되지 않은 내용, 왜곡된 내용, 본질을 벗어난 자극적인 내용에 세뇌당하기 쉽고, 확증편향(confirmation bias, my-side bias)에 빠지기도 쉽습니다. 확증편향이 낳은 최악의 선례는 중세 유럽의 마녀사냥(witch-hunt)으로 불렸던 '유죄 추정의 원칙'에 입각한 특별재판(마녀재판)이었습니다. 그런데 놀랍게도 중세 이후 미국에서도 이런 일이 일어났습니다. '세일럼 마녀재판'(Salem Witch Trials)이라고 하는 이 재판은 1692년 매사추세츠(Massachusetts)주 세일럼(Salem) 마을에서 진행된 재판을 말하는데, 200명 가까운 사람들이 마녀로 고발되었고, 그중 25명이 처형 또는 사망한 일로, 고발부터 시작해서 재판이 끝날 때까지 사람들의 확증편향이 집단적 심리와 광기로 작용해서 큰 비극을 낳고 말았습니다. 우리나라도 양극화가 심해져서 이런 확증편향에 따른 정치적 충돌 위험이 항상 존재합니다. 이 세상에서 육체를 가지고 살아가는 시민의 한 사람으로서 그리스도인은 정치적으로 적극적이든 소극적이든 각자 태도를 보여야 하지만, 어느 한 진영에 매몰되는 정치적 집단에 속해서 모리배(謀利輩)가 되지는 말아야 합니다. 그리스도인은 공평과 정의를 세우고 평화로운 나라를 지향하며 국민의 권익과 안전을 도모하는 통치자, 그리고 가장 중요한 것으로 신앙 활동을 보장하는 통치자를 세우는 일에 앞장서야 합니다. 만약 통치자가 확증편향에 빠지게 되면, 자기를 지지하지 않는 사람들이나 정치적 경쟁자들을 악마들이라 특정하고 불특정 다수를 선동해서 마녀재판을 할 수 있습니다.

또한 기독교 진영에서도 양극화가 나타나는 것은 칼빈주의적 신앙으로 볼 때 바람직하지 않습니다. 어느 한쪽은 옳고 어느 한쪽은 틀릴 수 있기 때문입니다. 칼빈은 국가가 평화와 질서유지를 위해 본연의 역할을 하고 종교적 활동을 보장할 때, 교회는 국가에 적극적으로 협력하고 복종해야 한다고 했지만, 국가가 하나님으로부터 위임받은 직무를 감당하지 못하고, 불법적인 경우는 교회가 불복종할 수 있다는 해석의 여지를 남겨 두었습니다(존 칼빈, 『로마서 주석』 13장). 종교적이든, 정치적이든, 인간은 가치관과 사조(思潮)와 이념에 있어서 옳지 않은 쪽을 선택해서 따라갈 수 있는 어리석은 존재입니다. 정치 또는 종교 지도자가 확증편향에 빠지면 심각한 사태가 벌어집니다. 지도자를 따르는 일반 시민들이나 신자들이나 똑같이 확증편향에 빠질 수 있고, 잠재된 집단무의식이 나쁜 쪽으로 엄청난 힘을 만들어낼 수 있습니다. 정의가 아닌 불의인데도 마치 정의를 위해, 또는 같은 편을 위해 목숨을 걸고 투쟁해야 한다는 원초적인 집단무의식이 폭발적으로 발현될 수 있습니다. 이때 폭력과 불법과 무질서가 확증편향에 빠진 사람들 자신들에게 정당화되는 사태가 일어나게 됩니다. 일종의 집단적 광기가 일어나서 중세 마녀재판과 같은 비정상적이고 비상식적이고 비윤리적인 사회현상이 일어날 수 있습니다. 또한 자기들의 행동이 잘못되었다는 사실을 깨닫게 되어도 기존의 신념과 모순될 때 느끼는 불편함이라 할 수 있는 인지부조화 현상이 생기게 됨으로써, 잘못된 신념이나 허위 사실을 오히려 더 강하게 믿는 망상 증상까지 나타나게 됩니다. 그러므로 우리 자신을 포함한 모든 인간의 어리석음이 얼마나 크고 위험한 정도인지 영적인 눈을 뜨고 확실히 볼 수 있기를 바랍니다.

이어서 2절부터 5절까지 내용은 바울이 네 개의 질문을 연속해서 던

짐으로써 갈라디아 교회들의 어리석음 드러내고자 했습니다. 첫째, "내가 너희에게서 다만 이것을 알려 하노니 너희가 성령을 받은 것이 율법의 행위로냐 혹은 듣고 믿음으로냐"(2절)고 물었습니다. 그들은 답을 떠올려야 했습니다. 복음을 "듣고 믿음"으로써 성령을 받았는지, 아니면 "율법의 행위"로 받았는지 생각해야 했습니다. 이방인들이었던 그들은 "율법의 행위"를 몰랐습니다. 설령 유대인들에게 들어서 알았어도 지킬 의무가 없었습니다. 예수님에 의해 보내심을 받은 사도들이나 초대교회 구성원 중 주요 집사들을 통해 복음을 들었을 때 이방인들도 당시에는 성령을 받는 모습이 두드러지게 나타났고, 그들이 보는 앞에서 기적이 일어나는 일들이 자주 나타났습니다. 특히 바울이 복음을 전할 때는 성경에 기록된 내용만 보더라도 언제나 강력한 성령의 역사가 있었습니다. 그러므로 갈라디아 지역에서도 바울이 전한 복음을 듣고 성령을 받았기 때문에 그들은 자기들을 향해 "율법의 행위"를 앞세우며 미혹했던 거짓 교사들의 잘못된 교훈과 단절해야 했습니다.

두 번째 질문은 3절 "너희가 이같이 어리석으냐 성령으로 시작하였다가 이제는 육체로 마치겠느냐"라는 말씀입니다. 바울은 성령과 육체를 서로 대조해서 질문했습니다. 성령을 받음으로써 시작된 새로운 삶, 즉 성령의 인도하심을 받는 거룩한 삶을 계속 이어가야 하는데, 과거의 삶이었던 육체를 따르는 삶, 즉 이 세상의 학문과 종교와 철학, 그리고 타락한 본성에 기초한 삶으로 돌아가겠느냐는 책망입니다. 골로새서 2장 8절 "누가 철학과 헛된 속임수로 너희를 사로잡을까 주의하라 이것은 사람의 전통과 세상의 초등학문을 따름이요 그리스도를 따름이 아니니"라는 말씀에도 잘 드러나 있습니다. 또한 갈라디아서 4장 3절 "이와 같이 우리도 어렸을 때에 이 세상의 초등학문 아래에 있어서 종노릇 하였더니"라는 말씀에도 표현되어 있듯이 성령을 받지 않으면 결국 "이 세상의 초등학문"에서 벗어나지 못하고 종처럼 살아가는 것입니다. 이 세상에 존재하는 모든 과학적 이론들, 종교적 교훈들, 경험과 전통에서 온 모든 의식이나 문화는 이 세상을 살아가기에 필요하거나 도움이 되는 것들이라 할지라도 결국 이 세상을 벗어나지 못하는 세속주의에 매여 사는 종이 되도록 하는 것에 불과하다는 사실을 깨닫기를 바랍니다. 우리는 바울이 당대 최고의 지식인이요 종교 교사였다는 사실을 기억해야 합니다. 그는 예수 그리스도를 믿고 성령을 받은 후에 과거를 회상하면서 "또한 모든 것을 해로 여김은 내 주 그리스도 예수를 아는 지식이 가장 고상하기 때문이라 내가 그를 위하여 모든 것을 잃어버리고 배설물로 여김은 그리스도를 얻고"(빌 3:8)라고 했습니다. 우리는 "그리스도 예수를 아는 지식"을 얼마나 고상하게 여기고 있습니까? 10대 청소년기에 성경을 한번 읽어보지도 못했다면 큰 문제입니다. 바울이 말한 배설물을 깨끗하고 고상하게 여기고 있는 것이나 마찬가지이기 때문입니다. 20대 청년기에도 성경을 한번 제대로 읽지 못했다면 육체의 삶을 살아가는 것이며, 육체적 삶을 원하는 자신과의 싸움에서 철저히 패배한 것입니다. 이는 욕망과 어둠과 사망의 터널에 이미 진입해 있는 매우 위험한 상황과도 같음을 명심하기를 바랍니다.

세 번째 질문은 4절 "너희가 이같이 많은 괴로움을 헛되이 받았느냐 과연 헛되냐"입니다. "많은 괴로움"은 세 가지로 나누어 생각해볼 수 있습니다. 첫째, 갈라디아 교회들이 복음을 들은 후부터 믿음이 자라기까지 인내와 절제의 삶을 위해 힘써온 점입니다. 이는 우리가 그리스도를 믿고 나서, 매주 남들처럼 늦잠도 자고 편히 쉬고 놀러 갈 수도 있는데 인내하고 절제하면서 주일에 예배를 드리는 노력과 수고와 비숫한 것입니다. 주일마다 예배를 위해 모든 생활을 맞추는 게 쉽지는 않습니다. 가족과 친척으로 얽혀 있는 생활과 사회생활 및 직업 활동으로 인해 주일마다 예배에 참석하는 일이 쉽지 않은 사람들도 많습니다. 우리보다 과거에 살았던 사람들의 경우는 도로와 교통이 좋은 우리와는 달리 새벽부터 일어나 몇 시간이 소요되더라도 예배를 위해 교회당에 가는 건 아주 기본적이고 당연한 일이었습니다. 안타깝게도 현대교회는 점점 신자들의 편의를 우선으로 하는 경향으로 변하고 있습니다. 19세기 미국에서는 낙농업이 대규모 산업이 되면서 매일 아침에 정기적으로 지역을 순회하는 수송차에 맞춰 규칙적으로 우유를 짜내야 했고 주일도 예외가 아니었습니다. 결국 주일 예배 시간이 11시로 늦춰지게 되었습니다(김세민, 『교리가 이끄는 삶』, p.272.). 생업 때문에 예배에 늦을 수밖에 없었던 당시 시대적 상황을 고려한 편의가 이제는 늦잠을 자는데 필요한 시간적 여유를 주는 쪽으로 흐르게 되었습니다. 또한 예배 시간이 1시간을 넘어가면 예배자들이 힘들어할 정도입니다. 지금은 길면 1시간, 아니면 50분 이내에 끝나는 시대에 살고 있습니다. 오늘날 우리는 대부분 이렇게 편하게 신앙생활을 하지만, 갈라디아 교회들처럼 초대교회 당시에는 예배 장소를 마련하는 일도 쉬운 일이 아니어서 재력이 있는 신자들의 집에서 모이거나, 회당에서 모였고(이 경우는 유대인들이 모두 그리스도인으로 개종했을 때 가능), 아니면 강가나 바닷가에 모였습니다. 둘째, "많은 괴로움"은 그리스도를 믿게 됨으로써 생겨난 피해 또는 당하게 된 박해를 말한 것입니다. 지금도 그리스도인이 박해당하는 나라들이나 지역들이 다소 있기는 하지만, 초대교회 당시에는 박해가 보편적이었습니다. 그리스도를 믿는 일은 경제활동에도 부정적인 영향을 받았고, 소속된 사회에서는 죽음을 각오해야 하는 일이기도 했습니다. 셋째, 율법주의자들의 설득이나 강요를 이겨내고 믿음을 지켜야 했던 어려움입니다. 특히 율법주의자들의 교훈을 들었을 때 고민과 갈등이 컸을 것입니다. 갈라디아 지역 신자들은 이런 세 가지 유형의 어려움을 견뎌왔으나 결국 어렵고 힘들고 고통스러웠던 날들을 헛되게 만들어버렸던 것입니다. 바울은 이런 일로 인해 분노할 수밖에 없었음을 알기를 바랍니다.

네 번째 질문은 첫 번째 질문과 같은 맥락이라 할 수도 있는데 *"너희에게 성령을 주시고 너희 가운데서 능력을 행하시는 이의 일이 율법의 행위에서냐 혹은 듣고 믿음에서냐"*였습니다. 실제로 바울과 바나바는 그들 가운데서 이적을 보여주었습니다. 사도행전 14장 3절 *"두 사도가 오래 있어 주를 힘입어 담대히 말하니 주께서 그들의 손으로 표적과 기사를 행하게 하여 주사 자기 은혜의 말씀을 증언하시니"*라는 말씀을 통해 알 수 있습니다. 이어서 8-11절에 기록되어 있듯이 루스드라(Lystra)에 태어나면서부터 걷지도 못하고 발을 쓰지 못한 사람이 있었는데, 하나님은 바울을 통해 일어서는 기적을 나타내셨습니다. 그들이 복음을 듣고 믿었기 때문에 하나님이 기적을 일으켜주신 것이지 율법을 지켰기 때문이 아니지 않느냐고 바울은 그들에게 강한 어조로 물었습니다.

이처럼 바울은 갈라디아 교회들을 향해 네 가지 질문을 함으로써 그들이 믿음의 길에서 미혹되어 혼란스러운 상황에 있거나 율법의 행위를 더해야 온전한 구원을 얻게 된다는 잘못된 믿음으로 빠지고 있음을 분명히 밝혔습니다. 우리는 그리스도를 믿으면 믿음의 길을 편하고 어려움 없이 가게 될 것이라는 생각을 버려야 합니다. 사탄은 항상 우리 주변에 있으면서 미혹하고 넘어뜨리려 합니다. *"근신하라 깨어라 너희*

대적 마귀가 우는 사자 같이 두루 다니며 삼킬 자를 찾나니"(벧전 5:8)라는 말씀과 같이 영적인 눈으로 볼 때, 사자가 삼킬 대상을 찾아 울부짖는 것처럼 마귀는 믿음의 길을 가는 자들을 공격해서 물어뜯고 삼키려 한다는 사실입니다. 기독교 신앙의 꽃이라 할 수 있는 '칭의 교리'를 사탄은 항상 꺾고자 했습니다. 그래서 마틴 루터(Martin Luther)는 '칭의 교리'야 말로 "서 있는 교회"와 "넘어진 교회"를 판단할 수 있는 시금석이라고 했습니다. 2절에 있는 *"너희가 성령을 받은 것이 율법의 행위로냐 혹은 듣고 믿음으로냐"*라는 질문에 *"듣고 믿음"*이라고 답변하지 않는다면 "넘어진 교회"임을 기억하기를 바랍니다. 우리가 넘어지지 않기 위해서는 계속해서 걷는 연습을 해서 힘과 균형감각을 길러야 하듯이 영적으로도 힘과 균형감각을 길러야 합니다. 성경을 읽고 묵상하고, 설교를 듣고, 교리를 배움으로써 영적 분별력을 키울 수 있기를 바랍니다. 아멘.

(2024년 6월 16일)

Ὦ ἀνόητοι Γαλάται, τίς ὑμᾶς ἐβάσκανεν

어리석도다 갈라디아 사람들아, 누가 너희를 꾀더냐(갈 3:1)

제12강

믿음으로 말미암은
의로운 자들

6. 아브라함이 하나님을 믿으매 그것을 그에게 의로 정하셨다 함과 같으니라
7. 그런즉 믿음으로 말미암은 자들은 아브라함의 자손인 줄 알지어다
8. 또 하나님이 이방을 믿음으로 말미암아 의로 정하실 것을 성경이 미리 알고 먼저 아브라함에게 복음을 전하되 모든 이방인이 너로 말미암아 복을 받으리라 하였느니라
9. 그러므로 믿음으로 말미암은 자는 믿음이 있는 아브라함과 함께 복을 받느니라

지난 주일에는 영적 분별력이 없었던 갈라디아 교회 신자들은 물론이고 오늘날 우리 자신과 주변 신자들의 어리석음에 대해서 살펴보았습니다. 오늘은 본문 내용을 통해서 당시 '율법의 행위' 특히 할례를 내세우면서 갈라디아 교회들을 미혹했던 율법주의 교사들의 교훈이 아브라함과 전혀 상관이 없게 만드는 것임을 하나님의 말씀을 통해 바울이 어떻게 교훈했는지 깨닫는 시간이 되기를 바라고, 오늘날도 우리 주변에서 율법주의자들의 미혹이 계속되고 있음을 알 수 있기를 바랍니다.

6절 "아브라함이 하나님을 믿으매 그것을 그에게 의로 정하셨다 함과 같으니라"는 말씀의 중요성은 아무리 강조해도 지나치지 않습니다. 아브라함이 할례를 받아서 의롭게 여겨진 것이 아니라, 하나님을 믿음으로써 의롭게 되었다는 이 한마디로 율법주의자들의 주장은 더 이상 설득력이 없어졌습니다. 유대인 그리스도인들은 할례를 하나님의 언약 백성이 되는 확실한 표시로 믿고 항상 자랑스럽게 여겼습니다. 또한 그들이 아브라함의 후손이라는 사실 자체도 자랑스러워했습니다. 그러므로 율법, 아브라함, 그리고 할례는 율법주의자들에게 있어서 절대적

일 수밖에 없었습니다. 그런데 그리스도의 사도들이 등장해서 율법을 지킴으로써 구원을 얻는 것이 아니라고 하고, 아브라함의 후손을 새롭게 해석하고, 할례를 더 이상 받을 필요가 없다고 했던 것입니다. 유대인들의 관점에서 볼 때 그리스도의 사도들은 아브라함 이후 약 2,000년을 이어온 유대교 신앙을 철저히 무시한 자들이었던 것입니다. 그래서 그리스도를 믿게 된 유대인들이 자의든 타의든 율법주의 신앙을 버리지 못하고 다시 회복시키려 했고, 이방인 중 이미 유대교에 입교한 자들 가운데 할례를 받지 않아서 완전한 개종자가 되지 않았던 자들이 그리스도를 믿으면 할례만큼은 반드시 받아야 하는 것으로 미혹한 것입니다. 여기에 많은 갈라디아 지역 그리스도인들이 미혹되어 유대주의자들(Judaizers)이 되고 말았습니다. 이런 상황에서 바울 사도는 율법주의 신앙의 오류를 명확히 지적할 필요가 있었고, 그들이 존경해왔던 아브라함에 대해 올바르게 이해할 수 있도록 교훈할 필요가 있었던 것입니다. 바울은 "아브라함이 하나님을 믿으매 그것을 그에게 의로 정하셨다 함과 같으니라"고 하는 명확한 근거를 제시했는데, 바로 창세기 15장 6절 "아브람이 여호와를 믿으니 여호와께서 이를 그의 의로 여기시고"라는 말씀입니다. 유대인들이 자랑스러워한 아브라함이 율법의 행위를 통해서 특히 할례를 받음으로써 의롭다고 여겨진 것이 아니라고 정확히 교훈한 것입니다. 로마서에서도 바울은 "만일 아브라함이 행위로써 의롭다 하심을 받았으면 자랑할 것이 있으려니와 하나님 앞에서는 없느니라 성경이 무엇을 말하느냐 아브라함이 하나님을 믿으매 그것이 그에게 의로 여겨진 바 되었느니라"(롬 4:2-3)고 함으로써 아브라함이 율법을 지키는 행함이 아니라 하나님의 말씀 곧 하나님의 뜻을 믿었기에 의롭게 여겨졌다고 교훈한 것임을 확실히 깨닫기를 바랍니다.

7절 "*그런즉 믿음으로 말미암은 자들은 아브라함의 자손인 줄 알지어다*"라는 말씀은 율법주의 유대인 그리스도인들에게는 매우 충격적인 것이었습니다. 혈통으로 유대인이라면 모두 아브라함의 자손임을 누구도 부인할 수 없었습니다. 특히 그들은 출생 후 여덟째 날에 생식기 포피를 베는 할례의식을 행했기 때문에 신체 외부에 분명히 표시되어 있었습니다. 설령 직접 눈으로 확인하지 않더라도 할례를 집도했던 모헬(mohel)과 증인들이 있기에 언제든지 할례 여부를 공식적으로 확인할 수 있었습니다.

세계 제2차 대전(1938-1945)이 시작되기 전 독일은 1938년부터 유대인들을 따로 구분하기 시작하면서 식별용 카드를 만들었고, 심지어 이름에 남자는 아브라함을, 여자는 사라를 추가로 집어넣기도 했습니다. 거기에서 그치지 않고 노란 별 모양 표식을 옷에 부착하도록 한 다음 유대인 거주지역(게토, ghetto)을 만들어 이주시켰습니다. 독일 나치당은 법적 또는 종교적으로 유대인을 가려냈지만, 유대인으로 의심되는 상황에서 증명하기 어려운 경우에는 남자의 바지를 벗겨서 성기에 있는 할례 흔적으로 완벽하게 가려낼 수 있었습니다. 당시 독일을 포함한 동유럽 지역에 살고 있었던 유대인들은 학살을 피하려고 포피를 잡아당겨서 물리적으로 늘어뜨리는 시도를 했다는 이야기가 있을 정도입니다. 유대인에게 자랑스러웠던 할례가 헬라 시대에는 경멸의 대상이 되었고, 세계 제2차 대전 중에는 학살을 피할 수 없는 저주스러운 표시이기도 했습니다. 유대인에게 할례는 삶과 죽음을 결정지을 만큼 중요한 것이었습니다. 약속의 땅 가나안 땅에 정착에서 살다가 북쪽 이스라엘과 남쪽 유다가 모두 멸망할 때까지 하나님의 특별한 보호를 받아왔었는데, 그들은 할례받은 민족 즉 하나님의 언약 백성이었기 때문에 약속에 따른 보호를 받은 것입니다. 그런데 바울이 "그런즉 믿음으로 말미암은 자들은 아브라함의 자손인 줄 알지어다"라고 함으로써 이미 율법(모세오경)에 제시되었던 언약 백성의 진정한 정체성을 강조한 것입니다. 율법이 요구하는 행위를 통해서 하나님의 백성이라는 정체성이 확립되는 것이 아니라 창세기 15장 6절 "아브람이 여호와를 믿으니 여호와께서 이를 그의 의로 여기시고"라는 말씀처럼 아브라함이 하나님을 믿음으로써 의롭게 되었고, 하나님의 백성이라는 정체성이 확립되었음을 확실히 믿기를 바랍니다.

다음은 "믿음으로 말미암은 자들"에 대해 살펴보고자 합니다. 이들은 "믿음을 가진 사람들"《현대인의성경》로 하나님을 믿음으로써 죄 사함을 받고 의롭다고 여김을 받은 사람들입니다. 전적으로 믿음으로 출발해서 믿음으로 살아가는 사람들입니다. 율법의 행위를 통해서 의롭다고 여김을 받는다고 믿는 신앙과 전혀 다른 신앙을 소유한 자들입니다. 이들은 혈통으로 아브라함의 자손이 된 자들이 아니라 혈통을 초월하여 영적으로 아브라함의 자손이 된 사람들입니다. 혈통 상 아브라함의 자손이든 아니든 상관없이 아브라함처럼 하나님의 뜻에 순종하는 자들임을 깨닫기를 바랍니다. 율법을 따르는 것 역시 하나님의 뜻에 순종하는 것입니다. 그러나 문제는 율법을 온전히 따를 수 있는 사람이 아무도 없다는 사실입니다. 바울은 "그러므로 율법의 행위로 그의 앞에 의롭다 하심을 얻을 육체가 없나니 율법으로는 죄를 깨달음이니라"(롬 3:20)고 교훈했습니다. 유대인들이 그들이 중시해왔던 율법의 행위들을 온전히 지킬 수 있다면 하나님의 뜻을 온전히 따르는 결과가 되지만 그리스도 외에는 아무도 율법을 온전히 따를 수 있는 사람이 없기에 율법을 통해서 죄를 깨닫고 하나님으로부터 죄 사함을 받음으로써 의롭다고 여김을 받는 구원의 길을 따라야 했습니다. 그것이 바로 예수 그리스도를 통해서 율법의 저주로부터 구원을 받는 길임을 확실히 믿기를 바랍니다. 로마서 10장 4절 "그리스도는 모든 믿는 자에게 의를 이루기 위하여 율법의 마침이 되시니라"는 말씀을 특히 명심해야 합니다. "우리가 알거니와 무릇 율법이 말하는 바는 율법 아래에 있는 자들에게 말하는 것이니 이는 모든 입을 막고 온 세상으로 하나님의 심판 아래에 있게 하려 함이라"(롬 3:19)는 말씀과 같이 모든 사람이 율법의 저주 아래에 있었습니다(갈 3:10, 4:21, 고전 9:20). 마침내 십자가에서 "다 이루었다"(요 19:30)라고 하시고 돌아가신 예수님을 통해 할례자든 무할례자든 상관없이 하나님이 의롭다고 하신다는 사실을 분명히 믿기를 바랍니다.

8절 "또 하나님이 이방을 믿음으로 말미암아 의로 정하실 것을 성경이 미리 알고 먼저 아브라함에게 복음을 전하되 모든 이방인이 너로 말미암아 복을 받으리라 하였느니라"는 말씀처럼 할례를 받지 않은 이방인들도 하나님으로부터 의롭다고 여김을 받도록 미리 아브라함을 통해서 하나님이 복음을 듣게 하셨다고 하는 이 말씀은 더 이상 율법주의 교사들의 교훈이 갈라디아 지역 교회들을 미혹할 수 없도록 거짓 교훈을 타파하는 말씀이었다는 사실을 깨닫기를 바랍니다. 그러므로 율법의 행위가 아니라 그 이전에 하나님의 말씀 즉 복음을 들음으로써 의롭다고 여김을 받았다는 사실의 중요성을 잊지 말아야 합니다. 로마서 3장 30절 "할례자도 믿음으로 말미암아 또한 무할례자도 믿음으로 말미암아 의롭다 하실 하나님은 한 분이시니라"는 말씀이 교훈하는 것 역시 온전히 깨달아야 합니다. 또한 "성경이 미리 알고 먼저 아브라함에게 복음을 전하되"라는 말씀에서 "성경"은 하나님을 가리키기 위해 의인화된 표현임을 알아야 합니다. 하나님을 성경이라고 칭함으로써 성경의 권위를 하나님의 권위와 동일시한 것임을 깨닫기를 바랍니다.

9절 "그러므로 믿음으로 말미암은 자는 믿음이 있는 아브라함과 함께 복을 받느니라"는 말씀을 통해서 사도 바울은 창세기 12장 3절 "땅의 모든 족속이 너로 말미암아 복을 얻을 것이라"는 말씀, 창세기 18장 18절 "아브라함은 강대한 나라가 되고 천하 만민은 그로 말미암아 복을 받게 될 것이 아니냐"라는 말씀, 그리고 창세기 22장 18절 "또 네 씨로 말미암아 천하 만민이 복을 받으리니 이는 네가 나의 말을 준행하였음이니라"는 말씀을 간단명료하게 요약해서 교훈했습니다. 이방인들에게 복음이 전해지고 그들이 복음을 통해 하나님의 언약 백성이 되는 복을 누리게 된 것은 이미 처음부터 하나님의 뜻으로 정해져 있었음을 알아야 합니다. 아브라함이 99세였을 때 하나님은 아브라함과 그 가족에게 "너희는 포피를 베어라 이것이 나와 너희 사이의 언약의 표징이니라"(창 17:11)고 할례를 행할 것을 명하셨는데, 85세에 아브라함이 하갈을 첩으로 삼은 사실(참조, 창 12:5, 16:3, 16:16), 그리고 그 이전에 있었던 "아브람이 여호와를 믿으니 여호와께서 이를 그의 의로 여기시고"(창 15:6)라는 일을 고려하면 최소한 14년 이상 앞서서 아브라함의 믿음으로 인해 의롭다고 하셨다는 사실을 기억해야 합니다. 이는 할례와 같은 율법의 행위가 아니라 하나님의 언약을 믿음으로써 할례자든 무할례자든 누구든지 "아브라함과 함께 복을" 받을 수 있도록 하신 하나님의 은혜임을 알고 감사하기를 바랍니다.

끝으로 8절에 언급된 "복음"에 대해 율법주의자들이 안식일 성수와 할례와 음식 규정과 같은 율법의 행위를 내세워 그 중요성을 인식하지 못하게 했던 것처럼, 오늘날 역시 그런 율법주의자들이 복음을 소홀히 여기고 왜곡하고 있습니다. 미국과 세계 많은 나라들이 기독교 정통 교파 중 하나로 여기고 있는 제칠일안식일예수재림교회(Seventh-day Adventist Church, SDA)라는 종교집단이 있는데, 간단히 안식교(Sabbatharian), 재림교(Adventist), 제칠일재림교(Seventh-day Adventist)라고 칭하기도 합니다. 1863년 미국에서 제임스 화이트(James White), 엘런 화이트(Ellen G. White), 조지프 베이츠(Joseph Bates), J. N. 앤드루스(Andrews)를 비롯한 여러 교파 출신의 인물들이 시작한 안식교는 우리나라에서는 이미 1915년에 이단으로 규정되었고, 최근까지 주요 교단들은 안식교를 이단으로 여기고 있습니다. 안식교는 유대교의 안식일인 제7일(토요일)을 지킴으로써 유대교 율법주의를 이어받았습니다. 이들은 행함으로써 구원을 얻는다는 유대교 근본 교리를 지향하기 때문에 구원에 대한 확신이 사실상 없습니다. 또한 죽기 전에 일생에 대해 하나님이 조사하신다는 "조사심판" 개념을 가지고 있어서 품성의 변화에 대해 항상 걱정하며 생활할 수밖에 없습니다. 갈라디아서 강론 초반에 언급했듯이 미국에서는 1870년대부터 저명한 의사들이 포경수술을 적극적으로 권장하게 되면서, 생후 8일 만에 할례를 받는 유대교와 견줄만할 정도로 신생아들 대부분에게 포경수술을 해왔는데, 당시 새롭게 출현한 율법주의 안식교가 포경수술 유행에 힘을 실었습니다. 저명한 안식교 신자들은 사람들이 고기를 먹으면 성욕이 증가해서 성관계 횟수도 늘고 자위행위 횟수도 늘어서 결국 부도덕하고 불건전한 인생을 산다고 생각했습니다. 옥수수로 시리얼을 만든 안식교 의사 존 하비 켈로그(John Harvey Kellogg, 1852-1943)는 남아들 성기 포피에 은철사 삽입을 시술하고, 여아들의 음핵은 석탄산으로 화상을 입혀서 자위행위를 원천 봉쇄하는 아이디어를 내놓기도 했습니다. 포경수술도 자위행위를 하지 못하게 하거나 빈도를 줄이게 하려고 권장했던 것입니다. 시리얼이 만들어지게 된 예상치 못한 일이 있긴 했지만, 그가 병원 환자용이나 판매용 식품으로 시리얼을 만든 이유도 고기를 먹게 되면 성욕이 강해진다고 생각했기 때문에 성욕을 억제하고 줄이기 위한 것이었다고 알려져 있습니다. 그는 형과 함께 켈로그(WK Kellogg's)라는 회사를 만들었습니다. 놀랍게도 의학박사 켈로그는 자위행위로 생길 수 있는 39가지 증상(허약, 결핍, 조울, 변덕, 부정맥, 간질 등)을 특정해서 책을 출간하기도 했습니다(한국일보 2018. 2. 26., [기억할 오늘] 존 하비 켈로그). 사람들은 대개 고기를 즐기고 저마다 성욕을 나름대로 해소하며 살아가기 때문에 이른바 '깨끗한 생활' 또는 '품성의 변화를 추구하는 생활'을 내세우는 안식교와 같은 교리나 주장에 미혹되기 쉽습니다. 율법주의 유대인 그리스도인들이 보기에 대부분 부정하고 타락한 삶을 살아온 갈라디아 교회 신자들은 철저한 안식일 준수와 할례, 그리고 정결한 음식과 부정한 음식을 율법 규정에 따라 구분해서 정결한 음식만 먹는 유대인 그리스도인 교사들의 교훈에 쉽게 미혹된 것입니다.

사람들은 본성적으로 볼 때 외식하는 바리새인들과 다를 바 없습니다. 사람들 앞에서 자기들을 깨끗하고 선하게 보이려고 합니다. 그리스도인들도 크게 다르지 않습니다. 바로 이런 점 때문에 누가 그럴듯한 논리로 율법주의적 행위를 강조하게 되면 쉽게 미혹될 수 있습니다. 놀랍게도 '율법의 행위'(특히 할례)를 내세우면서 갈라디아 교회들을 미혹했던 율법주의 교사들의 교훈은 그들이 떠받들었던 아브라함에게서 오히려 멀어지게 하는 결과를 만들었습니다. 그러나 2,000년이 지난 지금도 안식일을 준수해야 한다고 주장하고, 포경수술을 권장하고, 채식을 주장하는 사람들이 우리 주변에 여전히 많습니다. 안식일 교리를 지키는 안식교에서 안상홍이 탈퇴한 후 1964년 부산에서 하나님의 교회 세계복음선교협회(약칭 안상홍 교회 또는 하나님의 교회)를 시작해서 현재 60년이 되었고, 수백만 명의 신자들을 자랑하는 대형 집단으로 성장했습니다. 이 집단은 구약 이스라엘 백성처럼 안식일을 준수하고 7개 절기(유월절, 무교절, 부활절, 오순절, 나팔절, 대속죄일, 초막절)를 지키고 있습니다. 예수님이 세상에 오심으로써 폐지된 안식일과 절기를 2,000년 전에 갈라디아 교회들이 지킴으로써 첫 번째 이단이 되었는데도 불구하고 지금도 여전히 이런 율법의 행위를 의무적으로 지킨다는 것 자체가 하나님의 뜻과 전혀 상관없는 집단임을 나타내고 있는 것이고, 더욱 중요한 사실은 안상홍이나 장길자와 같은 사람을 하나님이라고 한다는 사실 자체가 하나님을 모독한 집단임을 증명하는 것입니다. 율법의 행위와 종교적 행위를 지킨다고 함으로써 종교집단 흉내를 내는 것입니다. 포경수술을 적극적으로 권장한 안식교 신자 켈로그도 성욕을 줄이기 위해 채식 위주 식단을 강조한 것입니다. 그런데 켈로그 시대로부터 150년이 지났는데도 여전히 안식일과 절기를 지키는 이단 사이비 집단이 많습니다. 오늘날 포경수술과 채식은 종교집단이 적극적으로 나서서 권장하지는 않지만, 여전히 그 유행이 수그러들지 않을 정도입니다. 과거든 현재든 율법주의를 지향하는 종교집단은 겉으로 보기에는 신앙적으로 깨끗하고 순수함이 있는 것 같지만 사실은 그렇지 않음을 잊지 말아야 합니다. 사람은 그 어떤 행위로도 죄악으로 오염된 인간의 본성을 스스로 깨끗하게 할 수 없습니다. 오히려 그러면 그럴수록 하나님의 은혜보다는 행위 중심의 신앙이 되기 때문에 예수 그리스도에게서 멀어지게 된다는 사실을 확실히 깨닫기를 바랍니다. 아멘.

(2024년 6월 23일)

῍Ω ἀνόητοι Γαλάται, τίς ὑμᾶς ἐβάσκανεν
어리석도다 갈라디아 사람들아, 누가 너희를 꾀더냐(갈 3:1)

제13강

저주 아래에서 받은 복

갈라디아서 3장 10-14절

10. 무릇 율법 행위에 속한 자들은 저주 아래에 있나니 기록된 바 누구든지 율법 책에 기록된 대로 모든 일을 항상 행하지 아니하는 자는 저주 아래에 있는 자라 하였음이라

11. 또 하나님 앞에서 아무도 율법으로 말미암아 의롭게 되지 못할 것이 분명하니 이는 의인은 믿음으로 살리라 하였음이라

12. 율법은 믿음에서 난 것이 아니니 율법을 행하는 자는 그 가운데서 살리라 하였느니라

13. 그리스도께서 우리를 위하여 저주를 받은 바 되사 율법의 저주에서 우리를 속량하셨으니 기록된 바 나무에 달린 자마다 저주 아래에 있는 자라 하였음이라

14. 이는 그리스도 예수 안에서 아브라함의 복이 이방인에게 미치게 하고 또 우리로 하여금 믿음으로 말미암아 성령의 약속을 받게 하려 함이라

지난 주일 본문을 통해서 당시 '율법의 행위' 특히 할례를 내세우면서 갈라디아 교회들을 미혹했던 유대주의 교사들의 교훈이 오히려 그들 자신을 아브라함과 전혀 상관이 없게 만드는 것임을 알 수 있었습니다. 사도 바울은 창세기 15장 6절 "아브람이 여호와를 믿으니 여호와께서 이를 그의 의로 여기시고"라는 말씀을 인용함으로써 아브라함이 할례를 받기 오래전에 믿음을 통해 하나님으로부터 의롭다고 함을 받은 것이라 교훈했다는 사실을 잊지 말기를 바랍니다. 여기서 우리는 '유대주의 교사들'에 대한 정확한 정체를 알 필요가 있습니다. '유대주의'는 복음을 받아들이긴 했지만, 유대인이 추구하는 율법주의를 더 우선으로 하거나, 그 율법주의 신앙을 포기하지 못한 경우를 뜻합니다. 먼저는 헬라파 유대인이 그리스도를 믿고 개종해서 그리스도인이 된 경우지만, 근본적으로 이들의 정체성은 여전히 유대인입니다. 이들 중에서

가르치는 일을 했던 사람들을 '유대주의 교사들'이라고 합니다. 다음으로는, 이방인이면서 유대교로 개종 또는 개종하지 않은 상태에서 하나님을 경외하다가, 또는 이방인으로서 복음을 듣고서 그리스도인이 된 다음에 유대인 그리스도인의 가르침에 설득당해서 할례를 받고 유대교인이 되어 율법의 행위들을 지키기로 한 자들로 일명 '유대화주의자'(Judaizers) 또는 '유대적 그리스도인'이라고 합니다. 역시 이들 중에서 교사의 역할을 하게 된 경우도 '유대주의 교사들'에 포함할 수 있습니다. 결국 유대인이든 이방인이든 그리스도 복음을 받아들인 후 율법주의를 포기하지 못했거나, 율법주의를 따르게 된 경우로 혼합주의 또는 절충주의 신앙에 머물게 된 것이며, 거기서 헤어 나오지 못할 경우는 이단으로 남게 된다는 사실을 명확히 알기를 바랍니다.

오늘날 유대주의자들 외에도 종교인들이 행함(수련, 선행, 순례, 고행 등)을 통해 구원을 얻고자 하는 노력은 여전히 계속되고 있습니다. 특히 이슬람교 신자들은 아브라함(이브라힘)을 그들 신앙에 있어서 가장 위대한 선지자 중 한 사람으로 여기고, 아브라함이 사우디아라비아 메카(Mecca)에 있는 카바(Kaaba) 신전을 건축했다고 믿고 있습니다. 물론 이 내용은 그들의 경전인 꾸란(코란, Qur'an or Koran)에 기록되어 있기도 합니다. 이들은 꾸란으로 세계 모든 나라들을 정복하고 통치하는 것을 목표로 삼고 있습니다. 세계 인구 78억 중 현재 약 18억 정도가 이슬람교 신자들입니다. 우리나라에도 기독교에서 이슬람교로 개종하는 숫자가 늘고 있다고 합니다. 이슬람교는 다섯 개의 기둥이 있는데 신앙고백(신조 암송), 기도(하루 다섯 번), 라마단(Ramadan, 이슬람력 9번째 달) 금식, 희사(구제/자선), 성지순례가 있습니다. 이 중에서 성지순례는 형편이 된다면 평생 메카에 한 번은 꼭 다녀와야 하는데 '하지'(Hajj)'라고 하는 정기 순례가 있습니다. 여름(이슬람력 12월 7~12일)에 하는 이 순례로 해마다 수백만 명이 사우디아라비아를 찾는데 45~50도 정도의 온도로 인해 해마다 죽는 사람들이 많이 발생하고, 심지어 압사당하는 일도 많이 일어납니다. 세계 180여 나라에서 제1성지 메카, 제2성지 메디나(Medina)를 찾아오는데, 꾸란에 "그곳에는 분명한 증표로 이브라힘(아브라함)의 장소가 있으니 누구든 그곳에 들어가면 안전할 것이니라, 그러니 누군가 능력을 갖췄다면 알라(Allāh)를 위하여 성지를 순례하라"(03:97)는 의무적 행위가 기록되어 있기 때문입니다. 이슬람교는 유대교와 달리 할례가 필수는 아니지만 다양한 시기에 사실상 의무적 의식처럼 지키고 있습니다. 유대교처럼 음식 규정도 있는데 '허용된 것'이라는 뜻의 할랄(Halal)은 그들이 먹을 수 있는 음식을 뜻합니다. 반대로 '하람'(Haram)', 즉 '금지된 것'이라는 음식도 정해져 있습니다. 대표적인 것이 바로 돼지고기입니다. 이렇게 엄격하게 행위를 중시하는 이슬람교 신앙에 대해, 그리고 이전 강론에서 유대교와 안식교 신앙에 대해 살펴보았습니다. 우리는 하나님이 정하신 율법의 조항들을 모두 온전히 계속해서 지킬 수 없는 존재임을 확실히 깨달았습니다. 그러므로 인간이 만들어 놓은 종교적 행위들은 율법에 속한 것이든 아니든, 하나님의 만족을 얻어낼 수 없기에 하나님이 내리신 저주에서 벗어날 수 없다는 사실을 확실히 깨닫기를 바랍니다.

10절 "무릇 율법 행위에 속한 자들은 저주 아래에 있나니 기록된 바 누구든지 율법 책에 기록된 대로 모든 일을 항상 행하지 아니하는 자는 저주 아래에 있는 자라 하였음이라"는 말씀이 교훈하는 것과 같이 율법을 하나님으로부터 직접 받은 유대인들도 율법의 자주 아래에 있는데, 그 어떤 이방인이 종교적 행위를 통해 저주에서 벗어날 수 있겠습니까? "누구든지 율법 책에 기록된 대로 모든 일을 항상 행하지 아니하는 자는 저주 아래에 있는 자"라는 말씀은 율법의 조항들을 다 지키되 온전히 지켜야 하고, 지속해서 지켜야 저주를 벗어날 수 있다는 뜻입니다. 결국 그 누구도 지킬 수 없다는 뜻입니다. 하나님은 모세를 통해 이스라엘 백성에게 "이 율법의 말씀을 실행하지 아니하는 자는 저주를 받을 것이라 할 것이요 모든 백성은 아멘 할지니라"(신 27:26)고 하셨습니다. 그러므로 이방인들의 종교적 행위들은 아무리 선하게 보이고 숭고하게 보이더라도 부질없는 행위임을 명심하기를 바랍니다.

11절 "또 하나님 앞에서 아무도 율법으로 말미암아 의롭게 되지 못할 것이 분명하니 이는 의인은 믿음으로 살리라 하였음이라"는 말씀은 먼저 레위기 18장 5절 "너희는 내 규례와 법도를 지키라 사람이 이를 행하면 그로 말미암아 살리라 나는 여호와이니라"는 말씀의 의미를 알아야 알 수 있습니다. 율법을 온전히 지키면 사망의 저주에서 벗어나 살게 된다는 뜻으로 율법을 온전히 지키면 의롭다고 함을 받는다는 것인데, 결국 아무도 온전히 지킬 수 없기에 하나님을 바라보아야 한다는 뜻이고, 하나님이 베푸시는 은혜를 받을 때 비로소 사망의 저주에서 벗어나 살게 된다는 뜻입니다. 이는 다른 표현으로 믿음으로 말미암아 의롭다고 함을 얻게 된다는 말씀임을 깨닫기를 바랍니다. 바울 사도는 하박국 선지자가 "보라 그의 마음은 교만하며 그 속에서 정직하지 못하나 의인은 그의 믿음으로 말미암아 살리라"(합 2:4)고 했던 말을 인용했는데, 하박국 선지자가 한 때는 갈대아인들(Chaldean)이 침입했을 때 그들에게 아부하고 그들 편에 섰던 악인들이 형통하는 것을 본 후 마음의 고통을 느꼈지만, 기도를 통해서 하나님의 응답을 받고 난 후에는 악인들의 형통이 이 세상에서만 잠시 이어질 뿐 영원히 이어지지 않는다는 사실을 깨달았고, 하나님을 믿음으로 의롭다고 함을 받은 의인들은 잠시 이 세상에서 고통을 겪지만, 영원히 하나님과 함께 살게 된다는 진리를 깨닫게 되었습니다. 사도 바울이 교훈한 "복음에는 하나님의 의가 나타나서 믿음으로 믿음에 이르게 하나니 기록된 바 오직 의인은 믿음으로 말미암아 살리라 함과 같으니라"(롬 1:17)는 말씀은 참 그리스도인들이 유대주의(Judaism)에서 벗어나도록 했고, 또한 1,500년 후에 마틴 루터가 이 말씀을 강조함으로써 그리스도인들이 가톨릭주의(Catholicism)에서 벗어나게 했다는 사실을 기억하기 바랍니다.

12절 "율법은 믿음에서 난 것이 아니니 율법을 행하는 자는 그 가운데서 살리라 하였느니라"는 말씀은 레위기 18장 5절 "너희는 내 규례와 법도를 지키라 사람이 이를 행하면 그로 말미암아 살리라 나는 여호와이니라"는 말씀을 인용한 것입니다. 누구든지 하나님이 정하신 규례와 법도 즉 율법을 지키면, 하나님의 뜻을 따르면, 그는 죽지 않을 것입니다. 그러나 사람은 죽습니다. 시편 107편 10-11절 말씀을 보면, "사람이 흑암과 사망의 그늘에 앉으며 곤고와 쇠사슬에 매임은 하나님의 말씀을 거역하며 지존자의 뜻을 멸시함이라"고 교훈합니다. 세상 모든 사람은 인생의 슬픔과 고난과 전쟁과 질병과 재난에서 그 누구도 자유롭지 못하다는 말씀입니다. 그래서 세상에는 종교를 가진 사람들이 많습니다. 종교를 가지지 않은 사람들은 종교인들을 향해 의지가 약하다고 생각하는 경향이 있습니다. 게다가 종교를 가지고 있음에도 타락하고 악한 인생을 살아가는 사람들이 많기에 종교 무용론을 내세우기도 합니다. 그러나 우리는 분명히 알아야 합니다. 그나마 종교를 가진 사람들은 하나님을 찾고자 하는 최소한의 양심 또는 종교성을 가진 사람들이라 할 수 있고, 종교적 행위를 통해 구원받고자 하거나 죄를 용서받고자 하는 열정도 있습니다. 아무리 어리석은 사이비 종교 신앙을 가졌다 할지라도 죽은 뒤에 "좋은 곳"으로 갈 수 있다는 믿음을 가지거나 긍정적인 기대가 있어서 종교적 가르침을 따르려는 마음이 강합니다. 그러나 이런 종교마저도 없는 사람들은 겉으로는 좋은 사람처럼 보일 수 있지만 교만과 오만과 거만으로 가득한 자들입니다. 신적인 존재 또는 영적인 것에 대해서 전혀 관심도 없는 사람이라면 사실상 가장 악하고 더러운 사람일지도 모릅니다. 사망의 저주 아래에 살면서 죽음을 미화하거나 막연히 다른 세상의 삶이 있는 것처럼 생각하는 어리석은 자입니다. 오히려 사이비 신앙을 가진 자보다 더 어리석은 자입니다. 이 세상에서 그 어떤 사람들보다 위험한 사람일 수 있습니다. 바울은 *죄의 삯은 사망이요*"(롬 6:23)라고 했습니다. 사망의 현실을 눈앞에 두고서도 죄에 대한 고민이 없는 자라면 세상에서 가장 불쌍한 자요, 세상에서 가장 악한 자가 될 수 있습니다. 이런 사람은 세상을 유물론(唯物論)적으로 생각할 수 있습니다. 세상에 대한 궁극적이고 근본적인 요소를 물질로 생각하는 가치관을 가질 수 있고, 또한 정신적인 것을 물질로 바꿀 수 있다고 생각하게 됩니다. 주변에서 종교가 없는 사람들은 한편으로는 복음을 전할 좋은 대상이기도 하고, 한편으로는 아무리 복음을 전해도 받아들이지 않는 가장 오만하고 교만한 사람들이기도 합니다. 그리스도인들은 이런 사람들에 대해 특별한 관심을 주기도 하고, 특별히 경계하기도 합니다. 이런 사람들에게 복음을 전하면 숨겨둔 악한 본성이 쉽게 드러나기도 합니다. 그러므로 온전히 지킬 수도 없는 율법을 지키려고 일평생 부단히 노력함으로써 의를 얻고자 하는 유대주의자들(유대화주의자들)이 하나님의 진노 가운데 있다면, 다른 종교를 가진 사람들이나 그밖에 종교조차 가지고 있지 않은 사람들은 어떤 상태에 있겠습니까? 모두가 죄와 사망 가운데 있음을 잊지 말기를 바랍니다. 아울러 "율법을 행하는 자는 그 가운데서 살리라"는 말씀은 어느 누가 율법을 지켜서 살아남을 수 있다는 가능성을 뜻하는 말씀이 아니라, 율법을 온전히 지킬 수 없기에 사람은 죽을 수밖에 없고, 결국 하나님의 은혜를 바라볼 수밖에 없다는 사실을 알리는 말씀임을 확실히 깨닫기를 바랍니다.

그러므로 13절 "그리스도께서 우리를 위하여 저주를 받은 바 되사 율법의 저주에서 우리를 속량하셨으니 기록된 바 나무에 달린 자마다 저주 아래에 있는 자라 하였음이라"는 말씀이 하나님의 은혜를 바라는 자들에게는 소망의 말씀입니다. 하나님은 이스라엘 백성에게 율법을 주시면서 "이 율법의 말씀을 실행하지 아니하는 자는 저주를 받을 것이라 할 것이요 모든 백성은 아멘 할지니"(신 27:26)라고 하셨습니다. 이렇게 말씀하신 의도는 누구든지 율법을 지켜서 저주에서 벗어나도록 노력하라는 뜻이 아니었던 것입니다. 오히려 로마서 3장 20절 "그러므로 율법의 행위로 그의 앞에 의롭다 하심을 얻을 육체가 없나니 율법으로는 죄를 깨달음이니라"는 말씀에서 알 수 있듯이 '죄를 깨닫는 것'입니다. 저주와 사망 아래 있음을 깨닫는 근거가 바로 율법임을 분명히 알아야 합니다. "모든 사람이 죄를 범하였으매 하나님의 영광에 이르지 못하더니"(롬 3:23)라는 말씀과 같이 사람은 죄 가운데 있는데 그 죄 가운데 있음을 깨닫게 하는 수단이 바로 율법입니다. 로마서 5장 12절 "그러므로 한 사람으로 말미암아 죄가 세상에 들어오고 죄로 말미암아 사망이 들어왔나니 이와 같이 모든 사람이 죄를 지었으므로 사망이 모든 사람에게 이르렀느니라"는 말씀을 통해 사도 바울은 인간의 죄와 사망에 대해 더 구체적이고 확실한 근거를 제시합니다. 바로 인류의 조상 첫 사람 아담의 불순종으로 죄와 사망이 사람들 가운데 들어

오게 되었다는 말씀입니다. 이렇게 율법은 사람이 죄인임을 깨닫게 해 줍니다. 그러면서도 율법은 죄인이 하나님의 은혜를 열망하게 합니다. 신구약 성경 역시 사람이 죄인임을 깨닫게 하고, 동시에 구원의 은혜를 베푸시는 하나님을 바라보게 한다는 사실을 깨닫기를 바랍니다.

어떤 여자가 자기 남편과 의견충돌이 너무 심한데 대개 극단적으로 서로 다른 경향이 있다는 이야기를 들은 적이 있습니다. 자기는 사람은 누구나 선하게 태어난다는 성선설을 신뢰하고, 남편은 사람은 누구나 악하게 태어난다는 성악설을 신뢰한다고 하면서, 남편은 매사에 사람들을 볼 때 부정적으로 보는 경향이 강하다고 합니다. 동양철학 또는 동양윤리로 인간에 대해 접근할 때 유가(儒家)사상은 공자, 맹자, 순자로 이어지는데, 공자와 맹자는 성선설, 순자는 성악설로 서로 대립적입니다. 충분히 부부간에도 이런 차이가 생길 수 있습니다. 성악설을 주장했던 순자의 제자 한비자에 의해 법가(法家)사상이 정치지도자들의 통치 철학이 되었습니다. 대표적인 사례가 바로 진시황의 법치주의입니다. 이 세상에 법이 존재하기에 무질서보다 질서가 더 유지되고, 전쟁보다 평화를 더 길게 누리는 것입니다. 어떤 나라에 법이 없거나 효력이 없다면 무질서와 무법천지가 되고 맙니다. 온통 강도, 강간, 폭력, 살인, 납치, 절도로 난무하게 될 것입니다. 그래서 전쟁이 무서운 것입니다. 물론 성선설도 '인의예지'(仁義禮智)의 덕(德)을 키우는 마음을 타고났다고 한다는 점에서 근본적으로 사람에게는 악한 본성이 있다는 생각이 전제되어 있음을 암묵적으로 드러냅니다. 그래서 상당히 모순적인 사상이기도 합니다. 여하튼 남자들은 7천 년의 인류 역사 속에서 전쟁의 소용돌이 속에서 살아왔습니다. 남자들은 대개 여자들과 비교해서 공감력이 떨어지고, 목표물 또는 대상물 지향적이며, 공격적이고, 모르는 사람들에 대해 부정적으로 생각하거나 의심하는 경향이 강합니다. 반면에 여자들은 생명을 잉태해서 낳고 기르고 보호하는 출산과 양육의 유전자로 인해 대개는 공감력이 좋고, 선하고 따뜻하고 포근한 마음을 남자들보다 더 가지고 있다고 볼 수 있습니다. 남자는 전쟁에서 적을 죽여야 하고 작은 생명이라도 훗날을 생각해서 가차 없이 죽여야 합니다. 반면에 여자는 생명을 보호하고 키워야 하기에 남자들과는 생각이 좀 다릅니다. 남자와 여자는 이렇게 서로 다른 경향으로 볼 때 성악설을 지지하거나 성선설을 지지할 정도로 차이가 생길 수는 있습니다. 그러나 근본적으로 모든 인간은 타락했고 악합니다. 그래서 사도 바울이 "모든 *사람이 죄를 범하였으매 하나님의 영광에 이르지 못하더니*"(롬 3:20)라고 한 것임을 기억하기를 바랍니다. 성경은 인간에게 죄인임을 드러내면서 심판을 보여줍니다. 동시에 성경은 죄와 저주에서 벗어나는 구원의 길도 제시합니다. 그러나 사람들은 이 사실을 모르기 때문에, 또는 알려고 하지도 않거나 알아도 무시하기 때문에 사람들은 성경 밖에서 스스로 죄와 저주에서 벗어나는 길과 구원의 길을 찾으려고 종교를 가지게 됩니다.

반면에 종교다운 종교가 아닌데도 불구하고 종교처럼 보이려는 경우가 있습니다. 흔히 사이비 종교, 무속이나 주술이 이에 해당합니다. 무속이나 주술은 풍속인데, 먼저 무속은 무당 중심의 민간 풍속입니다. 무속이 신앙으로 굳어진 형태를 샤머니즘(Shamanism)이라고 하는데, 우리나라에도 흔한 토속 신앙입니다. 무당을 통해 앞날의 길흉화복을 알아보거나 좋은 일을 위해 수호신에게 기원하는 신앙입니다. 이와 달리 주술은 일본 밀교에서 주로 사용됩니다. 초자연적 존재의 힘을 이용해서 길복(吉福)을 만들어내고 흉화(凶禍)를 없애거나 다스리는 방법

(方法, '저주'[방자]의 뜻)이 중심을 이루는 악한 풍속으로, 자기 편이 아닌 사람이나 경쟁자는 저주와 제거의 대상이 됩니다. 또한 일본 주술 풍속에는 히토바시라(人柱, 인간 기둥)가 있는데, 이는 대형 토목공사나 큰 건물을 지을 때 살아있는 사람을 기둥처럼 묻으면 건물이나 구조물이 탄탄해져서 무너지지 않는다고 믿습니다. 일종의 인신공희(人身供犧)와 같습니다. 그래서 일본 주술신앙에서 묘지나 사람이 많이 죽은 장소는 오히려 명당(明堂)이 됩니다. 이런 무속이나 주술로는 인간이 저주와 사망에서 벗어날 수 없습니다. 우리는 우리가 당해야 할 저주를 대신 십자가에서 당하신 예수 그리스도를 믿음으로 이 세상의 길흉화복과 상관없이 영원한 천국에서 복을 누리게 되는 것입니다.

14절 "이는 그리스도 예수 안에서 아브라함의 복이 이방인에게 미치게 하고 또 우리로 하여금 믿음으로 말미암아 성령의 약속을 받게 하려 함이라"는 말씀이 교훈하듯이 "그리스도께서 우리를 위하여 저주를 받은 바 되사 율법의 저주에서 우리를 속량하셨으니 기록된 바 나무에 달린 자마다 저주 아래에 있는 자라 하였음이라"는 말씀은 그래서 우리에게 복음이 된다는 사실입니다. 모든 인간은 십자가에 달려 저주를 받아야 할 존재입니다. 모든 인간은 하나님의 뜻을 거역했기에 이미 하나님의 저주를 받은 자들입니다. 그러므로 이 세상에 존재하는 사람들은 모두 저주 가운데 태어난 자들입니다. 그런데 그중에 일부를 하나님이 미리 선택하심으로써 예수 그리스도를 구원자로 믿고 하나님의 백성이 되게 하셨다는 사실을 확실히 받아들여야 합니다. 이것을 신학적으로 '칼빈주의 예정론'이라 하는데, 더 중요한 사실은 성경이 제시하는 진리라는 점입니다. 하나님은 이스라엘 백성을 선택하셔서 복을 약속하셨지만, 그 복이 아브라함을 시작으로 이방인들에게도 미치도록 그리스도 예수 안에서 믿음을 통해 성령으로 약속하셨다는 사실을 확실히 믿고, 우리를 구원하신 하나님의 은혜에 감사하기를 바랍니다. 아멘.

(2024년 6월 30일)

῏Ω ἀνόητοι Γαλάται, τίς ὑμᾶς ἐβάσκανεν

어리석도다 갈라디아 사람들아, 누가 너희를 꾀더냐(갈 3:1)

제14강

파리협약 vs. 하나님의 약속

갈라디아서 3장 15-18절

15. 형제들아 내가 사람의 예대로 말하노니 사람의 언약이라도 정한 후에는 아무도 폐하거나 더하거나 하지 못하느니라

16. 이 약속들은 아브라함과 그 자손에게 말씀하신 것인데 여럿을 가리켜 그 자손들이라 하지 아니하시고 오직 한 사람을 가리켜 네 자손이라 하셨으니 곧 그리스도라

17. 내가 이것을 말하노니 하나님께서 미리 정하신 언약을 사백삼십 년 후에 생긴 율법이 폐기하지 못하고 그 약속을 헛되게 하지 못하리라

18. 만일 그 유업이 율법에서 난 것이면 약속에서 난 것이 아니리라 그러나 하나님이 약속으로 말미암아 아브라함에게 주신 것이라

지난 6월 하순에는 이슬람교 성지 사우디아라비아 메카에서 수백 명의 순례자가 열사병으로 죽었는데, 7월이 되자 인도 북부 우타르프라데시(Uttar Pradesh) 주에서 열린 힌두교 종교 행사에서 121명이 사망하는 대규모 압사 사고가 일어났습니다. 어느 사회든 전통적으로 내려오는 종교적 관습이나 전통적 의무는 사람들의 삶을 지배할 정도로 강력합니다. 그래서 종교를 신봉하는 자들은 죽음을 무릅쓰고서라도 전통을 따르고 의무를 이행하려고 노력합니다. 유대교든, 이슬람교든, 힌두교든, 천주교든, 중시되는 공통적인 것을 들자면 '사람이 정한 행위'라 할 수 있습니다. 율법적이든, 도덕적이든, 관습적이든 '사람의 행위'가 강조됩니다. 그런데 놀랍게도 갈라디아 지역 교회들 역시 행위를 중시하는 신앙으로 빠지고 있었는데, 이는 그 지역에 살고 있었던 율법주의 유대인 그리스도인 교사들이 하나님의 은혜보다 율법에 따른 사람의 행위를 강조하면서 '유대화'가 진행되고 있었던 것입니다. 사도 바울은 갈라디아 교회들을 향해 분노를 표출하고 큰 실망감을 드러냈지

만 차분하고 논리적으로 복음에 대한 교훈을 이어갔습니다. 오늘 살펴볼 본문을 통해서는 율법의 행위를 중시한 나머지 하나님의 은혜로 주어진 약속까지 헛된 것으로 만들어버린 율법주의자들의 교훈이 얼마나 잘못된 것인지 확실히 깨닫기를 바랍니다.

먼저 바울은 "*형제들아 내가 사람의 예대로 말하노니 사람의 언약이라도 정한 후에는 아무도 폐하거나 더하거나 하지 못하느니라*"(15절)고 하면서 그들을 사랑하는 마음으로 아주 쉬운 예를 들면서 가르치고자 했습니다. 사람들 사이에서 하는 약속이나 계약도 어기게 되면 대가를 치르기 때문에 약속에 조건을 더 붙이거나 임의대로 없애지 못하는 것이라 했습니다. 하물며 하나님의 약속을 그 누가, 또는 그 무엇이 거기에 어떤 것을 덧붙이거나 무효로 할 수 있겠냐고 한 것입니다. 그런데 율법주의자들은 율법을 앞세우면서 하나님의 언약을 무시해버렸고, 가톨릭주의자들은 하나님의 언약에 선행을 더하고 말았습니다. 반면에 하나님은 언약을 결코 무효로 하시거나 무언가를 덧붙이는 분이 아님을 확실히 알기를 바랍니다. 창세기 15장에서 볼 수 있듯이 하나님은 아브라함과 그 자손에게 약속하시면서 "*삼 년 된 암소와 삼 년 된 암염소와 삼 년 된 숫양*"을 반으로 쪼개도록 하셨고, 해가 지고 어두워진 때에 횃불이 그 쪼개진 사이를 지나도록 하셨습니다. 당시 사람들은 쪼개진 짐승 사이를 지남으로써 약속을 결코 폐할 수 없음을 쌍방이 서로 확인했고, 어느 한쪽이라도 약속을 지키지 않는다면 죽음을 면치 못함을 서로 확인했습니다. 하나님이 직접 보내신 횃불이 그 쪼개진 사이를 지나도록 하심으로써 하나님의 언약은 결코 무효가 되지 않는다고 하셨다는 사실을 기억하기를 바랍니다. 또한 당시 약속은 이방 땅에서 400년 이상 종이 되어 섬기다가 가나안 땅으로 큰 재물을 가지고 돌아오도록 하시겠다는 것이었습니다(창 15:13-21). 그리고 모세를 통해 그 약속이 성취되도록 하셨습니다. 창세기 12장에는 단지 땅과 재물이 아니라 "내가 너로 큰 민족을 이루고 네게 복을 주어 네 이름을 창대하게 하리니 너는 복이 될지라 너를 축복하는 자에게는 내가 복을 내리고 너를 저주하는 자에게는 내가 저주하리니 땅의 모든 족속이 너로 말미암아 복을 얻을 것이라"(창 12:2-3)고 약속하심으로써, 즉 "큰 민족"과 "땅의 모든 족속"이라고 하심으로써 이스라엘 민족을 초월한 이방 민족까지 약속이 확대된 어떤 "사람들"임을 알려주셨습니다. 이 약속을 통해 하나님의 은혜는 결코 이스라엘 백성에게만 국한되는 것이 아니라는 사실을 확실히 깨닫기를 바랍니다. 즉 할례를 받은 유대인들만이 아니라 할례받지 않은 이방인들에게까지 하나님의 은혜가 주어졌다는 사실입니다. 이 약속으로 인해 지금 우리가 하나님의 백성이 되어 하나님께 감사를 드리고, 영광을 돌리고 있는 것입니다.

이어서 16절 "이 약속들은 아브라함과 그 자손에게 말씀하신 것인데 여럿을 가리켜 그 자손들이라 하지 아니하시고 오직 한 사람을 가리켜 네 자손이라 하셨으니 곧 그리스도라"는 말씀을 보면, 아브라함의 자손이 갑자기 "오직 한 사람"으로 대치됨을 발견하게 됩니다. 그리고 "오직 한 사람"은 바로 "그리스도"임을 밝힙니다. 아브라함의 자손이 "한 사람" 즉 "그리스도"와 동일시되고 있습니다. 창세기 22장 18절 "또 네 씨로 말미암아 천하 만민이 복을 받으리니"라고 하나님이 하신 말씀을 바울은 명확히 이해하고 있었던 것입니다. 아브라함과 그 후손 즉 이스라엘에 대한 언약을 통해서 하나님은 그리스도와 그의 몸 된 교회를 계시하셨음을 깨닫기를 바랍니다. 사도행전 9장 5절을 보면 바울이 예수님을 만났을 때 예수님이 바울의 물음에 답한 내용이 나오는데 매우 의미심장한 대답이었습니다. "주여 누구시니이까"라고 바울이 묻자 예수님은 "나는 네가 박해하는 예수라"고 하셨습니다. 당시 바울을 비롯한 유대인들에 의해 박해받고 있었던 그리스도인들에 대해서 예수님은 자기 자신이라고 하셨던 것입니다. 즉 교회를 예수님 자신이라고 하신 것입니다. 그러므로 "네 씨"는 아브라함의 후손 중 한 사람으로 그리스도를 가리킵니다. 또한 하나님의 언약을 받은 아브라함의 자손은 그리스도 예수 안에서, 그리스도 예수와 함께 영원한 땅을 차지하고 영원한 생명을 누리게 됨을, 즉 천국의 백성이 됨을 확실히 믿기를 바랍니다. 이것이 바로 세상이 알 수 없는 언약의 신비요, 성경의 신비입니다. 이 진리는 성령의 깨닫게 하시는 역사가 아니면 결코 깨달을 수 없습니다.

17절 "내가 이것을 말하노니 하나님께서 미리 정하신 언약을 사백삼십 년 후에 생긴 율법이 폐기하지 못하고 그 약속을 헛되게 하지 못하리라"는 말씀을 통해 바울은 언약과 율법을 비교했습니다. 하나님이 아브라함과 맺은 언약은 이스라엘 백성이 모세를 통해 하나님으로부터 받은 율법보다 430년이나 앞서기 때문에 언약이 먼저이고 율법은 나중이라는 것입니다. 전통을 중시해온 유대인들이 율법보다 430년 앞선 언약을 무효로 여긴다면 그들이 설 자리는 없게 됩니다. 할례를 통해 아브라함의 후손이 된 사실을 자랑스럽게 여기면서 동시에 조상인 아브라함을 배격해버린 것이나 다름없습니다. 우리가 고려(고리)를 이어 조선이 되었다고 '코리아'(Korea)를 국호(國號)로 사용하고 자랑스럽게 여기면서도 고려(고리) 역사를 왜곡하고 외면하는 것이나 다름없습니다. 『고려사』가 국보도 아닌 상태로 있다가 지난 2021년 2월 17일에 비로소 보물로 지정되었습니다. 부산 동아대학교 석당박물관에 소장된 139

권 75책의 목판본이 최근에야 국보가 아닌 보물로 지정된 것과 『고려사』의 존재와 가치에 대해 여전히 모르는 사람들이 많다는 것은 안타까운 일입니다. 고려(고리)의 후예가 고려(고리)의 존재 즉 고려(고리)의 강역(疆域)과 역사에 대해 잘 모르거나 관심이 없다면 충격적인 일이 아닐 수 없습니다. 마찬가지로 아브라함의 후예가 아브라함이 받은 언약에 대해 잘 모르거나 관심이 없거나 심지어 부정한다면 얼마나 어리석고 놀라운 일이겠습니까? 그런데 모세율법과 비교할 수도 없는 아브라함 언약을 유대인들은 제대로 알지 못했습니다. 모세율법을 신성시한 자들에 의해 아브라함에게 하신 하나님의 언약은 축소되고 왜곡되고 무시되었습니다. 조선판 분서갱유(焚書坑儒, 1392년 태조 즉위 때부터 1469년 9대 왕 성종 즉위 때까지 조선시대 이전의 역사 자료를 거의 없애버림)로 굳어진 반도사관(半島史觀), 그리고 일제 및 일제에 부역했던 자들에 의해 고려(고리) 역사가 철저히 축소되고 왜곡되고 무시된 식민사관(植民史觀)이 지금까지 이어져 왔던 것처럼, 아브라함에게 하신 하나님의 언약은 경건하지 못한 유대인들에 의해 철저히 축소되고 왜곡되고 무시되어버렸습니다. 그러나 그렇다고 해서 하나님의 언약이 헛된 것이 되지는 않습니다. 하나님의 언약을 율법이 절대로 폐기할 수 없습니다. 대한민국의 역사를 식민사관 역사로써 없애버릴 수 없고, 독재자가 등장해서 현대판 분서갱유를 통해 정적을 제거하고 역사를 왜곡하고 언론을 장악한다고 할지라도, 고조선과 그 이후 고구리, 신라, 백제, 가야, 대진국(발해), 그리고 고리(고려)와 조선시대로 이어지는 대한민국의 역사를 지워버릴 수는 없습니다. 역사적 정통성이 없는 자들이 권력을 잡으면 이전 역사를 지워버리거나 왜곡해서 새로운 역사를 쓰려고 합니다. 마찬가지로 유대주의자들 역시 '율법의 행위'를 앞세우느라 그들의 정통성을 뒷받침해주는 역사와 다름없는 언약을 헛되이 여기고 무효화시켰습니다.

우리는 여기서 당시 갈라디아 지역 그리스도인들이 왜 그렇게 쉽게 율법주의자들의 거짓 교훈에 넘어갔는지 알 수 있어야 하고 우리는 그런 전철을 밟지 말아야 합니다. 일반 사람들은 어떤 분야의 권위자가 하는 말에 쉽게 속아 넘어가는 경향이 있습니다. 사이비 종교 교주들에게도 쉽게 넘어가고, 과학자들에게도, 정치인들에게도, 분야별 전문가들에게도 쉽게 넘어갑니다. 배울 점은 마땅히 배워야 하지만, 성경적 관점에서 바람직하지 않거나 어떤 이득을 꾀하거나 속이기 위한 수단으로 지식이나 권위를 내세우는 경우라면 반드시 경계하고 정확히 분별할 줄 알아야 합니다. 그러나 안타깝게도 사람들 대부분은 TV 뉴스나 프로그램에서 다루면 신빙성이 있어 보여서 잘 믿곤 합니다. 심지어 요즘은 과거에 '지구온난화'를 주장하다가 최근에 말을 바꾸어서 '기후변화' 또는 '기후 위기'라는 말을 하면서 과학적 데이터를 제시하고 현재 상황을 언급하면서 마치 엄청난 기후변화가 일어날 것이라는 선동에 쉽게 넘어가고 있는 현실입니다. 인간은 날씨와 기후에 지엽적으로나마 미미한 영향을 미칠 수는 있어도 근본적인 영향을 미칠 수 없고 큰 변화를 만들어낼 수도 없다는 사실을 알아야 합니다. 전 미국 대통령 도널드 트럼프(Donald Trump)는 '지구온난화'를 믿기에는 증거가 부족하고, 게다가 중국이나 인도 등 개발도상국에 비해 자국의 온실가스 감축 기준이 너무 높다면서 취임하자마자(2017년) 파리협약(Paris Agreement) 탈퇴를 선언해버렸습니다. 그런데 트럼프 후임 대통령인 바이든(Joe Biden)은 지난 2021년 1월 20일 취임 첫날 파리협약 복귀 행정명령에 서명했습니다. 대부분의 언론 매체들은 바이든을 칭송했고 트럼프는 미친놈이라고 취급해버렸습니다. 우리 그리스도인들은 어떻게 바라보아야 할까요? 잠시 각자 생각해보기를 바랍니다. 트럼프는 다시 대통령이 되면 파리협약에서 또 탈퇴할 것이라 했습니다. 여러분은 누구를 지지하겠습니까?

대홍수 이후 하나님은 하나님께 제단을 쌓고 하나님을 예배한 노아에게 "여호와께서 그 향기를 받으시고 그 중심에 이르시되 내가 다시는 사람으로 말미암아 땅을 저주하지 아니하리니 이는 사람의 마음이 계획하는 바가 어려서부터 악함이라 내가 전에 행한 것 같이 모든 생물을 다시 멸하지 아니하리니 땅이 있을 동안에는 심음과 거둠과 추위와 더위와 여름과 겨울과 낮과 밤이 쉬지 아니하리라"(창 8:21-22)고 약속하셨습니다. 우리 인간은 기후와 계절을 절대로 바꿀 수 없습니다. 교토의정서(2005년)나 기후변화에 관한 파리협약(2016년)으로 선진국들이 중심이 되어 이산화탄소 배출을 감축해야 한다고 하는데, 이런 노력이 없어도 하나님이 정해 놓으신 "심음과 거둠과 추위와 더위와 여름과 겨울과 낮과 밤"은 유지된다는 사실을 명심하기를 바랍니다. 우리는 다만 우리가 살아가는 환경을 관리하고 유지하고 깨끗하게 할 의무가 있을 뿐입니다(창 1:28). 살기 좋은 환경, 자연재해나 재난을 줄일 수 있는 환경, 건강한 삶에 도움이 되는 환경을 가꾸는 일에 충실하면 되는 것입니다. 홍수에 대비해서 댐을 많이 만들고 나무를 많이 심고, 저지대에 사는 사람들의 대피 대책이나 시설을 준비하는 것이 정치인들과 행정관료의 역할입니다. 우리는 성경을 통해서 과거에 온난한 기후와 습윤이 유지되었던 시기, 눈이 많이 내린 빙하기가 있었음을 충분히 알 수 있습니다. 한동안 여름이 더 강하고, 반대로 한동안 겨울이 더 강할 수 있습니다. 언제든지 기후변화가 가능하고 심지어 수백 년간 특이한 상태가 유지될 수도 있습니다. 그러나 근본적으로 계절과 기후는 하나님께 달려 있음을 잊지 말기를 바랍니다. 하나님이 기후와 계절을 약속하셨고, 땅이 존재하는 한 계속해서 심고 거둘 수 있다고 약속하셨습니다. 노벨 물리학상을 받은 존 클라우저(John F. Clauser) 박사는 이산화탄소가 생명체 유지를 위해 중요한 역할을 하고, 특히 곡식과 식물이 자라도록 큰 역할을 하기에 '탄소중립'을 외치는 기후 위기론자들의 주장을 일종의 사기라고 할 정도였습니다. 기후와 관련해서 우리가 무슨 행위를 하느냐가 더 중요한 것이 아닙니다. 우리의 행위에 따라 하나님의 약속 이상의 어떤 상태가 되거나 이상 현상이 일어나지 않습니다. 더 중요한 것은 하나님의 약속입니다. 마찬가지로 하나님이 아브라함과 그 후손에게 약속하셨기 때문에 그 약속의 중요함을 알아야 합니다. 인간이 어떤 노력으로 하나님께 무엇인가를 얻어내는 것은 불가능합니다. 그러므로 갈라디아 지역 그리스도인들은 율법의 권위를 가진 율법주의 유대인 교사들의 그럴듯한 교훈에 넘어갈 것이 아니라 하나님의 약속을 마음에 새겨야 했음을 명심하기를 바랍니다.

18절 "만일 그 유업이 율법에서 난 것이면 약속에서 난 것이 아니리라 그러나 하나님이 약속으로 말미암아 아브라함에게 주신 것이라"는 말씀을 통해 사도 바울은 아브라함이 받은 유업 즉 상속 재산이 약속을 통해 주어진 것이라고 했습니다. 아브라함이 유업을 약속받았을 때 율법에 대해 알지 못했습니다. 430년 후에 아브라함의 후손이 받을 율법에 대해 당시 아브라함은 알지 못했습니다. 유업은 하나님의 약속 또는 언약의 결과로 주어진 것입니다. 부모가 죽기 전에 자식에게 유산을 상속해줄 때 유언 즉 약속을 통해 주는 것이지, 지키기 불가능한 조건들을 제시해서 지킨 자식에게만 상속 재산을 준다고 하는 부모는 없습니다. 그것은 주지 않으려는 의도입니다. 마찬가지로 하나님은 아브라함과 그 후손에게 언약을 통해 유업을 주셨습니다. 유업은 전적으로 하나님의 권한에 속한 것이지, 사람의 능력이나 행위에 따라 주어지는 것이 아님을 분명히 깨닫기를 바랍니다.

오늘 살펴본 본문부터 앞으로 몇 번에 걸쳐 살펴볼 4장 7절까지는 약속과 율법의 관계를 자세히 설명해주는 내용인데, 네 가지 내용으로 이루어져 있습니다. 첫째는 율법이 약속을 폐하지 못한다는 것입니다(3:15-18). 둘째는 율법이 약속을 위한 일시적 방편이라는 것입니다(3:19-22). 셋째는 율법이 하나님의 자녀들을 감시하고 가르치는 지도교사 역할을 한다는 것입니다(3:23-29). 끝으로 넷째는 율법이 자녀들의 후견인 역할을 한다는 것입니다(4:1-7). 이러한 네 가지 내용 중에서 오늘은 첫 번째 내용을 살펴보았습니다. 본문 17절 "하나님께서 미리 정하신 언약을 사백삼십 년 후에 생긴 율법이 폐기하지 못하고 그 약속을 헛되게 하지 못하리라"는 말씀처럼 율법은 약속을 결코 폐하지 못한다는 사실을 확실히 믿고 우리가 하나님의 언약을 은혜로 받아서 영원한 천국을 상속받는 자들이 되었음을 잊지 말기를 바랍니다. 아멘.

(2024년 7월 7일)

Ὦ ἀνόητοι Γαλάται, τίς ὑμᾶς ἐβάσκανεν
어리석도다 갈라디아 사람들아, 누가 너희를 꾀더냐(갈 3:1)

제15강

율법 vs. 하나님의 약속

갈라디아서 3장 19–22절

19. 그런즉 율법은 무엇이냐 범법하므로 더하여진 것이라 천사들을 통하여 한 중보자의 손으로 베푸신 것인데 약속하신 자손이 오시기까지 있을 것이라
20. 그 중보자는 한 편만 위한 자가 아니나 하나님은 한 분이시니라
21. 그러면 율법이 하나님의 약속들과 반대되는 것이냐 결코 그럴 수 없느니라 만일 능히 살게 하는 율법을 주셨더라면 의가 반드시 율법으로 말미암았으리라
22. 그러나 성경이 모든 것을 죄 아래에 가두었으니 이는 예수 그리스도를 믿음으로 말미암는 약속을 믿는 자들에게 주려 함이라

지난 주일에 살펴본 본문 갈라디아서 3장 15절부터 18절은 약속과 율법의 관계를 설명해주는 내용 네 가지 중 첫 번째 것이었습니다. 그 내용은 바로 율법이 약속을 폐하지 못한다는 것이었습니다. 오늘 살펴 볼 본문은 율법이 약속을 위한 일시적 방편이라는 사실(3:19–22)을 알려줄 것입니다. 다음 두 주일에 걸쳐 세 번째 내용인 율법이 하나님의 자녀들을 감시하고 가르치는 지도교사 역할을 한다는 것(3:23–29)과 마지막 내용인 율법이 자녀들의 후견인 역할을 한다는 것(4:1–7)을 살펴볼 것입니다.

19절 "그런즉 율법은 무엇이냐 범법하므로 더하여진 것이라 천사들을 통하여 한 중보자의 손으로 베푸신 것인데 약속하신 자손이 오시기까지 있을 것이라"는 말씀을 쉬운 번역으로 보면 "그렇다면 율법을 주신 목적은 무엇이었습니까? 그것은 약속된 분이 오실 때까지 죄가 무엇인지를 깨닫게 하기 위한 것입니다. 그 율법은 천사들이 전해 준 것을 사람이 받아 공포한 것입니다."《현대인의성경》라고 되어 있습니다.

하나님께서 이스라엘 백성에게 율법을 주신 목적을 말해주는데 바로 죄를 깨닫게 하시려는 목적입니다. "범법하므로 더하여진 것이라"는 의미는 하나님께 불순종하는 인간의 죄를 깨닫게 하시려고 아브라함에게 복을 약속하신 후에 그 후손에게 덧붙여서 주신 것이라는 뜻입니다. 19절 내용 중에서 가장 중요한 것은 죄를 깨닫게 하는 목적으로 율법을 주셨다는 사실입니다. 바울은 로마서에 이 사실을 분명히 기록했습니다. "율법은 진노를 이루게 하나니 율법이 없는 곳에는 범법도 없느니라"(롬 4:15)고 했고, "율법이 들어온 것은 범죄를 더하게 하려 함이라 그러나 죄가 더한 곳에 은혜가 더욱 넘쳤나니"(롬 5:20)라고 했습니다. 쉽게 표현하자면, 율법을 통해서 몰랐던 죄를 더 깨닫게 됨으로써 하나님의 진노가 얼마나 큰가를 알게 되었다는 것입니다. 19절은 매우 중요한 내용들을 담고 있는데 죄를 깨닫게 하는 율법의 기능 외에도 율법이 어떻게 수여되었고, 효력은 언제까지 미치는지 알려줍니다. 죄를 깨닫게 하는 역할은 뒤에 더 자세히 다루기로 하고 수여되는 과정을 보면 "천사들을 통하여 한 중보자의 손으로 베푸신 것"이라고 되어 있습니다. 하나님이 직접 주시지 않고 대신 천사들을 통해서 주셨다는 것이 하나님이 직접 아브라함과 그 자손에게 약속하신 것과는 명백하게 비교가 됩니다. 또한 천사들이 사람들에게 직접 준 것도 아니고 사람들을 대표해서 모세 한 사람이 중보자로서 받았다는 사실입니다. 게다가 약속된 그 자손인 그리스도께서 오실 때까지만 효력이 있다고 말씀하셨습니다.

오늘은 죄를 깨닫게 하는 목적으로 주신 율법에 대해 중점적으로 생각해보기를 원합니다. 로마서 5장 13절을 보면 "죄가 율법 있기 전에도 세상에 있었으나 율법이 없었을 때에는 죄를 죄로 여기지 아니하였느니라"는 말씀이 있습니다. 이 말씀에서 "율법 있기 전"은 아담이 하나님께 죄를 범한 이후부터 모세가 하나님으로부터 율법을 받았을 때까지를 말한 것입니다. 정확한 기간은 알 수 없지만 대략 지금으로부터 약 3,500년 전에 율법을 받았다는 것을 참고로 하면, 율법을 받기 전 약 3,000~3,500년 동안 죄를 죄로 여기지 아니하는 삶을 살았다는 것입니다. 창세기 6장 5절을 보면 "여호와께서 사람의 죄악이 세상에 가득함과 그의 마음으로 생각하는 모든 계획이 항상 악할 뿐임을 보시고"라는 내용이 나옵니다. 노아 시대에 하나님이 홍수로 세상을 심판하시기 전에 사람들의 죄악에 대해 알 수 있는 말씀입니다. 세상이 창조된 후 첫 사람 아담과 하와는 처음에 죄를 몰랐습니다. 그래서 부끄러움도 몰랐습니다. "아담과 그의 아내 두 사람이 벌거벗었으나 부끄러워하지 아니하니라"(창 2:25)는 말씀을 통해서 알 수 있습니다. 그런데 사탄의 유혹을 받아 하나님의 말씀에 불순종하는 죄를 범한 결과 그들은 두려움과 부끄러움을 알게 되었습니다. 창세기 3장 7-10절은 이렇게 기록합니다. "이에 그들의 눈이 밝아져 자기들이 벗은 줄을 알고 무화과나무 잎을 엮어 치마로 삼았더라 그들이 그날 바람이 불 때 동산에 거니시는 여호와 하나님의 소리를 듣고 아담과 그의 아내가 여호와 하나님의 낯을 피하여 동산 나무 사이에 숨은지라 여호와 하나님이 아담을 부르시며 그에게 이르시되 네가 어디 있느냐 이르되 내가 동산에서 하나님의 소리를 듣고 내가 벗었으므로 두려워하여 숨었나이다." 죄를 짓고 나서 두 사람에게 근본적인 변화가 두 가지 생겼는데, 하나는 부끄러움이고 다른 하나는 두려움입니다. 벌거벗은 몸이 부끄러워서 무화과나무 잎을 엮어 치마를 만들었는데, 이것이 최초의 의복이 된 것입니다. 사람들이 옷을 입게 된 이유가 바로 부끄러움이었습니다. 다음으로 하나님이 내리실 벌이 두려워서 하나님을 피해 숨은 것입니다. 그러므로 인간은 벗은 몸에 대한 부끄러움과 하나님을 피하고자 하는 두려움을 가지고 있습니다. 그런데 놀라운 사실은 하나님이 그들에게 찾아오셨고 아담과 하와를 위해 가죽옷을 만들어 입히셨다는 것입니다 (창 3:21). 찾아오신 하나님을 만난 그들은 두려움에서 해방되었고, 하나님이 지어주신 가죽옷을 입게 됨으로써 부끄러움을 가릴 수 있게 되었습니다. 인간에게 죄의 형벌에 대한 두려움에서 벗어나도록 하나님이 죄인을 찾아오셨는데, 바로 구원자 예수 그리스도입니다. 그리고 가죽옷은 바로 예수 그리스도의 희생을 상징하는데, 그리스도의 십자가 희생을 통해 죄가 가려지는 은혜를 입게 되었음을 확실히 믿고 감사하기를 바랍니다.

그런데 오늘날 독일을 비롯한 여러 나라에서 나체주의가 자연주의라는 이름으로 성행하고 있습니다. '자유로운 몸의 문화'라고 하는 FKK(에프카카, 'Frei-Korper-Kultur'의 약자)가 유행한 지 100년이 넘었습니다. 1898년 독일에서 FKK 조직이 시작되어, 베를린, 북해, 발트해 주변으로 확산하였고, 나체주의자들을 위한 공원, 수영장, 해변, 숲, 야영장이 있을 정도입니다. 독일 나치당이 FKK를 금지한 적이 있기는 하지만 적어도 100년 이상 이어져 온 문화입니다. 수치심으로부터 해방, 사회적 불평등으로부터 해방, 건강을 해치는 도시 생활환경으로부터 해방을 지향하는 운동이라고 합니다. 마치 성적인 욕망으로부터 자유로운 문화인 것 같지만 독일은 그만큼 성문화도 심각한 수준입니다. 2000년대 이후로 성매매를 완전히 합법화했고, 성매매 여성들이 사업자로 등록해서 일하거나 노동자로 계약해서 일하기도 합니다. 성매매 여성 수도 합법화 이후 불과 몇 년 만에 3배가 늘었고, 인신매매도 급증했다고 합니다. 또한 수만 명 이상의 젊은 여성들과 학생들이 성매매 경험이 있다고 합니다. 어떤 조사에 의하면 성매매가 합법인 나라들에서 인신매매가 훨씬 자주 일어난다고 합니다. 결국 옷을 벗거나 노출이 심한 옷을 입는다고 해서 성적 욕망으로부터 자유로워지는 것이 결코 아님을 알기 바랍니다. 또한 사람이 옷을 입게 된 이유가 여러 가지 있지만 근본적인 이유는 죄를 지은 후 부끄러움을 가리기 위한 것이었음을 잊지 말기를 바랍니다. 어떤 의미에서는 율법이 수치스러운 죄를 깨닫게 하는 것처럼 옷이 부끄러운 몸을 항상 잊지 않도록 하는 것입니다. 하나님이 사람에게 가죽으로 만든 옷을 입도록 해주셨기에 최소한의 부끄러움만 가리려 했던 무화과 잎 치마보다는 훨씬 나은 상태가 되었습니다. 마찬가지로 율법이 주어지지 않았다면 최소한의 기능밖에 하지 못하는 양심으로 살아야 했을 것입니다. 무화과나무 잎으로 대충 엮은 치마가 옷으로서 기능을 하기에는 역부족이었던 것처럼 율법으로 교육받지 않았거나 율법의 영향을 받지 않은 양심은 죄를 깨닫지 못하고, 설령 깨닫는다 해도 죄를 과소평가하게 됩니다. 또한 죄를 억누르기에도 역부족일 수밖에 없습니다. 현재 미국에서는 최근 몇 년 사이에 절도 범죄가 크게 늘어서 사회문제가 되었는데, 노숙자나 빈곤층이 늘어서 그렇다는 의견도 있지만 실제로는 민주당(Democratic Party, 과거에는 보수 현재는 진보당)이 발의해서 2014년 캘리포니아 주민투표로 통과된 '건의안 47호'(Proposition 47) 때문이라는 의견이 팽배합니다. 중범죄(felony) 기준선을 400달러에서 950달러로 높이면서 웬만한 도둑은 다 경범죄(misdemeanor)로 벌금 1,000달러에 감옥도 가지 않고 해결되기 때문에 절도가 늘고 있는 것입니다. 공화당(Republican Party, 과거에는 진보 현재는 보수당) 지지자들은 중범죄 기준을 더 낮춰서 사람들이 함부로 절도죄를 짓지 않도록 해야 한다고 주장합니다. 만약 법이 집행되지 않는 무정부 상태라면 어떻게 될까요? 북중미 카리브해(Caribbean Sea)

지역에 있는 작은 나라 아이티(Haiti)는 갱단이 정부를 장악하고 나서 사실상 무정부 상태가 되었습니다. 우리나라도 지난 5월부터 아이티를 여행금지국으로 지정한 바 있습니다. 법이 지켜지지 않는 무정부 상태가 되면 살인, 강도, 강간, 절도, 폭력 등이 난무한 사회가 됩니다. 이것이 바로 법이 없는 사람들의 본 모습임을 잊지 말기를 바랍니다. 나라에 법이 존재하고 시행됨으로써 질서가 유지되고 기본적인 생활이 가능한 것입니다. 다만 율법과 일반 국가의 법이 다른 것이 있다면, 율법은 근본적으로 하나님께 대한 죄를 깨닫게 한다는 사실입니다. 국가나 사회가 제정한 일반적인 법으로는 하나님께 죄를 범한 사실을 전혀 알지 못한다는 것도 잊지 말기를 바랍니다.

20절 *"그 중보자는 한 편만 위한 자가 아니나 하나님은 한 분이시니라"*는 말씀을 보면, 율법에는 중보자가 양쪽 편에 있어야 했지만, 약속은 하나님이 직접 하시는 것이라 율법과 크게 대조됨을 알 수 있습니다. 쉬운 성경으로 보면 *"그러나 중재인을 필요로 했던 율법에는 두 당사자가 있어야 했지만 약속을 하는 데는 하나님 한 분이면 됩니다."*《현대인의성경》로 번역되어 있습니다. 율법을 주실 때 하나님은 천사들을 통해 주셨고, 모세는 사람의 편에서 그 율법을 받았습니다. 모세는 또한 천사들의 편에도 서야 했습니다. 그러나 약속은 하나님이 중보자 없이 하나님의 백성에게 친히 하셨다는 뜻입니다. 그러나 형식으로는 그리스도라는 중보자를 통해서 약속하셨다고 할 수 있지만, 실제로는 그리스도가 하나님 자신이기에 사람에게 직접 약속하신 것임을 나타냅니다. 그러므로 사람인 중보자를 통해 주어진 율법과 하나님이 직접 하신 약속에는 비교할 수 없는 차이가 있음을 분명히 깨닫기를 바랍니다.

그렇다면 율법은 하나님의 약속에 반하는 것이라는 논리가 생길 수 있습니다. 그래서 21절을 보면, "그러면 율법이 하나님의 약속들과 반대되는 것이냐 결코 그럴 수 없느니라 만일 능히 살게 하는 율법을 주셨더라면 의가 반드시 율법으로 말미암았으리라"는 말씀이 이어지게 된 것입니다. 율법이나 약속이나 모두 하나님이 주셨기 때문에 서로 대립이 되거나 모순되지 않는다는 뜻입니다. 다만 율법으로는 생명을 얻을 수 없다는 말씀입니다. 바울은 "생명에 이르게 할 그 계명이 내게 대하여 도리어 사망에 이르게 하는 것이 되었도다"(롬 7:10)라고 했습니다. 하나님은 "이스라엘아 이제 내가 너희에게 가르치는 규례와 법도를 듣고 준행하라 그리하면 너희가 살 것이요 너희 조상의 하나님 여호와께서 너희에게 주시는 땅에 들어가서 그것을 얻게 되리라"(신 4:1)고 생명을 약속하셨지만, 율법을 지켜야 한다는 조건이 제시된 약속이었기에 사실상 "사망에 이르게 하는" '사망선고'였던 것이고, '사망의 법'이었던 것입니다. 결국 율법과 하나님의 약속은 근본적으로 하나님의 말씀이라는 점은 같지만, 율법은 사망에 이르게 하고, 약속은 생명에 이르게 하는 것이 서로 다른 점임을 확실히 깨닫기를 바랍니다. 그러므로 바울 사도가 "능히 살게 하는 율법을 주셨더라면 의가 반드시 율법으로 말미암았으리라"고 강조한 것은 하나님이 율법을 통해 생명을 얻도록 뜻하셨다면 당연히 율법을 통해서 의를 얻도록 하셨겠지만, 그것이 아니기 때문에 율법을 통해서 의를 얻을 수 있는 길은 없다는 뜻임을 명확히 깨닫기를 바랍니다.

끝으로 22절 "그러나 성경이 모든 것을 죄 아래에 가두었으니 이는 예수 그리스도를 믿음으로 말미암는 약속을 믿는 자들에게 주려 함이라"는 말씀의 의미를 살펴보고자 합니다. 여기서 "성경"은 의인화된 "율법"을 뜻합니다. 율법이 온 세상 사람들을 모두 죄 아래 가두어버렸다는 뜻입니다. 신명기 5장 7-9절은 십계명 중 첫 계명에 해당하는데 "나 외에는 다른 신들을 네게 두지 말지니라 너는 자기를 위하여 새긴 우상을 만들지 말고 위로 하늘에 있는 것이나 아래로 땅에 있는 것이나 땅밑 물 속에 있는 것의 어떤 형상도 만들지 말며 그것들에게 절하지 말며 그것들을 섬기지 말라"는 계명 하나로도 하나님을 섬기지 않는 모든 인간을 죄 아래 가두게 됩니다. 율법을 대표하는 일부 계명만 적용하더라도 유대인이든 이방인이든 온전히 지킬 수 있는 사람은 아무도 없습니다. 그래서 율법은 인간 스스로가 죄에서 벗어날 수 없다는 사실을 밝히는 역할을 한다는 뜻입니다. 사도 바울이 "우리가 알거니와 무릇 율법이 말하는 바는 율법 아래에 있는 자들에게 말하는 것이니 이는 모든 입을 막고 온 세상으로 하나님의 심판 아래에 있게 하려 함이라 그러므로 율법의 행위로 그의 앞에 의롭다 하심을 얻을 육체가 없나니 율법으로는 죄를 깨달음이니라"(갈 3:19-20)고 교훈한 것은 율법이 죄를 깨닫게 하는 역할을 한다는 사실을 명확히 알게 되었다는 뜻입니다. 본문 22절 "그러나 성경이 모든 것을 죄 아래에 가두었으니 이는 예수 그리스도를 믿음으로 말미암는 약속을 믿는 자들에게 주려 함이라"는 말씀에서 알 수 있듯이 "성경이 모든 것을 죄 아래에" 가둔 이유가 바로 "예수 그리스도를 믿음으로 말미암는 약속을 믿는 자들에게 주려 함"이라는 것입니다. 이는 죄로 인해 죽을 수밖에 없는 사람을 위해 그리스도를 통한 구원의 은혜를 약속하신 것입니다. 죄 아래 있다는 것을 깨달은 자는 "주의 눈 앞에는 의로운 인생이 하나도 없나이다"(시 143:2)라고 하나님께 고백하고, "모든 사람이 죄를 지었으므로 사망이 모든 사람에게 이르렀느니라"(롬 5:12)라고 사람들 앞에 선포할 수 있는 것입니다. 성경은 사람이 스스로 죄와 사망에서 벗어날 수 없다는 저주를 선언함을 명심하기를 바랍니다. 동시에 성경은 죄로 인해 영원히 죽을 수밖에 없는 사람들 일부에게 구원의 약속을 그리스도를 통해 주시는 복음을 선포하고 있음을 확실히 믿기를 바랍니다. 아멘.

(2024년 7월 14일)

῏Ω ἀνόητοι Γαλάται, τίς ὑμᾶς ἐβάσκανεν

어리석도다 갈라디아 사람들아, 누가 너희를 꾀더냐(갈 3:1)

제16강

그리스도 예수 안에서
하나이니라

갈라디아서 3장 23-29절

23. 믿음이 오기 전에 우리는 율법 아래에 매인 바 되고 계시될 믿음의 때까지 갇혔느니라
24. 이같이 율법이 우리를 그리스도께로 인도하는 초등교사가 되어 우리로 하여금 믿음으로 말미암아 의롭다 함을 얻게 하려 함이라
25. 믿음이 온 후로는 우리가 초등교사 아래에 있지 아니하도다
26. 너희가 다 믿음으로 말미암아 그리스도 예수 안에서 하나님의 아들이 되었으니
27. 누구든지 그리스도와 합하기 위하여 세례를 받은 자는 그리스도로 옷 입었느니라
28. 너희는 유대인이나 헬라인이나 종이나 자유인이나 남자나 여자나 다 그리스도 예수 안에서 하나이니라
29. 너희가 그리스도의 것이면 곧 아브라함의 자손이요 약속대로 유업을 이을 자니라

    지난 주일에는 율법이 약속을 위한 일시적 방편이라는 사실(3:19-22)을 중심으로 살펴보았습니다. 오늘과 다음 주일은 세 번째 내용인 율법이 하나님의 자녀들을 감시하고 가르치는 지도교사 역할을 한다는 것(3:23-29)과 마지막 내용인 율법이 자녀들의 후견인 역할을 한다는 것(4:1-7)을 살펴볼 것입니다. 오늘은 23-24절 "믿음이 오기 전에 우리는 율법 아래에 매인 바 되고 계시될 믿음의 때까지 갇혔느니라 이같이 율법이 우리를 그리스도께로 인도하는 초등교사가 되어 우리로 하여금 믿음으로 말미암아 의롭다 함을 얻게 하려 함이라"는 말씀 중 "우리를 그리스도께로 인도하는 초등교사"라는 내용을 중심으로 보고자 합니다.

21세기 한국교회를 위한 **갈라디아서 강설**

먼저 23절 *"믿음이 오기 전에 우리는 율법 아래에 매인 바 되고 계시될 믿음의 때까지 갇혔느니라"*는 말씀을 보면 갈라디아 지역을 포함함 모든 지역에 있는 하나님의 백성이 어떤 상태에 있었는지 알려주는데, 마치 감옥에 갇힌 죄수로 비유했습니다. 감옥에서 해방해주는 *"계시될 믿음"*이 오기 전까지 꼼짝없이 갇혀 있었다는 것으로 비유했습니다. 감옥에 갇혀 있다는 것은 갇힌 자가 죄를 지은 죄인이라는 사실이고, 죄를 더 이상 짓지 못하도록 감시받는 상태에 있다는 뜻입니다. 24절 *"이같이 율법이 우리를 그리스도께로 인도하는 초등교사가 되어 우리로 하여금 믿음으로 말미암아 의롭다 함을 얻게 하려 함이라"*는 말씀이 이어지는데, 율법의 또 다른 역할을 말해줍니다. 특히 *"우리를 그리스도께로 인도하는 초등교사"*를 잘 이해해야 합니다. 그리스도를 만나기 전까지 하나님의 자녀들을 감시하고 가르치는 지도교사라는 뜻인데, 여기서 지도교사는 공인 자격을 갖춘 정식 교사가 아닙니다. 마찬가지로 *"초등교사"* 역시 우리가 생각하는 초등학교 교원도 아닙니다. 성경 여러 번역본을 보면, *"몽학선생"*《개역한글》, *"개인교사"*《새번역》, *"가정교사"*《현대인의성경》 등으로 번역되어 있습니다. *"개인교사"*나 *"가정교사"*가 좋은 번역이긴 하지만 오늘날 우리가 생각하는 교사와는 전혀 달라서 차라리 지금 거의 쓰지 않는 단어지만 *"몽학선생"*이 더 나은 번역이라 할 수 있습니다. *"몽학선생"*은 '아이의 인도자'라는 의미입니다. 그리스어로는 파이다고고스(παιδαγωγός, paidagogos)라고 하는데, 이 말에서 교육학 또는 교수법이라는 뜻의 pedagogy(페다고지)라는 말이 나왔습니다. *'paidagogos'*는 *'paidos'*(어린 아이)라는 말과 *'agogos'*(이끌다, 인도하다, 가르치다)라는 말이 합쳐진 것입니다. 로마제국에는 어떤 추정에 의하면 전체 인구의 10~15%, 많게 추정하는 경우는 30% 정도가 노예들이었다고 합니다. 대부분 전쟁에서 포로로 끌려온 이들로 다

양한 종류의 노예가 되었습니다. 우리나라의 경우 조선시대에도 임진
왜란(1592~1598년) 때 일본 나가사키와 그 주변 지역으로 약 10만 명이
포로로 끌려가 대부분 노예가 되었고, 병자호란(1637년 1~2월) 때는 청
나라 심양으로 50~60만 명이 포로로 끌려가 대부분 노예와 같은 고통
스러운 삶을 살았습니다. 일본에 포로로 끌려간 조선인들의 가슴 아픈
이야기가 강항(姜沆,1567-1618) 선생의 간양록(看羊錄)에 기록되어 있습
니다. 포로 중에서 학자들이나 예술가들, 특히 도자기 장인들과 같은
기술자들은 특별한 대우를 받으며 생활하기도 했습니다.

　로마에서도 노예 신분이지만 의사, 요리사, 정원사, 가정교사, 비서,
악기연주자, 배우 등과 같이 전문직으로 일하는 사람들도 많았습니다.
특히 가정교사는 전문적으로 음악이나 예술을 가르치기도 했지만, 대
부분은 전문교사가 아닌 몽학(蒙學)선생으로 6~16세 정도의 귀족 아
들을 맡아서 의복이나 식사를 챙기고, 행동이나 생활방식을 지도해주
고, 아주 기초적인 지식을 가르쳤습니다. 가장 중요한 임무는 체조학
교나 음악학교, 기타 교육을 받아야 할 장소에 데리고 가서 기다렸다
가 다시 집으로 데리고 오는 역할이었습니다. 로마 시대 소년들은 성년
이 될 때까지는 스스로 외출할 수 없었기에 노예가 몽학선생이 되어 감
시하고 감독하고 인도하는 일을 주인 명령에 따라 행했던 것입니다. 아
버지의 명예가 더럽혀지지 않도록 몽학선생은 귀족의 아들이 도덕적으
로 바른 생활을 할 수 있도록 늘 지도하고 감시하는 임무를 수행했습
니다. 집에서 책을 읽어주는 일도 몽학선생이 맡아서 했습니다. 이처럼
율법은 인간을 그리스도께 인도하는 몽학선생 즉 지도교사 역할을 한
시적으로 담당했다고 바울은 비유적으로 교훈했습니다. 성년이 된 후
에는 몽학선생의 감독과 지도를 더 이상 받을 필요가 없듯이 그리스도

가 오신 후에는, 즉 믿음이 주어진 후에는 율법이 더 이상 필요 없게 되었음을 확실히 믿기 바랍니다. 이 몽학선생 비유를 통해서 바울은 당시 갈라디아 교회들이 율법주의 신앙에서 벗어나도록 교훈했음을 깨닫기를 바랍니다.

그러나 바울의 가르침을 잘못 이해해서 율법의 가르침을 받고 율법을 지키려고 노력하면, 자연스럽게 또는 필연적으로 그리스도께로 인도되지 못하게 됩니다. 율법은 죄를 깨닫게 하는 것이라 했습니다. 아무도 율법을 온전히 지킬 수 없습니다. 여기서 바울이 의도한 것은 몽학선생의 역할이 주인의 아들이 성년이 되면 끝나는 것처럼, 율법은 복음의 길을 예비하는 일을 함으로써 그 역할을 다했다는 것입니다. 율법은 "우리로 하여금 믿음으로 말미암아 의롭다 함을 얻게 하려 함이라"는 말씀과 같이 믿음이 오기까지 한시적으로 주어진 방편이었음을 잊지 말기를 바랍니다.

25절 "믿음이 온 후로는 우리가 초등교사 아래에 있지 아니하도다"라는 말씀처럼 믿음의 때가 왔기에 더 이상 율법 아래 있지 않음을 갈라디아 지역 신자들에게 선포했습니다. 더 이상 율법주의 유대인들과 유대주의자들의 거짓 교훈에 속아서 할례를 받는 어리석은 자들이 되지 말라고 한 것입니다. 율법주의자들은 율법에 근거해서 사람들을 구분하고 차별했습니다. 차별은 율법에 따른 것이라서 당연하고 자연스러운 것이었습니다. 유대인과 이방인으로 구분했고, 남자와 여자로 구분했으며, 주인과 종으로 구분했습니다. 그러나 골로새서 3장 11절 "거기에는 헬라인이나 유대인이나 할례파나 무할례파나 야만인이나 스구디아인이나 종이나 자유인이 차별이 있을 수 없나니 오직 그리스도는 만유시요 만유 안에 계시니라"는 말씀과 같이 그리스도 안에서는 유대인과 이방인 사이에서 더 이상 차별이 없어졌음을 감사하기를 바랍니다. 믿음으로 말미암아 의롭다고 여김을 받은 자들은 더 이상 율법 아래에 있지 않기 때문에 차별당하지 않습니다. 율법 아래에서는 할례를 받지 않은 이방인들은 유대인들로부터 차별당하고, 유대인이라 할지라도 할례는 남자들만 받는 의식이었습니다. 그러나 "믿음이 온 후로는" 하나님의 백성임을 나타내는 것은 더 이상 할례가 아니라 예수 그리스도를 구원자로 영접하는 믿음임을 잊지 말기를 바랍니다.

26-28절 "너희가 다 믿음으로 말미암아 그리스도 예수 안에서 하나님의 아들이 되었으니 누구든지 그리스도와 합하기 위하여 세례를 받은 자는 그리스도로 옷 입었느니라 너희는 유대인이나 헬라인이나 종이나 자유인이나 남자나 여자나 다 그리스도 예수 안에서 하나이니라"는 말씀으로 바울은 갈라디아 교회들이 가짜 복음에서 돌아서도록 했습니다. 율법을 받았다고 해서 또는 율법을 지킴으로써 하나님의 아들들이 된 것이 아니라 "믿음으로 말미암아 그리스도 예수 안에서" 된 것임을 강조했습니다. "누구든지 그리스도와 합하기 위하여 세례를 받은 자는 그리스도로 옷 입었느니라"라고 함으로써 이제는 할례가 아니라 세례를 받음으로써 그리스도와 하나가 되어 특별한 권리를 누리는 특별한 존재가 되었다고 했습니다. 당시 로마에서는 성년이 되면 가정은 물론 국가에서 누리게 되는 권리와 함께 특별한 제복이 주어졌는데, 그리스도를 믿음으로써 하나님의 아들로서 특권을 누리게 되고 하나님의 아들이라는 표시를 나타내는 성령의 옷을 입게 된다는 뜻입니다. 그래서 율법에 따라서 차별당했던 헬라인과 종과 여자가 더 이상 차별받지 않는 하나님의 아들들이 되었다고 교훈했습니다. 우리 역시 그리

스도와 하나 되기 위해 믿고 세례를 받음으로써 그리스도의 사람이 되었다는 사실에 감사하기를 바랍니다. 아울러 우리는 "그리스도로 옷 입었"기 때문에 교회 안에서는 물론이고 교회 밖에서도 사람들을 차별하지 말아야 합니다. 히틀러(Adolf Hitler, 1889~1945)가 독일교회를 보호해준다면서 나치당(Nazi)을 지지해달라고 했을 때 독일교회는 우생학(優生學, Eugenics)에 기반을 둔 히틀러의 정책에 동조함으로써 독일 사회에서 부적합하고 열등하다고 여겨졌던 유대인들, 집시들, 동성애자들, 그리고 장애인들이 집단으로 학살당하고 차별당하는 일에 동참했습니다. 차별은 그리스도로 옷을 입지 않은 자들이나 세속 정부가 법으로써 할 수 있는 일입니다. 물론 차별이 없이 평등한 사회를 지향하는 것이 이상적인 일이지만, 하나님의 은혜를 알지 못하는 사회나 국가에서는 언제든지 법적인 차별이 존재할 수 있음을 알아야 합니다. 우리는 독일교회가 우생학이나 진화론에 기초한 차별정책에 동조해서 수백만 명의 목숨을 앗아간 학살에 사실상 동참한 과거를 교훈으로 삼아야 합니다. 일본도 마찬가지로 우생학에 기초해서 한센병 환자들을 소록도에 격리해서 인체실험을 했고, 강제 노역과 강제 불임수술의 악행을 저질렀으며, 이런 만행을 저지른 일본 전범들 편에 선 집단이 바로 우리나라 기독교였습니다. 일본종교협의회(신도, 불교, 기독교)에 속한 종교들이 모두 전쟁범죄에 가담했는데, 우리나라 기독교 역시 적극적으로 일제 편에 섰고, 교회들 대부분은 일본제국주의 차별정책과 전쟁야욕을 지지하고 일본을 위해 새벽에 조복(調伏)기도를 할 정도였습니다. 조복(쵸부쿠)은 일본 불교(특히 밀교[密敎])에서 사용했던 것으로, 음양사나 주술사 등이 부처의 힘을 빌려 악마나 원수를 굴복시키거나 제거하는 주술적 행위인데, 신자들이 마치 주술사나 음양사처럼 조복 행위를 했던 것입니다. 해방 이후에도 북쪽(대체로 서북지역)에 있던 기독교인들이 남쪽으로 내려와 '서북청년단'을 결성해서 반민족 행위에 앞장섰고, 제주 4·3 사건(1947-1954)에서 제주도민을 잔인하게 학살하고, 계속해서 반공사상이라는 이데올로기에 빠져 독재정치를 선호해왔으며, 우리나라 정치를 극단적으로 향하게 했습니다. 지금도 적잖은 한국교회들이 마르크스 유물론 사상(공산주의)에서 전향한 뉴라이트(New Right)의 식민지근대화론과 식민사관을 옹호하면서 항일·독립운동 세력과 그 이후 민주화 세력을 악마화하고 반국가세력으로 낙인을 찍는 정치인들을 지지하고 주술적인 조복을 이어가고 있으며, 여기에 어리석은 신자들이 부화뇌동(附和雷同)하고 있습니다. 일본은 제2차 세계대전 패전 후 1948년에도 우생보호법을 제정해서 장애인이나 한센병 환자에게 강제로 불임수술을 시켰을 정도였고, 이 법은 1996년까지 유지되었다가 폐지되었습니다. "그리스도로 옷 입었느니라"는 말씀은 그리스도인이 되었다는 것이며, 그리스도를 닮는 삶을 이어가야 한다는 뜻입니다. 사람들을 차별하지 않는 그리스도인이 되어야 합니다. 28절 "너희는 유대인이나 헬라인이나 종이나 자유인이나 남자나 여자나 다 그리스도 예수 안에서 하나이니라"는 말씀이 우리나라 기독교에서는 해당하지 않은 면도 있습니다. 우리 사회를 지역과 이념과 세대로 분열하고, 나라와 민족을 위한 민주주의 세력에 대한 혐오를 조장하며, 정치를 극단적으로 치닫게 하는 일에 일부 기독교가 깊이 관여하고 있습니다. 이런 기독교는 결코 하나님께 속하지 않는 극단적 정치 세력이라고 스스로 증명하는 것입니다. 그러나 이런 자들도 하나가 될 때가 있습니다. 예수님 당시에 친로마주의자들이었던 헤롯당(Herodians)과 반로마주의자들이었던 바리새인들은 서로 극단적 정치 성향을 대변한 자들이었으나, 예수님을 대적하고 제거하는 일에는 서로 같은 생각을 품고 하나가 되었습니다(막 3:6, 마 22:16). 오늘날도 마찬가지입니다. 극단적 세력은 좌우 상관없이 현재 기득권(status quo)을 지키기 위해서는 언제든지 반대파와 하나가 되어 움직입니다. 그러나 참된 기독교는 예수 그리스도의 복음을 위해, 서로 사랑하고 섬기는 일에, 나라와 민족을 위하는 일에 하나가 됩니다. "그리스도 예수 안에서 하나이니라"는 말씀은 예수 그리스도와 같은 마음과 뜻으로 하나가 되는 것이지, 예수 그리스도의 뜻을 떠나서 극단적 기득권 세력이나 이익 집단과 하나가 되는 것이 아님을 명심하기를 바랍니다.

29절 "너희가 그리스도의 것이면 곧 아브라함의 자손이요 약속대로 유업을 이을 자니라"는 말씀을 통해 아브라함의 진정한 자손이 누구인지 확실히 알도록 했습니다. 당시 율법주의자들은 율법을 통해서만, 특히 할례를 받아야만 아브라함의 자손이 되고 아브라함이 받은 유업을 잇게 된다고 주장했습니다. 그러나 바울 사도는 할례를 받은 사람이 아니라 그리스도를 믿음으로써 그리스도께 속한 사람들이 바로 아브라함의 참된 자손임이라고 했습니다. 지금도 세계 여러 나라에 흩어져 있는 유대인들은 유대교 신앙을 바탕으로 한 시온주의(Zionism)로 결속력을 유지하고 있고, 1948년 팔레스타인 땅에서 고대 이스라엘 왕국과 유다 왕국을 계승하는 독립국을 선언하고 지금까지 계속해서 영토를 넓혀가고 있으며, 세계 각지에서 시온주의자들이 이주해서 들어와 살고 있습니다. 현재 팔레스타인 가자 지구를 실효 지배하고 있는 무장단체 하마스(Hamas)와 이스라엘의 전쟁(2023년 10월 7일~)이 계속 이어지고 있습니다. 그러나 지금은 율법의 시대, 할례의 시대가 아닙니다. 그렇다고 율법이 폐기되어야 할 대상은 아닙니다. 예수 그리스도가 오심으로써 율법이 정한 제도가 폐지되었을 뿐이지 오히려 율법이 사람에게 요구하는 바는 그리스도를 통해 완성되었습니다(마 5:17-18).

할례도 세례를 통해 완성되었고, 안식일 제도 역시 안식일의 주인(마 12:8, 막 2:28, 눅 6:5) 예수님에 의해 부활로써 완성되었습니다. 유월절은 십자가의 대속과 부활로 완성되어 성찬을 통해 영원한 새 언약(렘 31:31)을 누리게 되었습니다. 그러므로 우리가 할례가 아닌 그리스도와 합한 세례를 받았다면 아브라함의 참 자손임을 확실히 믿고, 약속대로 천국을 유업으로 받은 자들(마 5:1-12)이라는 사실을 확실히 믿고 감사하기를 바랍니다. 아멘.

(2024년 7월 21일)

῎Ω ἀνόητοι Γαλάται, τίς ὑμᾶς ἐβάσκανεν

어리석도다 갈라디아 사람들아, 누가 너희를 꾀더냐(갈 3:1)

제17강

크로노스 vs. 카이로스

갈라디아서 4장 1-7절

1. 내가 또 말하노니 유업을 이을 자가 모든 것의 주인이나 어렸을 동안에는 종과 다름이 없어서

2. 그 아버지가 정한 때까지 후견인과 청지기 아래에 있나니

3. 이와 같이 우리도 어렸을 때에 이 세상의 초등학문 아래에 있어서 종 노릇 하였더니

4. 때가 차매 하나님이 그 아들을 보내사 여자에게서 나게 하시고 율법 아래에 나게 하신 것은

5. 율법 아래에 있는 자들을 속량하시고 우리로 아들의 명분을 얻게 하려 하심이라

6. 너희가 아들이므로 하나님이 그 아들의 영을 우리 마음 가운데 보내사 아빠 아버지라 부르게 하셨느니라

7. 그러므로 네가 이 후로는 종이 아니요 아들이니 아들이면 하나님으로 말미암아 유업을 받을 자니라

오늘은 율법에 대한 네 번째 내용으로, 율법이 자녀들의 후견인과 청지기(steward) 역할을 한다는 것을 살펴보고자 합니다. 지난 주일에는 율법을 주인의 아들이 성년이 되기까지 몽학선생 역할을 했던 노예로 비유한 내용이었는데, 오늘 본문을 보면 율법이 *"후견인과 청지기"*에 비유된 것을 볼 수 있습니다. 이는 율법의 역할이 아버지가 정한 때가 되면 반드시 끝나는 것임을 말해줍니다. 갈라디아 지역 교회들 가운데서 그리스도인들을 미혹했던 거짓 교사들은 다시 율법을 지키도록 권유함으로써 사실상 아버지의 뜻을 어기고 후견인과 청지기에게로 다시 돌아가도록 한 것임을 깨닫기를 바랍니다.

당시 로마에서는 아버지가 성년이 되기 전의 자식을 몽학선생 또는

후견인에게 맡겼고, 성년이 된 후로도 약 10년 정도는 후견인 또는 재산 관리자(청지기)에게 맡기는 관습이 있었습니다. 성년은 두 가지로 볼 수 있었는데, 하나는 성적인 관계가 가능함으로써 결혼을 할 수 있는 나이로, 대개 남자는 14세, 여자는 12세였습니다. 왕정 시대에는 여자가 더 어린 나이에 결혼하기도 했지만, 공화정 시대에는 최소 12세로 정해졌고, 남녀 모두 늦어도 10대 후반까지는 결혼했습니다. 이렇게 신체적으로는 결혼이 가능한 성년이 되더라도 아직은 사회적으로 미성숙한 나이라서 법적 권리가 부분적으로만 주어졌고, 완전한 권리행사는 25세가 되어야 가능했습니다. 그러므로 25세가 되어야 사실상 법적으로 완전한 성년이 되었던 것입니다. 로마 시대에는 아버지가 자기 친아들이라도 성년이 되기 전에는 노예와 똑같은 지위에 두었고, 재능이 있는 노예를 통한 교육과 보호를 받게 해서 성년이 될 때 비로소 자기 아들로 입양함으로써 진정한 아들이 되도록 했습니다.

오늘 살펴볼 본문은 이러한 로마 시대 관습과 법을 대략 알아야 이해할 수 있습니다. 바울은 하나님을 아버지로, 그리스도인을 아들로, 율법을 몽학선생이나 후견인 또는 청지기로 비유한 것입니다. 몽학선생은 대개 주인의 아들 나이가 14~16세가 될 때까지 지도와 보호를 맡았고, 후견인은 법적인 권리가 제한적인 아들이 25세가 될 때까지 주인으로부터 위탁받아 보호하고 관리하는 일을 했습니다. 물론 몽학선생도 후견인의 범주에 속했고, 법적 권리를 완전히 행사하지 못하는 기간에 후견인의 역할만 행하는 사람도 있었습니다. 청지기는 재산을 관리하는 역할을 맡았습니다. 후견인으로 청지기를 겸하는 노예도 있었고, 청지기 일만 하는 노예도 있었습니다. 중요한 것은 모두가 주인의 뜻에 따라서 저마다 맡은 일을 담당했다는 사실입니다. 주인의 아들이 미성숙한 시기에, 또는 법적인 권리를 행사할 수 없는 나이에 주인의 뜻에 따라 주인이 정한 시기까지만 필요한 존재였고, 이런 일을 주로 노예들이 맡아서 했다는 사실을 먼저 알기를 바랍니다. 아주 간단히 정리하면, 성년이 될 때까지 아들을 가르치고 지켜야 하므로 아버지는 보호자의 의미가 있는 '후견인'(guardian)을 지정한 것이고, 법적으로 성년이 되었어도 아직은 재산을 관리할 수 있는 능력이 없어서 아버지는 '청지기'(steward) 즉 매니저(manager)를 지정해서 재산을 관리하도록 권한을 위임했던 것을 먼저 이해하기를 바랍니다.

그렇다면 오늘 본문 갈라디아서 4장 1-3절 "내가 또 말하노니 유업을 이을 자가 모든 것의 주인이나 어렸을 동안에는 종과 다름이 없어서 그 아버지가 정한 때까지 후견인과 청지기 아래에 있나니 이와 같이 우리도 어렸을 때에 이 세상의 초등학문 아래에 있어서 종 노릇 하였더니"라는 말씀을 쉽게 이해할 수 있을 것입니다. 비록 재산을 상속할 아들이라도 "아버지가 정한 때"가 되기까지는 종과 똑같은 자라는 사실을 먼저 알 수 있습니다. 그 시기가 될 때까지 신분은 아들이라 할지라도 사회적 지위는 노예나 다름없습니다. 그래서 후견인과 청지기가 필요합니다. 이렇게 후견인과 청지기 아래에서 사는 때를 "이 세상의 초등학문 아래에 있어서 종 노릇 하였더니"라고 함으로써 복음이 올 때까지 "초등학문"(στοιχεῖα, 스토이케이아) 아래 매여서 살아야만 했다고 비유적으로 설명한 것입니다. 여기서 "초등학문"은 두 가지로 해석할 수 있는데, 먼저 하늘의 해와 달과 별들을 마치 신으로 여기고 믿는 초보적 신앙을 가르치는 이방 종교를 가리킨다는 해석입니다. 당시 로마 사람들이 신으로 숭배했던 제우스(Zeus)나 비너스(Venus)에 대한 믿음도 초등학문에 해당합니다. 갈라디아 교회들은 바울이 전한 복음을 통해 하나님의 아들들이 되기 전에 이런 초등학문 아래 매여서 종노릇을 했음을 깨닫기를 바랍니다.

다음으로, 신앙적으로 여전히 미숙한 유대인의 율법주의를 나타내는 표현입니다. 바울에 의해 복음을 접하고 그리스도인들이 되었던 갈라디아 교회들을 향해 율법주의자들은 할례를 받아야 하고, 율법을 지켜야 한다고 주장했고, 그렇게 행하지 않으면 구원받지 못한다고 주장했습니다. 여기서 유대교든, 세상에 존재하는 다른 모든 종교든 긍정적인 의미로는 그리스도인이 하나님의 아들로 입양되기 전 미성숙한 때에 초보적인 신앙 행위를 배우는 일에 불과하고, 부정적인 의미로는 결코 하나님의 아들로 인정될 수 없는 종과 다름없이 생활하는 노예에서 벗어날 수 없는 종교입니다. 우리가 세상을 살아가면서 다양한 사람들을 보게 되는데, 종교를 가진 사람과 종교가 없다고 하는 사람을 어떻게 평가해야 할까요? 세계 인구의 80% 이상은 확실히 종교를 가지고 있습니다. 어떤 경우에는 종교의 부정적인 면들 때문에 종교를 가지지 않고 다만 나름대로 착하게 살아가는 사람들이 있다고 여기는 경향이 있습니다. 그러나 결코 이런 사람들은 다른 종교인들보다 낫지 않습니다. 비록 초등학문에 불과한 것이지만 그런 종교조차 없다는 것은 사망으로부터 구원받고자 하는 갈망도 없고 죄악에 대한 심판의 두려움도 못 느끼는 사람으로, 이런 사람의 삶은 화인을 맞은 양심으로 살아가는 것과 다를 바 없습니다. 중국이나 북한과 같은 공산주의 체제에서는 종교의 자유가 헌법에 명시되더라도 국가체제나 사회질서를 해치는 사상으로 여겨지면 어떤 종교든 유지되기 어렵습니다. 그래서 유물론에 기반한 공산주의 사상은 종교를 거부하는 사람들의 악한 단면을 보여주기에 충분하고도 대표적인 사례임을 알기를 바랍니다.

4-5절 "때가 차매 하나님이 그 아들을 보내사 여자에게서 나게 하시고 율법 아래에 나게 하신 것은 율법 아래에 있는 자들을 속량하시고 우리로 아들의 명분을 얻게 하려 하심이라"는 말씀은 노예나 다름이 없는 아들을 아버지가 뜻한 때에 입양하는 것처럼, 하나님이 정하신 때가 되어 구원자 예수 그리스도를 "여자에게서" 즉 동정녀 마리아에게서 나게 하심으로써 "율법 아래에 있는 자들"이 율법에서 벗어나 "아들의 명분을 얻게 하려 하심"이라는 뜻입니다. 이 부분의 말씀은 사실상 성경 전체 내용을 축약한 핵심적인 말씀이기도 합니다. 먼저 '시간'에 대한 두 가지 개념을 이해하는 것이 꼭 필요합니다. 하나님의 존재와 섭리를 인정하지 않는 사람들은 시간에 대한 한 가지 개념밖에 없습니다. 첫째로, 물리적 시간으로 누구나 보편적으로 알고 있는 시간입니다. 이는 헬라어로 '크로노스'(Κρόνος, chronos)라고 하는데, 일월성신에 따라 낮과 밤과 계절이 반복되는 연대기적 시간 개념입니다. 이것은 모든 우주 만물과 생물들에게 필요한 일반적이고 보편적인 시간으로 하나님이 정하신 것입니다(창 1:14-18). 모든 사람은 이러한 시간의 흐름에서 살아가고 있고, 여기서 벗어나는 길은 단 한 가지 곧 죽음밖에 없습니다. 이런 점에서 죽음의 시간이라 할 수 있습니다. 그 시간의 끝이 개인적으로는 죽음이고 집단적으로는 멸망이기 때문입니다. 그래서 죽음에 이르기 전까지 생일이나 사망일, 절기나 기념일을 중시하며 살아가게 됩니다. 그렇지만 그리스도인들은 비록 죽음의 시간에 살고 있지만 동시에 생명의 시간에 살고 있음을 깨닫기를 바랍니다. 그 생명의 시간이 바로 '카이로스'(καιρός, kairos)라는 시간인데, 일반적으로 헬라어에 사용된 예로는 기회를 의미하는 시간입니다. 그리스 신화에도 '카이로스'라는 신이 나오는데, 이 '카이로스'는 한 번 지나가면 더 이상 잡을 수 없는 시간입니다. 이런 의미에서는 '크로노스'도 역시 한 번 지나

가면 과거가 되어 다시 오지는 않지만, 그래도 시간이 반복적으로 이어져서 지나간다는 것이 '카이로스'와는 대조적입니다. 반면에 성경에 언급된 '카이로스'는 하나님과 관계된 특별한 시간입니다. 이 시간은 과거로 흘러가도 아쉬워할 필요가 없습니다. 그 이유는 과거가 되어버린 죽은 시간이 아니라 미래로 이어지도록 영원한 생명을 주는 시간이기 때문입니다. 그러므로 그리스도인들은 두 가지 시간 개념을 모두 알아야 합니다. 모든 사람에게 보편적인 '크로노스' 시간에 살고 있지만, 동시에 하나님의 백성만 누리는 '카이로스'라는 시간에 살고 있고, 이 시간은 영원한 생명으로 이어지기 때문입니다. '크로노스'는 세상이 창조된 때부터 세상이 멸망하는 때까지 잠정적이고 물리적인 시간이라면 '카이로스'는 "보라 지금은 은혜받을 만한 때요 보라 지금은 구원의 날이로다"(고후 6:2)라는 말씀과 같이 하나님의 백성을 구원하시기 위해 예수님을 보내신 때이고, 예수님의 십자가 대속 사건과 부활과 관계된 시간이며, 인류에 대한 심판의 시간이고, 또한 하나님의 백성이라면 누구나 근본으로 삼아야 하는 영적 시간입니다. 흘러감으로써 언젠가 없어질 시간 '크로노스'에 따라 우리가 이 세상에서 살고 있지만, 동시에 세상 사람들이 전혀 알지 못하는 특별한 시간 '카이로스'에 살고 있기에 영원으로 이어지는 시간에 살고 있음을 감사하기를 바랍니다.

4-5절 내용 중 "그 아들을 보내사 여자에게서 나게 하시고 율법 아래에 나게 하신 것"이라는 말씀의 중요성도 간과하지 말기를 바랍니다. "그 아들"은 그리스도의 신성을, "보내사 여자에게서 나게 하시고 율법 아래에 나게 하신 것"은 그리스도의 인성을 나타냅니다. 또한 '크로노스'라는 시간에 구원자를 보내신 것은 '카이로스'라는 하나님의 때를 말합니다. 그래서 "때가 차매"라는 말씀이 중요한 이유입니다. 예수님

은 모든 사람과 마찬가지로 여자에게서 참된 인성을 받으셔서 "율법 아래에" 태어나셨습니다. 예수님은 율법의 속박 가운데 살게 됨으로써 율법의 저주를 피할 수 없었습니다. 그래서 우리 대신 십자가의 저주를 당하셨습니다. 그러나 사람이 지킬 수 없었던 율법을 완전하게 지키심으로써 오히려 율법을 완전케 하셨습니다. "내가 율법이나 선지자를 폐하러 온 줄로 생각하지 말라 폐하러 온 것이 아니요 완전하게 하려 함이라"(마 5:17)고 예수님이 말씀하셨습니다. 바울은 "율법 아래에 있는 자들을 속량하시고 우리로 아들의 명분을 얻게 하려 하심이라"고 함으로써 아들이 노예와 다름없이 후견인과 청지기의 보호와 관리 속에 있다가 아버지의 뜻에 따라 아들로 입양되어 성년으로서 온전한 권리를 누리고 상속 재산을 이어받을 수 있도록 후견인과 청지기의 속박에서 풀려났다고 선언한 것입니다.

다음으로 6절 "너희가 아들이므로 하나님이 그 아들의 영을 우리 마음 가운데 보내사 아빠 아버지라 부르게 하셨느니라"는 말씀을 보면, 갈라디아 교회들은 물론이고 우리 역시 하나님의 아들들이기 때문에 "그 아들의 영" 즉 그리스도의 영(롬 8:9)을 그들과 우리 마음에 보내셨다는 것입니다. 여기서 "그 아들의 영"은 하나님의 영(롬 8:14)이요 성령입니다(요 15:26). 그리스도의 영을 받게 됨으로써 가능해진 것이 바로 우리가 하나님을 "아빠 아버지"라고 부르는 일입니다. "아빠 아버지"라고 부르게 됨으로써 후견인의 감독과 관리에서 완전히 벗어나게 된 것입니다. 하나의 독립된 인격체가 되어 가정을 이끌고 사회와 국가에서 권리를 행사하고 의무를 행하는 자유인이 된 것입니다. 바울 사도는 당시 로마의 후견인 제도를 통해 아버지와 아들의 관계를 설명했는데, 지금 우리가 사는 이 시대에는 당시 후견인과 같은 제도는 없지만, 친권

자가 없는 미성년자, 또는 성년이라 할지라도 후견이 필요한 사람들이 일부 있어서 법이 정한 후견인 제도로써 피후견인의 신분이나 재산에 관한 권리와 의무를 대신합니다. 국가 간에도 이러한 후견 조약이 있습니다. 예를 들어 현재 32개국으로 구성된 나토(NATO: 북대서양 조약기구)가 사실상 후견국이고, 회원국 하나하나가 피후견국이나 마찬가지입니다. 또한 미국이 우리나라 후견국이고 우리는 피후견국인 상황입니다. 우리나라의 문제는 사람으로 치자면 완전한 성년이 된 지 오래고 이제는 중년이나 다름이 없는데 가장 중요한 권한을 여전히 후견국에 맡기고 있다는 현실입니다. 이는 마치 아들로 입양되어 완전한 성년이 되었음에도 여전히 후견인과 청지기를 쫓아다니는 꼴입니다. 율법의 속박에서 벗어났으면, 즉 노예의 지위에서 벗어났으면 아들로서 자유롭게 살아야 하는데, 여전히 율법을 지켜야 한다면서 할례를 고집하는 것은 율법주의자들의 거짓 교훈에 속아서 다시 노예로 돌아가고자 하는 것입니다. "너희가 아들이므로 하나님이 그 아들의 영을 우리 마음 가운데 보내사 아빠 아버지라 부르게 하셨느니라"고 바울이 갈라디아 교회들을 대상으로 교훈한 것은 할례를 반드시 받아야 한다고 주장한 율법주의자들의 거짓 교훈에 넘어가지 말라는 뜻임을 깨닫기를 바랍니다.

우리는 갈라디아서 3장 15절부터 4장 7절까지 약속과 율법의 관계를 자세히 설명해주는 내용을 네 가지로 살펴보았습니다. 첫째는 율법이 약속을 폐하지 못한다는 것(3:15-18), 둘째는 율법이 약속을 위한 일시적 방편이라는 것(3:19-22), 셋째는 율법이 하나님의 자녀들을 감시하고 가르치는 지도교사(몽학선생) 역할을 한다는 것(3:23-29), 그리고 넷째는 율법이 자녀들의 후견인과 청지기 역할을 한다는 것입니다(4:1-

7). 바울은 4장 7절 "그러므로 네가 이 후로는 종이 아니요 아들이니 아들이면 하나님으로 말미암아 유업을 받을 자니라"는 말씀으로 결론을 맺었습니다. 가장 중요하고도 큰 특권이 바로 후견인 또는 청지기에게서 벗어나 "유업을 받을 자"가 된 것입니다. 아들로 입양되어 상속 재산을 받을 수 있게 되는 것처럼 하나님의 자녀들 역시 하나님의 유업을 상속받게 됩니다. 예수님은 제자들에게 "그 때에 임금이 그 오른편에 있는 자들에게 이르시되 내 아버지께 복 받을 자들이여 나아와 창세로부터 너희를 위하여 예비된 나라를 상속받으라"(마 25:34)고 말씀하셨습니다. 우리가 율법에 매여 종의 삶을 살다가 하나님의 때가 되어 그리스도를 믿음으로써 영원한 천국을 상속받는 자들이 되었다는 사실을 확실히 믿고 감사하기를 바랍니다. 아멘.

(2024년 7월 28일)

῏Ω ἀνόητοι Γαλάται, τίς ὑμᾶς ἐβάσκανεν

어리석도다 갈라디아 사람들아, 누가 너희를 꾀더냐(갈 3:1)

제18강

헤브라이즘 vs. 헬레니즘

갈라디아서 4장 8-11절

8. 그러나 너희가 그때에는 하나님을 알지 못하여 본질상 하나님이 아닌 자들에게 종노릇 하였더니

9. 이제는 너희가 하나님을 알 뿐 아니라 더욱이 하나님이 아신 바 되었거늘 어찌하여 다시 약하고 천박한 초등학문으로 돌아가서 다시 그들에게 종노릇 하려 하느냐

10. 너희가 날과 달과 절기와 해를 삼가 지키니

11. 내가 너희를 위하여 수고한 것이 헛될까 두려워하노라

지난 주일까지 약속과 율법의 관계에 대한 네 가지 내용을 살펴보았는데, 오늘은 아들이 되었음에도 다시 종으로 돌아가 살고자 했고, 하나님을 아는 자들이 되었음에도 하나님을 몰랐을 때 의지했던 "초등학문"으로 다시 돌아간 갈라디아 교회들을 향한 사도 바울의 실망과 염려와 책망을 통해 우리 자신의 신앙을 돌아볼 수 있기를 바랍니다.

8절 "그러나 너희가 그때에는 하나님을 알지 못하여 본질상 하나님이 아닌 자들에게 종노릇 하였더니"라는 말씀과 같이, 당시 갈라디아 지역 그리스도인들의 회심 전 삶을 바울이 먼저 언급했습니다. 그들이 그리스도를 믿기 전까지는 "본질상 하나님이 아닌 자들" 즉 "실제로 있지도 않은 신들"《현대인의성경》을 섬겼다고 했습니다. "종노릇 하였더니"라는 말은 신도 아닌 존재를 마치 실제로 존재하는 신처럼 여기고 숭배했다는 것입니다. 실제로 종이 주인을 섬기듯이 가짜 신을 헌신적으로 섬겼다는 것입니다. 과연 AD 50년경 갈라디아에서는 사람들이 무슨 신들을 섬겼을까요?

갈라디아 사람들은 기원전 3세기경에 그리스를 침략했던 켈트족(Celts)의 후손이 주류였다는 설이 있습니다. 또한 갈라디아는 원래 '고울'(Gaul)이라는 말에서 나왔는데, 이탈리아반도 위쪽에 있는 알프스산맥 북쪽 지역(오늘날 프랑스와 스위스 지역) 사람들 일부가 터키(튀르키예) 지역으로 내려와 이주하게 되면서 '갈라티아'(고울 사람들이 사는 지역)가 되었다고도 합니다. 야벳의 일곱 아들 중에서 마곡(창 10:2, 대상 1:5)의 후손이 자리 잡았다는 주장도 있습니다. 이들 중에서 스키타이인들이 나온 것으로 알려져 있습니다. 켈트족이든 스키타이인들이든 갈라디아 사람들은 다양한 종류의 신들을 섬겼는데, 특히 고대 켈트족은 드루이드(Druid)라고 하는 사제가 다양하고 많은 신들을 섬기는 켈트족 부족을 위해 20년간의 힘들고 어려운 훈련을 거친 후 제사장, 주술사, 점술사, 마술사, 치료사, 예언자, 교육자, 철학자, 재판관 등의 역할을 했습니다. 켈트족은 5년마다 모아 둔 인간을 제사하는 풍습이 있었는데, 인간 제물을 많이 바칠수록 신이 더 많은 풍요를 가져다준다고 믿었고, 제물은 죄수들이나 전쟁포로들이었습니다. 매년 제물을 바치는 제사는 동물을 사용했습니다(조신권, 『문화 속의 기독교적 세계관』, pp.19-29.). 이후 그리스-로마 시대로 이어지면서 켈트족의 종교인 드루이드교(Druidism)는 점점 쇠락하고 그리스-로마신화 영향을 크게 받게 되었습니다.

갈라디아와는 거리가 꽤 떨어져 있지만 같은 지중해 문화권에 속한 데살로니가(Thessalonica)의 경우 당시 사람들은 '디오니소스'($\Delta\iota\acute{o}\nu\upsilon\sigma\sigma\varsigma$)를 숭배했습니다. 그리스 신화에 등장하는 술과 환락의 신으로, 제우스(Zeus)의 아들이었습니다. 데살로니가 사람들은 디오니소스를 섬김으로써 술을 탐닉하고 아내가 아닌 다른 여자들과 무분별한 성행위를 일삼을 정도로 타락했습니다(참조, 살전 4:3-5). 또한 아테네(아덴)는 우상의 도시로 유명했습니다. 아테네 아크로폴리스(Acropolis) 언덕 아래에 디오니소스 극장이 마련되어 있었는데 이곳이 바로 서양 연극예술의 탄생지였습니다. 술의 신 디오니소스에게 바치는 제사에 연극이 포함되었는데 이때 사람들은 연극 구경을 하면서 술을 마시고 흥청망청 즐겼던 것입니다. 오늘날 대중을 우매하게 만들고 타락하게 하는 '3S'(Sports, Sex, Screen)는 결국 제우스와 디오니소스에게 바쳤던 제전(祭典)에서 비롯되었음을 알 수 있습니다. 연극이 영화로 발전해서 오히려 더 선정적이고 대중적으로 변한 것입니다. 또한 올림피아(Olympia)에서는 BC 776년부터 4년마다 제우스에 대한 제사 겸 축제가 열렸고, 이 고대올림픽은 로마 시대에도 이어졌는데, 393년 테오도시우스 황제(Theodosius, 379년 즉위, 로마 50대 황제)가 1,160년 이상 지속되어 온 고대올림픽(올림피아 제전)을 폐지했습니다. 그는 313년 콘스탄티누스 1세(Constantinus, 재위 306-337년)의 밀라노 칙령(Edict of Milan)으로 정식 종교가 되었던 기독교를 로마제국의 국교(國敎)로 공포했습니다(392년). 황제가 된 테오도시우스는 얼마 후 중병에 걸렸고, 이듬해(380년) 데살로니가 주교에게 세례를 받고 병이 낫는 신비로운 경험을 한 후 신앙심이 깊어졌습니다. 그는 시민들에게 니케아 신경(Nicene Creed)을 신봉하라는 칙령을 내렸고, 수십만 가지의 우상을 모두 금지했으며, 신상들도 모두 파괴하라는 칙령을 냈습니다. 이때 제우스에게 바쳐지던 올림피아 제전도 금지되었습니다. 기독교인들에게 엄청난 일들이 한꺼번에 일어난 것입니다. 주일(일요일)은 공휴일이 되었고, 성부, 성자, 성령의 삼위일체 하나님을 믿는 사람들만 보편적 교회(Catholic Church) 신자들로 인정되었습니다.

그런데 1,500년이 지나서 프랑스 출신 쿠베르트(Pierre de Coubertin, 1863-1937) 남작의 기획으로 1896년 그리스 아테네에서 세계인이 참여하는 근대올림픽이 시작된 것입니다. 이는 고대 그리스 문화와 종교의 부활이요, 기독교 신앙에 대한 도전이라 할 수 있습니다. 헬레니즘(Hellenism) 시대(짧게는 300년, 길게는 약 700년)가 끝나고 헤브라이즘(Hebraism) 시대가 1,500년간 이어져 왔는데, 다시 헬레니즘 시대로 돌아가고픈 인간의 욕망이라 할 수 있습니다. 지금 열리고 있는 파리 올림픽의 개막식만 보더라도 반기독교적이고, 하나님을 조롱하는 행태를 보였으며, 술과 환락의 신으로 섬겼던 디오니소스를 표현하는 복장을 한 인물을 무대 중심에 두고 강조하기도 했습니다. 게다가 동성애자들과 트랜스젠더(transgender)를 지나치게 드러내는 개막식이었습니다. 다양성과 형평성과 포용성(DEI; Diversity, Equity, Inclusion)을 강조한 올림픽으로 기획한 것이라지만, 지나치게 강조한 나머지 오히려 불쾌하고 혐오스러운 개막식 행사였습니다. 지금으로부터 2,000년 전에 살았던 갈라디아 사람들이 누렸던 헬레니즘 문명 속에서 올림피아 제전은 로마에 의해 종교적인 측면은 점점 약해지고 대신 오락과 유희적 측면은 더 강화되었다고 합니다. 그리스 시대부터 로마 시대로 이어진 고대 올림픽은 철학, 신화, 예술, 문화, 군사 훈련을 하나로 모은 헬레니즘의 결정체였기에 사도 바울 당시 갈라디아 지역 사람들도 고대올림픽 문화에 익숙해 있었던 것입니다. 당시 갈라디아는 로마제국의 속주라서 갈라디아 사람들 역시 그리스-로마신화에 등장하는 제우스와 디오니소스와 같은 신들을 숭배했음이 틀림없습니다. *"본질상 하나님이 아닌 자들"* 즉 *"실제로 있지도 않은 신들"*《현대인의성경》을 신으로 믿고 숭배했던 것입니다. 헬레니즘은 철학과 인본주의 사상, 우상숭배와 다신교 신앙, 술과 연극과 영화와 스포츠와 도박과 환락의 문화요, *"실제로*

있지도 않은 신들"을 따르는 세속적인 문화입니다. 헤브라이즘은 신학과 신본주의 사상, 여호와 하나님 숭배와 유일신교 신앙, 건전하고 거룩하고 순결하고 자애롭고 정의로운 삶을 추구하고, 실제로 존재하는 하나님의 계시에 기반을 둔 삶을 추구한다는 점에서 헬레니즘과는 서로 정반대에 있는 대척점 관계라는 사실을 확실히 알기를 바랍니다.

9절 "이제는 너희가 하나님을 알 뿐 아니라 더욱이 하나님이 아신 바 되었거늘 어찌하여 다시 약하고 천박한 초등학문으로 돌아가서 다시 그들에게 종노릇 하려 하느냐"는 말씀을 보면 바울의 실망이 얼마나 컸는지 짐작할 수 있습니다. 바울은 여기서 갈라디아 교회들을 향해 "너희가 하나님을 알 뿐 아니라 더욱이 하나님이 아신 바 되었거늘"이라고 함으로써 갈라디아 지역 그리스도인들의 영적 정체성을 강조했습니다. 예전과 달리 이제는 하나님을 아는 자들이 되었다는 사실입니다. 그들이 하나님을 알게 된 그 자체가 하나님의 은혜요 그들의 인생에서 일어날 수 없는 일이었습니다. 시편 기자는 "어리석은 자는 그의 마음에 이르기를 하나님이 없다 하는도다 그들은 부패하고 그 행실이 가증하니 선을 행하는 자가 없도다 여호와께서 하늘에서 인생을 굽어 살피사 지각이 있어 하나님을 찾는 자가 있는가 보려 하신즉 다 치우쳐 함께 더러운 자가 되고 선을 행하는 자가 없으니 하나도 없도다"(시 14:1-3)라고 기록했습니다. 하나님을 진정으로 찾을 수 있는 지각을 갖춘 인간 자체가 없다는 뜻입니다. 만약 누군가 하나님을 찾기 위해 애를 써도 결국 찾지 못하고 우상숭배로 빠지게 되어 있습니다. 이 세상에서는 그 어떤 사람도, 그 어떤 지혜나 지식으로도 하나님을 알 수 없습니다. 죄로 인해 타락한 인간에게는 하나님을 만날 수 있는 능력도 자격도 없음을 확실히 알기를 바랍니다. 그래서 사도 바울은 고린도전서 1장 21절을 통해 "하나님의 지혜에 있어서는 이 세상이 자기 지혜로 하나님을 알지 못하므로 하나님께서 전도의 미련한 것으로 믿는 자들을 구원하시기를 기뻐하셨도다"라고 교훈했습니다. 그래서 그리스도와 그리스도의 제자들을 통해 전해지는 복음으로 하나님을 알 수 있도록 하셨습니다. "우리는 하나님께 속하였으니 하나님을 아는 자는 우리의 말을 듣고 하나님께 속하지 아니한 자는 우리의 말을 듣지 아니하나니 진리의 영과 미혹의 영을 이로써 아느니라"(요일 4:6)는 말씀의 의미를 분명히 깨닫기를 바랍니다. 하나님께 속한 자들, 즉 세상 사람들이 보기에 미련스러워 보이는 복음을 받아들인 자들이 바로 하나님을 아는 자들입니다. 갈라디아 그리스도인들이 하나님을 아는 자들이 되었고, 더 중요한 것은 그들이 하나님께 알려져 있다는 것입니다. 이는 하나님이 그들을 알게 됨으로써 그들이 하나님을 알게 된 사실을 강조한 것입니다. 그들 편에서 볼 때는 마치 그들이 먼저 하나님을 알게 된 것 같지만, 사실은 그렇지 않습니다. 인간의 지식으로, 인간의 판단으로 볼 때 그렇게 인식될 수 있지만, 실제로는 하나님이 먼저 그들을 아시고 때가 되어 하나님께서 부르셨다는 사실을 확실히 깨닫기를 바랍니다.

그런데 "어찌하여 다시 약하고 천박한 초등학문으로 돌아가서 다시 그들에게 종노릇 하려 하느냐"는 분노에 찬 표현에서 알 수 있듯이 갈라디아 그리스도인들은 율법주의자들의 거짓 교훈에 속아서 일시적이나마 다시 "초등학문"(스토이케이아)으로 돌아갔던 것입니다. 율법주의자들이 중요하게 여겼던 '율법의 행위'는 겨우 "초등학문" 수준이었고, 이는 미성숙한 율법주의 신앙이었습니다. 반면에 하나님을 알기 전 이방인들에게 "초등학문"은 하늘의 해와 달과 별들을 마치 신으로 여기고 믿는 초보적 신앙을 가르치는 이방 종교였습니다. 바울은 "초등학문"을 "약하고 *천박한*" 것으로 표현했는데, 이는 경건한 삶으로 이끌만한 힘도 제공해주지 못하고, 전혀 깊이도 없어서 풍성한 은혜를 누리지도 못하는 어리석은 수준에 불과하다는 뜻입니다. 율법주의든 헬레니즘이든 그것에 대한 "종노릇" 즉 헌신적인 숭배가 있다 하더라도 결코 하나님은 그런 "초등학문"에 머물러 있는 자들을 만나주시지 않습니다. 그러므로 율법을 통해서든 우상을 믿는 신앙을 통해서든 하나님을 만날 수 없다는 사실을 알아야 합니다. 하나님을 알고 하나님을 만나게 되는 것은 전적으로 하나님이 베푸신 은혜에 따른 것임을 확실히 믿기를 바랍니다.

"*너희가 날과 달과 절기와 해를 삼가 지키니 내가 너희를 위하여 수고한 것이 헛될까 두려워하노라*"는 10-11절 말씀을 통해 알 수 있는 것은 우상을 섬겼던 이방인 출신 그리스도인들이나, 율법주의자들이었던 유대인 출신 그리스도인들 모두 바울이 크게 분노하고 실망하도록 했고, 심지어 그들의 행동에 대해서 바울이 들었을 때 심각하게 염려할 정도였다는 사실입니다. 율법주의자들은 그들이 중시해왔던 "*날과 달과 절기와 해*"를 이방인 출신 그리스도인들에게도 지키도록 가르쳤습니다. 그들은 할례의식과 함께 각종 절기를 지키도록 율법주의로 이끌었습니다. 이는 이방인들이 그리스도를 알기 전에 섬겼던 제우스나 디오니소스를 다시 섬기게 하는 것이나 다를 바 없는 일입니다. 그래서 바울이 몹시 실망한 나머지 "*내가 너희를 위하여 수고한 것이 헛될까 두려워하노라*"고 했는데, 이는 바울의 수고가 헛된 일이 될 수 있다는 불확실성을 나타내는 말이 아님을 알기 바랍니다. 하나님이 그들을 아셨기에 그들은 때가 되어 하나님을 아는 자들이 되었습니다. 또한 하나님의 은혜는 은혜를 받은 사람들의 행동에 따라 언제든지 거두어질 수 있는 것도 아닙니다. 다만 바울의 염려가 그 정도로 컸다는 사실을 깨닫기를 바랍니다. 최근에 파리 올림픽 개막식이 생방송으로 전 세계에 퍼지게 되었는데, 이 개막식 주요 콘셉트(concept)가 외적으로는 성평등이라 할 수 있습니다. 실제로 참가선수들도 남녀 비율이 50 대 50이라고 합니다. 그러나 단순히 남녀성평등을 추구한 것이라기보다는 LGBTQ(동성연애자, 양성애자, 트랜스젠더, 성소수자 또는 성 정체성에 대해 갈등하는 사람)를 노골적으로 드러내고 강조한 행사였습니다. 또한 이 개막식 전반에 'PC주의'(Political Correctness, 정치적 올바름)'가 드러나 있습니다. 다른 표현으로 '워크 마인드'(Woke Mind)라고도 하는데, 스스로 깨어 있다고 생각하고 자기들이 생각하는 것이 정치적으로 옳다고 여기는 사람들의 생각을 말합니다. 그래서 요즘은 미국인들이 '깨어 있는'이라는 말을 오히려 부정적으로 여기는 경우가 많아졌다고 합니다. 이런 'PC'(정치적 올바름) 사상이 파리 올림픽 개막식 행사에 표출되었던 것입니다. 특히 술과 환락의 신 디오니소스를 강조하며 표현했다는 것은 올림픽이 제우스 신에게 바쳐졌던 제사 의식이었음을 다시 한번 확실히 드러낸 것이고, 그리스-로마신화 속의 신들을 섬기는 것은 사실상 신이 아닌 것들을 섬기는 행위이기 때문에 우상 숭배자들의 "천박한" 문화에 불과한 것임을 알아야 합니다. 또한 디오니소스와 같은 가짜 신을 내세우는 자들이 기독교를 조롱하고 폄훼하는 의도가 있는데, 근본적으로 PC주의자들이나 '워크 마인드'에 사로잡힌 사람들은 마르크스주의(Marxism)에서 전향한 경우가 많음을 알아야 합니다. 게다가 PC주의는 이탈리아 공산당을 창설한 안토니오 그람시(Antonio Gramsci, 1891-1937)의 '긴 행진'(Long March)과 같은 흐름에서 이해해야 합니다. 신마르크스주의자(Neo-Marxist)는 포스트모더니즘(Postmodernism) 환경을 이용해서 마르크스주의자들이 이기지 못했던 거대한 적진을 파괴하려는 사상을 서서히 오랫동안 확산시키고 있는데, 그 적진에 속한 것이 바로 기독교, 가정, 이성애라는 전통적인 것들입니다. 전통적인 것들을 파괴하고 해체함으로써 문화적 헤게모니(hegemony)를 장악하려는 것입니다. 그럼으로써 동성애를 사회적으로, 윤리적으로, 심지어 신학적으로 옳게 만들려고 합니다. 결국 하나님의 창조 질서를 무너뜨리고 기독교를 파괴하려는 '문화마르크스주의'(Cultural Marxism)임을 명심하기를 바랍니다. 이런 혁명이 성공하려면 기존 마르크스주의처럼 급진적인 방법보다는 서서히 진행해야 하며 특히 자본주의 보호 역할을 하는 기독교를 무너뜨려야 한다는 것이고, 이를 위해 안토니오 그람시는 〈조용한 혁명 11계명〉을 다음과 같이 제시했습니다.

1. 지속적 사회변화로 혼란을 조성하라.
2. 학교와 교사의 권위를 약화시켜라.
3. 가족을 해체하라.
4. 어린이들에게 성교육 및 동성애 교육을 실시하라.
5. 교회를 해체하라.
6. 대량이주와 이민으로 민족정체성을 파괴하라.
7. 인종차별을 범죄로 규정하라.
8. 사법제도를 신뢰할 수 없도록 만들라.
9. 복지정책을 강화해 국가나 기관보조금에 의존하는 사람이 늘게 하라.
10. 언론을 조종하고 대중매체 수준을 저하시켜라.
11. 과도한 음주를 홍보하라.

그래서 PC주의는 결국 공산주의 사상과 일맥상통하고, 세상에는 신이 없고 오직 물질만 존재한다는 유물론 사상과 연결됨을 알기를 바랍니다. 세계를 하나로 통치하려는 자들은 종교(가톨릭, 유대교, 이슬람교, 기독교 등)를 통해서도 나올 수 있지만, 공산주의의 기반이 되는 무신론과 유물론을 통해서도 나올 수 있다는 사실을 알아야 합니다. 그런데 여기서 우리가 주의해야 할 점은 정상적이고 보편적인 범주에 속한 좌파와 우파 정치가 서로 기득권을 유지하기 위해 그람시가 제시한 내용 중 몇 가지를 적용해서 상대를 공격하고 무너뜨리는 일에 악용하는 경우가 많다는 것입니다. 특히 스스로 우파 기독교라고 자처하면서 지나치게 정치적 기득권을 옹호하고 자기가 속한 집단이 옳다고 여기는 경향이 있습니다. 갈라디아 교회 율법주의자들이 그랬던 것처럼 보수주의자라고 하는 오늘날 교회들 역시 "약하고 천박한" "초등학문"으로 돌아가는 행태를 드러내는 경우가 많음을 잊지 말기를 바랍니다. 그러므로 사탄은 사람들의 탐욕과 교만한 마음을 이용해서 종교적으로든 이념적으로든 세계를 하나로 통합해서 끊임없이 하나님과 교회를 대적할 것입니다. 이처럼 율법의 행위든 우상숭배든 사탄은 갈라디아 교회들이 "초등학문"으로 돌아가도록 해서 사탄의 종노릇을 하도록 미혹했고, 이에 대해 사도 바울이 크게 실망하고 염려스러운 마음으로 그들을 강하게 책망한 것입니다. 우리는 이 내용을 교훈 삼아서 이 세상에 존재하는 "초등학문"에 미혹되지 않아야 합니다. 여러분 모두 복음에 충실함으로써 견고한 믿음으로 성장하기를 바랍니다. 아멘.

(2024년 8월 4일)

제19강

워크 마인드 바이러스와
율법주의 바이러스

갈라디아서 4장 12-16절

12. 형제들아 내가 너희와 같이 되었은즉 너희도 나와 같이 되기를 구하노라 너희가 내게 해롭게 하지 아니하였느니라

13. 내가 처음에 육체의 약함으로 말미암아 너희에게 복음을 전한 것을 너희가 아는 바라

14. 너희를 시험하는 것이 내 육체에 있으되 이것을 너희가 업신여기지도 아니하며 버리지도 아니하고 오직 나를 하나님의 천사와 같이 또는 그리스도 예수와 같이 영접하였도다

15. 너희의 복이 지금 어디 있느냐 내가 너희에게 증언하노니 너희가 할 수만 있었더라면 너희의 눈이라도 빼어 나에게 주었으리라

16. 그런즉 내가 너희에게 참된 말을 하므로 원수가 되었느냐

지난 주일에는 "초등학문"으로 다시 돌아가서 유대인들처럼 "날과 달과 절기와 해"를 지켰던 갈라디아 교회들의 심각한 문제로 인해 사도 바울이 크게 실망함으로써 그들을 책망한 내용을 살펴보았는데, 그들의 문제로 인해 바울의 염려가 얼마나 컸는지 짐작할 수 있었습니다. 오늘부터 세 번에 나누어(4:12-16, 17-18, 19-20) 실망했던 바울이 문제 해결을 위해 갈라디아 교회들을 향해 어떻게 호소했는지 살펴봄으로써 갈라디아 교회들을 향한 바울의 사랑을, 그리고 교회를 향한 그리스도의 사랑을 깨닫는 계기가 되기를 바랍니다.

먼저 12절부터 16절까지 들여다보고자 합니다. 12절 "형제들아 내가 너희와 같이 되었은즉 너희도 나와 같이 되기를 구하노라 너희가 내게 해롭게 하지 아니하였느니라"고 말함으로써 심각한 문제에 빠진 그들을 향해 "형제들아"라고 다정다감하게 부르며 호소했습니다. 그러나 단

순히 호소한 것이라기보다는 상처가 가득한 마음과 고통스러운 눈물로 호소한 것입니다. 곧바로 "내가 너희와 같이 되었은즉"이라고 말하면서 자신이 유대인으로서 특권의식을 가지고 갈라디아 그리스도인들을 만나고 그들과 함께한 게 아니라, 오히려 자신을 이방인과 똑같이 내세우면서 이방인들이었던 갈라디아 사람들을 대했다고 했습니다. 이런 태도는 고린도전서 9장 21절에 잘 나타나 있습니다. "율법 없는 자에게는 내가 하나님께는 율법 없는 자가 아니요 도리어 그리스도의 율법 아래에 있는 자이나 율법 없는 자와 같이 된 것은 율법 없는 자들을 얻고자 함이라"고 말했던 것처럼 신분상의 이점을 전혀 드러내지 않았습니다. 이어서 "너희도 나와 같이 되기를 구하노라"라고 말한 것은 바울 자신이 그리스도를 믿음으로써 율법의 멍에를 벗고 진정한 자유를 누리게 된 것처럼 갈라디아 교회들도 자유를 누리라는 뜻입니다. 갈라디아 교회들이 우상에게 종노릇을 하며 살았던 삶에서 이제 자유를 얻게 되었는데 왜 그 자유를 얻은 삶에서 떠나냐고 책망하면서 자신처럼 계속해서 자유를 누리라고 했습니다. 여러분 역시 그리스도 안에서 누리게 된 참 자유를 이 세상을 살아가는 동안 확실히 누릴 수 있기를 바랍니다. 마지막에 "너희가 내게 해롭게 하지 아니하였느니라"고 덧붙여 말한 이유는 아마도 바울이 가는 곳마다 바울 일행을 가장 힘들게 했던 유대인들과는 달리 당시 복음을 받아들인 갈라디아 유대인들은 바울의 전도를 받았을 때 박해하거나 괴롭게 하지 않았다는 사실을 강조하기 위한 것으로 생각됩니다. 다른 한편으로는 복음을 전했을 당시에는 바울이 갈라디아 사람들로 인해 큰 기쁨을 누렸고, 그들과의 사랑과 신뢰의 관계로 인해 마음이 편하고 따뜻했지만 이제 기쁨이 분노로 변했고, 너무나 큰 실망감으로 가슴이 시리고 아파서 해를 끼치는 존재가 되었다는 뜻이기도 합니다. 우리 중 누구라도 세상을 살아가면서 이런 감정을 느낄 수 있습니다. 낳고 기른 자식으로부터 아픔을 당할 수 있고, 배우자로부터 당할 수 있으며, 부모나 친구로부터 당할 수 있습니다. 테슬라 CEO, X(전 트위터) 소유주인 일론 머스크(Elon Musk)에게 사춘기 아들이 있었는데, 그 아들이 성 정체성 문제로 괴로워하고 있고, 그래서 호르몬 치료를 받지 않으면 자살할 수도 있다는 상담을 받고 결국 성전환 수술에 그는 동의할 수밖에 없었다고 합니다. 그러나 문제는 거기서 끝나지 않았습니다. 아들이었던 자식이 딸로 바뀐 것도 충격인데, 아빠와 모든 관계를 끊고 싶다면서 법원에서 아빠 성이 아닌 엄마 성을 따르는 절차를 밟았고, 결국 이름을 완전히 바꾸어 여자 이름으로 새로운 인생을 시작했는데, 머스크는 이 문제가 '워크 마인드'(Woke Mind) 때문에 일어났고, 그런 '워크 마인드 바이러스'에 감염되어 아들이 공산주의자가 되었으며, 아빠와 같은 부자들은 악한 존재라고 여길 정도로 완전히 다른 자식이 되어버렸다고 말했습니다. 결국 아빠로서 머스크는 큰 실망을 하게 되었고, 아들을 이제는 죽은 아들로 받아들일 수밖에 없는 상황이 된 것입니다. 당시 트위터는 '워크 마인드'에 빠진 사람들의 놀이터가 되었다고 머스크는 말했습니다.

또한 'PC주의' 성향이 강한 트위터가 미국 전 대통령 트럼프의 계정과 그 지지자들의 계정을 무더기로 삭제하는 등 거대한 이데올로기 전쟁이 일어나자, 트럼프는 'PC주의'와 전쟁을 선포했고, 머스크 또한 트위터를 매입해버렸으며, 트럼프를 공개적으로 지지하게 된 것입니다. 머스크는 기독교 신자는 아니지만 기독교 교육과 믿음의 가치를 존중한다고 했고, 전통적인 가족관계를 해체하고 기독교를 조롱하고 무너뜨리려는 'PC주의'를 신랄하게 비판하는 사람이 되었습니다. 특히 이번 파리 올림픽 개막식 내용도 머스크는 크게 비판했습니다. 그는 결국 미국 사회가 겪고 있는 문화 전쟁(culture war)으로 인해 사랑하고 소중한 자식을 잃은 큰 고통을 당했다고 방송에서 인터뷰를 통해 밝혔습니다. 얼마나 화가 났는지 자기 아들이 PC주의자들에 의해 살해당했다고 표현할 정도였습니다. 사도 바울 역시 머스크와 비슷한 감정이었습니다. 율법주의 유대인 교사들로 인해 복음으로 낳아 기른 영적 자식들과 같은 사랑스러운 갈라디아 교회들이 점점 '율법주의 바이러스'에 감염되어, 자기들이 받아들인 복음으로는 하나님의 백성이 되기에는 부족하다고 판단한 것이며, 결국에는 바울의 사도직까지 의심하고 바울과의 관계를 끊으려는 상황까지 가버린 것입니다. 그래서 바울은 율법주의가 얼마나 잘못된 것인지 갈라디아 교회들이 속히 깨닫고 다시 관계를 회복할 수 있도록 한편으로는 상처받고 분노에 찬 마음으로, 또 한편으로는 뜨거운 사랑의 마음으로 호소했던 것입니다. 이렇게 사람은 쉽게 속고 쉽게 미혹됩니다. 오늘날 역시 사람들이 정치적으로도 속고, 종교적으로도 속고, 심지어 과학적으로도 속고 있습니다. 기후 위기론자들은 과학적 데이터를 조작하거나 왜곡하는 일도 서슴지 않을 정도로 세계인들을 속이고 있습니다. 무엇보다도 언론에 의해 그렇게 속는 경우가 대부분입니다. 2020년 글로벌 여론조사 업체 입소스(Ipsos)가 29개국 16~74세 인구 2만 590명을 조사한 결과, 인간 활동이 기후변화에 영향을 미쳤다고 믿는 사람의 비율이 헝가리(91%)와 한국(86%)이 가장 높았습니다. 우리나라 가톨릭과 기독교 인구가 대략 25% 정도로 파악되고 있는데, 이렇게 큰 비율이라면 그렇게 믿는 어리석은 기독교인들이 많음을 유추할 수 있습니다. 하나님을 믿는다고 하면서도 "땅이 있을 동안에는 심음과 거둠과 추위와 더위와 여름과 겨울과 낮과 밤이 쉬지 아니하리라"(창 8:22)는 약속에 포함된 "추위와 더위"를 인간 활동으로 바꿀 수 있다고 믿는 어리석은 자들이 상당히 많다는 것은 충격적입니다. 속지 않기 위해서는 성경을 알아야 하고, 배워야 하며, 또한 분별력을 키워야 합니다. 잠언에서 나오는 어리석은 자, 순진한 자, 쉽게 속는 자, 멍청한 자가 되지 않기를 바랍니다.

13-14절 "내가 처음에 육체의 약함으로 말미암아 너희에게 복음을 전한 것을 너희가 아는 바라 너희를 시험하는 것이 내 육체에 있으되 이것을 너희가 업신여기지도 아니하며 버리지도 아니하고 오직 나를 하나님의 천사와 같이 또는 그리스도 예수와 같이 영접하였도다"라고 하면서 바울은 자신이 그들과 어떤 관계였는지 생각해보라고 호소했습니다. 바울은 갈라디아 사람들에게 복음을 전하게 된 이유가 "육체의 약함"이라고 했는데 이는 "육체의 질병"《현대인의성경》을 계기로 복음을 전하게 되었다는 뜻입니다. 바울이 어떤 질병에 걸린 문제로 인해 계획한 대로 가지 못하고 갈라디아 지방에서 머물게 됨으로써 그곳에서 복음을 전하게 된 것으로 알려져 있습니다. 그런데 무슨 질병인지는 정확히 알 수 없지만 크게 두 가지 설이 있는데, 하나는 눈병(안질)이고 다른 하나는 말라리아 병입니다. 안질도 어느 정도 근거가 있는 것이, "내 손으로 너희에게 이렇게 큰 글자로 쓴 것을 보라"(갈 6:11)고 했을 정도로 눈이 좋지 않았다는 사실입니다. 실제로 그는 다메섹에서 예수님을 만났을 때(행 9장) 눈이 멀게 되어 사흘 동안 볼 수 없었습니다. 게다가 본문 15절 "너희가 할 수만 있었더라면 너희의 눈이라도 빼어 나에게 주었으리라"는 말을 바울의 눈 상태를 몹시 걱정했던 갈라디아 교회들의 마음으로 알아들을 수 있다는 것입니다. 이 구절은 사람의 몸 중에서 가장 중요하게 여기는 눈을 빼서 주고 싶을 정도로 바울에게 헌신적이었음을 나타낸 말로도 받아들일 수 있지만, 실제로 바울의 아픈 눈을 걱정한 나머지 그런 말을 했을 가능성도 큽니다. 또한 "이것이 내

게서 떠나가게 하기 위하여 내가 세 번 주께 간구하였더니"(고후 12:8)라는 말씀에서 알 수 있듯이 바울에게는 고질적이고 만성적인 질병이 있었고, 그것이 다름 아닌 안질이었을 가능성이 큽니다. 그러나 갈라디아 지역으로 갑자기 진로를 변경한 것은 아마도 사도 바울이 전도 여행 중 말라리아 병에 걸려서 치료와 회복을 위한 목적이었을 것이라는 주장도 있습니다. 만약 말라리아로 인한 병이었다면 갑자기 생기는 고열에다 간질과 유사한 발작도 있었을 것입니다. 결국 예수님을 만나 사도가 된 이후부터 항상 안질에 시달렸고, 복음을 전하다가 말라리아 병에 걸려 더욱 고통스러운 상태가 되었다고 보는 것이 더 자연스러울 수 있습니다. 그래서 사도 바울 일행이 어떤 이유로 갈라디아에 오게 되었는지 사람들은 알게 되었고, 그가 회복되는 과정에서 갈라디아 사람들이 복음을 들었을 것입니다. 그런데 "너희를 시험하는 것이 내 육체에 있으되 이것을 너희가 업신여기지도 아니하며 버리지도 아니하고"라는 말씀에서 알 수 있듯이 사람들이 바울을 업신여기거나 버릴 정도로 심각한 문제가 바울의 몸에 있었던 것입니다. 당시 사람들은 어떤 병에 걸려 발작을 하게 되면 신의 저주를 받아서 또는 악령에 의해서 그렇게 된 것이라 믿고 그런 사람에게 침을 뱉는 관습이 있었습니다. 이 구절에 있는 "업신여기고 버리는"이라는 말은 실제로 "침을 뱉는"이라는 뜻입니다. 그런 병에 걸린 사람에게 침을 뱉음으로써 자신은 귀신이나 악령과 관계가 없는 깨끗하고 정상적인 사람이라고 공개적으로 표현을 했던 것입니다. 그러나 당시 갈라디아 사람들은 바울에게서 복음을 들을 때 바울에게 그런 질병이 있는 것을 보고도 "하나님의 천사와 같이 또는 그리스도 예수와 같이 영접하였"던 것입니다. 그들이 바울로부터 복음을 듣게 된 것이 하나님의 놀라운 섭리였음을 그들 스스로 알고 있었기에 그들이 바울을 천사처럼, 그리고 심지어 예수님을 영접하듯이 대했던 것입니다. 바울이 계획하지도 않았는데 그곳으로 가게 된 일, 그리고 육체의 질병으로 인해 사람들로부터 침 뱉음을 당할 수 있는 상황에서 오히려 천사 또는 예수님을 영접하는 것처럼 대했다는 사실을 떠올림으로써 바울과 갈라디아 교회들의 특별한 관계를 통해 간절한 마음으로 호소했다는 사실을 깨닫기를 바랍니다. 그런 관계였던 갈라디아 교회들이 그렇게도 빨리 율법주의 교사들에게 넘어가 복음을 외면하게 되자 바울은 큰 충격을 받았고, 실망과 분노로 가득한 심정이었던 것입니다.

15-16절 "너희의 복이 지금 어디 있느냐 내가 너희에게 증언하노니 너희가 할 수만 있었더라면 너희의 눈이라도 빼어 나에게 주었으리라 그런즉 내가 너희에게 참된 말을 하므로 원수가 되었느냐"라고 극단적인 관계 상황을 언급했습니다. "너희가 할 수만 있었더라면 너희의 눈이라도 빼어 나에게 주었으리라"는 말을 통해 그들이 바울을 얼마나 존경하고 사랑했는지 알 수 있습니다. 가장 중요하고, 또한 줄 수도 없는 눈을 빼어서 실제로 줄 마음이 있을 정도로 바울에게 헌신적이었던 사람들에게 "너희의 복이 지금 어디 있느냐"라고 한 것은 하나님의 은혜를 충만히 받음으로써 자기 모든 것을 버릴 수 있을 정도로, 누군가에게 줄 수 있을 정도로 큰 기쁨을 누렸던 사람들이 어느 순간에 변하여 사랑하는 사람을 매우 차갑게 원수로 대하는 사람들이 되어버렸다는 뜻입니다. 자식이 사이비 신앙 집단에 빠지게 되면 같은 사이비 신앙이 아니면 부모 형제라 할지라도 원수 또는 마귀로 인식하도록 교육받기에 가족관계가 사실상 단절됩니다. 이런 가족 단절 문제로 심각한 상처를 입고 고통을 당하는 사람들이 많다는 사실은 참으로 안타까운 일입니다. 정치적 이데올로기에 의해서도 사람들은 크게 변하는 경

우가 많습니다. 우리나라도 보면 정치적으로 현재 보수 또는 우파(실제로는 우파가 아닌 일제 강점기부터 이어져 온 정치적 기득권 파벌로 민주주의보다는 엘리트주의를 추구함)라고 하는 사람 중에 원래 극좌파에서 전향한 사람들이 꽤 있습니다. 1991년 공산주의 소련(소비에트 연합)이 해체되면서 갈 길을 잃은 주사파와 운동권 출신 인사들이 이른바 "보수주의자"로 전향했고, 2000년대 중반에 '자유주의연대'와 '뉴라이트전국연합'이 결성되었습니다. 여기에는 극좌와 극우 인사가 포함되어 있습니다. 김진홍 목사도 젊었을 때는 사회주의자였고, 목사가 된 후에도 한동안 공산주의의 분배개념을 자신이 세운 공동체에 적용하고자 했습니다. 그러나 나중에는 뉴라이트전국연합 상임의장(2005~2011년)을 역임하기도 했습니다. 왜 이런 급격한 변화가 사람들에게 생기게 될까요? 크게 두 가지입니다. 하나는 이데올로기에 따른 변화, 다른 하나는 종교에 따른 변화입니다. 이데올로기적 세계관을 대표하는 것이 헬레니즘(Hellenism)이고, 종교적 세계관을 대표하는 것이 바로 헤브라이즘(Hebraism)입니다. 사탄은 이 둘 다 이용하되, 이 두 가지를 교묘하게 융합해서 이용하기도 함을 알아야 합니다. 그러나 성경적이고 경건한 신앙까지 자유자재로 이용한다는 것은 결코 아닙니다. 실제로 그렇게 할 수는 없습니다. 다만 그런 신앙의 사람이라도 언제든지 약점을 파고들어 신앙적인 면에 대해 악하고 부정적인 영향을 미칠 수 있다는 것입니다. 마치 '적과의 동침'을 생각할 수 있듯이 육체의 욕망이 성령의 뜻을 따라 살아가려는 그리스도인의 마음이라고 하는 침실에서 동침하고 있는 상황으로 표현할 수 있습니다. 갈라디아서 5장에서 자세히 다루어질 내용이기도 합니다. 원수가 서로 같이 잠을 자야 하는 경우라면 언제 상대에게 기습당할지 모르기에 불안한 마음으로 잠자리에 누울 수밖에 없고, 심지어 가수면 상태로 밤을 보내게 될 것입니다. 적과 하룻밤 동침했는데 다행히도 아무런 일이 없었다고 적을 믿는 자는 어리석은 자입니다. 그리스도인들은 세상에서 사탄의 영향 아래에 있는 적들과 함께 일하고 공부하고 동지가 되고 심지어 친구가 되어 살아갑니다. 이것이 바로 영적인 관점에서 '적과의 동침'입니다. 그래서 영적으로 계속 경계하고 염려해야 합니다. 그것이 참된 그리스도인의 삶입니다.

이데올로기 중 '유물론 마르크스주의'가 적으로 삼는 대상은 자본주의와 기독교입니다. 무신론자는 유신론자를 적으로 삼는다는 것입니다. 마찬가지로 '신마르크스주의'(네오-막시즘, Neo-Marxism)가 적으로 삼는 대상 역시 자본주의와 기독교입니다. 여기서 이데올로기를 이해하는데 있어서 사회주의에 대한 바른 이해가 필요합니다. 사회주의에는 본질적으로 두 가지가 있습니다. 공산주의와 유사한 의미의 사회주의가 있고, 자본주의의 맹점을 보완해주는 '사회적 자본주의' 또는 '공동체 자본주의'를 사회주의라고 부르는 경향이 있습니다. 쉽게 말해서 공산주의에 속하는 사회주의가 있고, 자본주의에 속하는 사회주의가 있습니다. 그런데 지금 미국을 보면 자본주의에서 공산주의로 향하는 흐름이 느껴질 정도입니다. 중국 모택동(마오쩌둥)의 주도로 홍위병(紅衛兵)과 홍소병((紅少兵)이 동원되어 1960년대 후반부터 1970년대 전반까지 중국에서 대규모 이데올로기 전쟁이 일어났는데, 지금 미국에서는 그와 비슷한 '캔슬 컬쳐'(Cancel Culture, 취소문화, 제거문화, 검열문화)가 'PC주의'와 함께 확산하고 있습니다. 미국 젊은이들 50% 이상이 사회주의를 원하고 있다는 조사 결과가 그 심각성을 잘 반영해줍니다. PC주의, 워크 마인드, 캔슬 컬쳐와 같은 급진좌파 이데올로기가 미국 사회를 급격하게 변화시키고, 심지어 전 세계에 영향을 미치고 있습니다. 특히 SNS를 통해서 캔슬 컬쳐는 빠르게 확산하고 있습니다. 이러한 이데올로기는 전통적인 결혼제도, 가족제도, 그리고 종교를 무너뜨리게 된다는 사실을 명심하기를 바랍니다. 그래서 그리스도인이 불신자와 결혼하게 되면 결혼과 신앙과 가족이 무너지기 쉽습니다. 무너지지 않는다면 '적과의 동침' 상태를 유지하는 공존 관계로 불안과 염려와 죄의식을 안고 어느 때까지 살아가든지, 아니면 실제로는 불신자이지만 그리스도인의 가면을 쓰고 살아가는 경우일 수 있습니다.

또 한편으로는 종교 또는 신앙이 사람들의 급격한 변화를 이끌게 됩니다. 갈라디아 교회들 역시 바울이 전한 복음을 통해서 우상숭배의 신앙에서, 사실상 무신론자의 삶에서 하나님을 믿게 된 것이고, 그로 인해 바울을 천사 또는 예수님처럼 대할 정도로 급격한 변화가 있었습니다. 그런데 문제는 그들이 일종의 종교적 이데올로기나 다름이 없는 율법주의를 수용하면서 갑자기 복음에서 멀어지게 되었다는 사실입니다. 16절 *"그런즉 내가 너희에게 참된 말을 하므로 원수가 되었느냐"*라고 하면서 갈라디아에서 그들에게 복음의 진리를 전했는데, 이제는 율법주의자들의 말을 듣고 나를 원수로 여기느냐고 울분을 터뜨린 것입니다. 이렇게 사람들은 속기 쉽고, 미혹 당하기 쉽습니다. 사탄은 인간보다 훨씬 영악하고 음흉해서 이데올로기든, 종교든, 또는 이데올로기와 종교를 융합한 것이든, 그밖에 어떤 것들이라도 수단과 방법으로 사용해서 사람들을 속이고 미혹할 수 있는데, 비록 일시적이었지만 갈라디아 교회들처럼 믿는 자들까지 속이고 미혹하는데 능하다는 사실을 알고 늘 깨어 있기를 바랍니다. 또한 우리가 악한 길에 빠지지 않도록 바울 사도가 갈라디아 교회들을 향해 그렇게 했듯이 그리스도께서 그렇게 하고 계심을 깨닫기를 바랍니다. 로마서 8장 26절을 보면 *"이와 같이 성령도 우리의 연약함을 도우시나니 우리는 마땅히 기도할 바*

를 알지 못하나 오직 성령이 말할 수 없는 탄식으로 우리를 위하여 친히 간구하시느니라"고 기록되어 있습니다. 바울 사도 역시 당연히 "말할 수 없는 탄식으로" 갈라디아 교회를 위해 기도하고 그들을 사랑하는 마음으로 바울과 갈라디아 교회의 특별한 관계를 언급하면서 다시 올바른 길로 돌아오도록 호소한 것임을 깨닫기를 바랍니다. 또한 그리스도께서도 우리 자신 한 사람 한 사람을 위해서 말씀을 통해 호소하고 계심을 기억하고, 이 세상의 정치적 이데올로기에, 사람이 만든 이 세상의 헛된 종교에, 또는 복음에서 벗어난 이단 사상에 빠지는 일이 결코 없기를 바랍니다. 아멘.

(2024년 8월 11일)

Ὦ ἀνόητοι Γαλάται, τίς ὑμᾶς ἐβάσκανεν

어리석도다 갈라디아 사람들아, 누가 너희를 꾀더냐(갈 3:1)

제20강

사이비 종교에 빠진 사람들

갈라디아서 4장 17-18절

17. 그들이 너희에게 대하여 열심 내는 것은 좋은 뜻이 아니요 오직 너희를
    이간시켜 너희로 그들에게 대하여 열심을 내게 하려 함이라
18. 좋은 일에 대하여 열심으로 사모함을 받음은 내가 너희를 대하였을 때뿐
    아니라 언제든지 좋으니라

율법주의 유대인들의 거짓 교훈에 속은 갈라디아 그리스도인들에게
실망했던 바울이 문제 해결을 위해 그들에게 호소한 내용을 세 번에
나누어(4:12-16, 17-18, 19-20) 살펴보는데, 오늘은 두 번째로 17-18절
내용입니다. 지난 주일에 살펴본 내용은 바울과 갈라디아 교회들 사이
에 하나님의 은혜로 맺어진 사랑과 신뢰의 관계에 호소한 내용이었습
니다. 자식이 사이비 신앙에 빠져 부모와 원수로 지낼 때 가장 먼저 할
수 있는 호소는 부모와 자식이라는 특별한 관계를 내세우는 호소입니
다. 예를 들자면, "내가 너를 어떻게 키웠는데, 내가 너를 위해 죽을 각
오로 일했는데, 어떻게 자식으로서 부모를 원수처럼 대하고 부모와 자
식의 관계를 끊으려고 하느냐"와 같은 말로 세상에 둘도 없는 특별한
관계라는 사실에 호소할 수 있습니다. 바울 또한 그리스도 안에서 갈
라디아 교회들과 맺은 특별한 관계에 호소했음을 기억하기를 바랍니
다.

오늘은 그런 관계에서 자연스레 나오는 사랑의 본질에 호소한 내용
을 보게 될 것입니다. 17절 "그들이 너희에게 대하여 열심 내는 것은
좋은 뜻이 아니요 오직 너희를 이간시켜 너희로 그들에게 대하여 열심
을 내게 하려 함이라"는 말을 통해 바울은 갈라디아 교회들을 향해 율

법주의자들이 그들에게 열심을 내는 목적이 무엇인지 정확하게 가르쳐 주었습니다. 그런데 이렇게 말할 때는 사실 갈라디아 교회들의 마음을 크게 상하게 하는 일이기도 합니다. 어떤 딸이 엄마 아빠 말을 잘 듣고 집에도 늦지 않게 잘 들어오는데, 남자를 알게 되었습니다. 그 남자는 친절하고 배려하는 태도로 딸을 대하고, 딸에게 사랑을 고백하고 뜨거운 마음 즉 열심을 보입니다. 딸은 점점 그 남자와 오래 있게 되고 귀가 시간은 자꾸 늦어집니다. 부모는 걱정과 함께 딸에게 잔소리하게 되고, 딸은 그런 부모가 점점 싫어지게 됩니다. 부모는 평소 남자의 태도와 말투와 인상을 통해 딸을 진심으로 사랑하는 게 아니라 딸과 잠시 연애만 하려는 것임을 직감하게 됩니다. 부모가 온갖 충고와 삶을 통해 얻은 교훈으로 충고해도 소용이 없습니다. 오히려 딸은 딸과 부모의 관계가 소원해지고 남자 친구와는 더 가까워지게 되면서 일종의 질투심이 생기고 집착하는 마음에 부모가 자기에게 그렇게 대한 것으로 생각해버립니다. 이런 상황에서 부모의 마음은 얼마나 화가 나고, 속이 상하고, 실망감이 크겠습니까? 딸을 버리고 싶고 관계를 끊고 싶은 생각마저 들기도 할 것입니다. 딸은 여전히 부모의 마음을 알지 못하고 남자 친구와 시작한 새로운 관계에 마음이 빼앗겨 있습니다. 이런 상황이라면, 게다가 그 남자가 어떤 남자인지 알게 된 부모의 마음은 어떻겠습니까? 바울과 갈라디아 교회들의 관계가 그런 상황이었습니다. 바울은 사랑으로 그들을 낳아 고생하며 기른 부모와 같은 존재였고, 갈라디아 교회들은 율법주의자들의 그럴듯한 속임수에 넘어간 딸과 같은 존재였습니다. "그들이 너희에게 대하여 열심 내는 것은 좋은 뜻이 아니요"라고 하면서 율법주의 거짓 교사들이 보여준 열정은 좋은 뜻이 아니라 나쁜 뜻이라고 분명히 알려주었습니다. 그들이 그렇게 특별한 관심을 보이고 잘 대해주는 것은 다름 아닌 바울과 갈라디아 교회들 사이의 신뢰 관계를 깨버리는 의도를 가지고 한 행동이었다는 것입니다. 그래서 "오직 너희를 이간시켜 너희로 그들에게 대하여 열심을 내게 하려 함이라"고 직설적으로 말한 것입니다. 사랑과 신뢰로 맺어진 바울과 갈라디아 교회들 관계를 깨기 위해, 즉 두 사이를 이간질하기 위해 갈라디아 교회들을 향해 관심과 친근한 마음을 가지고 접근한 상황이라고 말했습니다. 이단이나 사이비 신자들의 행태도 똑같습니다. 부모와 자식의 관계, 또는 배우자의 관계를 깨뜨리고 자기들의 교주나 자기들의 교리에 충성을 다하도록 온갖 방법을 동원해서 속이고 이간질을 서슴지 않습니다. JMS(교주 정명석)는 1978년 "기독교복음선교회"라는 이름으로 사이비 종교집단을 만들었는데, 본격적으로 세력이 커지게 된 것은 1980년대 신촌에서 자리를 잡고 연세대, 서강대, 이대, 홍대 대학생들을 대상으로 포교했으며, 이때 "애천(愛天)교회"라는 이름으로 신촌지역 대학생들을 모았습니다. 이 시기에 남학생들은 주로 악기 무료 강습, 축구, 탁구 등의 동아리, 여자들은 모델로 키워주겠다는 제의 등을 해서 명문대생들을 포교했고, 당시 정치적으로 암울한 상황에서 학생들이 축제와 같은 분위기에서 젊음의 에너지를 발산할 수 있도록 기회를 제공했고 특히 몸매가 예쁘고 키가 큰 여학생들을 많이 포교했습니다. 최근 넷플릭스에서 〈나는 신이다〉라는 제목으로 JMS가 방영되고 사회적 이슈가 되기도 했습니다. 홍콩 모델 출신 메이플의 폭로로 정명석 성폭행 다큐가 제작되었습니다. 그녀를 포함한 많은 여자 신도들의 폭로로 정명석에게 23년형이 선고되었습니다. 메이플이 사이비 교주에게 성적으로 유린당한 사실을 적나라하게 알게 된 그녀의 부모는 말할 수 없는 고통을 겪어야 했습니다. 이렇게 사이비 교주는 자신의 욕망과 이익을 위해 부모에게는 부모를 떠나 별 일없이 한국에 와서 혼자 잘 지내는 듯이 행세하게 하고, 자신에게는 절대복종하도록 만들었던 것입니다. 지금도 20-30 젊은이들 특히 여자들이 많이 모이는데 메인 역할을 하는 장소가 분당 백현동에 있고, 약 2,000명 정도 신자들이 모인다고 합니다. 신천지, 구원파, JMS 등도 심각한 문제지만, 기성 교회들도 역시 문제가 많습니다. 지나칠 정도로 목회자에게 복종하고 헌신하게 하는 일이 많습니다. 결국 예수님에게서는 멀어지고 목회자에게 가까워지며, 하나님 나라의 영광과 유익을 위한 것보다는 목회자의 유익과 목회자가 세우고 담임하는 교회의 명성을 위해 헌신하게 되는 경우가 많습니다. 사이비 종교에 빠진 사람들의 공통적인 이유를 보면, 평소 느껴보지 못한 특별한 애정과 관심을 받는 것이 좋아서, 운동이나 취미나 사교 모임 등으로 스트레스를 해소하고 특별한 재미를 느낄 수 있어서, 어려운 기성 교회의 성경 공부보다는 쉽게 이해되고(비유 풀이 등), 지적 호기심도 충족되고, 게다가 심리적이고 성적인 부분을 많이 다루어서 호기심을 유발하는 것 등입니다. 이렇게 이단과 사이비 신자들은 기존 교회 신자들을 대상으로도 적극적으로 접근하는데, 특별한 관심과 애정으로 접근하고, 그들의 필요를 적극적으로 채워주며, 재미를 제공하기도 하면서 동시에 성경 내용도 가르치는데, 이 경우에는 필요한 부분만 이용하거나 왜곡해서 가르칩니다. 또한 지나치게 특정 부분을 강조해서 두려움을 갖게 만들기도 한다는 사실을 명심하기를 바랍니다.

17절을 쉬운 번역본으로 보면 *"거짓 선생들이 여러분을 열심히 설득하고 있는 것은 좋은 생각에서가 아니라 여러분이 우리를 버리고 자기들을 따르도록 하기 위한 것입니다."*《현대인의성경》라고 번역되어 있습니다. 결국 갈라디아 율법주의 신자들이 보여준 특별한 관심과 열정은 '사랑의 본질'과는 거리가 먼 '이간질의 본질'이요, 예나 지금이나 이단과 사이비 집단이 행하는 가짜 관심과 가짜 열정임을 깨닫기를 바랍니다.

18절 *"좋은 일에 대하여 열심으로 사모함을 받음은 내가 너희를 대하였을 때뿐 아니라 언제든지 좋으니라"*는 말씀을 보면, 17절과 같이 여기서도 "열심"(zeal)이라는 단어가 등장합니다. 그러나 17절과는 달리 "좋은 일"에 대한 "열심"입니다. 이 단어는 어떤 활동에 대한 뜨거운 마음을 뜻합니다. 일이든, 사랑이든, 정치든, 신앙이든 그 대상이나 목적을 위해 큰 관심과 뜨거운 마음을 품는 것입니다. 유사한 말로는 열정, 열의, 열중이라는 단어들이 있습니다. 율법주의자들이 "좋은 일" 또는 '좋은 목적'으로 이런 마음을 품어서 갈라디아 교회들이 사랑받는 것이라면, 그들과 그런 사람들이 함께 있는 때에 바울은 그들과 같이 있어도 좋고, 그렇지 않고 그들과 함께 있지 않은 때에도 역시 좋다는 뜻입니다. 이는 서두에 언급했던 어떤 딸이 부모의 바람과 같이 좋은 남자를 만나서 그 남자로부터 진정한 사랑을 받는 상황이라면 부모로서는 그 둘 사이에 있어도 좋고, 그 둘만 있고 부모는 그들과 멀리 떨어져 있어도 좋다는 것입니다. 딸을 진정으로 사랑하고 보호해주는 남자가 생겼기에 부모로서는 같이 있어도 좋고, 같이 있지 않아도 좋다는 것입니다. 게다가 그 둘의 관계로 인해 딸과 부모의 관계가 조금 멀어진 것 같아도 상관없다는 것입니다. 이처럼 바울은 누군가가 좋은 일로 갈라디아 교회들을 향한 열심을 품는다면, 그래서 그런 사랑을 갈라디아 교회들이 받는 경우라면 바울로서는 바랄 것이 없다는 뜻으로 말한 것임을 깨닫기를 바랍니다.

17절과 18절은 상반되는 내용으로 서로 대조가 되는데, 17절은 악한 의도로 이간질하는 실제 상황을 말한 것이고, 18절은 선한 의도로 사이를 좋게 하는 가정(假定)을 말한 것입니다. 그런데 갈라디아 교회들은 이간질당하고 있는 실제 상황을 마치 사랑받고 있는 상황으로 믿고 있었던 것입니다. 사이비 종교 교주는 결코 추종자들을 진정으로 사랑하지 않습니다. 추종자들의 헌신과 돈과 육체를 이용해 이익을 얻고자 할 뿐입니다. 추종자들을 신뢰하고 보호하는 것 같지만, 또한 그들에게 열정을 보이지만, 실제로는 자기의 이익을 위해 그런 시늉만 할 뿐입니다. 설령 실제로 큰 관심과 사랑을 준다 해도 그 목적이 이익을 얻어내는 것이기에 악한 일이라는 것입니다. 정감록에 실린 예언 중에서 이씨(李氏) 조선을 무너뜨리고 계룡산에 정씨(鄭氏) 왕조를 세우게 될 것이라는 정도령을 많은 사람이 사칭했는데, 1920년대와 1930년대 경 기도 가평을 중심으로 활동한 백백교 교주 전용해(全龍海)와 부천에서 1981년에 시작된 영생교 교주 조희승(曺熙星) 등이 자칭 정도령이라고 하면서 혹세무민했습니다. 우리나라에서 정씨 성을 가진 대통령 후보자들이 등장하면 언론이나 세간에서 정도령 이야기가 종종 나오곤 했지만, 특히 백백교 전용해는 많은 처녀를 성폭행하고, 신도들과 그들의 가족 친지를 포함한 수백 명을 자기 부하들을 시켜 살해한 자였습니다. 당시 제대로 교육받지 못한 신도들은 자기들의 교주가 진짜 정도령이라 믿고 새로운 시대에 대한 소망을 품었던 것입니다. 정치인이든 종교인이든, 오늘날도 마찬가지로 정도령을 꿈꾸는 사람들이 여전히 존재합니다. 대통령선거를 앞두고 후보들이 TV 토론회(2021년 10월)에 나왔는데, 당시 윤석열 후보가 손바닥에 '王'(왕)자를 써서 출연한 일을 시청자들이 보았습니다. 정도령 또는 진인(眞人, 도교의 진리를 깨달은 사람)이 등장해서 계룡산에 도읍을 정하고 800년 왕조를 세울 것이라는 정감록의 예언처럼 스스로 그런 왕이 될 것이라는 믿음으로 대통령이 되고자 했을지도 모릅니다. 이런 사이비 교주들이나 정치인들처럼 갈라디아 교회들을 향해 열심을 품은 율법주의 유대인 교사들 역시 자기들의 이익을 위해서 그렇게 한 것입니다. 또한 자기들의 신앙이나 이데올로기가 더욱 견고해지도록, 또는 자기들의 입지나 특권이 줄어들지 않도록 그렇게 한 것임을 깨닫기를 바랍니다.

율법주의자들은 그들의 이익을 위해, 그리고 자기들을 더 의지하고 따르도록, 그리하여 갈라디아 교회들이 바울은 물론 그리스도로부터 멀어지도록, 갈라디아 교회들을 향해 거짓 관심과 거짓 열심을 품었던 것입니다. 또한 바울의 사도직을 의심하도록 부추겼던 것입니다. 누군가가 사람에 대해 열심을 품는다면, 누군가가 다른 어떤 사람을 특별하게 대하고 가까이 접근한다면 반드시 둘 중 하나라는 사실을 명심해야 합니다. 그것은 좋은 뜻이거나 아니면 나쁜 뜻입니다. 좋은 뜻이라면 복음을 앞세우는 것이고, 자기보다는 상대방의 유익을 위한 것입니다. 나쁜 뜻이라면 복음으로부터 멀어지게 하고, 상대방보다는 자기의 유익을 위한 것입니다. 사도 바울은 "나와 같이 모든 일에 모든 사람을 기쁘게 하여 자신의 유익을 구하지 아니하고 많은 사람의 유익을 구하여 그들로 구원을 받게 하라"(고전 10:33)고 교훈했습니다. 결국 갈라디아 교회들을 속인 율법주의 유대인들은 나쁜 의도로, 자기들의 유익을 위해, 복음에서 멀어지도록 열심을 품었다는 것입니다. 특히 청년들과 학생들, 누군가를 만나서 부모와 소원해지고 가족과 소원해진다면, 무엇보다도 생활에서 가장 중요한 비중을 차지해왔던 신앙적인 면이 점점 줄어든다면, 심지어 그 자리를 내어준다면, 그런 만남은 심각한 문제를 초래할 것입니다. 오히려 더 신앙이 돈독해지고, 부모와 가족의 관계가 좋아져야 합니다. 그렇지 않다면 그런 만남은 "좋은 일"이 아니라 '나쁜 일'임을 명심하기를 바랍니다.

　그러므로 누군가 어느 날 갑자기 또는 서서히 나에게 접근한다면, 그리고 친절하게 대한다면 무엇이든 줄 수 있을 정도로, 무엇이든 해줄 수 있을 정도로 자상하고 넓은 마음으로 접근해온다면, 먼저 '의심'부터 해야 합니다. 특히 하나님을 믿는 자가 아닌데도 그렇다고 한다면, 내가 믿는 하나님에 대해 관심도 없으면서 그렇게 한다면 그 목적은 자신의 유익을 위한 것이며, 하나님과 나 사이를 이간질하려는 것입니다. 결코 신앙을 위해 섬기지 않을 것입니다. 반드시 신앙을 무너뜨리고, 하나님과 사이를 멀게 만들 것입니다. 그러므로 예수님의 말씀을 깊이 새겨야 합니다. *"예수께서 이르시되 너희가 사람의 미혹을 받지 않도록 주의하라"*(막 13:5)고 마가는 기록했습니다. 바울 사도 역시 디모데후서 3장 13절부터 17절까지 이렇게 교훈했습니다. *"악한 사람들과 속이는 자들은 더욱 악하여져서 속이기도 하고 속기도 하나니 그러나 너는 배우고 확신한 일에 거하라 너는 네가 누구에게서 배운 것을 알며 또 어려서부터 성경을 알았나니 성경은 능히 너로 하여금 그리스도 예수 안에 있는 믿음으로 말미암아 구원에 이르는 지혜가 있게 하느니라 모든 성경은 하나님의 감동으로 된 것으로 교훈과 책망과 바르게 함과 의로 교육하기에 유익하니 이는 하나님의 사람으로 온전하게 하며 모든 선한 일을 행할 능력을 갖추게 하려 함이라."* 만약 여러분이 성경보다 세상을 더 사랑한다면, 세상의 일이나 사람들 때문에 성경을 읽을 시간이 없고 성경을 공부할 시간조차 없다면 이미 사탄의 영향 속에서 미혹될 수 있는 상황임을 깨닫기를 바랍니다. 일주일에 예배 한 번 참석하고 설교 한 번 듣는 것이 전부라면, 그런 사람은 사단의 공격 앞에 무장을 해제하고 서 있는 것이나 마찬가지입니다. 언제든지 이간질당하고, 이단 사이비 집단이나 그런 사상의 영향을 받을 수 있습니다. "그들이 너희에게 대하여 열심 내는 것은 좋은 뜻이 아니요 오직 너희를 이간시켜 너희로 그들에게 대하여 열심을 내게 하려 함이라"는 말씀은 당시 갈라디아 교회들은 물론이고 오늘날 우리에게도 꼭 필요한 말씀임을 알아야 합니다. 이 세상 사람들과 사탄의 영향 아래 있는 사람들은 믿는 자들을 미혹하려는 본성을 가지고 있습니다. 신앙에서 멀어지도록 하려는 본성이 있습니다. 그래서 예수님은 *"거짓 그리스도들과 거짓 선지자들이 일어나서 이적과 기사를 행하여 할 수만 있으면 택하신 자들을 미혹하려 하리라"*(막 13:22)고 하셨습니다. 바울 사도 역시 *"근신하라 깨어라 너희 대적 마귀가 우는 사자 같이 두루 다니며 삼킬 자를 찾나니 너희는 믿음을 굳건하게 하여 그를 대적하라"*(벧전 5:8-9)고 교훈했습니다. 교회 내에서도, 교회 밖에서도 사탄은 믿는 자들을 미혹하고, 믿음을 스스로 저버리기를 바라며, 하나님에게서 멀어지도록 이간질하는 속성이 있음을 명심하기를 바랍니다. 바로 이런 상황이 갈라디아 교회들 속에 실제로 일어난 것이고, 바울은 갈라디아 그리스도인들이 원래대로 돌아오도록, 거짓 교사들과의 관계를 단절시키기 위해서, 갈라디아 사람들에게 헌신적이고 친절하게 대하면서 대신에 사도 바울과는 멀어지게 하는 율법주의 가짜 그리스도인들로부터 갈라디아 교회들을 빼내기 위해 간절한 마음으로 '사랑의 본질'에 호소했음을 깨닫기를 바랍니다. 아버지가 자식에게 자식을 향한 진정한 사랑에 호소하듯이 바울 사도가 갈라디아 교회들을 향해 그렇게 한 것은 바로 우리를 향한 그리스도의 사랑임을 기억하기를 바랍니다. 아멘.

(2024년 8월 18일)

Ὦ ἀνόητοι Γαλάται, τίς ὑμᾶς ἐβάσκανεν
어리석도다 갈라디아 사람들아, 누가 너희를 꾀더냐(갈 3:1)

제21강

해리스(Harris) vs. 트럼프(Trump)

19. 나의 자녀들아 너희 속에 그리스도의 형상을 이루기까지 다시 너희를
위하여 해산하는 수고를 하노니
20. 내가 이제라도 너희와 함께 있어 내 언성을 높이려 함은 너희에 대하여
의혹이 있음이라

율법주의 유대인들의 거짓 교훈에 속은 갈라디아 그리스도인들에게
실망했던 바울이 문제 해결을 위해 그들에게 호소한 내용을 세 번에
나누어(4:12-16, 17-18, 19-20) 살펴보는데, 오늘은 세 번째로 19-20절
내용입니다. 첫 번째로 바울은 하나님의 은혜로 맺어진 갈라디아 교회
들과의 사랑과 신뢰 관계에 호소했습니다. 두 번째로는 관계의 본질에
호소했습니다. 좋은 의도로 맺은 관계인지 나쁜 의도로 맺은 관계인지
바울은 구분해서 교훈했습니다. 오늘은 세 번째로 모성애와 같은 사랑
으로 호소한 내용을 살펴보고자 합니다.

바울은 먼저 그와 갈라디아 교회가 맺은 관계를 떠올리게 했고, 다
음으로는 그 좋은 관계에 끼어들어 이간질하는 나쁜 의도의 관계와 비
교할 수 있도록 했으며, 마지막으로 바울은 갈라디아 교회들을 향해
인간에게 있어서 가장 근본적이고 따뜻하고 숭고한 모성애와 같은 사
랑으로 호소했습니다. 19절 *"나의 자녀들아 너희 속에 그리스도의 형
상을 이루기까지 다시 너희를 위하여 해산하는 수고를 하노니"*라고 하
면서 먼저 *"나의 자녀들아"*라는 특별한 호칭으로 그들을 불렀습니다.
이런 호칭은 '사랑의 사도'라 불리는 요한이 사용했는데(요 18:33, 요일
2:1, 12, 28), 바울 사도는 여기서만 한차례 사용했습니다. 그만큼 어머

니의 심정으로 갈라디아 교회들을 특별히 대하고자 했다는 것입니다. 물론 이런 표현은 고린도 교회를 향해서 "그리스도 예수 안에서 *내가 복음으로써 너희를 낳았음이라*"(고전 4:15)고 한 말에도 잘 나타나 있습니다. 그러나 "*나의 자녀들아*"라고 부른 것은 그만큼 갈라디아 교회들을 향해 모성애와 같은 특별한 사랑으로 호소한 것임을 깨닫기를 바랍니다.

다음으로 "*너희 속에 그리스도의 형상을 이루기까지 다시 너희를 위하여 해산하는 수고를 하노니*"라는 말씀을 살펴보고자 합니다. 바울은 대부분 이방인이었던 갈라디아 교회들을 처음 만나서 복음을 통해 그리스도를 영접하도록 한 일을 마치 산모가 해산하는 고통을 통해 자식을 낳는 것에 비유했고, 그러한 고통을 다시 감내함으로써, 즉 심적 고통을 감내함으로써 그들을 올바른 길로 다시 인도해서 충분히 성장할 수 있도록 하겠다는 뜻을 전했습니다. 갈라디아 교회들이 율법주의 유대인 그리스도인들 때문에 그리스도인답게 성장하기도 전에 다른 길로 빠져버렸기에 마치 다시 낳아서 기르는 고통과 수고를 기꺼이 감당하겠다고 한 것입니다. 그리스도의 마음과 생활과 일치되는 마음과 생활이 갈라디아 교회 사람들 안에 형성되기까지, 즉 믿음이 견실해짐으로써 그들 마음과 삶 속에 그리스도의 모습이 보일 때까지 낳고 기르는 수고를 기꺼이 하겠다고 한 것입니다. 그동안 아버지와 같은 모습으로 혼을 내는 어조로 말했다면, 이제는 어머니와 같은 모습으로 달래고 품는 태도를 보여 준 것입니다. 이런 마음은 다음 구절에서 확실하게 드러납니다. 20절 "*내가 이제라도 너희와 함께 있어 내 언성을 높이려 함은 너희에 대하여 의혹이 있음이라*"고 했는데, 번역이 잘 와닿지 않아서 쉬운 번역으로 보면, "*나는 여러분에 대하여 의심스러운 점이 있어*

갈피를 잡을 수 없으므로 이제라도 직접 만나 보고 여러분에 대한 내 태도를 바꾸고 싶습니다."《현대인의성경》라는 내용입니다. 여기서 크게 두 가지를 전하고 있는데, 하나는 의심스러운 점 때문에 갈피를 못 잡겠다는 것이고, 다른 하나는 직접 만나서 이야기함으로써 그들에 대한 태도를 바꾸어 상대하고 싶다는 것입니다. 《개역개정》으로는 이 구절에 나타난 바울의 의도와 감정을 온전히 이해하기는 어렵습니다. 그래서 다른 번역 몇 가지를 더 보고자 합니다.

"내가 이제라도 너희와 함께 있어 내 음성을 변하려 함은 너희를 대하여 의심이 있음이라"《개역한글》

"이제라도 내가 여러분을 만나 어조를 부드럽게 바꾸어서 말할 수 있으면 좋겠습니다. 나는 여러분의 일을 어떻게 하면 좋을지 당황하고 있습니다."《새번역》

"지금이라도 내가 여러분과 만나서 어조를 바꾸어서 이야기를 나눌 수 있다면 얼마나 좋겠습니까? 나는 여러분의 일이 걱정스러워 안절부절못하고 있습니다."《공동번역》

"내가 이제라도 여러분과 함께 있으면서 내 음성을 바꾸었으면 좋겠습니다. 왜냐하면 나는 여러분에 대해 어떻게 하는 것이 좋을지 모르기 때문입니다."《원문번역주석성경》

위와 같이 여러 번역으로 봤을 때 아직 대면하지 않은 상황에서 자식을 걱정하는 어머니의 심정처럼 어찌할 바를 몰라 당황하고 있음을 알 수 있고, 직접 만나게 되면 편지에 표현된 톤(tone)과는 달리 부드러운 톤으로 대하면서 자세히 이야기를 나누고 싶다는 마음을 읽을 수 있습니다. 마치 잘 키운 예쁘고 고운 딸이 사기꾼 남자를 만나서, 부모의 마음과는 달리 그런 남자에게 빠져서 남자를 따라다니다가 남자가 시키는 대로 이상한 일을 하고 나쁜 길로 빠지게 된 상황인데, 그 상황을 다른 사람들에게서 소문으로 듣고 부모가 직접 딸에게 연락해서 알아보니, 오히려 부모에게 화를 내며 간섭하고 집착한다고 하면서 부모를 부모답지 않게 여겨버리는, 심지어 자꾸 간섭하고 집착하면 부모와 인연을 끊겠다고 하는 상황으로 비유할 수 있습니다. 사도 바울은 이런 상황에 있는 부모, 특히 어머니나 다름없었던 것입니다. 너무나 충격적이고, 분통하고, 괴로운 마음으로 바울은 갈라디아 교회들을 향해 편지를 쓰게 되었으며, 계속해서 아버지처럼 목소리를 높여서 호통을 치고 격하게 분노하는 모습이었던 것입니다. 바울은 편지를 써 내려가면서도 감정의 조절이 되지 않았고 어찌할 바를 모를 정도로 가슴이 아프고 힘들었던 것입니다. 그래서 악한 자들에게 속아 넘어간 갈라디아 교회들이 다시 올바른 길로 돌아오도록 간절한 마음으로 호소한 것입니다. 우리는 그 호소내용을 세 가지로 나누어 들여다본 것입니다. 첫째는, '부모와 너의 관계는 그 어떤 사이보다 먼저다.'이고, 둘째는, '부모는 너의 유익을 위해 애쓰고 너를 위해 희생하지만, 그런 놈은 자기의 유익을 위해 너를 끔찍하게 사랑하는 척 속이는 것이다.'이며, 셋째는 '지금 네 상황을 자세히 알 수 없어서 너무 답답하고 미칠 것 같다. 이제 엄마로서 너를 직접 만나서 어떤 상황인지 자세히 알고 이야기하고 싶다. 너를 낳아서 기르는 고통과 수고를 다시 반복하는 마음으로, 그래서 더 이상 지금처럼 어리석은 딸이 되지 않고, 앞으로는 지혜롭고 성숙한 딸이 될 수 있도록 다시 처음으로 돌아가서 가르치고 싶다. 어떤 남자가 딸에게 큰 관심과 열정을 가지고 다가오면 제대로 알아보지도 않고 넘어가는 어리석은 딸이 되지 않도록 직접 얼굴을 마주 대하면서 다시 딸다운 딸로 돌아오도록 처음부터 다시 시작하고 싶다.'라는 내용이라 할 수 있습니다. 이렇게 바울 사도는 바울과 갈라디아 교회들의 관계가 사람에게 있어서 가장 근본적이고 우선적인 부모와 자식의 관계라는 예를 들어서 어머니의 심정으로 애타게 호소했음을 깨닫기를 바랍니다.

"자라 보고 놀란 가슴 솥뚜껑 보고 놀란다"는 속담이 있습니다. 사람이 한번 큰 충격을 받으면 다음에는 조그만 충격이 엿보이기만 해도, 비슷한 물체가 보이기만 해도 놀라거나 과민하게 반응한다는 뜻입니다. 이단이나 사이비 집단에 자식을 빼앗겨본 부모들, 사기꾼이나 나쁜 남자에게 딸을 빼앗겨본 부모들, 불량배들이나 폭력집단에 자식을 빼앗겨본 부모들, 인신매매범에게 딸을 빼앗겨본 부모들, 성매매업자에게 딸이 속아서 넘어간 일을 겪어본 부모들, 얼마나 고통스럽겠습니까? 이런 부모들은 강한 트라우마(trauma)를 겪게 됩니다. 직접 겪지는 않았더라도 주변에서 이런 일을 당한 부모들을 많이 본 경우도 남들보다 훨씬 과민반응을 하게 됩니다. 그런데 더욱 고통스러운 것은 자발적이든 어리석어서 그런 상황에 스스로 빠져든 경우이고, 그런 상황에 있는 자식을 건져내려는 부모를 오히려 나쁜 사람으로 여긴다면 얼마나 분통이 터지고 괴롭겠습니까? 8년 전 서울의 한 교회에서 신천지에 빠졌다가 돌아온 아들에 대해 간증을 한 내용이 실린 온라인 신문 기사를 최근에 보았습니다. 그 어머니는 교회에서 몇 년 동안 반주를 맡았던 아들이 실용음악을 전공하려고 재수하던 중 여름에 신천지에 빠진 사실을 교회 앞에서 고백했습니다. 아들이 신천지에 빠질 것이라고는 전혀 생각하지 못했기에 그때 받은 충격은 정말로 컸다고 합니다. 아들은 신천지 어느 지파에 소속되어 있으면서 교주를 찬양하는 노래를 만들었다는 사실을 알고는 더 큰 충격을 받았다고 합니다. 그런데 재수하던 아들이 독일로 유학 간다고 해서 그 이유가 궁금했는데, 독일 포교를 위해 문화선교부원 5명을 파견하는 신천지 계획에 아들이 포함되었다는 사실에 경악을 금치 못했다고 합니다. 아들을 다시 되돌리기 위해 이단 상담 과정에 참여하도록 눈물겨운 노력을 했는데, 이 과정에서 아들은 엄마가 정성껏 차려 준 밥을 먹지도 않았다고 합니다. 그 이유는 부모가 아들 밥에 약을 타서 잠들게 한 뒤 강제로 개종 교육을 할 것이라는 맞춤형 교육을 신천지로부터 미리 받았던 것입니다. 또한 엄마가 차려 준 밥은 먹지도 않으면서 신천지 포교 활동 때는 유제품과 캔 참치 하나로 하루를 버텼다는 이야기를 듣고 어머니는 이루 말할 수 없을 정도로 가슴이 아팠다고 합니다. 그나마 6개월 만에 아들이 돌아왔으니 그 어머니는 그렇게 교회 앞에서 간증을 할 수 있었던 것입니다. 6개월 동안 아들은 엄마를 믿을 수 없는 존재로 여기고 의심했고, 어머니는 아들이 신천지에 빠진 사실을 알고 큰 충격에 빠졌던 것입니다. 마찬가지로 갈라디아 교회들 역시 영적으로 생각할 때 어머니와 같은 역할을 한 사도 바울을 의심하고 멀리했으며, 율법주의 유대인들의 가르침에 완전히 빠져 바울은 큰 충격을 받은 것입니다. 그래서 바울은 갈라디아 교회들을 원래대로 돌아오게 하려고 편지를 쓰는 동안 분노와 실망을 격하게 드러내면서 다시 철저히 가르치고자 했고, 또 한편으로는 어머니처럼 애절한 마음으로 그들이 올바른 신앙으로 다시 돌아오기를 호소했음을 깨닫기를 바랍니다.

　그렇다면, 도대체 왜 사람들은 이단·사이비 신앙에 빠지게 되고, 심지어 믿는 사람들조차 빠지게 될까요? 심리학적으로 볼 때, 사이비 종교에 빠지는 이유는 일반적으로 마음이 공허하거나 불안하기 때문이라 할 수 있습니다. 이런 마음 상태일 때 누군가를 의지하고픈 생각이 드는데 사이비 종교는 이런 틈을 타서 접근하는 경우가 대부분입니다. 주로 3단계로 나누어볼 수 있는데 먼저 특별한 관심을 주고, 다음으로는 기존의 관계로부터 분리하는 일을 하며, 마지막으로 이상이나 명분을 제시합니다. 사람들은 힘든 일과 고민이 있고 그 원인을 잘 모를 때는 왜 그렇게 되었는지 더욱 알고 싶어 합니다. 반면에 원인을 어느 정도 알고 있는 경우는 일의 결과가 어떻게 될지 궁금해합니다. 이럴 때 원인이나 결과를 알려줄 수 있는 절대적 존재, 또는 불안정한 자신을 안정시킬만한 대상을 찾게 되기도 하고, 그렇지 않은 경우라도 그런 사람이나 존재를 알게 될 때 의존하는 경향이 있습니다. 또한 해결하기 어려운 현실을 회피하고 관심과 주의를 다른 곳에 돌리고자 하는 경향도 있습니다. 이런 사람에게 낯선 누군가가 다가와 따뜻한 마음으로 대해준다면 그 사람 또는 그 사람이 가지고 있는 정치적 신념이나 종교나 이데올로기에 대해 마음을 쉽게 여는 경향이 있습니다. 그러나 상식과 교양이 있는 사람이라면 그런 사이비 종교에 빠지지 않을 것으로 생각하기도 하는데 이는 어리석은 생각입니다. 의외로 사이비 종교에 빠진 사람들 가운데는 지극히 평범하고 정상적이고, 심지어 학벌도 좋고 사회적 지위가 높은 사람들도 많습니다. 심리학 용어로 '인지부조화'(認知不調和, cognitive dissonance: 레온 페스팅거[Leon Festinger]가 제시한 이론)라는 말이 있습니다. 자신의 태도(또는 신념)와 행동이 서로 모순되어 양립할 수 없다고 느끼는 불편함을 말하는데, 정치적으로나 종교적으로 이런 부조화를 많이 겪게 됩니다. 물론 일상생활에서도 많이 느끼지요. 예를 들자면, 시한부 종말론자가 믿어왔던 종말이 정해진 때에 오지 않았을 때 인지부조화를 경험하게 됩니다. 이때 사람들은 자기들의 믿음을 정당화하기에는 실제 벌어진 상황과 믿음 사이에 괴리가 있어서 인지부조화를 느끼게 되기 때문에 믿음을 바꾸거나 새로운 믿음을 추가하게 됩니다. 신천지가 14만 4천 명만 구원받는다고 가르쳐왔는데, 현재 20만 명을 넘었습니다. 그래서 기존의 태도(신념)를 바꾸어 추수(포교)를 많이 하는 순서대로, 또는 충성을 많이 하는 순서대로 그 수에 뽑히게 된다고 말합니다. 그래서 신자들은 일이나 학업이나 가정 일보다는 그 집단에 더 열심히 충성하게 됩니다. 아무리 똑똑한 사람이라도 돈과 시간과 정성을 사이비 종교에 부으면 부을수록 그 사람의 마음은 종교를 더 의지하게 됩니다. 일종의 '투자 행동'이 되어버립니다. 자신의 신앙을 위해 들인 시간이나 돈이나 정성이 많으면 많을수록 사이비 신앙에서 빠져나오기 어렵습니다. 여기에 확증편향(confirmation bias)까지 생겨서 다른 통로를 통해 얻을 수 있는 정보를 차단하고 오직 자기가 원하는 정보만 선택적으로 받아들여서 더욱 맹신하게 됩니다. 한 가지 중요한 요인은 교주를 중심으로 같은 신앙을 가진 사람들이 있기 때문입니다. 자기와 같은 신앙을 가진 사람들이 많다는 것은 그만큼 안심할 수 있게 됩니다. 이런 과정은 정치적으로도 유사합니다. 지도자가 좋은 비전(vision)이나 이상(ideology)을 제시하면 쉽게 동조하게 되는데, 인간이 살기에 좋은 지구 환경을 만드는 이상을 제시한다든가, 누구도 차별받지 않는 평등한 세상을 만들기 위한 운동에 참여하게 한다든가, 누구나 건강하고 행복하게 살아가는 사회를 제시하면 쉽게 동조하고 동참합니다. 조선시대 말기 혼란한 정국에서 민중은 성리학 이데올로기에 대한 저항으로 《정감록》에서 새로운 이데올로기를 얻었는데 그것이 바로 혼란스럽고 불안하고 고통스러운 시대가 끝나고 새로운 시대가 온다는 신념이었습니다. 바로 동학사상이 이런 이데올로기에서 출발했고, 모든 사람이 자기 속에 '한울님'(하늘님)을 모시고 있다는 시천주(侍天主) 사상을 정립하고, 서학 또는 서교(西敎, 천주교)에 대항하여 동쪽 나라의 종교를 세우겠다는 동학이 1860년 최제우(崔

濟愚)에 의해 시작된 것입니다. 나라 일을 돕고 백성을 편안하게 한다는 '보국안민'(輔國安民)과 널리 백성을 구제한다는 '광제창생'(廣濟蒼生), 그리고 하늘을 숭배하는 경천사상(敬天思想)에 바탕을 둔 나라 구제의 신앙이었습니다. 당시 지배 계층에 의해 차별당하고 억압당하던 민중은 동학의 지도자와 사상에 쉽게 빠져들었던 것입니다.

이렇게 사상에 빠져든 최근의 예를 들고자 합니다. 현재 미국 민주당 대통령 후보로 선정된 카멀라 해리스(Kamala Harris)가 2017년에 TV에 출연해서 "누구든지 깨어 있어야 한다."(We have to stay woke. Everybody needs to be woke.)고 했는데, 그녀의 말은 워크 마인드(Woke Mind)와 PC(Political Correctness, 정치적 올바름)주의를 강조한 발언이었습니다. 그녀의 발언은 네오막시즘(Neo-Marxism, 신마르크스주의)을 주창한 격입니다. 그런데 미국의 젊은이들이 이에 동조하고 있습니다. 사실 네오막시즘은 프로이트(Sigmund Freud, 1856-1939)의 심리학 이론을 마르크스주의에 접목한 빌헬름 라이히(Wilhelm Reich, 1897-1957, 오스트리아 출신 정신분석학자로 오스트리아, 독일, 미국 등지에서 성[性]개혁 운동을 한 공산주의 사상가)의 성(性) 정치론에 바탕을 둡니다. 인간의 성적 욕망을 충족시켜주는 것이 행복을 주는 것이고 정치라는 것입니다. 그래서 성매매와 성 산업의 합법화, 동성애, 소아성애(pedophilia), 기타 모든 종류의 성적 관심이나 취향을 정상적인 것으로 인정해야 한다는 것입니다. 그래야 행복하고 평등한 사회가 된다는 주장이고, 이를 위해서는 교회를 무너뜨려야 한다는 것입니다. 바로 이런 급진 좌파적인 정치를 막고자 하는 사람이 바로 도널드 트럼프(Donald Trump)입니다. 하나님의 말씀을 부정하거나 왜곡하는 사이비 종교, 그리고 유신론에 기초한 정치를 부정하는 무신론 공산주의 정치는 누구나 쉽게 빠질 수 있음을 명심하기를 바랍니다. 결국 무신론에 바탕을 둔 이 세상의 정치는 곧 인간의 부패한 마음에서 나오는 정치입니다. 예수님은 인간의 마음에 대해 이렇게 말씀하셨습니다. *"마음에서 나오는 것은 악한 생각과 살인과 간음과 음란과 도둑질과 거짓 증언과 비방이니 이런 것들이 사람을 더럽게 하는 것이요 씻지 않은 손으로 먹는 것은 사람을 더럽게 하지 못하느니라."*(마 15:19-20) 그러므로 하나님을 외면한 이 세상의 정치는 영원하지 않다는 사실을 깨닫기를 바랍니다. 그래서 정치가 교회와 하나가 되지 않으면서도 기독교 신앙에 기초한 정치, 기독교에 영향을 받은 정치, 또는 기독교 정신이 반영된 헌법이나 법률에 기반한 정치를 우리는 추구해야 합니다. 이럴 때 "기독교적 자산"(the Borrowed Capital of Christianity[기독교 진리에 기반을 둔 정치적 이데올로기 또는 기독교 진리에서 얻은 법적·사회적 제도의 가치와 자산])이 얼마나 중요한 것인지 알아야 합니다. 그리스도인들은 이 세상에서 빛과 소금의 역할(마 5:13-16)을 하면 됩니다. 이 세상을 그리스도의 왕국으로 만들 수는 없습니다. 그것은 하나님의 뜻이 아니기 때문입니다. 세상은 오히려 사탄이 권세를 잡고 있고(엡 2:2, 6:12), 마지막 날에 사탄에 대한 심판이 예정되어 있습니다(요 12:31, 벧후 3:7, 시편 82:8, 롬 3:19, 요일 2:17 등). 그러므로 성경적 교훈을 중요시하는 정치 이데올로기를 추구하고 실현하는 정치인들과 사회 지도자들을 지지하고 응원하기를 바랍니다.

끝으로 우리가 명심해야 할 점은 오늘 본문에서 알 수 있듯이 믿는 자들도 이단적 교훈이나 사이비 신앙에 빠지기도 한다는 것입니다. 도대체 왜 그리스도인들도 이단·사이비 신앙에 빠지게 될까요? 사이비 신앙에 빠지는 성경적 이유는 크게 두 가지입니다. 하나는 수동적인 것으로 '미혹의 영'에 이끌리게 될 경우이고, 다른 하나는 능동적인 것으로 스스로 '표적'(기적)을 따르는 신앙 때문입니다. "예수께서 이르시되 너희가 사람의 미혹을 받지 않도록 주의하라"(막 13:5)는 말씀을 명심해야 합니다. "거짓 그리스도들과 거짓 선지자들이 일어나서 이적과 기사를 행하여 할 수만 있으면 택하신 자들을 미혹하려 하리라"(막 13:22)는 말씀 역시 우리가 언제든지 미혹되어 이단 사상이나 사이비 신앙에 빠질 수 있음을 교훈하고 있음을 깨닫기를 바랍니다. 또한 "유월절에 예수께서 예루살렘에 계시니 많은 사람이 그의 행하시는 표적을 보고 그의 이름을 믿었으나 예수는 그의 몸을 그들에게 의탁하지 아니하셨으니 이는 친히 모든 사람을 아심이요"(요 2:23-24)라는 말씀과 같이 이단·사이비 집단에서 행하는 기적을 보고 이단·사이비에 빠지는 사람들도 있습니다. 처음부터 이단이나 사이비에 빠진 사람 중에서 올바른 길로 돌아오는 경우는 손꼽을 정도로 극소수입니다. 그러나 믿는 자들 가운데 이단 사이비로 빠진 경우는 둘 중 하나인데, 하나는 가짜 신자이면서 빠진 경우이고, 다른 하나는 진짜 신자인데 빠진 경우입니다. 진짜 신자는 반드시 돌아옵니다. 그러나 그만큼 고통과 상처를 자신과 가족과 교회에 입히게 마련입니다. 갈라디아 교회들의 경우 대부분 진짜 신자들인데 율법주의 이단(또는 유대화주의 이단)에 빠지게 된 경우라 할 수 있습니다. 그렇다면 우리가 이단·사이비에 빠지지 않으려면 어떻게 해야겠습니까? "근신하라 깨어라 너희 대적 마귀가 우는 사자 같이 두루 다니며 삼킬 자를 찾나니 너희는 믿음을 굳건하게 하여 그를 대적하라"(벧전 5:8-9)는 말씀을 마음에 새기고 삶에 적용해야 합니다. 친구를 사귀게 되었는데 이단·사이비라는 직감이 느껴진다면, 친해진 단계에서 성경 공부나 어떤 종교적 모임에 참여할 것을 권유받는다면, 그동안의 관계가 어떻게 진행되었든 상관없이 관계를 단절해야 합니다. 그렇지 않으면 이단·사이비인 줄 알면서도 빠지게 됩니다. 그동안 사귄 정이 아쉽게 느껴지더라도 "너희는 믿음을 굳건하게 하여 그를 대적하라"는 말씀처럼 그리스도에 대한 믿음을 더 강하게 하고, 친구나 좋은 지인이었던 사람은 원수로 여겨야 합니다. 심지어 그런 사람과 결혼을 생각할 정도로 깊은 관계가 되었더라도 사실을 알게 된 즉시 단절해야 합니다. 만약에 대학생들과 청년 여러분에게 그런 관계가 만들어지고 어느 순간 이단·사이비라는 사실을 알게 되면 그 순간 단호하게 단절할 수 있기를 바랍니다.

오늘까지 살펴본 세 번의 호소를 통해 바울이 갈라디아 교회를 향한 사랑이 얼마나 컸는지 깨닫기를 바랍니다. 마찬가지로 교회를 향한 그리스도의 사랑이 얼마나 큰지 확실히 깨닫고, 길이 아닌 다른 곳이나 잘못된 길로 빠지지 않고 우리 속에 "그리스도의 형상을 이루기까지" 바르고 거룩하게 성장해나가기를 바랍니다. 아멘.

(2024년 8월 25일)

제22강

출생의 비밀

갈라디아서 4장 21-23절

21. 내게 말하라 율법 아래에 있고자 하는 자들아 율법을 듣지 못하였느냐
22. 기록된 바 아브라함에게 두 아들이 있으니 하나는 여종에게서, 하나는 자유 있는 여자에게서 났다 하였으며
23. 여종에게서는 육체를 따라 났고 자유 있는 여자에게서는 약속으로 말미암았느니라

우리는 지난 세 번에 걸쳐 바울이 갈라디아 교회들을 향해 호소했던 내용을 살펴보았습니다. 그 호소의 근거는 바로 관계였습니다. 세상에는 여러 형태의 관계가 있지만 가장 근본적이고 숭고한 관계는 피로 맺어진 부모와 자식의 관계요, 사랑과 신뢰로 맺어진 남편과 아내의 관계입니다. 하지만 이런 관계가 아무리 견고하다 할지라도 유한하고, 일시적이고, 불완전합니다. 인간의 삶에 있어서 가장 근원적이고 따뜻한 관계인 부모와 자식의 관계도 이데올로기나 신앙 문제로, 또는 돈 문제로 차갑게 식어버리고 끊어져 버리기도 합니다. 남편과 아내의 관계도 마찬가지입니다. 오히려 사랑이 식고 신뢰가 무너지는 일로 인해서 훨씬 더 쉽게 관계가 단절되고 맙니다. 친구 관계도 언제든지 원수 관계로 변할 수 있고, 계약 관계도 언제든지 파기될 수 있는 불완전한 관계입니다. 더욱 우리를 고통스럽고 절망스럽게 하는 관계의 단절은 바로 사건과 사고와 재난과 질병에 의한, 죽음에 의한 단절입니다. 그렇다면 무한하고, 지속적이고, 완전한 관계는 어떤 관계일까요? 바로 그리스도와 교회의 관계임을 깨닫기를 바랍니다. 사도 바울은 "누가 우리를 그리스도의 사랑에서 끊으리요 환난이나 곤고나 박해나 기근이나 적신이나 위험이나 칼이랴……내가 확신하노니 사망이나 생명이나 천사들이

나 권세자들이나 현재 일이나 장래 일이나 능력이나 높음이나 깊음이나 다른 어떤 피조물이라도 우리를 우리 주 그리스도 예수 안에 있는 하나님의 사랑에서 *끊을 수 없으리라*"(롬 8:35, 37-39)고 했습니다. 그리스도와 교회의 관계만이 영원히 이어짐을 확실히 믿기를 바랍니다.

그러나 그리스도와 교회의 관계는 불완전하고 일시적인 이 세상에서부터 완전하고 영원한 저 천국으로까지 이어져 있기에 필연적으로 이 세상에 존재하는 동안만큼은 이 세상에 존재하는 다른 관계처럼 유사하게 보이게 마련입니다. 게다가 세상에 존재하는 교회는 거짓 신자들을 포함하고 있어서 완전한 관계는 되지 못합니다. 그러함에도 불구하고 그리스도와 교회의 관계는 본질적으로 이 세상에 존재하는 관계들과 전혀 다름을 깨닫기를 바랍니다. 또한 그리스도와 교회의 관계를 이간질하는 사탄의 흉악한 개입과 방해가 있기에 교회는 언제나 깨어 있어야 하고 경계를 늦추지 않아야 합니다. 그러므로 "*근신하라 깨어라 너희 대적 마귀가 우는 사자 같이 두루 다니며 삼킬 자를 찾나니 너희는 믿음을 굳건하게 하여 그를 대적하라*"(벧전 5:8-9)는 교훈이 현세에서 불완전한 상태로 존재하는 교회에 주어진 것임을 명심하기를 바랍니다.

사도 바울은 갈라디아 교회들이 미혹을 당하고 있는 상황에 있음을 파악하고 교회 안에 들어와 있는 마귀의 사자들을 향해 "*율법 아래에 있고자 하는 자들아*"라고 불렀습니다. 이는 자식에 비유했던 갈라디아 교회들과는 달리 율법주의 교훈으로 미혹하는 자들(유대주의 그리스도인 중 거짓 교사들)과 그 거짓 교훈에 넘어간 자들(이방인 그리스도인 중 유대주의자 또는 유대화주의자)을 포함한 호칭이었습니다. 지난 주일에

본 것과 같이 톤을 바꾸어 마치 어머니처럼 따뜻한 말투로 "나의 자녀들아"(19절)라고 한 것과는 달리 "율법 아래에 있고자 하는 자들아"(21절)라고 한 것은 그 대상이 전부 참 그리스도인들이 아니라, 거짓 그리스도인들과 잠시 거짓 교훈에 넘어간 참 그리스도인들까지 염두에 둔 표현입니다. 갈라디아 교회들 속에는 하나님의 참 자녀들과 거짓 자녀들이 함께 있었던 것입니다. 하나님의 유업을 받을 자들이 있었고, 받지 못할 자들이 있었던 것입니다. 이 세상에 있는 모든 교회도 마찬가지입니다. 참 신자들이 있고, 가짜 신자들이 있습니다. 오늘 살펴볼 본문의 내용을 통해 여종에게서 난 가짜 신자와 자유가 있는 여자에게서 난 참 신자를 확실히 구별할 수 있기를 바랍니다.

21-23절 "내게 말하라 율법 아래에 있고자 하는 자들아 율법을 듣지 못하였느냐 기록된 바 아브라함에게 두 아들이 있으니 하나는 여종에게서, 하나는 자유 있는 여자에게서 났다 하였으며 여종에게서는 육체를 따라 났고 자유 있는 여자에게서는 약속으로 말미암았느니라"고 한 바울의 말은 사실 엄중하고도 무서운 표현이었습니다. 먼저 "내게 말하라 율법 아래에 있고자 하는 자들아"라는 표현 자체에 율법의 본질을 벗어나 율법의 형식에 빠져 있던 율법주의자들에 대한 강력한 비판이 실려 있습니다. 시편 1편 1-2절을 보면 "복 있는 사람은 악인들의 꾀를 따르지 아니하며 죄인들의 길에 서지 아니하며 오만한 자들의 자리에 앉지 아니하고 오직 여호와의 율법을 즐거워하여 그의 율법을 주야로 묵상하는도다"라고 교훈합니다. 그런데 율법주의자들은 외식과 형식에 치우쳐 율법의 본질에서 벗어났고, 그런 외식과 형식을 통해 자기 의를 세우고자 했기에 잘못된 것이었습니다. 바울은 이들과 이들에게 동조한 자들의 잘못을 지적하기 위해 율법을 우상으로 받들고

그 아래에서 자기 의를 세우고자 하는 자들이라는 식으로 표현한 것임을 깨닫기를 바랍니다. 이어서 "율법을 듣지 못하였느냐"라는 표현은 당시 랍비들이 자주 쓰던 일반적인 표현으로 '율법이 말하는 바를 듣고도 그 의미를 알지 못하고 본질에서 벗어나느냐'는 표현입니다. 율법을 잘 안다고 한 자들이 율법을 가장 잘 모르고 있음을 지적한 말입니다. 오늘날도 성경 말씀을 듣고도 그 뜻을 깨닫지 못하는 사람들이 여전히 많습니다. 성경 전체 맥락을 알지 못하고, 단어와 문장에 나타난 의미와 동떨어진 해석이 난무한 시대에 살고 있습니다. 정치적 편향성을 가지고 있는 언론을 예로 들더라도 정적으로 분류되는 사람들에 대해 나름대로 사실을 전한다고 하지만 특정 부분의 발언만 선택해서 본래 의도를 왜곡하는 경향이 강합니다. 사람들은 언론에 대해 사회적 권위를 부여하고 그런 권위자가 옳은 말을 하는 것처럼 여기는 것입니다. 마찬가지로 갈라디아 교회들도 율법에 대한 율법주의자들의 교묘한 왜곡과 그들의 권위적 가르침과 행동에 미혹된 것임을 잊지 말기를 바랍니다.

사도 바울은 율법주의자들을 향해서 그들이 아브라함의 두 아들 중 여종에게서 난 이스마엘과 같은 존재임을 지적했습니다. 이것은 단지 율법주의자들의 신념과 삶에 대해 옳고 그름을 말하는 차원이 아니라 일종의 '출생의 비밀'과 같은 정체성을 밝혀버린 강력한 한방과 같은 공격이었습니다. '출생의 비밀'은 영화나 드라마에서 결정적 재미를 주는 것이기도 합니다. 알고 보니 왕의 후손이었거나, 반대로 알고 보니 노예의 후손이었거나, 알고 보니 친아들이 아니었거나, 알고 보니 첩의 아들이었거나, 남남인 줄 알았는데 알고 보니 서로 남매였거나…. 이러한 '출생의 비밀'을 알게 된 순간 당사자는 물론 그 당사자와 어떤 관계에 있는 사람들은 충격을 받게 됩니다. 그래서 이야기가 예상했던 것과는 전혀 다르게 전개되기도 합니다. 바로 이런 출생의 비밀과 같은 이야기를 갈라디아 율법주의자들에게 던짐으로써 그들을 혼돈의 상태에 몰아넣어 버린 것입니다. "기록된 바 아브라함에게 두 아들이 있으니 하나는 여종에게서, 하나는 자유 있는 여자에게서 났다 하였으며 여종에게서는 육체를 따라 났고 자유 있는 여자에게서는 약속으로 말미암았느니라"고 했는데, "기록된 바"라고 한 부분은 창세기 16장 15-16절 "하갈이 아브람의 아들을 낳으매 아브람이 하갈이 낳은 그 아들을 이름하여 이스마엘이라 하였더라 하갈이 아브람에게 이스마엘을 낳았을 때에 아브람이 팔십육 세였더라"는 말씀과 21장 2-3절 "사라가 임신하고 하나님이 말씀하신 시기가 되어 노년의 아브라함에게 아들을 낳으니 아브라함이 그에게 태어난 아들 곧 사라가 자기에게 낳은 아들을 이름하여 이삭이라 하였고"라고 기록된 말씀을 그들을 향해서 말한 것입니다. 86세에 낳은 이스마엘과 100세에 낳은 이삭이 있는데, 율법주의자들을 이스마엘에 비유한 것입니다. 둘 다 아브라함의 아들이었지만 하나는 여종 하갈에게서, 다른 하나는 아내 사라에게서 낳은 아들이라는 점에서 서로 차이가 있습니다. 종의 자녀와 주인의 자녀의 차이입니다. 율법주의자들은 자기들이 이방인이 아닌 유대인이기 때문에 하나님의 참 백성이요 종의 아들이나 첩의 아들이 아닌 주인의 아들로 여기고 있었던 것입니다. 그런데 바울은 오히려 그들을 향해 자유가 없는 종에게서 난 자에 해당한다고 말했습니다. 갈라디아 이방인 그리스도인들이 율법주의 유대인들의 교훈에 넘어간 이유 중 큰 영향을 미친 점이 바로 그들의 출신 배경이었습니다. 유대인들과 달리 하나님을 알지 못했던 이방인들이었고, 그래서 율법에 대해 자세히 알지 못한 삶을 살아왔기에 유대인들이 지켜온 율법과 가르침들에 대해 경외감을 가졌던 것입니다. 그런데 그런 율법주의자들이 영적인 관점에서 보았을 때 여종에게서 난 아들이었다는 사실입니다. 이는 충격적인 사실입니다. 쉽게 말하자면 왕의 후손인 줄 알았는데 알고 보니 노예의 후손이었다는 것과 같습니다. 여러분도 혹시 출생의 비밀이 있습니까? 그것으로 인해 충격을 받았거나 오랜 시간 동안 고민해본 적 있습니까? 출생의 비밀로 유명한 인물이 성경에 나옵니다. 구약성경의 대표적 인물 모세입니다. 출애굽기 2장을 보면 그의 출생과 성장의 비밀이 나옵니다. 물론 모두에게 비밀이었던 것은 아닙니다. 내용은 이렇습니다.

1. 레위 가족 중 한 사람이 가서 레위 여자에게 장가 들어
2. 그 여자가 임신하여 아들을 낳으니 그가 잘 생긴 것을 보고 석 달 동안 그를 숨겼으나
3. 더 숨길 수 없게 되매 그를 위하여 갈대 상자를 가져다가 역청과 나무 진을 칠하고 아기를 거기 담아 나일 강 가 갈대 사이에 두고
4. 그의 누이가 어떻게 되는지를 알려고 멀리 섰더니
5. 바로의 딸이 목욕하러 나일 강으로 내려오고 시녀들은 나일 강 가를 거닐 때에 그가 갈대 사이의 상자를 보고 시녀를 보내어 가져다가
6. 열고 그 아기를 보니 아기가 우는지라 그가 그를 불쌍히 여겨 이르되 이는 히브리 사람의 아기로다
7. 그의 누이가 바로의 딸에게 이르되 내가 가서 당신을 위하여 히브리 여인 중에서 유모를 불러다가 이 아기에게 젖을 먹이게 하리이까
8. 바로의 딸이 그에게 이르되 가라 하매 그 소녀가 가서 그 아기의 어머니를 불러오니
9. 바로의 딸이 그에게 이르되 이 아기를 데려다가 나를 위하여 젖을 먹이라 내가 그 삯을 주리라 여인이 아기를 데려다가 젖을 먹이더니
10. 그 아기가 자라매 바로의 딸에게로 데려가니 그가 그의 아들이 되니라 그가 그의 이름을 모세라 하여 이르되 이는 내가 그를 물에서 건져내었

음이라 하였더라

11. 모세가 장성한 후에 한번은 자기 형제들에게 나가서 그들이 고되게 노동하는 것을 보더니 어떤 애굽 사람이 한 히브리 사람 곧 자기 형제를 치는 것을 본지라

12. 좌우를 살펴 사람이 없음을 보고 그 애굽 사람을 쳐죽여 모래 속에 감추니라

출애굽기 1장에 기록되어 있듯이 애굽의 왕 바로는 요셉을 알지 못한 사람이었습니다. 그는 애굽 제18왕조에 속한 왕이었는데, 그 이전 왕조 즉 힉소스 왕조(Hyksos, 15·16·17왕조)에 속한 왕들은 요셉을 잘 알았고 히브리인들을 잘 대우해주었습니다. 그러나 힉소스 왕조는 BC 1580년경, 애굽 제18왕조 아흐모세 1세(Ahmose, BC 1584-1560년)에 의해 몰락하고 말았습니다. 이 새로운 왕조는 셈족이 아닌 함족으로 애굽 본토인이었습니다. "요셉을 알지 못하는 새 왕"은 18왕조 가운데 세 번째 왕인 투트모세 1세(Thutmose I, BC 1539-1514년)였습니다. 투트모세 1세는 세력이 커지는 히브리인들을 경계하고 탄압하기 시작했고 견디기 어려울 정도의 힘든 노동을 시켰습니다. 게다가 막 출생한 히브리인 신생아 중 남자아이들을 모두 나일강에 던져 죽이라는 명령을 내렸습니다. 이런 상황에서 모세가 태어났는데 BC 1526년이나 1527년으로 알려져 있습니다. 모세의 부모는 용모가 뛰어난 모세를 살리기 위해 석 달 동안 숨겨서 키웠지만 발각되면 죽기 때문에 숨기는 걸 포기하고 큰 모험을 했습니다. 갈대로 만든 작은 상자를 역청과 나무 진액으로 칠을 해서 방수를 한 다음에 아기 모세를 넣고 나일강 갈대숲 사이에 두었던 것입니다. 모세는 목욕하려고 강가로 나온 바로의 딸(하트셉투스, Hatshepsut)에게 발견되어 살게 됩니다. 결국 모세는 엄마에 의해 길러졌고 자기 자신이 히브리인임을 알고 자랐던 것입니다. 만약 바로의 딸에게서 길러졌으면 바로의 딸이 훗날 출생의 비밀을 알려주지 않는 이상 모세는 출생의 진실을 전혀 몰랐을 것입니다. 모세의 부모와 누나까지 모세를 살리기 위해 목숨을 걸었는데 하나님은 모세가 어린 시절을 부모 밑에서 자랄 수 있도록 섭리하셨습니다. 그러나 때가 되어 바로의 딸에게 입양되었고, 모세는 왕궁에서 성장하면서 특권을 누리고 자랐습니다. 사실 바로의 딸은 모세가 히브리인이라는 사실을 알면서도 키운 것이고, 모세는 자기의 출생의 비밀을 유지하고 있다가 동족을 구하기 위해 나서게 된 것입니다. 모세 이야기는 너무나 극적이어서 1923년 12월 4일 미국에서 〈십계: The Ten Commandments〉라는 제목으로 영화로 개봉되기도 했습니다. 지금으로부터 100년 전의 영화입니다. 여러분이 〈십계〉를 TV나 영화관에서 봤다면 그 작품은 1956년에 같은 감독에 의해 다시 만들어진 영화입니다.

출생의 비밀 이야기를 길게 하게 되었는데, 그만큼 충격적인 이야기이기 때문입니다. 율법주의가 좋아서, 또는 훨씬 종교적이고 신앙심이 있어 보여서 따랐던 사람들은 물론이고 율법주의를 내세우며 갈라디아 교회들을 미혹하려고 했던 사람들 역시 큰 충격을 받을만한 이야기였습니다. "기록된 바 아브라함에게 두 아들이 있으니 하나는 여종에게서, 하나는 자유 있는 여자에게서 났다 하였으며 여종에게서는 육체를 따라 났고 자유 있는 여자에게서는 약속으로 말미암았느니라"고 함으로써 아브라함의 후예인 걸 자랑스럽게 생각하고 이방인들보다 우월적인 존재라고 생각했던 율법주의자들의 '출생의 비밀'을 말해버렸던 것입니다. 아브라함의 후예는 맞는데 "약속으로 말미암"지 않고 "육체를 따라" 난 자들이기 때문에 진짜 아브라함의 후예는 될 수 없다고 한 것입니다. "여종에게서" 난 것이나 다름없다는 뜻입니다. 여종 하갈에게서 태어난 이스마엘은 하나님의 특별한 계획과 상관없이 순전히 아브라함과 사라의 결정으로 "육체를 따라" 난 것입니다. 사라가 아이를 갖지 못하자 남편 아브라함과 상의해서 여종 하갈을 통해 아이를 낳게 한 일이었습니다. 사라가 임신이 되지 않는 상황이어서 가능한 방법을 찾아서 난 아들이 바로 이스마엘이었습니다. 그 일은 하나님이 명하신 방법이 아니었습니다. 이 세상에 태어나는 모든 사람은 "육체를 따라" 태어난 것입니다. 오직 한 분 예수 그리스도만 "성령으로 잉태"되어 출생하셨습니다. "예수 그리스도의 나심은 이러하니라 그의 어머니 마리아가 요셉과 약혼하고 동거하기 전에 성령으로 잉태된 것이 나타났더니"(마 1:18)라는 말씀을 확실히 믿기를 바랍니다. 이 세상에서 살다가 죽은 모든 사람으로 확장해서 구분하자면, 태어나지 않고 흙으로 창조된 아담이 있습니다. 그리고 그 아담으로부터 창조된 하와가 있습니다. 세 번째로 아담과 하와 사이에서 "육체를 따라" 태어난 가인을 비롯한 아담과 하와의 모든 후손입니다. 그런데 이 아담과 하와의 후손으로 태어났으나 결코 "육체를 따라" 태어난 것이 아니라 "성령으로 잉태"되어 여자의 몸에서 태어난 분이 바로 예수 그리스도 하나님의 아들입니다. 그래서 마지막 다섯 번째에 해당하는 사람들이 바로 "약속으로" 태어난 사람들이고, '거듭난' 사람들입니다. 예수님은 "사람이 거듭나지 아니하면 하나님의 나라를 볼 수 없느니라"(요 3:3)고 하셨습니다. 거듭나는 것을 모태로 다시 들어갔다가 나오는 것으로 이해한 니고데모(요 3:4)에게 "내가 네게 거듭나야 하겠다 하는 말을 놀랍게 여기지 말라 바람이 임의로 불매 네가 그 소리는 들어도 어디서 와서 어디로 가는지 알지 못하나니 성령으로 난 사람도 다 그러하니라"(요 3:7-8)고 하시면서 "성령으로 난 사람"에 대한 말씀을 하셨습니다. 바로 이 "성령으로 난 사람"이 하나님의 "약속으로" 태어난 사람임을 깨닫기를 바랍니다.

　개인적 출생의 비밀 못지않게 충격을 받게 되는 일은 나라와 민족의 역사적 사실을 바로 알게 될 때입니다. 동서고금을 막론하고 모든 역사는 기록자에 의해 주관적으로 기록될 수 있고, 강자(强者)나 주류(主流)에 의해 왜곡되거나 조작되는 경우가 있어서, 객관성이 부족하거나 날조 또는 왜곡된 역사적 내용을 사실이라고 알고 있다가 잘못된 것임을 알 때 역시 충격을 받게 됩니다. 조선시대 반도사관과 일제 강점기 식민사관으로 인해 한반도에 갇혀버린 우리의 역사적 인식이 474년 동안 누려 온 '고리'(Corea)의 강역을 제대로 알게 된다면, 신라([新羅] 라. Sina, 이. Cina, 영. China?) 천년의 땅을 제대로 안다면, 옛 신라의 영광을 재현한 김씨의 나라이자 금나라를 이은 후금 청나라(淸, Ching)가 대진국(발해), 고구려, 부여, 고조선까지 거슬러 올라가는 사실을 안다면? 얼마나 충격을 받겠습니까? 어느새 금(金)을 무너뜨린 원(元)의 역사도, 청(淸)의 역사도 중국의 역사가 되었고, 2002년부터 2007년까지 '동북공정' 즉 동북변강역사여현상계열연구공정(東北邊疆歷史與現狀系列研究工程)으로 동북(청나라 만주족이 '둥베이'라고 불렀던 지역) 3성 즉 랴오닝성(요령성), 지린성(길림성), 헤이룽장성(흑룡강성)이 중국의 역사가 되었습니다. 동북 변경지역의 역사와 현실에 관한 체계적인 연구 프로젝트를 중국 정부가 주도해서 고구려와 대진국(발해)도 중국의 역사로 편입해버렸습니다. 반대로 한자(漢字)가 갑골문(甲骨文)에서 왔고, 갑골문을 동이족(東夷族)이 만들어 사용한 사실을 안다면, 결국 한자는 우리 민족이 만들었다는 말인데, 이 사실이 놀랍지 않습니까? 현재 중국의 광활한 땅의 상당 부분을 우리 민족이 누리며 살았다는 사실을 알면 얼마나 충격을 받겠습니까? 이렇게 좋은 면으로든 나쁜 면으로든

한 개인이 출생의 비밀을 알게 된다면, 한 민족 또는 나라의 기원과 역사적 비밀을 알게 된다면 얼마나 큰 충격을 받겠습니까?

그러므로 바울이 갈라디아 교회 율법주의자들과 그들에게 속아 넘어간 유대주의자들을 향해 "*육체를 따라*" 난 사람들이라고 한 것은 그들의 출생의 비밀을 폭로한 것과 같은 발언이었습니다. 여종 하갈에게서 태어난 이스마엘은 하나님의 특별한 계획과 상관없이 순전히 아브라함과 사라의 결정으로 "*육체를 따라*" 난 것인데, 율법주의자들과 유대주의자들이 결국 여주인이 아닌 여종에게서 난 자들이라는 식으로 표현한 것입니다. 또한 바울은 그들을 향해 "*율법 아래에 있고자 하는 자들*"(21절)이라 했습니다. 결국 이 말을 듣고도 돌아오지 않는다면 가짜 그리스도인입니다. 바울은 그들을 향해 강력한 어조로 "*율법을 따라*" 난 그저 '고깃덩어리나 다름없는 자들'로 치부해버린 것입니다. 그러므로 아무리 좋은 혈통이라도, 아무리 훌륭한 가문 출신이라 할지라도, 수준 높은 종교를 가지고 있고 지식을 갖추었다 해도 하나님의 말씀 즉 하나님의 약속과 무관한 사람이라면 "*육체를 따라 난*" 살인자 가인의 후예입니다. 설령 아담의 아들이라고 주장해도, 아브라함의 아들이라 주장해도, 이삭의 아들이라 주장해도, 야곱 곧 이스라엘의 아들이라 주장해도, 죄와 율법과 사망으로부터 자유롭게 하시려고, 즉 하나님의 언약을 성취하시려고 보내신 하나님의 아들 구원자 예수 그리스도를 믿지 않는다면 그리스도와 교회라는 특별한 관계가 아니기 때문에 죄 아래, 율법 아래, 사망 아래에 있는 것이며, 결코 율법의 저주에서, 죄와 사망에서 구원받지 못함을 깨닫기를 바랍니다. 아멘.

(2024년 9월 1일)

Ὦ ἀνόητοι Γαλάται, τίς ὑμᾶς ἐβάσκανεν
어리석도다 갈라디아 사람들아, 누가 너희를 꾀더냐(갈 3:1)

제23강

땅의 예루살렘
vs. 하늘의 예루살렘

> **갈라디아서 4장 24-27절**
>
> 24. 이것은 비유니 이 여자들은 두 언약이라 하나는 시내 산으로부터 종을 낳은 자니 곧 하갈이라
> 25. 이 하갈은 아라비아에 있는 시내 산으로서 지금 있는 예루살렘과 같은 곳이니 그가 그 자녀들과 더불어 종 노릇 하고
> 26. 오직 위에 있는 예루살렘은 자유자니 곧 우리 어머니라
> 27. 기록된 바 잉태하지 못한 자여 즐거워하라 산고를 모르는 자여 소리 질러 외치라 이는 홀로 사는 자의 자녀가 남편 있는 자의 자녀보다 많음이라 하였으니

지난 주일에는 사도 바울이 갈라디아 교회들 안에 있는 율법주의 유대인들을 여종의 아들로 비유한 말씀을 살펴보았는데, 오늘은 그 비유에 대한 좀 더 자세한 내용을 살펴보게 될 것입니다. 24절 상반절을 보면 *"이것은 비유니 이 여자들은 두 언약이라"*고 기록되어 있습니다. 24절 하반절부터 26절까지는 두 언약에 해당하는 *"시내 산"*(*"지금 있는 예루살렘"*)과 *"위에 있는 예루살렘"*이 등장합니다. 여종의 아들과 주인 아들의 비유를 통해서 세상에 존재하는 교회 안에 두 부류의 사람들이 존재한다는 사실을 확실히 깨닫기를 바랍니다.

아담과 하와, 그리고 예수 그리스도를 제외하면 모든 인간은 근본적으로 *"육체를 따라"* 난 사람들입니다. 창세기 4장 1절 *"아담이 그의 아내 하와와 동침하매 하와가 임신하여 가인을 낳고 이르되 내가 여호와로 말미암아 득남하였다 하니라"*는 말씀과 같이 모든 사람은 남자와 여자의 성적 결합으로 태어납니다. 즉 남자와 여자의 유전자 결합을 통해 사람이 태어납니다. 그런데 문제는 이렇게 태어난 모든 사람은 결국

죽음에 이른다는 사실입니다. 인류의 첫 사람 아담, 그리고 그의 아내 하와가 창조주 하나님의 명령을 거역함으로써 저주당한 육체가 되었기 때문입니다. 그래서 "모든 육체가 다 함께 죽으며 사람은 흙으로 돌아 가리라"(욥 34:15)는 말씀은 변함없는 진리입니다. "죄의 삯은 사망이요"(롬 6:23)라는 말씀과 "욕심이 잉태한즉 죄를 낳고 죄가 장성한즉 사망을 낳느니라"(약 1:15)는 말씀은 "선악을 알게 하는 나무의 열매는 먹지 말라 네가 먹는 날에는 반드시 죽으리라"(창 2:17)고 하신 하나님의 말씀과 "너는 흙이니 흙으로 돌아갈 것이니라"(창 3:19)는 하나님의 말씀이 그대로 성취된 것에 따른 설명을 예수님의 사도들(바울과 야고보)이 간단명료하게 전한 것입니다. 다윗은 "내가 죄악 중에서 출생하였음이여 어머니가 죄 중에서 나를 잉태하였나이다"(시 51:5)라고 고백함으로써 허물과 죄로 죽은 자라는 사실(엡 2:1)을 분명히 인정했습니다. 결국 아담과 하와 이후로 죄에 오염되어 태어난 모든 사람은 사망에 이르게 된다는 진리에 대해 조금도 의심하지 않는 자들이 되기를 바랍니다.

지난 주일에 살펴본 "육체를 따라" 난 사람들은 앞에서 넓은 의미로 말한 남자와 여자의 성적 결합으로 태어난 사람들이지만, 좁은 의미로는 "율법 아래에 있고자 하는 자들"(21절)이었습니다. 그들 스스로 갈라디아 교회 안에서 하나님의 백성이라 하면서 "약속으로" 태어난 자들이라 여겼던 것입니다. 비록 그들이 그리스도를 구원자로 믿고 거듭난 사람들 속에 속한다고 여겼지만, 그들은 여전히 "율법 아래에 있고자 하는 자들"로서 사실상 "육체를 따라" 난 사람들과 다를 바 없는, 즉 하나님에 대한 신앙이 없는 자들과 다를 바 없었던 자들임을 기억하기를 바랍니다.

사도 바울은 근본적인 차이를 알 수 있도록 비유를 통해 더 자세히 설명했는데, "이것은 비유니 이 여자들은 두 언약이라 하나는 시내 산으로부터 종을 낳은 자니 곧 하갈이라 이 하갈은 아라비아에 있는 시내 산으로서 지금 있는 예루살렘과 같은 곳이니 그가 그 자녀들과 더불어 종 노릇 하고 오직 위에 있는 예루살렘은 자유자니 곧 우리 어머니라"(24-26절)고 말했습니다. 먼저 비유라는 사실을 확실히 말하고 나서 두 여자를 언약에 해당한다고 했습니다. 지난 주일에 살펴보았듯이 갈라디아 교회 율법주의자들은 사라의 여종 하갈이 낳은 아들로 비유되었습니다. 반면에 갈라디아 교회의 참 신자들은 사라가 하나님의 약속을 따라 낳은 아들로 비유되었습니다. 하나는 속박된 상태의 여종의 아들이요, 다른 하나는 자유가 있는 여주인의 아들이라고 한 것입니다. 종이 낳은 아들은 다음 세대에도 종의 신분이고, 주인이 낳은 아들은 유업을 잇는 다음 세대의 주인이라는 것입니다. 그런데 본문 내용을 보면 종의 아들은 아라비아에 속한 시내 산 언약 즉 율법에 속한 자임을 말해줍니다. 그리고 종을 낳은 어머니는 하갈인데, 하갈은 시내 산에 비유되고, 더 나아가 예루살렘까지 확장됨을 알 수 있습니다. 율법주의자들이 스스로 예루살렘을 거룩한 언약의 성읍으로 생각하고 있었으나 자유를 누리지 못하고 율법의 종이 되어 사는 곳이었기에 예루살렘이라도 그곳은 여전히 시내 산이라는 것입니다. 시내 산이든, 예루살렘이든, 그 어떤 곳이든 율법 아래에서 종노릇을 하며 살아간다면, 그곳은 자유가 없는 곳이고 생명이 없는 곳임을 깨닫기를 바랍니다. 율법 아래에서 종노릇을 하는 삶은 시내 산에서 받은 율법 아래 즉 '행위언약'에 속하므로 사망에서 벗어날 수 없습니다. "무릇 율법 없이 범죄한 자는 또한 율법 없이 망하고 무릇 율법이 있고 범죄한 자는 율법으로 말미암아 심판을 받으리라"(롬 2:12)는 말씀이 교훈하듯이 율법을 받은 유대인들이나 그렇지 않은 이방인들이나 모두 그 어떤 '행위'로써도 의롭다고 여김을 받을 수 없기에 "흑암과 사망의 그늘"에서 벗어날 수 없고, "곤고와 쇠사슬에 매임" 상태에서 벗어날 수 없습니다. "사람이 흑암과 사망의 그늘에 앉으며 곤고와 쇠사슬에 매임은 하나님의 말씀을 거역하며 지존자의 뜻을 멸시함이라"(시 107:10-11)는 말씀은 모든 인간이 처한 본질적인 상태를 잘 말해줍니다. '행위언약'은 인간이 처한 상태의 처참함을 깨닫고 구원자를 바라보게 하는 의미에서 희망을 보여주는 언약이기도 합니다. 그런 면에서 예루살렘은 여전히 시내 산과 같은 곳이지만 하나님의 은혜를 바랄 수 있게 한다는 점에서는 지상 그 어느 곳과도 구별되는 곳으로, 절대적인 것은 아니지만 상대적으로 거룩한 곳이기도 합니다. 유대인들은 하나님의 은혜로 거룩하게 구별된 민족이었습니다. 다만 상대적으로 거룩한 백성이었지 절대적인 것은 아니었습니다. 결국 율법주의자들은 율법을 받은 유대인으로 상대적으로 이방인들과는 구분되는 거룩한 자들이었지만, 여전히 율법의 종이 되어 자유를 누리지 못하고 있었던 것입니다. 그러나 예루살렘에 살고 있든, 그 외 다른 곳에 살고 있든, 약속의 아들 '이삭'의 후예로 오신 구원자 예수 그리스도가 주신 복음으로 말미암아 의롭다고 여김을 받은 자들은 '복음 아래에서' 자유자가 되었다는 사실을 깨닫기를 바랍니다.

예수님은 유대인들을 향해 "진리를 알지니 진리가 너희를 자유롭게 하리라"(요 8:32)고 하셨습니다. 그때 유대인들은 "우리가 아브라함의 자손이라 남의 종이 된 적이 없거늘 어찌하여 우리가 자유롭게 되리라 하느냐"(요 8:33)고 예수님께 반문했습니다. 그러자 예수님은 "진실로 진실로 너희에게 이르노니 죄를 범하는 자마다 죄의 종이라 종은 영원히 집에 거하지 못하되 아들은 영원히 거하나니 그러므로 아들이 너희를 자유롭게 하면 너희가 참으로 자유로우리라"(요 8:35-36)라고 다시 말씀하셨습니다. 예수님이 갈라디아 교회들을 복음으로 자유롭게 하셨는데, 일부 유대인들이 다시 종처럼 멍에를 씌우고자 했던 것입니다. 그들은 이방인 그리스도인들에게 할례를 비롯한 유대교 의식과 전통을 따르도록 권유했습니다. 이런 자들은 여종 하갈을 어머니로 여기는 자들로 비유될 수 있습니다. 반면에 복음으로 자유를 누리게 된 자들은 "오직 위에 있는 예루살렘은 자유자니 곧 우리 어머니라"는 말씀과 같이 땅에 속한 예루살렘에 사는 것이 아니라 하늘에 속한 "위에 있는 예루살렘"에 살고 있음을 깨닫기를 바랍니다.

바울은 아브라함의 아내 사라의 여종 하갈을 시내 산에 비유하고, 사라를 예루살렘에 비유했습니다. 그러나 자유가 없다면 예루살렘은 여전히 시내 산과 같은 곳이며, 자유가 있을 때 비로소 참된 예루살렘이 된다고 한 것입니다. 게다가 사라의 아들 이삭의 후손에서 예수 그리스도가 오셨기 때문에 그리스도와 형제가 된 모든 신자는 사라를 "우리 어머니"라고 부를 수 있다고 했습니다. 이삭이 하나님의 뜻에 따라 태어난 약속의 아들이었듯이 모든 그리스도인 역시 약속의 자녀가 됨을 깨닫기를 바랍니다. 그러므로 "위에 있는 예루살렘"은 약속의 자녀를 낳는 자유자 여인을 뜻합니다. "오직 위에 있는 예루살렘은 자유자니 곧 우리 어머니라"(26절)고 함으로써 사도 바울은 예루살렘의 이중성을 보여주었습니다. 하나는 행위언약 곧 율법으로 비유되는 시내 산과 별반 다를 바 없는 예루살렘으로 땅에 속한 곳입니다. 다른 하나는 은혜언약 곧 복음으로 비유되는 참된 예루살렘으로 "위에 있는 예루살렘"입니다. 바울이 비유를 들어 설명한 것과 같은 맥락에서 물리적이고 실질적인 설명으로 영적인 진리를 말하자면 이렇습니다. 시내산과 예루살렘은 서로 상당한 거리로 떨어져 있지만 지면에 있기에 서로 연결되어 있습니다. 그러나 "위에 있는 예루살렘"은 땅에 있는 예루살렘과 같은 자리에 있지만 확실히 구분되어 있고 떠 있는 물리적 공간으로 설명할 수 있습니다. 좀 다르게 비유적으로 설명하자면, 예루살렘이라고 하는 공항에 사람들이 함께 어우러져 있는데, 누구나 비행기를 탈 수 있는 사람처럼 보이지만 일부만 하늘로 향하는 항공권을 가지고 있다고 생각해볼 수 있습니다. 복음이라고 하는 항공권을 가진 사람들만 "위에 있는 예루살렘"에 속해있다고 이해할 수 있기를 바랍니다. 당시 갈라디아 교회들은 그런 이중성을 지닌 예루살렘이라 할 수 있었던 것입니다.

끝으로 27절을 보면, "기록된 바, 잉태하지 못하며 출산하지 못한 너는 노래할지어다 산고를 겪지 못한 너는 외쳐 노래할지어다 이는 홀로된 여인의 자식이 남편 있는 자의 자식보다 많음이라 여호와께서 말씀하셨느니라"라고 함으로써 이사야 54장 1절을 인용했습니다. 이사야 선지자를 통해서 하신 하나님의 말씀은 바벨론에 의해 예루살렘이 멸망하고 나서 폐허가 될지라도 하나님의 은혜로 다시 은혜와 복을 누리게 될 것이라는 의미였습니다. 또한 "위에 있는 예루살렘"으로 비유된 사라는 잉태하지 못해서 자식을 낳을 수 없었으나 하나님이 아들을 약속하셨고 그 약속으로 이삭을 낳았습니다. 그리고 그 이후로 셀 수 없을 정도로 많은 약속의 자녀들(창 26:4)이 태어났습니다. 그 약속의 자녀들이 바로 교회입니다. 땅에 속한 예루살렘이 아니라 "위에 있는 예루살렘"입니다. 그런데 갈라디아 교회들이 바로 일부 율법주의자들에 의해 스스로 땅에 속하려고 했던 것입니다. 바울 사도는 고린도 교회를 향해 "첫 사람은 땅에서 났으니 흙에 속한 자이거니와 둘째 사람은 하늘에서 나셨느니라 무릇 흙에 속한 자들은 저 흙에 속한 자와 같고 무릇 하늘에 속한 자들은 저 하늘에 속한 이와 같으니 우리가 흙에 속한 자의 형상을 입은 것 같이 또한 하늘에 속한 이의 형상을 입으리라" (고전 15:47-49)고 교훈했습니다. 모든 사람은 두 부류로 나누어집니다. "흙에 속한 자"와 "하늘에 속한 자"입니다. 고린도전서 15장 22절 "아담 안에서 모든 사람이 죽은 것 같이 그리스도 안에서 모든 사람이 삶을 얻으리라"는 말씀처럼 "첫 사람 아담"에 속한 자는 "흙에 속한 자"로 모두 죽습니다. 그러나 "그리스도 안에" 속한 자는 새로운 생명을 얻습니다. 바로 영생입니다. 율법을 받은 사람들이든 받지 않은 사람들이든 모두 "흙에 속한 자"입니다. 여종 하갈의 아들 '이스마엘'에 해당하는 사람입니다. "육체를 따라" 난 자들입니다. 하나님의 약속과 무관한 사람입니다. 그러나 "그리스도 안에" 속한 자는 약속으로 태어난 '이삭'에 해당하는 사람으로 거듭난 사람입니다. 모든 인간은 하나님 앞에 서게 됩니다. 둘 중 하나일 것입니다. "육체를 따라" 난 이스마엘이든, 아니면 "약속으로" 난 이삭일 것입니다. 그런데 놀랍게도 교회도 마찬가지라는 사실입니다. 예루살렘이라도 땅에 속한 성읍이 있고, 하늘에 속한 성읍이 있듯이 이 땅에 존재하는 모든 교회도 마찬가지입니다. 두 부류가 존재합니다. 시내 산과 연결된 지면에 있는 예루살렘처럼 땅에 속한 교회가 있고, 같은 예루살렘이지만 공중에 떠 있는 것과 같이 확실히 분리된 하늘에 속한 예루살렘처럼 하늘에 속한 교회가 있습니다. 유형교회와 무형교회로 나누어 설명할 수도 있지만, 본문을 통해 여종의 아들 이스마엘과 같은 자들이 있고, 여주인의 아들 이삭과 같은 자들이 있음을 확실히 깨닫기를 바랍니다. 아멘.

(2024년 9월 8일)

Ὦ ἀνόητοι Γαλάται, τίς ὑμᾶς ἐβάσκανεν
어리석도다 갈라디아 사람들아, 누가 너희를 꾀더냐(갈 3:1)

제24강

종의 자녀 vs. 주인의 자녀

28. 형제들아 너희는 이삭과 같이 약속의 자녀라
29. 그러나 그 때에 육체를 따라 난 자가 성령을 따라 난 자를 박해한 것 같이 이제도 그러하도다
30. 그러나 성경이 무엇을 말하느냐 여종과 그 아들을 내쫓으라 여종의 아들이 자유 있는 여자의 아들과 더불어 유업을 얻지 못하리라 하였느니라
31. 그런즉 형제들아 우리는 여종의 자녀가 아니요 자유 있는 여자의 자녀니라

지난 주일에는 여종 하갈의 아들과 여주인 사라의 아들 비유를 통해서 세상에 존재하는 교회 안에 두 부류의 사람들이 함께 있다는 사실을 분명히 알게 되었습니다. 오늘은 두 부류 가운데 여러분이 어디에 속해있는지 하나님의 은혜로 확실히 깨닫는 시간이 되기를 바랍니다.

28절 "형제들아 너희는 이삭과 같이 약속의 자녀라"고 하면서 갈라디아 교회들 속에 있는 참 그리스도인들을 향해 그들이 "이삭과 같이 약속의 자녀라"는 사실을 명확히 교훈했습니다. 먼저 "형제들아"라고 불렀는데, 이는 바울 사도를 포함한 모든 사도가 교회들을 향해 주로 사용했던 호칭이었습니다. 바울은 갈라디아서에서 특히 많이 사용했는데, 열 번이나 사용했고(1:11, 2:4, 3:15, 4:12, 28, 31, 5:11, 13, 6:1, 18), 심지어 "거짓 형제들"이라는 호칭도 사용했습니다(2:4). "이는 가만히 들어온 거짓 형제들 때문이라 그들이 가만히 들어온 것은 그리스도 예수 안에서 우리가 가진 자유를 엿보고 우리를 종으로 삼고자 함이로되"(2:4)라고 함으로써 진짜 그리스도인들처럼 행세하면서 믿는 자들을 미혹하는 자들을 "거짓 형제들"이라 칭했고, 철저히 분별해서 경계해야

할 대상임을 드러냈습니다. 바울은 고린도 교회를 향해서도 바울 자신이 겪은 위험을 말하면서 *"거짓 형제들 중의 위험"*을 언급했는데, 이들은 거짓 선지자들 또는 거짓 사도들로서 주 안에서 형제가 된 교회들을 미혹한 것은 물론이고 바울 사도까지 위험에 빠뜨리려고 했던 악한 자들이었습니다. *"여러 번 여행하면서 강의 위험과 강도의 위험과 동족의 위험과 이방인의 위험과 시내의 위험과 광야의 위험과 바다의 위험과 거짓 형제 중의 위험을 당하고"*(고후 11:26)라고 함으로써 그가 신체적으로도 위험한 지경에 놓였음을 알 수 있습니다. 바울은 이처럼 *"형제"*라는 호칭을 사용함으로써 그리스도인들이 서로 하나님의 자녀들이라는 사실을 확실히 깨닫도록 교훈했습니다. 이는 새로운 영적 가족 구성원이 되었다는 의미입니다. 하나님을 아버지로 섬기는 영적 자녀들이 되었다는 의미입니다. 그래서 갈라디아 교회들을 향해 *"너희가 아들이므로 하나님이 그 아들의 영을 우리 마음 가운데 보내사 아빠 아버지라 부르게 하셨느니라"*(갈 4:6)고 가르쳤던 것입니다. 이 같은 영적 진리를 로마서에서 자세히 언급했는데, 로마서 8장 11-17절 말씀을 보면 다음과 같습니다.

11. *예수를 죽은 자 가운데서 살리신 이의 영이 너희 안에 거하시면 그리스도 예수를 죽은 자 가운데서 살리신 이가 너희 안에 거하시는 그의 영으로 말미암아 너희 죽을 몸도 살리시리라*

12. *그러므로 형제들아 우리가 빚진 자로되 육신에게 져서 육신대로 살 것이 아니니라*

13. *너희가 육신대로 살면 반드시 죽을 것이로되 영으로써 몸의 행실을 죽이면 살리니*

14. *무릇 하나님의 영으로 인도함을 받는 사람은 곧 하나님의 아들이라*

15. 너희는 다시 무서워하는 종의 영을 받지 아니하고 양자의 영을 받았으므로 우리가 아빠 아버지라고 부르짖느니라

16. 성령이 친히 우리의 영과 더불어 우리가 하나님의 자녀인 것을 증언하시나니

17. 자녀이면 또한 상속자 곧 하나님의 상속자요 그리스도와 함께 한 상속자니 우리가 그와 함께 영광을 받기 위하여 고난도 함께 받아야 할 것이니라

"형제"라고 부르는 또 다른 목적이 있는데, 바로 예수님이 하신 말씀에 있습니다. "그러나 너희는 랍비라 칭함을 받지 말라 너희 선생은 하나요 너희는 다 형제니라"(마 23:8)고 하셨습니다. 이는 아버지 밑에서 모든 자녀가 출생의 순서만 있을 뿐 높고 낮음이 없이 평등하다는 것입니다. 오늘날 한국교회가 조선시대 유교 이념에서 벗어나지 못하고 지나치게 계급화된 점은 고쳐야 할 부분입니다. 조선시대 통치 이념이라 할 수 있었던 삼강오륜(三綱五倫)은 상하관계를 뚜렷하게 나타냈고, 종속적인 관계를 중시했습니다. 삼강은 군위신강(君爲臣綱, 임금과 신하 사이에 지켜야 할 도리), 부위자강(父爲子綱, 어버이와 자식 사이에 지켜야 할 도리), 부위부강(夫爲婦綱, 남편과 아내 사이에 지켜야 할 도리)인데, 상하가 절대적이고 주종관계가 명확했습니다. 오륜도 네 번째와 다섯 번째를 빼고는 모두 지배와 피지배 관계, 그리고 상하관계를 분명히 구분했습니다. 부자유친(父子有親, 어버이와 자식 사이에 있어야 할 친애), 군신유의(君臣有義, 임금과 신하 사이에 지켜야 할 의리), 장유유서(長幼有序, 나이가 많은 사람과 적은 사람 사이에서 지켜야 할 질서), 부부유별(夫婦有別, 부부 사이에 지켜야 할 구별)입니다. 심지어 친구 사이 도리를 말하는 붕우유신(朋友有信)도 신분상의 차별이 내포되어 있을 정도였습니다. 이런 영향으로 한국 사회나 교회 안에서는 호칭을 직함이나 직분으로 부르는 경우가 대부분입니다. 많은 사람이 있는 곳에서 "사장님"이라고 부르면 서로 자기를 부르는 줄 알 정도입니다. 교회들 대부분은 결혼한 나이가 되었는데도 집사나 권사나 장로와 같은 직분이 없으면 마땅히 부를 호칭이 없어 "성도님"이라고 하는 경우가 대부분입니다. 다만 성도를 계급 관점에서 생각하느냐, 하나님이 주신 특별한 호칭 또는 존재로 여기느냐는 큰 차이가 있습니다. 우리는 '성도'(the Saints) 즉 '거룩한 무리'라고 불리는 것 자체를 은혜와 영광으로 받아들여야 합니다. 비록 속된 세상에 살고 있지만 예수 그리스도를 구원자로 믿고 거룩한 하나님의 자녀, 하나님의 백성, 하나님의 사람들이 되었기 때문입니다. 이는 하나님의 영원한 소유가 된 사람들로(출 19:5), *"주의 성도"*(행 9:13)요 *"하나님의 교회"*(고후 1:1)요 *"거룩한 백성"*(사 62:12)이요 *"거룩한 제사장"*(벧전 2:5)이요, 무엇보다도 *"이삭과 같이 약속의 자녀"*임을 확실히 믿기를 바랍니다.

그런데 29절 *"그러나 그 때에 육체를 따라 난 자가 성령을 따라 난 자를 박해한 것 같이 이제도 그러하도다"*라는 말씀이 갈라디아 교회들이나 모든 그리스도인의 냉혹한 현실을 보여줍니다. *"그때에 육체를 따라 난 자가 성령을 따라 난 자를 박해한 것"*은 창세기 21장에 기록된 내용을 말하는데, *"육체를 따라 난 자"* 즉 여종 하갈이 낳은 이스마엘이 *"성령을 따라 난 자"* 즉 여주인 사라가 낳은 이삭을 놀리고 조롱한 것을 말합니다. 창세기 21장 8절부터 12절 말씀을 보면 다음과 같습니다.

8. 아이가 자라매 젖을 떼고 이삭이 젖을 떼는 날에 아브라함이 큰 잔치를

베풀었더라

9. 사라가 본즉 아브라함의 아들 애굽 여인 하갈의 아들이 이삭을 놀리는지
라

10. 그가 아브라함에게 이르되 이 여종과 그 아들을 내쫓으라 이 종의 아들
은 내 아들 이삭과 함께 기업을 얻지 못하리라 하므로

11. 아브라함이 그의 아들로 말미암아 그 일이 매우 근심이 되었더니

12. 하나님이 아브라함에게 이르시되 네 아이나 네 여종으로 말미암아 근
심하지 말고 사라가 네게 이른 말을 다 들으라 이삭에게서 나는 자라야
네 씨라 부를 것임이니라

아브라함이 큰 잔치를 베풀었는데, 그날이 백일잔치도 돌잔치도 아닌 '젖뗀 날을 축하하는 잔치'였습니다. 대개 고대 이스라엘에서는 젖을 떼는 시기가 출생 후 22~24개월, 또는 3세가 되는 해라고 합니다. 이 시기에 아이는 엄마와 친밀하고 깊은 유대관계를 형성하면서 엄마로부터 신앙교육을 받습니다. 지금도 유대인은 아버지가 유대인이 아니더라도 반드시 어머니가 유대인이어야 진정한 유대인의 혈통을 이은 사람이 됩니다. 물론 혈통만이 아닌 신앙도 이어받게 됩니다. 사도 바울은 디모데를 위해 기도하면서 "이는 네 속에 거짓이 없는 믿음이 있음을 생각함이라 이 믿음은 먼저 네 외조모 로이스와 네 어머니 유니게 속에 있더니 네 속에도 있는 줄을 확신하노라"(딤후 1:5)고 했습니다. 디모데는 외조모와 어머니로부터 이어진 신앙교육을 어려서부터 철저히 받았음을 알 수 있습니다. 그래서 유대 사회에서 젖을 뗀다는 의미는 단순히 2~3세 때 젖을 그만 먹고 밥을 먹는 것만이 아니라, 5~7세까지 어머니의 품에 안겨서 성경과 기도를 배우는 신앙교육을 마치는 것을 의미하기도 합니다. 이것이 일종의 사교육이고, 공교육은 6세 이후부터 시작되는 것입니다. 현대사회는 대부분 맞벌이 가정이다 보니 엄마가 육신의 젖을 먹이고 영적인 젖을 먹이는 일이 거의 사라져 버렸습니다. 영유아까지 공교육 시스템으로 들어가게 되면서 사실상 신앙교육의 기회가 현저히 줄어들게 되었습니다. 그로 인해서 하나님이 원하시는 가정과 교회는 점점 무너지게 될 것입니다. 주일예배조차도 엄마와 아이가 서로 분리되어 참석하는 환경이 조성되어버렸습니다. 어머니를 통해서 하나님을 알고, 성경을 듣고, 또한 어머니의 기도 소리를 듣고 자라야 할 아이가 또래 아이들과 관계 속에서 자라게 됨으로써 신앙의 유산을 잃게 되는 경우가 많아졌습니다. 이런 심각한 상황에 대한 이해가 먼저 있기를 바랍니다.

이삭이 젖 뗀 때를 3세 정도로 본다면, 하갈이 낳은 이스마엘은 17세 정도가 되었을 것입니다. 그가 14세 때 이삭이 태어났기 때문에 14세가 되기 얼마 전부터 자기 자신이 아브라함의 유일한 아들로서 상속받을 수 있는 기대가 물거품이 되어 사라졌음을 알게 되었고, 이삭이 태어난 후에는 독차지했던 아버지 아브라함의 사랑도 이삭에게로 옮겨간 상황이 되었습니다. 그래서 그는 이삭을 놀리고 조롱했던 것입니다. 여기서 놀린 것으로 표현된 단어는 바울 사도가 *"박해한 것"*으로 인용했습니다. 이는 단순한 놀림이 아니라 질투와 시기심에서 나온 놀림과 조롱이었고, 상속받지 못할 아들이 상속받을 아들을 핍박하고 박해한 것입니다. 이런 상황을 이삭의 어머니 사라가 목격했습니다. *"사라가 본즉 아브라함의 아들 애굽 여인 하갈의 아들이 이삭을 놀리는지라"*고 기록되어 있습니다. 최소한 13년간 아브라함의 사랑을 받았었는데, 형식적인 사랑이라 할지라도 어머니 하갈의 주인 사라의 사랑도 받아왔을 텐데 이삭의 출생으로 모든 것이 변해버렸습니다. 그래서 한 두 번 조롱하고 괴롭힌 정도가 아니라 반복적으로 조롱하고 괴롭힌 것입니다. 단어 그 자체에도 계속의 의미가 있습니다. 심지어 이 괴롭힘은 영적으로 아브라함의 후손이 된 모든 하나님의 자녀들에게도 해당합니다. 그래서 바울은 갈라디아 교회 형제들에게 *"그 때에 육체를 따라 난 자가 성령을 따라 난 자를 박해한 것 같이 이제도 그러하도다"*(29절)라고 말한 것입니다. 이스마엘은 당시 젖을 뗀 이삭과 나이 차가 14년이 되는 17세 정도의 청년이었습니다. 나이, 경험, 지식, 실력, 그리고 기득권을 내세우면서 이삭을 조롱하고 괴롭혔던 것입니다. 그와 마찬가지로 갈라디아 교회들 안에 있는 율법주의 유대인 그리스도인들 역시 자기들의 기득권, 경험, 능력, 율법 지식 등을 내세우면서 영적으로 어린 갈라디아 교회들을 속이고 그들이 원하는 대로 끌고 다니면서, 바울 사도는 물론 예수 그리스도에게서 멀어지도록 만들려고 했던 것입니다. 그래서 기독교 역사는 한편으로는 복음 전파의 역사요, 또 다른 한편으로는 박해받는 역사입니다. 디모데에게 바울은 *"무릇 그리스도 예수 안에서 경건하게 살고자 하는 자는 박해를 받으리라"*(딤후 3:12)고 교훈했습니다. 심지어 바울도 사도로 부르심을 받기 전에는 가장 극렬하게 교회를 박해한 사람이었습니다(빌 3:6, 행 9:1-5 등). 황제 콘스탄티누스 1세(Constantinus I)가 주후 313년 기독교를 로마의 종교로 공인할 때까지, 그리스도인들은 거의 300년 동안 박해받으며 살아왔습니다. 그러나 법과 제도를 통해 기독교가 보호받아왔음에도 여전히 그리스도인들은 조롱과 모욕과 박해에서 완전한 자유를 누리지는 못했습니다. 예수님이 십자가에서 그렇게 당하셨듯이 세상에서 그리스도인들은 모욕과 핍박을 받아왔습니다. 사도 바울은 갈라디아 교회 형제들이 당한 현실을 이삭이 당했던 경험으로 설명함으로써 그들이야말로 진정한 *"약속의 자녀"* 즉 '이삭을 따라 난 자'라는 사실을 깨닫도록 가르쳤음을 확실히 알기를 바랍니다.

　다음으로 갈라디아 교회들을 향하여 결단을 촉구했습니다. 30-31
절 "그러나 성경이 무엇을 말하느냐 여종과 그 아들을 내쫓으라 여종
의 아들이 자유 있는 여자의 아들과 더불어 유업을 얻지 못하리라 하
였느니라 그런즉 형제들아 우리는 여종의 자녀가 아니요 자유 있는 여
자의 자녀니라"고 하면서 율법주의자들에게서 확실하고도 완전히 벗
어나라고 촉구했습니다. 갈라디아 교회들로부터 단호한 결단을 끌어내
려고 사라와 아브라함의 예를 들었습니다. 이스마엘은 비록 아브라함
이 아내 사라와 협의한 끝에 사라의 여종 하갈을 통해 낳은 아들이었
지만, 100세가 되어가는 아브라함에게 유일한 아들이었기에 아브라함
은 그를 사랑하고 아끼며 키운 것입니다. 그런데 그런 아들 이스마엘이
약속을 따라 낳은 어린 아들 이삭을 조롱하고 괴롭히던 장면을 사라
가 목격하고 남편 아브라함에게 여종 하갈과 그 아들 이스마엘을 내쫓
으라고 요구했습니다. 이때 "아브라함이 그의 아들로 말미암아 그 일이
매우 근심이 되었더니"(창 21:11)라는 말씀에서 알 수 있듯이 큰 근심과
괴로움에 빠지고 말았던 것입니다. 사라에게 있어서 이스마엘은 다른
여자가 낳은 아들이어서 그녀는 언제든지 정을 떼고 쫓아낼 수 있는
일이었지만, 아브라함에게 있어서 이스마엘은 사라와는 달리 친아들이
었던 것입니다. 그래서 크게 근심하지 않을 수 없었던 것입니다. 아브라
함은 하나님의 약속대로 100세에 얻은 이삭으로 인해서 큰 기쁨을 누
렸지만, 그 기쁨의 크기만큼이나 이스마엘에 대한 근심은 커질 수밖에
없었습니다. 이때 하나님이 아브라함에게 말씀하시기를, "네 아이나 네
여종으로 말미암아 근심하지 말고 사라가 네게 이른 말을 다 들으라
이삭에게서 나는 자라야 네 씨라 부를 것임이니라"(창 21:12)고 하셨습

니다. 하나님은 근심 중인 아브라함에게 사라의 요구대로 여종 하갈과 그녀의 아들 이스마엘을 쫓아내라고 단호하게 말씀하셨습니다. 그런데 아브라함에게는 고통스러운 일이었습니다. 아내 사라 말에 크게 근심하면서도 쫓아내기에는 어려운 상황이었을 것입니다. 그러나 하나님의 말씀을 듣는 순간 그는 결정해야만 했습니다. 하나님의 약속을 따라 태어난 아들이 아니었기 때문입니다. 사실 아브라함은 75세 때 상속받을 아들과 헤아릴 수 없을 정도로 많은 후손을 약속받았지만, 자식을 낳기 어려운 나이여서 집에서 키운 종 다메섹 출신 엘리에셀을 상속자로 삼을 계획이었습니다(창 15:2-3). 그때 하나님이 아브라함에게 말씀하시기를, "그 사람이 네 상속자가 아니라 네 몸에서 날 자가 네 상속자가 되리라……하늘을 우러러 뭇별을 셀 수 있나 보라 또 그에게 이르시되 네 자손이 이와 같으리라"(창 15:4-5)고 약속하셨습니다. 그러나 나이가 더 들면서 초조해지기 시작했고, 86세가 되어 사라의 여종 하갈을 통해 이스마엘을 낳게 된 것입니다. 그는 하나님의 약속을 따라 아들 이삭을 낳기까지 25년을 기다리지 못했습니다. 그래서 이스마엘과 하갈 모두 쫓아내야만 하는 근심과 슬픔과 고통을 겪어야만 했습니다. 넓은 의미에서 보면, 하나님의 섭리로 이스마엘이 태어나 큰 민족을 이루었지만, 자세히 들여다보면 아브라함과 사라가 하나님의 약속을 온전히 믿지 못하고 의심하게 되면서 하나님의 뜻보다는 그들의 의지와 계획이 앞서게 되었습니다. 이런 일은 우리 삶 속에서 끊임없이 반복적으로 일어나는 일들입니다. 예수님은 제자들에게, 그리고 모든 그리스도인에게 "뜻이 하늘에서 이루어진 것 같이 땅에서도 이루어지이다"(마 6:10)라고 기도하심으로써 본을 보여주셨고, 어떻게 기도해야 하는지 알려주셨음에도 여전히 우리 뜻이 이루어지도록 기도하는 것이 보편적입니다. 하나님을 믿지 않는 자들은 어렵고 불가능해 보이는 일이 이루어지도록 막연하게 바랄 분이고, 저마다 종교의 힘을 빌려 뜻을 이루고자 합니다. 아브라함과 사라는 하나님의 뜻이 그들의 인생에서 이루어질 때까지 믿고 기다려야 했습니다. 폐경 후 오랜 세월이 흘렀어도 하나님이 약속하셨기 때문에 하나님의 뜻이 이루어지도록 서로가 노력해야 했습니다. 그런데 그들은 그렇게 하지 못했습니다. 창세기 18장을 보면, 천사 셋이 아브라함의 집에 찾아온 일이 기록되어 있습니다. 9절부터 15절 말씀을 보겠습니다.

> 9. 그들이 아브라함에게 이르되 네 아내 사라가 어디 있느냐 대답하되 장막에 있나이다
> 10. 그가 이르시되 내년 이맘때 내가 반드시 네게로 돌아오리니 네 아내 사라에게 아들이 있으리라 하시니 사라가 그 뒤 장막 문에서 들었더라
> 11. 아브라함과 사라는 나이가 많아 늙었고 사라에게는 여성의 생리가 끊어졌는지라
> 12. 사라가 속으로 웃고 이르되 내가 노쇠하였고 내 주인도 늙었으니 내게 무슨 즐거움이 있으리요
> 13. 여호와께서 아브라함에게 이르시되 사라가 왜 웃으며 이르기를 내가 늙었거늘 어떻게 아들을 낳으리요 하느냐
> 14. 여호와께 능하지 못한 일이 있겠느냐 기한이 이를 때에 내가 네게로 돌아오리니 사라에게 아들이 있으리라
> 15. 사라가 두려워서 부인하여 이르되 내가 웃지 아니하였나이다 이르시되 아니라 네가 웃었느니라

이처럼 아브라함과 사라는 하나님의 약속이 성취되지 못할 것으로 생각하고 사실상 체념하고 있었던 것입니다. 이렇게 폐경기 이후에 출생한 이삭과 동정녀 마리아에게서 잉태되어 출생한 예수님의 경우는

하나님이 초자연적인 방법으로 출생케 하신 일이라는 점에서는 두 사건 모두 성령의 역사입니다. 그래서 이삭은 예수 그리스도의 예표로써 "약속의 *씨*"였던 것입니다. 다만 근본적인 차이가 있다면, 방식에 있어서 이삭은 어머니 사라가 폐경기 이후였지만 하나님의 약속대로 이루어지리라 믿고서 부부관계를 통해 낳은 아들이고, 예수 그리스도는 마리아가 요셉과 정혼을 한 상태였지만 부부관계를 하지 않은 동정녀(童貞女) 상태에서 낳은 아들이라는 차이입니다. 더 큰 근본적인 차이가 있는데, 그것은 본질에 있어서 이삭은 사람이고, 예수 그리스도는 사람이면서 동시에 하나님이라는 차이입니다. 이 엄청난 사실에 대한 믿음이 모든 하나님의 백성에게 요구되는 것임을 알고 조금도 의심하지 않기를 바랍니다. 그다음으로 일어난 기적이 바로 일반적인 성관계를 통해 태어났지만, 창세기 15장 5절 "*하늘을 우러러 뭇별을 셀 수 있나 보라 또 그에게 이르시되 네 자손이 이와 같으리라*"는 말씀의 성취로써 약속의 후손이 된 사람들입니다. 이들은 예수님이 "*진실로 진실로 네게 이르노니 사람이 거듭나지 아니하면 하나님의 나라를 볼 수 없느니라*"(요 3:3)고 하셨을 때 그 말씀에 해당하는 '거듭난 사람들'이고 "*성령으로 난 사람*"(요 3:8)들임을 확실히 믿기를 바랍니다.

이제 갈라디아 교회들은 바울의 교훈을 듣고 결정해야만 했습니다. 혈통만 이어받았을 뿐 약속의 후손이 아닌 율법주의 유대인들은 이스마엘이 이삭에게 했듯이 갈라디아 교회 이방인 그리스도인들을 조롱하고 핍박했습니다. 율법주의 거짓 교사들은 '율법의 행위'를 지킴으로써 아브라함의 후손이요 상속받는 자가 된다고 믿었던 것입니다. 이에 대해 바울은 그들(율법주의 유대인 교사들)은 물론이고 그들에게 속아 넘어간 자들(유대주의자들 또는 유대화주의자들)까지 모두 쫓아내야 할 대상이라고 강조했습니다. 그 이유는 역시 함께 유업을 얻지 못하기 때문입니다. 상속자가 될 수 없다는 것입니다. 본문 30절 *"그러나 성경이 무엇을 말하느냐 여종과 그 아들을 내쫓으라 여종의 아들이 자유 있는 여자의 아들과 더불어 유업을 얻지 못하리라 하였느니라"*는 말씀을 통해 같은 갈라디아 교회 속에 있지만 함께 믿음의 삶을 이어갈 수 있는 자들이 아니라는 사실을 분명히 일깨우고자 했습니다. 마치 물과 기름이 섞일 수 없는 것처럼 전혀 하나가 될 수 없는 자들이었습니다. 이렇게 갈라디아 교회 안에 크게 두 부류의 사람들이 있었던 것입니다. 바울은 로마서를 통해서도 *"또한 아브라함의 씨가 다 그의 자녀가 아니라 오직 이삭으로부터 난 자라야 네 씨라 불리리라 하셨으니 곧 육신의 자녀가 하나님의 자녀가 아니요 오직 약속의 자녀가 씨로 여기심을 받느니라"*(롬 9:7-8)고 교훈하면서 교회 안에 육신의 자녀가 있고, 약속의 자녀가 있다고 했습니다. 끝으로 *"그런즉 형제들아 우리는 여종의 자녀가 아니요 자유 있는 여자의 자녀니라"*(갈 4:31)고 함으로써, 율법의 종이 되고자 하는 자들의 거짓 가르침에서 벗어나 복음을 통해 얻게 된 자유 즉 죄와 사망의 굴레에서 벗어난 진정한 자유를 누려야 할 존재라고 강조한 것입니다. 우리는 현대교회 안에서도 형식적이고 율법주의적인 신앙 행태를 여전히 보게 됩니다. 당시 갈라디아 교회들이든 지금 우리든 누구든지 그리스도를 구원자로 믿는다면 이 말씀을 마음에 깊이 새겨야 합니다. *"진리를 알지니 진리가 너희를 자유롭게 하리라"*(요 8:32). 아멘.

(2024년 9월 15일)

제25강

유대인의 할례와
미국인의 포경수술

갈라디아서 5장 1-12절

1. 그리스도께서 우리를 자유롭게 하려고 자유를 주셨으니 그러므로 굳건하게 서서 다시는 종의 멍에를 메지 말라
2. 보라 나 바울은 너희에게 말하노니 너희가 만일 할례를 받으면 그리스도께서 너희에게 아무 유익이 없으리라
3. 내가 할례를 받는 각 사람에게 다시 증언하노니 그는 율법 전체를 행할 의무를 가진 자라
4. 율법 안에서 의롭다 함을 얻으려 하는 너희는 그리스도에게서 끊어지고 은혜에서 떨어진 자로다
5. 우리가 성령으로 믿음을 따라 의의 소망을 기다리노니
6. 그리스도 예수 안에서는 할례나 무할례나 효력이 없으되 사랑으로써 역사하는 믿음뿐이니라
7. 너희가 달음질을 잘 하더니 누가 너희를 막아 진리를 순종하지 못하게 하더냐
8. 그 권면은 너희를 부르신 이에게서 난 것이 아니니라
9. 적은 누룩이 온 덩이에 퍼지느니라
10. 나는 너희가 아무 다른 마음을 품지 아니할 줄을 주 안에서 확신하노라 그러나 너희를 요동하게 하는 자는 누구든지 심판을 받으리라
11. 형제들아 내가 지금까지 할례를 전한다면 어찌하여 지금까지 박해를 받으리요 그리하였으면 십자가의 걸림돌이 제거되었으리니
12. 너희를 어지럽게 하는 자들은 스스로 베어 버리기를 원하노라

지난 주일에 살펴본 본문의 내용까지 즉 갈라디아서 1장부터 4장까지 사도 바울은 이신칭의(믿음으로 의롭다 칭함을 받음) 교리를 중심으로 편지를 써 내려갔습니다. 이제부터 살펴볼 5장부터 6장 10절까지는 이신칭의 교리의 실천에 대한 교훈이 이어집니다. 먼저 그리스도인에게 주어진 자유를 누리라는 교훈을 통해서 우리 또한 형식적이고 율법주의적인 기독

교 신앙의 영향을 받아 자유를 누리는 데 소극적이지는 않았는지 돌아보고, 진정한 자유를 적극적으로 누릴 수 있기를 바랍니다.

주일날 교회당에 나와 예배를 드리는 것을 마치 율법처럼 여기고 지키기 위해 애쓰는 사람들이 많습니다. 교회당에 억지로 나온다면, 마치 가기 싫은데 어쩔 수 없이 나오는 것이라면, 율법주의 신앙에서 벗어나지 못한 상태로 볼 수 있습니다. 이는 자유가 없이 주인이 시키는 대로 가야만 하는 종의 모습, 또는 멍에를 멘 짐승의 모습과 다를 바 없습니다. 반면에 자유가 있는 주인으로서 기쁘고 감사한 마음으로 예배에 참석하고 주일을 보내고 나면 월요일이 가장 힘이 넘치고 유쾌하고 감사의 마음도 클 것입니다. 그렇지 않다면 주일에 예배드리는 시간도 아깝게 느껴지고, 예배에 참석하는 것 역시 부담이 되고 힘들 것이며, 예배에 참석해도 마음이 무거울 것입니다. 그리고 월요일은 가장 부담스러운 날이 될 것입니다. 그리스도가 주신 자유를 확실히 누리기를 바랍니다. 그러므로 주일은 그리스도가 주신 자유를 맘껏 누리는 날입니다. 주일은 일주일 동안 보고 싶었던 식구들을 보는 것처럼 영적 가족을 보는 날이기도 합니다. 그래서 그리스도인들은 주일이 그만큼 중요한 것입니다. 또한 영적 가족임을 성찬을 통해 더 강하게 느끼게 되는 것입니다. 교회는 "인자는 안식일의 주인이니라"(마 12:8)고 말씀하신 그리스도를 머리로 해서 몸을 이룬 지체이기에(엡 5:23) 서로 그리워하고 사랑하고 섬겨야 할 대상임을 확실히 알고 자유를 온전히 누리기를 바랍니다.

1절 "그리스도께서 우리를 자유롭게 하려고 자유를 주셨으니 그러므로 굳건하게 서서 다시는 종의 멍에를 메지 말라"는 바울의 교훈은 "진리를 알지니 진리가 너희를 자유롭게 하리라"(요 8:32)는 말씀을 삶 속에서 누리라는 실천적 명령입니다. 그리스도께서 우리를 위해 자유를 주셨는데, 죄와 사망에서 건져내셨는데, 즉 율법의 저주에서 건져내셨는데 자유를 누리지 않고 자유가 없는 종의 멍에를 멘다면 얼마나 어리석은 행동입니까? 억지로 끌려다니며 하나님을 예배하는 자들이라면 자유가 없이 종처럼 끌려다니고 있는 것입니다. 사탄의 종이 되어 예배드리는 현장까지 끌려다닌다면 가장 불쌍한 종이 된 상태임을 잊지 말기를 바랍니다. 그렇다고 세상에서 강조되는 육체의 자유에 관심을 기울이는 일이 없기를 바랍니다. 오스트리아(Austria) 심리학자요 신마르크스주의자 빌헬름 라이히(Wilhelm Reich, 마르쿠제[Herbert Marcuse]와 함께 68혁명에 큰 영향을 미친 인물)는 아이들이나 노인을 막론하고 누구나 성적인 자유를 누려야 건강하고 행복한 인생을 누리는 것으로 여겼고, 기독교가 가르치는 결혼관을 성적 자유를 억압하는 사상으로 여겼으며, 모든 인간이 자유를 누리는 데 최대 걸림돌이 바로 그리스도와 교회라고 했습니다. 라이히가 말한 자유는 결코 자유가 아니라 방종이요 타락이요 사탄의 종이 되는 것임을 명심하기를 바랍니다.

2절을 보면, "보라 나 바울은 너희에게 말하노니 너희가 만일 할례를 받으면 그리스도께서 너희에게 아무 유익이 없으리라"고 사도 바울은 단호하게 말했습니다. 할례를 받아야 할 의무가 없는데, 받을 필요가 없는데도 할례를 받고자 한다면, 그런 자에게는 자유를 주신 그리스도가 아무 소용도 없고 십자가 구속 자체도 의미가 없다는 것입니다. 결코 할례를 받지 말라고 한 것인데, 그만큼 갈라디아 교회들을 미혹한 율법주의 유대인들로 인해 이방인 그리스도인들이 할례를 받았거나 할례를 받고자 했다는 것입니다. 자유를 누리게 된 사람들이 다시 종의 멍에를 메고자 한 것입니다. 그래서 바울은 "내가 할례를 받는 각 사람에게 다시 증언하노니 그는 율법 전체를 행할 의무를 가진 자라"고 말한 것입니다. 할례를 받았거나 받고자 한다면 그것으로 끝나는 것이 아니라 "율법 전체를 행할 의무를 가진 자"가 된 것이며, 이는 다시 율법의 저주를 받는 대상이 되었다는 뜻입니다. 4절 "율법 안에서 의롭다 함을 얻으려 하는 너희는 그리스도에게서 끊어지고 은혜에서 떨어진 자로다"라는 말씀으로 바울은 더 강조해서 표현했습니다. 이보다 더 강하고 무서운 표현은 없을 정도로 바울은 강력한 어조로 표현했습니다. 갈라디아 교회 신자들이 율법주의 신앙으로 빠지는 것을 막으려고 바울은 "그리스도에게서 끊어지고 은혜에서 떨어진 자"라는 거친 표현을 한 것입니다. 그런데 갈라디아 교회들만의 문제가 아닙니다. 한국교회의 문제이기도 합니다. 거의 의무적인 사항이 되어버린 십일조와 주일성수, 구약시대 절기 준수와 같은 여러 절기를 지키는 관습이 신약시대 교회 모습과는 전혀 다른 모습입니다. 한국교회에서 주로 지키는 절기들을 보면, 신년감사주일(또는 신년축복주일), 사순절(부활 전 40일), 부활절, 성령강림절(오순절), 맥추감사절, 추수감사절, 대강절(성탄 전 4주), 성탄절 등입니다. 8개 중 대부분 6개 이상은 지킨다고 해도 과언이 아닐 것입니다. 여기에 헌금 종류도 수없이 많습니다(적게는 30개 이하, 많게는 100개 이상). 특별한 시간과 때마다 '예배'라는 이름으로 헌신과 헌금을 요구합니다. 주일예배와 감사예배 외에도 특별한 예배가 아주 많습니다. 새벽예배, 수요예배, 금요예배, 아침예배, 저녁예배, 대예배(나머지는 사실상 소예배에 속함), 영아예배, 유아예배, 소년예배, 중고등학생예배, 대학생예배, 청년예배, 구역예배, 직장인예배, 첫돌예배, 생일예배, 결혼예배, 임종예배, 추모예배, 입관예배, 발인예배, 하관예배, 추도예배, 각종 기념예배 등으로 헤아릴 수 없이 많습니다. 이렇게 형식적이고 율법주의적인 신앙으로 기울어버린 한국교회에 대한 하나님의 경고이기도 함을 명심하기를 바랍니다.

사람들은 권위를 가진 자들 또는 유명하거나 특별한 지식을 갖춘 자들의 말을 신뢰하고 따르는 경향이 있습니다. 그래서 갈라디아 교회들도 그곳에 있는 유대인 교사들의 권위와 지식과 명성에 쉽게 미혹되었던 것입니다. 오늘날도 마찬가지입니다. 1870년 미국에서 의학계 권위자였던 루이스 세이어라는 정형외과 의사가 마비와 대근육 운동 장애를 앓고 있는 몇몇 아이들의 치료법으로 포경수술을 활용하고 나서, 포경수술은 다양하고 많은 질병을 치료하는 방법으로 널리 퍼지게 되었고, 특히 그를 추종하던 자들까지 포경수술을 적극적으로 장려하는 책과 논문을 발표하는 일에 앞장섰습니다. 지금 상황에서는 수술이나 물리치료를 받으면 되지만 당시에는 보편적인 치료법이 없었기에 의사가 제시하는 치료 방식을 따랐던 것입니다. 그로 인해서 1870년대부터 1970년대까지 약 100년간 유대교 할례의식은 의료적 관점에서도 긍정적으로 평가받았고, 미국의 영향으로 세계 여러 나라에서 포경수술이 크게 유행하게 될 정도였습니다. 그러나 1980년 미국에서 에드워드 월러스틴(Edward Wallerstein)이 『포경수술: 미국 의학의 큰 실수(Circumcision: An American Health Fallacy)』라는 책을 발간하면서 포경수술의 문제점이 속속 드러났고, 한때 미국에서는 남자아이가 출생하면 거의 90% 정도 포경수술을 했는데, 지금은 50% 정도로 크게 줄었습니다. 그래도 여전히 적지 않은 비율입니다. 이런 비율이 현재도 유지되는 이유가 유대인 의사들의 영향이라고 하는 사람들도 있습니다. 독일 나치당이 유대인을 학살할 때 유대인을 가려내는 수단으로 여러 가지가 있었는데 그중에 가장 손쉬운 방법이 할례의식을 치른 흔적이 있는지 옷을 벗겨서 알아보는 것이었습니다. 대학살을 겪은 유대인들은 몸에 표시가 되어 있기에 언제든지 학살을 당할 일이 생긴다면 쉽게 구분되기 때문에 일부로 포경수술을 적극적으로 권장해서 남자들이 대부분 포경수술을 받게 됨으로써 유대인만의 표식이 되지 않도록 하기 위한 목적이었다는 설(說)도 있을 정도입니다. 이렇게 의학적으로 문제가 많고, 포경수술 자체도 부정적인 결과를 더 초래할 수 있음에도 일반 사람들은 권위자의 말과 책과 논문에 현혹이 되어 불필요하거나 결과가 좋지 않은 일을 따랐던 것입니다. 갈라디아의 이방인 출신 그리스도인들 역시 율법에 정통한 유대인 그리스도인들의 지식과 가르침에 쉽게 미혹되었다는 사실을 기억하고, 오늘날 성경 구절을 많이 외워서 당시 율법주의자들이 그랬던 것처럼 권위적이고 지적인 태도로 성경을 잘 모르는 신자들을 미혹해서 사이비 신앙으로 빠지게 하는 자들 또한 철저히 경계하기를 바랍니다.

바울 사도는 이어서 "우리가 성령으로 믿음을 따라 의의 소망을 기다리노니 그리스도 예수 안에서는 할례나 무할례나 효력이 없으되 사랑으로써 역사하는 믿음뿐이니라"(5-6절)고 교훈했습니다. 이 땅에서 의롭다고 함을 받고 천국에서 완전한 의를 얻기를 기다리는 자들은 할례와 무할례에 의해 의인이나 죄인으로 구별되는 것이 아니라 믿음에 의해 의인으로 인정되는 것이고, 율법주의자들의 생각과 달리 의롭다고 함을 받는 일은 율법을 지키는 일이 아니라, 율법의 저주에서 하나님의 백성을 구원하시기 위해 그리스도를 보내신 하나님의 사랑을 받아들이는 믿음이라는 사실임을 확실히 믿기를 바랍니다.

7-8절 "너희가 달음질을 잘 하더니 누가 너희를 막아 진리를 순종

하지 못하게 하더냐 그 권면은 너희를 부르신 이에게서 난 것이 아니니라"고 한 것은 당시 로마 시대에 흔히 볼 수 있었던 달리기 시합을 비유로 들면서 설명했습니다. 많은 군중이 달리기 시합을 지켜보는데 어느 누가 중간에 나타나 달리는 선수들을 가로막고 마땅히 달려야 할 길을 가지 못하게 한다면 그 사람이 한 행동이 명백히 잘못된 것임을 누구든지 알 수 있듯이, 그리고 그런 사람은 달리기 시합 주최 측에서 한 일이 아님을 알 수 있듯이 갈라디아 교회들이 신앙생활을 잘하고 있는데, 갑자기 중간에 끼어들어 그리스도를 향해 성장해 나아가는 신앙생활을 가로막고 갑자기 유대교 전통을 따르라면서 할례를 권유하거나 강요한다면 그것은 하나님으로부터 온 사람이 결코 아니라는 것입니다. 그런데 갈라디아 교회들이 시합 중간에 율법주의자들이 끼어들어 다른 곳으로 끌고 가려는데 어리석게도 따라가고 있었다는 것입니다. 이렇게 일부가 따라가다 보면 나머지도 영향을 받아서 따라가기 쉽다는 뜻으로 "적은 누룩이 온 덩이에 퍼지느니라"고 교훈했습니다. 누룩은 반죽이 점점 부풀어 오르게 하기에 확산하는 것을 뜻합니다. 누룩이 긍정적으로 확산하는 것도 성경에 기록되어 있지만(마 13:33, 눅 13:20-21), 여기서는 부정적이고 나쁘고 악한 일이 퍼지는 것을 의미합니다(고전 5:6). 그래서 바울 사도는 10절부터 12절 말씀처럼 단호하게 "나는 너희가 아무 다른 마음을 품지 아니할 줄을 주 안에서 확신하노라 그러나 너희를 요동하게 하는 자는 누구든지 심판을 받으리라 형제들아 내가 지금까지 할례를 전한다면 어찌하여 지금까지 박해를 받으리요 그리하였으면 십자가의 걸림돌이 제거되었으리니 너희를 어지럽게 하는 자들은 스스로 베어 버리기를 원하노라"고 강한 어조로 표현했습니다. 오히려 모두 다 달리던 길로 다시 돌아와 목표지점을 향하리라는 믿음으로 "나는 너희가 아무 다른 마음을 품지 아니할 줄을 주 안에서 확신하노라"고 말했습니다. 반면에 그들을 미혹했던 자들을 향해서는 "그러나 너희를 요동하게 하는 자는 누구든지 심판을 받으리라"고 했습니다. 그런 후에 "형제들아 내가 지금까지 할례를 전한다면 어찌하여 지금까지 박해를 받으리요 그리하였으면 십자가의 걸림돌이 제거되었으리니"라고 하면서 할례를 전했다고 하면 이렇게까지 유대인들에게 박해받을 일이 없었을 것이라 했고, 할례를 받도록 해왔다면 십자가 복음을 전하는 일에도 걸림돌이 될 일이 없었을 것이라 했습니다. 바울 사도가 전한 복음은 할례와 전혀 상관이 없다고 한 것입니다. 할례를 받아야 하느냐 마느냐에 따라 의롭게 되는 것이 아니라는 것입니다. 할례와 전혀 무관한 이방인들이 할례를 받는 것은 그리스도의 복음과는 별도로 유대교 신앙을 따르는 것이기 때문에 갈라디아 교회들이 따라서는 안 된다고 교훈한 것임을 확실히 알기를 바랍니다.

끝으로 "너희를 어지럽게 하는 자들은 스스로 베어 버리기를 원하노라"고 아주 심한 표현을 했습니다. 다른 번역을 보면 "할례를 주장하면서 혼란만 일으키는 사람들은 할례의 대상이 되는 그 지체를 아주 잘라 버리기를 바랍니다."《현대인의성경》 "할례를 가지고 여러분을 선동하는 사람들은, 차라리 자기의 그 지체를 잘라 버리는 것이 좋겠습니다."《새번역》 "너희를 어지럽게 하는 자들이 스스로 베어 버리기를 원하노라"《개역한글》고 번역되어 있습니다. 바울은 갈라디아 교회들을 어지럽히고 거짓 교훈으로 선동하는 율법주의자들이 할례를 가장 중요한 것이라고 주장했기 때문에 그들이 할례를 통해서 음경 포피만 벨 것이 아니라 차라리 음경 전체를 베어버리기를 바란다고 할 정도로 화가 많이 났습니다. 음경을 자르거나 고환을 떼어내는 일을 거세(去勢)라고 하는데, 인류 역사에서 흔하게 있었던 일입니다. 둘 중 하나를 자르거나 떼기도 했지만 둘 다 없애기도 했습니다. 거세는 여러 가지 이유나 목적으로 행해졌는데, 먼저 정치적인 거세가 있습니다. 이는 정권에 반대하거나 저항하는 세력을 실제로 거세해 버림으로써 힘의 원천인 남성성을 제거합니다. 전쟁에서 적군이나 포로를 거세하기도 했고, 정치적으로는 권력다툼에서 정적이나 저항 세력을 거세하곤 했습니다. 현대에 와서는 정적의 세력을 사법권을 이용해 꺾어버리는 일도 거세라고 합니다. 출세를 위해 자발적으로 거세하기도 했는데 환관이나 내시가 이에 해당합니다. 종교적으로 온전한 금욕을 위해서 자발적으로 거세를 한 일도 있고, 중세 시대에 여성이 성가를 부를 수 없었을 때 여성처럼 고음을 내기 위해 사춘기 남자들이 거세해서 고음을 유지하기도 했습니다. 또한 사법적으로 사형 대신 중형을 내릴 때 거세하기도 했고, 지금도 화학적으로 거세하기도 합니다. 고대 이집트를 비롯한 많은 나라에서 여자를 겁탈하면 거세의 형벌을 내리기도 했습니다. 이렇게 끔찍한 일을 바울 사도는 할례를 강요하거나 권유한 갈라디아 교회 율법주의자들이 스스로 하기를 바랐던 것입니다. 그 정도로 바울은 갈라디아 교회들을 어지럽히고 거짓 교훈으로 율법주의에 빠지게 하는 거짓 교사들이 영향력을 행사하지 못하기를 바랐고, 갈라디아 교회들 스스로 율법주의 신앙의 오류를 깨닫고 자유를 누리게 하는 진리에 순종하기를 촉구했던 것입니다. 바울의 편지를 읽고 갈라디아 교회들은 결단해야 했습니다. 진리에 순종하기 위해 달음질하는 선수들을 막고 방해하고 다른 코스로 끌고 가는 자들을 그대로 따라갈 것인가, 아니면 단호히 거부하고 목표지점을 향해 달려갈 것인가를 결정해야만 했습니다. 우리 역시 진리에 순종하는 일에 방해가 되는 것들, 방해하려는 사람들을 단호히 뿌리치고 우리를 자유롭게 하는 진리인 예수 그리스도만을 온전히 따르기를 바랍니다. 아멘.

(2024년 9월 22일)

Ὦ ἀνόητοι Γαλάται, τίς ὑμᾶς ἐβάσκανεν

어리석도다 갈라디아 사람들아, 누가 너희를 꾀더냐(갈 3:1)

제26강

예수 그리스도가 주시는 자유

갈라디아서 5장 13-15절

13. 형제들아 너희가 자유를 위하여 부르심을 입었으나 그러나 그 자유로 육체의 기회를 삼지 말고 오직 사랑으로 서로 종 노릇 하라
14. 온 율법은 네 이웃 사랑하기를 네 자신 같이 하라 하신 한 말씀에서 이루어졌나니
15. 만일 서로 물고 먹으면 피차 멸망할까 조심하라

지난 주일부터 이신칭의 교리에 대한 실천적 말씀을 살펴보고 있습니다. 당시 갈라디아 교회들은 물론이고 오늘날 우리 역시 형식주의와 율법주의에 빠져 있거나 영향을 받은 상태라는 것을 성경을 통해서 분명히 알 수 있습니다. 그리스도인들은 자유를 누리는 삶을 살아야 하는데 당시 갈라디아 교회들의 경우 율법주의 교사들의 거짓 교훈에 속아 다시 종의 멍에를 메는 율법의 종이 되고자 했던 것입니다. 한국교회 역시 종의 멍에를 메려는 어리석은 모습을 보이고 있습니다. 우리 모두 *"진리를 알지니 진리가 너희를 자유롭게 하리라"*(요 8:32)고 하신 예수님을 온전히 믿고, 예수님이 주시는 자유를 온전히 누리기를 바랍니다.

우리가 계속 살펴보았듯이 갈라디아 교회들을 속였던 율법주의자들은 예수님과 사도들의 교훈을 따르지 않고 자기들이 배운 율법의 의식, 자기들이 이어받은 종교적 전통을 따르는 삶을 그리스도의 복음보다 중시했습니다. 갈라디아 교회들은 예수님이 말씀하신 내용과 직접 행하심으로써 보여주신 신앙의 삶을 본받아야 했습니다. 이는 우리도 마찬가지입니다. 문제는 예수님을 따르려고 할 때 반발과 거부가 있다

는 것입니다. 유대인들은 할례를 받아왔는데, 그들이 중시해 온 의식을 하지 않는 교회에 대해 분노하고 심지어 조롱과 모욕과 박해를 서슴지 않았습니다. 그들이 소중히 지켜온 지적(知的)이고 종교적인 자산이 갑자기 무시당했다는 생각에 분노와 치욕을 참을 수 없었던 것입니다. 이런 일은 신약성경과 초대교회 역사 문헌에서 발견되는 명확한 사실입니다. 그렇다 보니 복음을 듣고 그리스도를 믿게 된 유대인들조차 여전히 율법의 행위를 따르는 삶에서 자유를 누리지 못한 경우가 있었던 것입니다. 그래서 이런 율법주의 신자들 때문에 갈라디아 지역에서 그리스도를 믿게 된 이방인 신자들이 어리석게도 전통과 경험과 권위를 앞세운 유대교 교훈에 넘어가 율법주의 유대인 교사들을 따르면서 배우고자 했고, 그로 인해 사도 바울이 크게 격노하고 갈라디아 교회들을 대상으로 편지를 쓰게 된 것입니다. 이방인 그리스도인들은 율법주의 교사들에게서 하나님을 믿는 신앙적 행위와 본을 찾을 것이 아니라 가장 먼저 예수님과 사도들에게서 찾아야 했습니다. 그러므로 우리 역시 유대인들의 율법주의 또는 형식주의를 본받지 말아야 하고, 이방인들의 종교 행위 역시 본받지 말아야 합니다. 예수님은 제자들에게 유대인들 특히 바리새인들과 서기관들의 형식주의를 경계하라고 하셨습니다. 마태복음 6장 말씀 1절부터 6절을 함께 보고자 합니다.

1. 사람에게 보이려고 그들 앞에서 너희 의를 행하지 않도록 주의하라 그리하지 아니하면 하늘에 계신 너희 아버지께 상을 받지 못하느니라
2. 그러므로 구제할 때에 외식하는 자가 사람에게서 영광을 받으려고 회당과 거리에서 하는 것 같이 너희 앞에 나팔을 불지 말라 진실로 너희에게 이르노니 그들은 자기 상을 이미 받았느니라
3. 너는 구제할 때에 오른손이 하는 것을 왼손이 모르게 하여

4. 네 구제함을 은밀하게 하라 은밀한 중에 보시는 너의 아버지께서 갚으시리라

5. 또 너희는 기도할 때에 외식하는 자와 같이 하지 말라 그들은 사람에게 보이려고 회당과 큰 거리 어귀에 서서 기도하기를 좋아하느니라 내가 진실로 너희에게 이르노니 그들은 자기 상을 이미 받았느니라

6. 너는 기도할 때에 네 골방에 들어가 문을 닫고 은밀한 중에 계신 네 아버지께 기도하라 은밀한 중에 보시는 네 아버지께서 갚으시리라

이어서 7절부터 9절을 보면 예수님은 이방인들의 종교 행위 및 형식주의 역시 따르지 말라고 하셨습니다.

7. 또 기도할 때에 이방인과 같이 중언부언하지 말라 그들은 말을 많이 하여야 들으실 줄 생각하느니라

8. 그러므로 그들을 본받지 말라 구하기 전에 너희에게 있어야 할 것을 하나님 너희 아버지께서 아시느니라

9. 그러므로 너희는 이렇게 기도하라 하늘에 계신 우리 아버지여 이름이 거룩히 여김을 받으시오며 나라가 임하시오며 뜻이 하늘에서 이루어진 것 같이 땅에서도 이루어지이다

이처럼 율법주의 유대인들의 기도 행태도, 이방인들의 중언부언하는 기도 행태도 따르지 말라고 하셨습니다. "중언부언"은 영어로 'meaningless repetition'(무의미하거나 헛된 말을 반복하는 것)입니다. 우리는 예수님이 보여주신 형식이나 방법이나 자세를 따르되, 가장 중요한 것은 그 형식과 방법이 담고 있는 본질과 내용이라는 사실을 잊지 말기를 바랍니다. 또한 청교도들은 회중이 모였을 때, 즉석 기도를 많이 함으로써 가톨릭이나 영국국교회가 주로 했던 자세였던 무릎을 꿇고 하는 기도자세, 공적으로 정해진 기도문을 읽는 기도를 거부함으로써 형식주의를 타파했습니다. 개인적으로 기도할 때 무릎을 꿇는 것은 권장했지만, 공예배(corporate worship)에서 무릎을 꿇는 자세는 성찬 미사에서 행한 의식이라는 이유로 거부했습니다. 청교도 존 카튼(John Cotton, 1585-1662)은 예수님이 본을 보여주신 기도 형식 즉 하늘을 우러러보시고 기도하셨던 두 사례(요 11:41, 17:1)를 근거로 하늘 또는 위쪽을 바라보고 기도하는 자세를 추천했는데, 청교도의 일반적이고 공적인 기도자세로 알려져 있습니다. 갈라디아 교회들이 당시 율법주의 교훈과 의식으로부터 진정한 자유를 누리지 못했던 것처럼 오늘날 신자들도 전통과 관습과 미신에서 자유를 누리지 못하는 경우가 많습니다. 우리는 예수님이 주신 자유를 온전히 누릴 수 있어야 합니다. 자유를 누리는 일에 머뭇거리는 일이 없기를 바랍니다.

13절 "형제들아 너희가 자유를 위하여 부르심을 입었으나 그러나 그 자유로 육체의 기회를 삼지 말고 오직 사랑으로 서로 종 노릇 하라"고 사도 바울은 교훈했습니다. 갈라디아 교회들은 "자유를 위하여 부르심을 입었"기 때문에 그 자유를 육체를 위한 기회로 바꾸지 말라고 경고했습니다. 여기서 "기회"라는 단어는 군부대가 전투를 위해 출발하는 지점, 작전본부, 교두보의 뜻이 있습니다. 운동경기로 적용하면 수영이나 다이빙이나 뜀뛰기나 달리기의 '도약대'라는 뜻이 됩니다. 갈라디아 교회들 일부가 "자유"를 발판 삼아 방종으로 빠지려고 했던 것입니다. 그래서 "육체의 기회를 삼지 말고"라는 말은 자유를 죄악의 삶을 위한 발판으로 삼지 말라는 뜻입니다. 오늘날 교회가 잘못된 방향으로 향하는 것도 문제지만, 그렇다고 해서 교회를 떠나는 것 역시 큰 문제입니다. 우리나라에서 교회를 나가지 않는 성도라는 신조어 "가나안 성도"가 생긴 지 꽤 오래되었습니다. 숫자로는 적게는 100만, 많게는 200만이 넘는다고 합니다. 이들은 기존 교회에 실망해서 온라인을 이용하거나 개인적으로 성경을 읽으며 신앙생활을 하는 것으로 알려져 있습니다. 그러나 거리가 멀어도 신앙생활을 할 지역교회를 찾아야 합니다. 왜냐하면 그리스도가 주신 자유를 방종으로 바꾸기 쉽기 때문입니다. 제네바교회 요리문답(Catechism of the Church of Geneva, 1545)을 통해서 알 수 있듯이 개인적으로 집에서 성경을 읽는 것만으로는 부족하기에 함께 모여 교리설교를 들어야 합니다(제305문). 답에서도 알 수 있듯이 그것은 '당연한 의무'입니다. 제306문답에서도 교훈하듯이 교회의 공예배에 꼭 참석해야 하는 이유로 예수 그리스도께서 교회라는 질서를 세워 놓으셨기 때문이고, 이 교회만이 성도를 교육하고 양육하는 유일한 수단이라고 선언해 주셨기 때문입니다. 게다가 우리가 주님보다 더 지혜롭지 못하기 때문이라고 했습니다. 이 말은 교만에 빠지지 말고 비록 부족한 점이 보이더라도 그리스도께서 세우신 유형교회를 떠나지 말라는 뜻임을 명심하기를 바랍니다.

바울은 또한 "오직 사랑으로 서로 종 노릇 하라"는 명령을 통해 비록 그리스도인들이 누구에게도 종속되지 않는 자유인이 되었더라도 오직 그리스도 안에서는 "서로 종 노릇"해야 함을 강조했습니다. 강압적인 율법의 행위와 다르게 자발적이고 순종하는 자세로 교회를 섬기라는 뜻입니다. 교회를 섬기기 위해서는 '노예와 같은 자세'로 섬기라는 것입니다. 노예는 주인이 아무리 싫고 못마땅해도 절대적으로 복종해야 합니다. 교회 안에서는 다양한 사람들이 존재합니다. 성격이나 생활 수준이나 환경이 자신과 맞지 않는 사람들이 많습니다. 그러함에도 불구하고 섬겨야 합니다. 교만한 마음을 겸손한 마음으로 바꾸어야 섬길 수 있습니다. 섬김이 없는 자라면 믿음이 없는 자입니다. 먼저 사도 바울은 이단 사상이나 다름없는 율법주의자들의 교훈을 따르지 말라고 했고, 그들에게서 멀어지라 했습니다. 이제는 그런 율법주의자들로 인해 교회에 갈등이 생기고 분열하고 서로 비난하고 물어뜯는 일이 생기자 이 문제를 봉합하기 위해 교훈했습니다. 그 교훈이 바로 '섬김과 사랑'입니다. 서로 섬기되 마치 종이 주인을 섬기는 것처럼 섬기라 했습니다. 자유를 얻은 그리스도인이지만 섬기는 일만큼은 종이 되라고 가르쳤습니다. 율법의 종이 될 것이 아니라 사랑의 종이 되라고 했습니다. 그래서 "온 율법은 네 이웃 사랑하기를 네 자신 같이 하라 하신 한 말씀에서 이루어졌나니 만일 서로 물고 먹으면 피차 멸망할까 조심하라"(14-15절)고 한 것입니다. 마태복음 22장 36-40절을 보면 율법의 본질에 대한 예수님의 가르침이 나오는데, "선생님 율법 중에서 어느 계명이 크니이까"라는 질문에 "예수께서 이르시되 네 마음을 다하고 목숨을 다하고 뜻을 다하여 주 너의 하나님을 사랑하라 하셨으니 이것이 크고 첫째 되는 계명이요 둘째도 그와 같으니 네 이웃을 네 자신 같이 사랑하라 하셨으니 이 두 계명이 온 율법과 선지자의 강령이니라"고 하심으로써 율법의 본질은 하나님을 사랑하고 이웃을 사랑하는 것이라고 강조하셨습니다. 그런데 바울 사도는 특별히 "네 이웃 사랑하기"라는 두 번째 내용을 통해서 율법의 교훈을 요약했습니다. 진정으로 이웃을 사랑하는 것은 하나님을 사랑하는 자만이 할 수 있고, 하나님을 사랑하는 자는 이웃을 사랑하게 되어 있음을 깨닫기를 바랍니다.

결론적으로, 갈라디아 교회들을 포함한 모든 그리스도인이 자유를 얻었기에 그 자유의 기회를 통해 율법의 종이 되어서도 안 되고, 교회 내에서 서로 헐뜯고 비방하고 미워하고 증오해서도 안 됩니다. 그리스도의 몸이 되는 교회에서는 누구든지 주인처럼 행동하는 것이 아니라 마치 종처럼 행동해야 합니다. 단순한 행동을 말하는 것이 아니라 본질적으로 종이 되어야 합니다. 섬기는 삶을 살아야 합니다. 교회 내에서는 아무리 지식이 많고, 돈과 재산이 많고, 경험과 나이가 많고, 사회적 지위가 높아도 전적으로 섬기는 자가 되어야 합니다. 그러기 위해서는 말씀을 통해 교만한 마음이 겸손한 마음으로 변해야 합니다. 율법주의자들은 그들의 전통과 관습을 버리지 못하고 바울의 교훈을 받아들이지 않았습니다. 그들이 늘 해왔던 일과 행동이 거부당하자 그들은 교회를 선동하기 시작했습니다. 바울을 가짜 사도라고 하고 그를 따르지 않도록 했습니다. 그들은 사랑과 섬김을 알지 못하는 자들이었고, 그리스도를 진정으로 알지 못하는 자들이었습니다. 그들은 언제나 주인처럼 살고자 했습니다. 그들은 섬김을 받고자 했습니다. 그들은 늘 자존심을 지키고자 했습니다. 그들 생식기에 있는 할례의 흔적은 선택받은 백성의 표시였고 특별한 사람이라는 자존심의 흔적이었습니다. 이런 모든 것이 바울 사도에 의해 거부당하자 그들은 바울 사도와 갈라디아 교회들 사이를 이간질하기 시작했고 교회들을 어지럽히기 시작했습니다. 그래서 율법주의로 빠지는 사람들이 많이 생겨났고, 그로 인해서 유대화주의자들(유대주의자들)이 점점 많아짐으로써 교회는 갈등과 다툼과 비방이 가득한 상황이 되어버렸습니다. 이들에게 필요한 교훈은 그리스도께서 주신 자유를 하나님의 말씀에 불순종하는 기회로 삼지 말라는 것이었고, 그런 자유로 서로 다투고 갈등할 것 아니라 서로 사랑하라는 것이었습니다. 우리 역시 그리스도께서 주신 자유를 참되게 누리고, 교회를 사랑하는 일에는 오히려 종이 되어야 합니다. 또한 율법주의에 빠지지 않아야 하지만, 율법의 본질은 기억하고 실천적 삶을 위해 교훈으로 삼을 수 있어야 합니다. 형식주의는 버리되 성경이 제시하는 형식을 무시하지는 말아야 합니다. 무엇보다 중요한 것은 형식 속에 담겨있는 교훈과 본질입니다. 율법도 복음도 모두 형식입니다. 우리는 그 형식 안에서 본질인 하나님의 구원과 사랑의 뜻을 발견하고, 사랑을 실천하고 구원을 선포하는 일에 섬기는 자들이 되기를 바랍니다. 아멘.

(2024년 9월 29일)

제27강

하나님을 아는 사람들
vs. 하나님을 모르는 사람들

갈라디아서 5장 16-17절

16. 내가 이르노니 너희는 성령을 따라 행하라 그리하면 육체의 욕심을 이루지 아니하리라
17. 육체의 소욕은 성령을 거스르고 성령은 육체를 거스르나니 이 둘이 서로 대적함으로 너희가 원하는 것을 하지 못하게 하려 함이니라

오늘도 교리에 따른 실천적 삶을 교훈한 내용을 살펴보고자 합니다. 지난 주일에는 예수 그리스도께서 주신 자유를 오히려 죄의 종이 되는 일을 하려고 발판을 삼고자 했던 갈라디아 교회들의 문제를 들여다보았습니다. 이번에 살펴볼 본문은 그리스도인과 그리스도의 교회가 어떤 삶을 살아가는 존재인지를 가장 확실하게 보여주는 성경 말씀을 살펴보고, 반대로 하나님을 거부하고 하나님의 인도하심을 따르지 않으려는 본성과 삶에 대해 살펴봄으로써 갈라디아 교회들과 우리 자신에 대해 돌아보는 기회로 삼고, 내적으로든 외적으로든 그리스도인들의 삶을 방해하는 것이 무엇인지 깨달음으로써 영적인 눈을 뜨게 되기를 바랍니다.

이 세상에 존재하는 사람들은 크게 두 부류로 나누는데, 하나는 하나님을 아는 자들, 다른 하나는 하나님을 모르는 자들입니다. 하나님을 아는 것 역시 사람의 지식이나 노력으로 이루어진 것이 아니라, 하나님의 선택 즉 하나님의 은혜로 이루어지는 것임을 성경을 통해 알게 되는 것입니다(엡 1:4-5, 벧전 5:10, 롬 11:5, 살전 1:4, 살후 2:13 등). 오늘은 하나님을 아는 자들은 성령으로 인도를 받는 사람들임을, 반대로 하나님을 모르는 자들은 육체의 본성에 따라 살아가는 사람들임을 말

21세기 한국교회를 위한 **갈라디아서 강설**

씀을 통해 명확히 깨닫게 될 것입니다. 그런데 놀랍게도 이 두 부류 인간의 모습이 하나님을 아는 자들의 성품에 공존한다는 사실입니다. 즉 그리스도인의 삶에는 그리스도를 따르지 않으려는 본성이 여전히 존재한다는 사실입니다. 오늘 말씀을 통해 자기 자신 안에 존재하는 그런 본성을 깨닫고 성령의 인도하심을 따르는 승리하는 자가 되기를 바랍니다.

먼저 16절 "내가 이르노니 너희는 성령을 따라 행하라 그리하면 육체의 욕심을 이루지 아니하리라"고 교훈한 말씀을 보면, "성령을 따라" 살면, 또는 성령의 인도를 받아 살면, "육체의 욕심을 이루지" 않는다고 교훈합니다. 먼저 이 진리의 말씀을 확실히 믿기를 바랍니다. 여기서 두 부류의 인생을 볼 수 있는데, 모두 육체를 가진 사람들이라는 점은 똑같습니다. 그러나 한 부류는 육체를 가지고 있으면서도 "성령을 따라" 산다는 것이 다릅니다. 이는 본성을 가지고 있으면서도 전적으로 사람의 본성에 따라 살아가는 사람들이 아니라 "하나님의 영에 따라" 살아가는 사람들입니다. 이것이 바로 두 부류 사이에 큰 차이를 만들어냅니다. 다른 부류는 육체를 가지고 있으면서 그 육체가 원하는 바를 적극적으로 기꺼이 따르거나, 소극적으로 마지못해 따르는 사람들입니다. 이 세상에 속한 모든 사람이 이런 삶을 살다가 죽습니다. 사람들이 겉으로 보았을 때는 정도의 차이가 있어 보이지만 실상은 전적으로 육체가 원하는 바를 따르다가 죽음으로 향하는 인생이라는 점에서는 똑같습니다. 반면에 "성령을 따라" 살아가는 사람들은 신앙적인 면에서 정도의 차이가 있어 보이지만 본질적으로 하나님의 말씀을 듣고 살아가는 사람들입니다. 그래서 사도 바울은 "너희는 성령을 따라 행하라 그리하면 육체의 욕심을 이루지 아니하리라"고 가르친 것입니다. 인간은 근본적으로 육체가 원하는 것을 하며 살아갈 수밖에 없는데, "*성령을 따라*" 행하면 육체가 원하는 길에서 벗어날 수 있다는 교훈입니다. 매우 단순하고도 엄중한 진리의 말씀임을 명심하기를 바랍니다. 인간의 욕심에서 비롯된 범죄와 사고와 재앙이 얼마나 많습니까? "*욕심이 잉태한즉 죄를 낳고 죄가 장성한즉 사망을 낳느니라*"(약 1:15)는 말씀처럼 사람은 욕심으로 인해서 사망까지 이르게 되었습니다. "*동산 각종 나무의 열매는 네가 임의로 먹되 선악을 알게 하는 나무의 열매는 먹지 말라 네가 먹는 날에는 반드시 죽으리라*"(창 2:16-17)고 하나님이 아담과 하와에게 말씀하셨는데 아담과 하와는 욕심을 부추긴 사탄의 유혹과 그들 자신의 욕심에 이끌려 결국 하나님의 명령을 어기고 말았습니다. 그 결과가 바로 죽음입니다. 그런데 이런 죄와 사망에서 인간을 구원하시기 위해 하나님은 구원자 예수 그리스도를 보내셨고, 그리스도를 믿음으로써 구원에 이르게 하셨습니다. 그 구원의 소식이 바로 복음이요 이 복음을 갈라디아 사람들이 듣고 하나님의 은혜를 누리게 된 것인데, 그들 가운데 "*성령을 거스르고*" 갈라디아 그리스도인들을 미혹하는 자들이 있었던 것입니다. 한 사람의 내면에서도 "*성령을 거스르*"는 본성이 존재하지만, 한 공동체 안에서도 "*성령을 거스르*"는 자들이 존재한다는 사실을 명심하기를 바랍니다.

17절 "*육체의 소욕은 성령을 거스르고 성령은 육체를 거스르나니 이 둘이 서로 대적함으로 너희가 원하는 것을 하지 못하게 하려 함이니라*"는 말씀은 이 둘이 왜 하나가 될 수 없는지를 명확히 교훈합니다. 모든 인간은 육체를 가졌기에 누구나 육체적 본능에 따라 살아가게 마련입니다. 그 본능은 곧 죽음에 이르게 합니다. 에베소서 2장 3절 "*전에는 우리도 다 그 가운데서 우리 육체의 욕심을 따라 지내며 육체와*

마음의 원하는 것을 하여 다른 이들과 같이 본질상 진노의 자녀이었더니"라는 말씀이 뜻하는 바가 바로 본성에 따라 살다가 결국 하나님의 진노에 따른 심판을 받게 된 대상이었다는 것입니다. 그래서 "죄의 삯은 사망이요"(롬 6:23)라는 말씀과 같이 인간의 본성은 죄로 인해 악한 상태가 되었고, 누구도 선한 본성으로 태어나지 않습니다. 누구보다도 종교적 열심히 강했던 사도 바울 조차 "오호라 나는 곤고한 사람이로다 이 사망의 몸에서 누가 나를 건져내랴"(롬 7:24)고 하면서 자기 자신에게 있는 본성의 악함을 인정했습니다. 여기서 우리는 내 안에 존재하는 두 가지 성품, 그리고 공동체 안에 존재하는 두 가지 유형의 사람들을 인정해야 합니다. 내 안에 존재하는 본성이 하나님의 뜻으로 살고자 하는 나를 거스르는 것처럼, 내가 속한 공동체에서 육에 속한 자가 영에 속한 나를 거스르기도 한다는 사실입니다. 사람의 뜻과 계획으로 즉 육체적으로 태어난 이스마엘이 하나님의 뜻과 계획으로 즉 영적으로(하나님의 약속으로) 태어난 이삭을 조롱하고 핍박한 것처럼, 한 공동체 안에서도 육에 속한 자들이 영에 속한 자들을 조롱하고 핍박합니다. 갈라디아 교회들이 그런 상황에 놓여 있었습니다. 육에 속한 (율법에 속한) 율법주의자들과 유대화주의자들이 영에 속한(복음에 속한) 갈라디아 그리스도인들을 조롱하고 핍박한 것입니다. 이처럼 한 개인 안에서도 육체의 욕심과 성령이 거스르고, 한 공동체 안에서도 서로 거스른다는 사실을 깨닫기를 바랍니다.

여기서 우리는 이 두 가지 중 하나는 전적으로 육체고, 다른 하나는 전적으로 영이 아니라는 사실을 기본적으로 알고 있습니다. 두 부류가 모두 육체를 가진 똑같은 존재입니다. 또 한편으로는 두 부류가 영적인 존재입니다. 다만 하나는 악한 영 사탄에 속한 존재, 다른 하나는 선한 하나님께 속한 존재라는 면에서 볼 때 그렇다는 것입니다. 그러나 반드시 기억해야 하는 것은 악한 영에 속한 자들은 하나님이 '육체에 속한' 자로 여긴다는 사실입니다. "여호와께서 이르시되 나의 영이 영원히 사람과 함께 하지 아니하리니 이는 그들이 육신이 됨이라"는 창세기 6장 3절 말씀처럼 "그들이 육신이 됨이라"는 말씀은 창조 사실에 비추어 볼 때 육신을 가진 영적 존재지만, 타락한 사실에 비추어 볼 때 육체의 본성에 따라 살게 되었다는 뜻에서 '육체가 되었다' 또는 '육신이 되었다'라고 한 것입니다. 그래서 "육체의 소욕은 성령을 거스르고 성령은 육체를 거스르나니 이 둘이 서로 대적함으로 너희가 원하는 것을 하지 못하게 하려 함이니라"는 말씀과 같이 "성령을 따라" 행하는 삶을 방해하고 거스르게 됩니다. 이것은 한 사람 안에서만 일어나지 않고 교회 공동체 안에서도 일어나기도 합니다. 또한 사람과 사람 사이에서 일어나기도 하고, 교회 밖 집단과 교회 사이에서 일어나기도 합니다. 육체를 지배하고 있는 사탄은 특정 개인 안에서든, 개인과 개인 사이에서든, 집단 안에서든 집단과 집단 사이에서든 언제나 거스르고 무너뜨리고 파괴하는 존재임을 잊지 말기를 바랍니다. 결국 "너희가 원하는 것을 하지 못하게 하려 함이니라"는 말씀과 같이 갈라디아 교회가 진정으로 "원하는 것을 하지 못하게" 함으로써 하나님에게서 멀어지도록 했다는 사실을 깨닫기를 바랍니다.

갈라디아 그리스도인들은 물론 우리는 본질적으로 육체의 욕심(욕망)을 가지고 있습니다. 이것은 부인할 수 없는 사실입니다. 욕망은 원하는 바를 이루려고 하는 충동, 인간의 육체가 추구하는 모든 것, 이기적인 향락, 법이나 도덕으로 금지된 행동을 추구하려는 본능적 욕구로, 하나님의 뜻과 상충하는 것입니다. 그래서 본질적으로 이런 욕망을 품

21세기 한국교회를 위한 **갈라디아서 강설**

는 죄의 성질 또는 악한 심성을 '육체'라고 바울 사도가 표현한 것입니다. "육체의 소욕은 성령을 거스르고 성령은 육체를 거스르나니 이 둘이 서로 대적함으로 너희가 원하는 것을 하지 못하게 하려 함이니라"는 말씀이 교훈하는 바는 여전히 우리 안에 있는 육체의 욕심이 성령의 뜻을 거스르고, 육체의 욕심을 이루려고 함으로써 성령이 원하시는 선한 일들을 하지 못하게 하기 마련이라는 뜻입니다. 육체라는 본질적인 존재가 살아 있는 한, 끝까지, 죽을 때까지 성령이 원하시는 일들을 하지 못하게 한다는 사실을 명심하기를 바랍니다.

우리는 우리 안에 있는 죄악의 성품을 이겨야 하는데, 청교도 존 오웬(John Owen, 1616-1683)의 『죄 죽임』이라는 책이 유익한 가이드가 될 것입니다. 로마서 8장 13절("너희가 육신대로 살면 반드시 죽을 것이로되 영으로써 몸의 행실을 죽이면 살리니")을 주해함으로써 신자에게 참된 경건을 제시한 책인데, 당시 신자들에게는 영적인 나태함과 무기력이 팽배해 있었고, 부도덕한 행실이 신자들의 삶에서 나타나고 있었을 때 시의적절한 책이었습니다. 그뿐만 아니라 당시 영국의 가톨릭교회와 국교회(성공회)가 죄에 대한 사실만 가르쳤지, 그 죄에서 어떻게 자유롭게 되는지에 대한 실제적인 교훈이 없었던 환경에서 내놓은 책이라 큰 울림을 주었던 책입니다. 이 책에서 죄를 죽이는 일은 신자들이 해야 할 평생의 의무라고 했고, 그 의무를 이행하는 일은 오직 성령의 인도하심을 따를 때 가능하다고 했습니다. 그러므로 우리는 사도 바울이 말한 "내가 이르노니 너희는 성령을 따라 행하라 그리하면 육체의 욕심을 이루지 아니하리라"(16절)는 말씀을 마음에 새기고 실천해야 합니다. 육체의 욕심은 본질적으로 자기 자신에게서 나오는 악한 충동입니다. 갈라디아 교회들 속에서 율법주의 교사들의 미혹을 받아 유대주의자들이 된 신자들도 그들 자신 속에서는 바울 사도의 성경적 가르침보다는 율법주의자들의 비성경적 가르침을 좋아했기에 바울에 대한 거부감을 노골적으로 표시한 자들을 따랐던 것입니다. 오늘날도 마찬가지입니다. 성경적으로 올바른 설교를 하고, 참된 복음을 전하는 목사들보다는 성경을 이용해서 사람들의 귀를 즐겁게 해주는 설교를 하고, 복음을 왜곡해서 하나님의 뜻보다는 사람들의 공감을 이끌고 감정적인 메시지를 전하는 목사들의 설교를 더 좋아합니다. 바로 설교를 듣는 자들의 육체를 만족시켜주기 때문입니다. 그러나 그리스도를 참되게 믿는 자들은 그들이 "원하는 것"을 하기 위해 "성령을 따라" 살아가는 사람들입니다. 여기서 "원하는 것"은 앞에 언급된 "육체의 소욕"과 대조시키기위해 사용된 표현이지 성령도 욕심을 가지고 있다는 것이 아닙니다. 이는 성령으로 거듭난 자들이 가지게 되는 변화된 성품과 행동의 나타남을 말하는 것으로써, 마치 육체의 욕심에 의해 사람에게서 당연히 나타나듯이 그와 반대로 성령에 의해 당연히 나타나는 것을 뜻합니다. 표현 그대로 받아들여서, 육체가 욕심을 가지고 있듯이 성령 또한 욕심을 가진 것으로 받아들여서는 안 됩니다. 하나님의 은혜를 통해 거듭난 자들에게 나타나는 새롭게 변화된 모습이고, 말씀과 기도를 통해 더욱 자라고 커지는 거룩한 인품이요 행동을 뜻합니다. 그러므로 성령으로 거듭난 자들, 즉 "성령을 따라" 살아가는 사람들은 그리스도의 성품을 보고 닮아가려는 마음이 새롭게 주어진 것입니다. 이러한 마음을 가로막고, 그러한 마음에서 우러나오는 일들을 거스르는 타락한 마음이 바로 "육체의 소욕"임을 깨닫고 "성령을 따라" 살아가는 자들의 삶을 이어가기를 바랍니다. 아멘.

(2024년 10월 6일)

῍Ω ἀνόητοι Γαλάται, τίς ὑμᾶς ἐβάσκανεν

어리석도다 갈라디아 사람들아, 누가 너희를 꾀더냐(갈 3:1)

제28강

성령의 인도

18. 너희가 만일 성령의 인도하시는 바가 되면 율법 아래에 있지 아니하리라

지난 주일에는 거듭난 그리스도인에게도 여전히 존재하는 육체의 소욕을 따르는 삶과 성령을 따라 살아가는 삶을 대조적으로 살펴봄으로써 그리스도인 안에, 또는 교회 안에 대립적으로 존재하는 육체의 욕심 즉 죄악의 본성에 따른 삶이 그리스도인과 교회를 항상 거스른다는 사실을 확실히 알게 되었습니다. 오늘은 바울 사도가 갈라디아 교회들을 향해 그렇게 교훈했던 목적이 무엇이었는지 결론적 내용만을 다시 들여다보고자 합니다.

지난 주일에는 5장 16절과 17절을 살펴보았습니다. 오늘은 18절을 살펴보는데, 이 18절이 16절과 17절과 함께 서로 밀접하게 연결되어 있기에 먼저 함께 보도록 하겠습니다. 3개 절을 이어서 보면, "내가 이르노니 너희는 성령을 따라 행하라 그리하면 육체의 욕심을 이루지 아니하리라 육체의 소욕은 성령을 거스르고 성령은 육체를 거스르나니 이 둘이 서로 대적함으로 너희가 원하는 것을 하지 못하게 하려 함이니라 너희가 만일 성령의 인도하시는 바가 되면 율법 아래에 있지 아니하리라"는 말씀인데, 이 부분은 문법적 기교가 사용되었음을 알 수 있습니다. 키어즘(chiasm)이라고 하는 대조 또는 교차 방식을 이용해서 두 가지를 반복하되 대조적으로 반복했음을 알 수 있습니다. 간단하게 꼭 필요한 부분만 대조해보면 다음과 같습니다.

A 너희는 성령을 따라 행하라 그리하면 육체의 욕심을 이루지 아니하리라
(16절)

B 육체의 소욕은 성령을 거스르고 성령은 육체를 거스르나니(17절 상)
b 이 둘이 서로 대적함으로 너희가 원하는 것을 하지 못하게 하려 함이니라
  (17절 하)
a 너희가 만일 성령의 인도하시는 바가 되면 율법 아래에 있지 아니하리라
  (18절)

이런 구조는 17절을 두 개 절로 나누면 확실하게 보입니다. 16절에서는 능동적인 표현으로 "너희는 성령을 따라 행하라"고 명령했고, 그렇게 명령대로 행하면 "육체의 욕심을 이루지 아니하리라"고 교훈했습니다. 그리고 18절에서는 수동적인 표현으로 "너희가 만일 성령의 인도하시는 바가 되면"이라고 함으로써, 같은 내용이지만 먼저 16절은 갈라디아 교회들에게 성령을 따라서 행하라고 했고, 다음에는 성령이 갈라디아 교회들을 인도하실 때 그대로 따라가라고 한 것입니다. 그리고 가운데 17절에는 육체의 욕심과 성령이 서로 거스른다는 현실적 문제를 두 번 되풀이해서 제시했습니다. 성령의 사람에게는 늘 영을 거스르는 육체의 문제가 항상 존재하지만, 또는 현재 그 문제로 고민하고 있겠지만 답은 정해져 있다는 사실입니다. 그 답이 바로 능동적으로는 성령을 따라 적극적으로 행하는 것, 수동적으로는 성령의 인도하심에 맡기는 것입니다. 그런데 흥미롭게도 성령이 명하시는 대로 행하든지, 아니면 성령이 인도하시는 대로 따라가든지, 결론은 각각 다르게 제시되어 있다는 점입니다. 먼저는 "육체의 욕심을 이루지 아니하리라"이고, 다음은 "율법 아래에 있지 아니하리라"입니다. 이렇게 다르게 표현되어 있지만, 실상은 같은 내용을 말하고 있습니다. 그것은 바로 "율법 아래에" 있고자 하는 것이 본질적으로 "육체의 욕심을" 따르는 것이라는 의미입니다. 즉 율법을 좇아 살고자 하는 것은 하나님의 뜻과는 상관없이 자기 뜻을 앞세워 교만한 생각으로 살아가려는 육체적 삶, 즉 육체의 욕심을 따르는 삶이라고 교훈한 것임을 확실히 깨닫기를 바랍니다.

그런데 여기서 우리는 논리적 모순처럼 보이는 현실을 마주하게 됨으로써 고민에 빠지게 됩니다. 성령과 우리의 역할에 충돌이 보이기 때문입니다. "성령을 따라 행하라"는 말씀과 "성령의 인도하시는 바"라는 말씀에서 전적으로 성령이 하시는 것으로 이해할 수 있는데, 그렇다고 하면 그리스도인이 특별히 해야 할 일은 없다는 말씀으로 들릴 수 있습니다. 결과적으로 성령이 죄를 죽이는 일을 하신다고 하면서 동시에 그리스도인에게 죄를 죽이라고 하시는 것으로써 이해하게 됩니다. 이에 대해 존 오웬은 다음과 같이 두 가지로 답을 했습니다. 첫째, 죄를 죽여야 하는 것은 "우리 안에 있는 모든 은혜와 선한 역사가 성령의 일이기 때문"이고, "자기의 기쁜 뜻을 위해 우리에게 소원을 두고 행하게 하시기 때문"(빌 2:13)이라고 했습니다. 둘째, "순종의 행위는 우리가 해야 할 일이기 때문"이라고 했습니다. "성령은 우리 안에서 죄를 죽이는 일을 하시지만, 우리의 순종 행위까지 전담해서 하시는 것은 아니다"라고 했습니다. 오웬은 덧붙이기를 "성령은 우리의 자유와 자유로운 순종을 침해하지 않고 일하신다"라고 했고, "성령은 우리 안에서 우리와 함께 일하시는 분이지 우리에 반해서 또는 우리와 상관없이 일하시는 분이 아니다"라고 했습니다(존 오웬, 『죄 죽임』, pp.63-64.). 결국, 어떤 관점으로 보느냐에 따라 전적으로 성령이 하시는 일로 보일 수도 있고, 우리 자신이 하는 일로도 보일 수 있습니다. 일반적인 논리와 상식으로 접근할 때는 분명히 모순적입니다. 그러나 이 두 가지 모두 옳습니다.

이와 비슷하게 하나님의 섭리를 이해할 때도 제1원인과 제2원인으로 받아들이도록 웨스트민스터 신앙고백서는 교훈합니다. 제5장 2항을 보면, "제1원인, 곧 하나님의 예지와 작정과 관련하여 볼 때, 모든 일은 불변하고도 틀림없이 확실하게 일어납니다. 그러함에도 불구하고, 하나님께서는 동일한 섭리로, 제2원인들의 성질에 따라서, 모든 일들이 필연적으로, 자유롭게, 또는 우발적으로 일어나도록 명하십니다."라고 교훈합니다. 이처럼 우리 안에서 성령이 하시는 일을 제1원인으로 볼 때, 우리가 하는 일은 제2원인이 되는 것입니다. 조나단 에드워즈(Jonathan Edwards, 1703-1758)는 성령의 주권성과 사람의 의존성 둘 다 서로 침해하지 않고 존재한다고 하면서, "성령 안에서 우리가 다만 수동적인 것은 아닙니다. 하나님이 무엇을 하실 때 우리가 나머지를 하는 것도 아닙니다. 하나님이 모든 것을 하시는 것임에도 불구하고 우리 또한 모든 것을 합니다."라고 했습니다(에드워즈, "Efficacious Grace" WY21:251). 에드워즈는 성령이 전적으로 하신다고 하면서도 동시에 그리스도인의 적극적인 행동을 강조한 것입니다. 하나님의 섭리든, 성령의 성화 사역이든 하나님의 은혜를 알지 못하는 일반인은 결코 이해할 수 없고 모순으로 받아들여질 수밖에 없습니다.

　바울이 "성령의 인도하시는 바가 되면"이라고 했는데, 성부, 성자, 성령 모두 그리스도인을 이끄는 일을 하시지만, 주도하시는 분은 성부 하나님입니다. 존 플라벨은 "영혼을 이끄시고 주도하시는 분은 아버지"라고 했습니다. 하나님이 죄인의 영혼에 빛을 비추어주심으로 죄에 대한 각성과 가책을 가지게 되고, 그것이 곧 하나님의 이끄시는 역사의 시작이라고 했습니다(존 플라벨, 『은혜의 방식』, pp.92-93.). 예수님이 제자들을 향해 "나를 보내신 아버지께서 이끌지 아니하시면 아무도 내게 올 수 없으니 오는 그를 내가 마지막 날에 다시 살리리라"(요 6:44)는 말씀을 플라벨이 설명하면서 하나님의 이끄심이 선행되어야 한다고 강조한 것입니다(위의 책, p.89.). 이 '이끄심'이 바로 그리스도를 향해 나아가도록 하시는 역사입니다(위의 책, p.91.). 사람이 스스로 어떤 힘이나 의지로, 또는 어떤 금욕적이고 율법적인 행위를 함으로써 하나님께 나아갈 수 있다는 생각은 참으로 어리석은 것입니다. 하나님은 복음을 통해서 예수 그리스도께로 우리를 인도하시고, 우리가 예수 그리스도와 하나가 되어 성령의 인도하심을 받게 하십니다. 그렇게 해서 *"성령의 인도하시는 바가 되면 율법 아래에 있지 아니하리라"*는 말씀과 같이 율법의 저주에서 자유를 얻게 됩니다. 그런데, 여기서 다시 율법의 행위들을 찾아서 지켜나간다는 것은 처음에 하나님이 우리를 그리스도께로 이끌어 주신 일을 전적으로 거부하고 무시해버린 행동이 되는 것입니다. 바로 갈라디아 그리스도인들이 율법주의 교사들의 거짓 가르침에 속아서 율법의 행위들을 지키는 종교인으로 전락해버린 것입니다. 게다가 율법의 행위들을 지키고자 복음을 무시하고 율법으로 돌아간다는 것은 신령한 사람이 육체의 욕심을 따르는 육적인 사람으로 살겠다는 의미가 됨을 잊지 말기를 바랍니다.

결론적으로, 사도 바울은 육체의 소욕과 성령의 대립적 관계를 율법과 성령의 대립적 관계로 교훈했습니다. 율법을 좇는 행위는 곧 육체의 욕심을 따르는 행위라는 것으로, 갈라디아 교회들이 계속해서 율법주의자들의 거짓 가르침을 따른다면 그들에게 설령 도덕적 변화가 있을지라도 육체의 종이 되어 죄와 사망의 굴레에서 벗어나지 못한다는 사실을 교훈한 것입니다. 율법은 인간이 죄와 사망에서 결코 벗어나지 못하게 하지만, 성령은 인간이 죄와 사망에서 벗어나 의와 생명을 얻도록 하신다는 사실을 잊지 말기를 바랍니다. 그러므로 바울이 교훈한 *"너희가 만일 성령의 인도하시는 바가 되면 율법 아래에 있지 아니하리라"*

는 말씀은 성령의 인도하심을 따라 적극적으로 순종하면서 살아갈 때 율법주의에 빠지는 일도 없고, 육체의 욕심을 추구하는 삶에서도 벗어날 수 있다는 교훈입니다. 이단 사상으로 이성의 만족을 추구하고, 율법주의를 추구함으로써 감성을 만족시키려 하며, 세상 사람들이 누리는 정욕으로 똑같이 육체를 만족시키려 하는 자들은 "성령의 인도하시는 바"를 거스르고 따르기를 싫어하는 자들입니다. 이런 자들은 성경의 교훈과 교리에 무관심하고, 복음에 차갑게 반응하며, 성령이 인도하시는 가운데서 기도하는 삶을 결코 우선순위에 두지 않습니다. 특히 "성령의 인도"를 무시하고 율법주의로 향하는 신자들도 문제지만, 세속주의와 신비주의와 기복주의 신앙으로 향하는 신자들도 많아 큰 문제입니다.

2,000년 교회 역사를 통해 성령은 교회가 복음에서 벗어나지 않도록 올바른 성경해석과 적용을 위해 성경의 주요 교리가 체계적으로 확립되도록 일하셨습니다. 신학자들과 목사들이 모여 해온 일이지만 근본적으로 성령이 하신 일입니다. 우리는 초대교회의 보편적 신조들(The Ecumenical Creeds)을 토대로 바르게 세워져야 합니다. 사도신경(Apostles' Creed), 니케아 신경[신조](Nicene Creed), 아타나시우스 신조(Athanasian Creed), 칼케돈 신조(Creed of Chalcedon)는 성령이 선물해주신 교회의 영적 자산입니다. 또한 개혁교회의 일치된 신조들(The Three Forms of Unity)을 배우는 것이 "성령의 인도"를 받는 신앙입니다. 벨직 신앙고백서(Belgic Confession), 하이델베르그 요리문답(Heidelberg Catechism), 도르트 신경(Canons of Dordrecht)과 같은 신조들은 성경을 깊이 이해하는데 큰 도움을 줍니다. 여기에 빼놓을 수 없는 중요한 신앙 문서가 있습니다. 바로 웨스트민스터 표준문서(The Westminster Standards)입니다. 웨

스트민스터 신앙고백서, 웨스트민스터 대요리문답과 웨스트민스터 소요리문답은 신앙생활에 큰 유익을 주줍니다. 끝으로, 칼빈의 제네바교회 요리문답도 어린이와 청소년을 위한 훌륭한 가이드가 됩니다. 오늘날 한국교회가 진정으로 "성령의 인도"를 받기를 원한다면, 신비주의적이고 기복적이고 주술적인 기도에서 벗어나야 합니다. 우리나라 교회가 일제 강점기에 일본 군국주의자들이 만든 일본종교협의회(신도, 불교, 기독교)에 편입되면서 기도에 주술이 들어오게 되었는데, 미국과 영국 모두 일본의 적국이었을 때 모든 종교가 주술의 일종이었던 조복(調伏)기도를 했고, 한국교회도 대부분 동참했는데 참 부끄러운 일입니다. 임진왜란 때도 고니시 유키나가와 같은 다이묘(大名, 지방을 다스리는 영주)가 예수회(Jesuit) 신자였기에 그의 부대원은 대부분 예수회 신자들로 만주와 중국까지 예수회 선교를 위한 발판 마련의 전쟁 수단으로 이용되었고, 또 다른 주요 다이묘 가토 기요마사의 경우는 일본불교 일련정종(日蓮正宗, 경문으로 나무묘법연화경[南無妙法蓮華經, 남묘호렌게쿄]을 사용함)의 신자였는데, 그가 믿은 불교가 바로 온 천하를 불교 국가로 만들어 통치하는 원대한 목표를 가지고 있었기에 그를 따른 군사들에게 조선을 침략하는 일은 불교 포교의 수단이 되었던 것입니다. 그렇게 공격적이었던 일본종교는 수백 년 후 일제 강점기에도 조선을 비롯한 동아시아 전체를 천황의 지배하에 넣으려고 했고, 이 목표에 우리나라 교회가 대부분 적극적으로 동참해서 일제를 위해 협력하고 기도했습니다. 교회는 "성령의 인도"를 받는 일을 우선으로 삼아야 하는데 우리나라 교회는 대부분 그렇게 하지 못했습니다. 안타깝게도 오늘날 한국교회 역시 대부분 기득권을 지켜주는 정치지도자를 세우고 지키는 일을 더 큰 일로 삼는 모습을 보게 됩니다. 참다운 교회는 나라와 민족을 위해 태극기를 흔들었고, 일본 군국주의 권력에 기생해 온

교회는 욱일기와 일장기를 흔들었으며, 지금 정치와 신앙이 혼합된 세속주의 한국교회는 태극기와 성조기를, 심지어 이스라엘 국기("Back to Jerusalem" 구호를 외치는 신사도 운동 관련)를 함께 흔들고 있습니다. 한국교회에 '신사도 운동'이라는 세속주의 종교운동이 깊이 파고들고 있고, 최근에는 '메시아닉 쥬'(Messianic Jews)로 불리는 종교인들, 즉 유대교를 믿으면서 예수를 메시아로 인정하고 복음을 어느 정도 받아들이는 혼합주의 신앙이 유럽을 시작으로 점점 세력을 키워서 현재는 한국교회까지 영향을 미치고 있는 상태입니다. 이런 이단 사상들이 한국교회를 혼합주의로 빠져들게 만들고 있습니다. 교회가 "성령의 인도"를 받지 않으면 정치와 종교 권력에 동원되거나 이용되고, CCM과 같은 세속화된 음악에 심취되기 쉬우며, 이단 사상과 세속주의에 빠지게 된다는 사실을 잊지 말기를 바랍니다.

다시 갈라디아 교회들을 돌아볼 때, 가짜 신자들(율법주의자들 및 유대주의자들)은 성경의 진리를 전하는 바울 사도를 따르지 않았고, 자기들이 지키고 싶거나 받아들일 만한 외적 의식에 더 빠져들었으며, 믿음이 연약한 신자들을 미혹해서 그들과 함께 율법의 행위들을 지키도록 이끌었습니다. 신앙을 이용해서 그들의 영향력을 키우는 일에 사용했던 것입니다. 결국 그들은 육체가 원하는 바를 행하고자 했습니다. 종교적 영향력, 정치적 영향력을 지키고 키우는 일에 관심이 있었지 "성령의 인도"를 받고자 하지 않았습니다. 복음에는 관심이 없었습니다. 우리는 그들의 전철을 밟지 말아야 합니다. 우리는 "성령을 따라"는 행하는 사람들이어야 하고, "성령의 인도하시는 바"를 따르는 사람들이어야 합니다. "성령의 인도"를 받는 여러분이 되기를 바랍니다. 아멘.

(2024년 10월 13일)

제29강

포르노그래피와
신마르크스주의 성(性)혁명

갈라디아서 5장 19-21절

19. 육체의 일은 분명하니 곧 음행과 더러운 것과 호색과
20. 우상 숭배와 주술과 원수 맺는 것과 분쟁과 시기와 분냄과 당 짓는 것과 분열함과 이단과
21. 투기와 술 취함과 방탕함과 또 그와 같은 것들이라 전에 너희에게 경계한 것 같이 경계하노니 이런 일을 하는 자들은 하나님의 나라를 유업으로 받지 못할 것이요

"율법 아래에" 있고자 하는 것은 곧 "육체의 소욕"을 따르는 것이라는 사실을 지난 주일에 살펴보았습니다. 오늘은 "육체의 소욕"에 따라 살아가는 것이란 구체적으로 어떤 것들인지 본문을 통해 확실히 깨닫고 "육체의 소욕"을 거슬러 하나님의 뜻을 따르고자 결단하는 마음을 얻기를 바랍니다.

19절부터 21절 상반절까지 보면, "육체의 일은 분명하니 곧 음행과 더러운 것과 호색과 우상 숭배와 주술과 원수 맺는 것과 분쟁과 시기와 분냄과 당 짓는 것과 분열함과 이단과 투기와 술 취함과 방탕함과 또 그와 같은 것들이라"고 한 목록이 나옵니다. 성령의 법에 따라 살지 않고 "육체의 소욕"(17절)에 따라 살게 되면 필연적으로 분명하게 드러나는 죄악들이 있는데, 15개를 먼저 언급하고 그와 같은 것들이라고 했습니다. 크게 네 가지 범주로 나눌 수 있는데, 첫째는 부도덕하고 불법적인 성행위, 둘째는 우상숭배와 주술(마술) 행위, 셋째는 사람들의 마음과 관계를 손상하는 행위, 넷째는 자기 스스로 절제하지 못하는 행위입니다.

먼저 성범죄로 "*음행과 더러운 것과 호색*"이 "*육체의 일*"이라 했습니다. 그리스어로 포르네(πόρνη, porne)는 '매춘부'라는 뜻이고, 그라페인(γράφειν, graphein)은 '글을 쓰다'라는 뜻입니다. 그래서 포르노그래피(pornography)는 원래 '매춘부에 대한 글쓰기'라는 뜻입니다. 글쓰기가 확장되어 그림, 사진, 영상까지 발전된 것입니다. 매춘부에게 돈을 주고 성을 사듯이 성을 사고팔 수 있는 상품처럼 생각하도록 만든 모든 사진이나 글이나 영상이 바로 포르노그래피입니다. 전 세계에서 성 관련 산업은 돈으로 환산할 때 천문학적 규모입니다. 그런데 전 세계 음란물의 20% 정도가 미국에서 만들어지고 있습니다. 우리나라는 그런 미국을 우러러보며 따라가고 있을 정도로 한심합니다. 매춘부라는 뜻의 '포르네'에서 파생된 '포르네이아'(πορνεία, porneia)가 바로 간음이나 음란, 또는 "*음행*"([sexual] immorality)을 뜻하는 말입니다. 하나님이 남자와 여자를 창조하심으로써 시작된 결혼과 가정의 틀을 벗어나 마치 물건을 사고파는 것과 같이 성을 가볍게 여기고 사고팔거나 돈으로 누릴 수 있다고 생각하고 실제로 그런 행위를 하는 것이 "*음행*"임을 분명히 알기를 바랍니다.

"*음행*"이 율법과 제도에 어긋난 행동에 초점이 맞춰진 것이라면, 이어서 나오는 "*더러운 것*"(ακαθαρσία, impurity)은 육체적으로(마 23:27), 윤리적으로(롬 1:24, 고후 12:21, 엡 4:19 등), 또는 종교적으로(살전 4:7) 더러운 생각과 가치관과 행동을 모두 포함한 포괄적인 성적 부패를 뜻하는 말입니다. 영어로 더티 무비(dirty movies) 또는 더티 필름(dirty films)은 우리말로 바꾸면 더러운 영화라는 뜻이 되는데, 포르노 영화나 저급한 에로 드라마를 더러운 것이라 표현하는 것은 아주 보편적입니다. 그러므로 "*더러운 것*"은 육체적이고 속된 것으로써 영적이고 거룩한 것과는 정반대임을 명심하기를 바랍니다. 모든 사람이 죽음에 이르게 된 것은 결국 더럽기 때문입니다. 누구나 죽게 되는데, 그것은 곧 본성과 삶 자체가 더러움으로 오염되었기 때문입니다. 성경에 보면 귀신에게는 *"더러운"*이라는 수식어가 자주 사용됩니다. 예를 들면, *"더러운 귀신이 그 사람에게 경련을 일으키고 큰 소리를 지르며 나오는지라"* (막 1:16)는 말씀에서 알 수 있습니다. 그리고 믿지 않는 사람을 *"더러운"* 사람이라고 합니다. *"깨끗한 자들에게는 모든 것이 깨끗하나 더럽고 믿지 아니하는 자들에게는 아무 것도 깨끗한 것이 없고 오직 그들의 마음과 양심이 더러운지라"*(딛 1:15). 다른 번역으로 보면 *"깨끗한 사람에게는 모든 것이 깨끗합니다. 그러나 믿지 않는 더러운 사람에게는, 깨끗한 것이라고는 하나도 없습니다. 도리어, 그들의 생각과 양심도 더러워졌습니다."*《새번역》라고 기록되어 있습니다. 결국 하나님의 눈으로 볼 때 믿지 않는 사람들은 더러운 사람들이고, 포르노에 나오는 배우와 다름없는 존재라는 사실입니다. 그러나 하나님은 마찬가지로 더러운 우리를 그리스도의 피로 깨끗하게 씻어 주심으로써 우리를 거룩하게 하셨다는 사실을 확실히 믿고 감사하기를 바랍니다. *"그 날에 죄와 더러움을 씻는 샘이 다윗의 족속과 예루살렘 주민을 위하여 열리리라"* (슥 13:1).

다음으로 "호색"($\dot{\alpha}\sigma\dot{\epsilon}\lambda\gamma\epsilon\iota\alpha$, aselgeia, sensuality)은 부끄럽고 부도덕한 성적 행위를 공연하고 자유분방하고 방탕하게 행하거나 추구하는 것을 의미합니다(고후 12:21, 롬 13:13 등). 1968년 프랑스를 중심으로 성(性) 혁명을 앞세운 신마르크스주의(네오막시즘, Neo-Marxism)가 지금 세계로 확산하고 있어서 하나님에 의해 시작된 결혼과 가정이 무너져가고 있습니다. 미국의 Z세대(1997년 이후 출생한 세대) 3명 중 1명은 LGBTQ

라는 충격적인 조사 결과가 지난 2023년에 나왔습니다. 미국 샌프란시스코 상원 의원인 동성애자 마크 리노(Mark Leno)가 발의해 2011년 발효된 캘리포니아주 SB48(Senator Bill 48) 법안에 따라 중학교 이상의 공립학교는 LGBTQ를 포함한 포괄적 성교육(SCE: Comprehensive Sex Education)을 시행하고 있습니다. 중학생과 고등학생은 이런 포괄적 성교육을 60시간씩 이수해야 졸업할 수 있습니다. 정치인이 호색 법안을 만든 꼴이고, 교육자들은 호색을 정상적이고 건강한 성생활로 교육하게 되었습니다. 이런 급진적이고 비윤리적이고 비성경적인 성교육을 확산시키려는 미국 민주당 급진좌파 세력의 의도는 성 혁명을 주도해감으로써 신마르크스주의가 하나님을 대적하고 하나님의 교회를 무너뜨리도록 하는 것에 있습니다. 신마르크스주의는 성과 관련된 문화를 통해 이 세상이 하나님을 대적하도록 하는 문화적이고 정치적인 이념입니다. 이러한 더럽고 저급한 문화에 휩쓸리지 않기를 바랍니다. 바울 시대에 고린도 교회가 이런 타락한 성문화에 노출되어 있었는데, 사도 바울은 고린도 사람들의 문화적 관습이나 규범을 교회가 따르지 않도록 명령하고 권면했습니다(고전 6, 7, 12장 등). 한국교회도 미국처럼 성문화가 크게 확산하고 있는 환경에 노출되어 있습니다. 그러므로 우리도 *"육체의 일은 분명하니 곧 음행과 더러운 것과 호색과…"*라고 한 바울의 교훈을 명심하고 *"육체의 소욕"*을 따라 살아가는 자들이 아니라 성령을 따르는 자들이 되기를 바랍니다.

다음으로 *"우상 숭배와 주술"*이 *"육체의 일"*이라고 했습니다. 이런 일을 하는 사람들은 스스로 영적인 존재라고 여기겠지만, 성경은 그런 일을 *"육체의 일"*이라고 선언합니다. 하나님에게서 멀어진 사람들에 대해 *"나의 영이 영원히 사람과 함께 하지 아니하리니 이는 그들*

이 육신이 됨이라"(창 6:3)는 말씀이 주어졌듯이 하나님 대신에 우상을 숭배하고 그런 일을 위해 주술을 사용하는 것은 "육체의 일"로 "육체의 소욕"을 따르는 일임을 명심하기를 바랍니다. 또 한편으로는 우상을 숭배하는 의식이나 행위에 매춘이나 문란한 성관계가 포함되었기 때문에 겉으로는 영적인 일로 보였을지라도 실상은 온갖 형태의 타락한 성문화가 포함되어 있었던 것입니다. 고대 그리스 역사가 헤로도토스(Herodotos, BC 5세기)에 의하면, 고대 신전에서는 여자들이 신(神)에게 몸을 바침으로써 신성한 잉태가 가능하고 풍요의 복을 얻을 수 있다고 믿었다고 합니다. 그 근거로 BC 18세기 고대 바벨론 함무라비 법전(Code of Hammurabi)에 기록된 "모든 여성은 일생에 한 번, 미와 사랑의 여신 이슈타르 신전에서 몸을 바쳐야 한다"는 조항을 제시했습니다. 당시 여자들은 제사장에게 기꺼이 몸을 바쳤는데, 나중에는 제사장들이 감당할 수 없을 정도로 여자들 수가 많아서 신전(神殿, temple)을 찾은 순례자들이 마음에 드는 여성에게 은화(銀貨)를 주고 성관계를 했고, 여자가 받은 은화는 제단에 바쳐졌습니다. 이렇게 시작되었지만 오래도록 집에 돌아가지 못하는 여자들이 많이 생기면서 나중에는 전문적으로 매춘하는 여자들이 여제사장으로 자리매김하게 되었습니다. 수행 종교로 인정받는 불교도 성 문제에 대해서는 자유롭지 못합니다. 전통적으로 불교는 동성애에 대해 중립적인 태도를 보여왔고, 시대나 지역에 따라 동성애를 적극적으로 권장하기도 했습니다. 7세기경 일본은 당나라에서 불교를 받아들였는데, 와카슈도(남성 동성애)가 사찰에서 최고의 성적 쾌락으로 장려되었고, 센코쿠 시대(戰國時代, 전국시대, 1467-1573)까지 이어져서 사무라이들이나 다이묘들도 동성애를 당연시했을 정도입니다.

"주술"이라고 하는 마술(φαρμακεία, pharmakeia, pharmacy의 어원) 역시 악령 숭배의식에서 참여자가 황홀경을 경험할 수 있도록 약을 먹이곤 했습니다. 그렇게 약이나 미신적 행위를 통해 사람들을 속이거나 황홀경을 경험하게 해주는 사람들을 주술사(마술사) 또는 마법사라고 불렀습니다. 우리나라도 주술에 의존하는 사람들이 최근 많이 생겼는데, 일본 밀교(密敎, 비밀불교)에 영향을 받은 사람들이라 할 수 있습니다. 6세기경에 백제를 통해 일본에 불교가 들어왔고, 진언종(眞言宗)과 같은 밀교는 9세기 초로 거슬러 올라갑니다. 이 밀교의 기도법에 조복법(調伏法)이 있는데, 이는 부처의 힘을 이용해서 악마나 원수나 경쟁 상대를 제압하거나 굴복시키는 주술입니다. 조복(ちょうぶく, 쵸부쿠)은 쉽게 표현해서 주술로 남을 저주하는 것입니다. 일제 강점기에 일본기독교에 편입된 우리나라 교회는 1940년대에 일본의 적국인 미국과 영국이 일본에 패하도록 주술이나 다름없는 조복기도를 함으로써 일제의 전쟁범죄에 깊이 가담했습니다. 2024년 2월에 개봉한 영화《파묘》에 우리나라의 무속신앙과 일본의 주술신앙이 나오는데, 일본은 주술과 풍수지리와 음양도를 통해 우리나라의 맥을 끊으려고 했습니다. 복을 빌고 단지 귀신을 쫓거나 화를 없애려는 우리나라 무속과 달리 일본 주술은 주문이나 풍수지리나 귀신을 이용해서 상대방을 저주하고 굴복시키는 목적이 더 크다는 사실을 알 수 있습니다. 그래서 한국교회가 일제의 하수인 노릇을 하면서 새벽기도회에 주로 했던 조복을 약간 변형된 형태로 현재에도 이어가고 있는데, 정치적으로 기득권층을 위해 헌신하고 정적을 제거하거나 세력을 약하게 하는 일에 앞장서는 행위가 그 대표적인 예라 할 수 있습니다. 이들은 하나님을 부르되, 정상적인 그리스도인들이 부르는 하나님과는 다르게 마치 조복을 위한 부처나 영적 존재로 하나님을 믿는 경향이 강합니다. 그래서 "하나님, 까불면 나한

테 죽어!"라는 표현이 쉽게 나오는 것입니다. 언제든지 필요하면 하나님을 부릴 수 있다는 신개념이 의식 속에 자리 잡은 폐해라 할 수 있습니다. 이런 사람들은 이스라엘 국기나 미국 국기를 마치 부적처럼 들고 다니는 미개한 모습을 보이기도 합니다.

3년 전 YTN 뉴스(2021.10.06.)에서 나온 내용에 의하면, 프랑스 가톨릭교회에서 1950년 이후 70년간 사제와 교회 관계자들에 의해 성적으로 학대당한 아동이 33만 명에 이른다는 보고서가 나왔고, 이에 대해 교황 프란치스코(Pope Francis)는 깊은 유감을 표명했습니다. 미국 펜실베이니아(Pennsylvania)주 가톨릭 교구에서는 수십 년 동안 성직자 300여 명이 1천 명이 넘는 아이들을 성적으로 학대했다는 조사 결과가 나오기도 했습니다(BBC 뉴스 코리아, 2018.08.15.). 미국 대통령선거 민주당 후보 카멀라 해리스(Kamala Harris)는 샌프란시스코(San Francisco) 검사장 재직 때(2004~2011)와 캘리포니아(California) 검찰총장 재직 때(2011~2017) 총 13년간 단 한 명의 성추행 신부도 기소되지 않도록 아동 성범죄를 철저히 덮어준 사람입니다(자유일보, 2024.07.28.). 우리나라는 암시장(Black Market) 전문 조사업체인 미국 '하보스코프 닷컴(Havocscope)'이 2015년 발표한 결과를 보면, 한국의 성매매 시장은 세계 6위라고 합니다(SBS 뉴스, 2018.03.31.). 1위부터 7위에 들어있는 나라들을 보면 중국, 스페인, 일본, 독일, 미국, 한국, 인도입니다. 그런데 놀라운 것은, 국토 크기와 인구를 비교했을 때, 성매매가 불법인 것을 고려할 때, 우리나라가 6위에 들어있다는 것은 충격적인 결과라 할 수 있습니다. 여성가족부가 발간한 '2016년 성매매 실태조사' 비공개 자료에서 일반 남성 1,050명을 설문한 결과 절반이 넘는 수가 성매매 경험이 있는 것으로 집계됐습니다. 예수 그리스도를 믿는 신앙 외에 모든 종교는 성적 쾌락으로부터 결코 자유롭지 못하다는 것을 잊지 말기를 바랍니다.

세 번째로 바울은 갈라디아 교회들을 향해 "원수 맺는 것과 분쟁과 시기와 분냄과 이단과 투기" 역시 "육체의 일"이라고 했습니다. 하나님은 "이웃을 사랑하라"는 계명(레 19:18)을 주셨습니다. 또한 "둘째는 이것이니 네 이웃을 네 자신과 같이 사랑하라 하신 것이라 이보다 더 큰 계명이 없느니라"(막 12:31)고 예수님이 말씀하셨습니다. 그러므로 사람들의 마음과 관계를 손상하는 행위 역시 "육체의 일"이라고 바울이 교훈한 것입니다. 대표적인 예로 "원수 맺는 것과 분쟁과 시기와 분냄과 이단과 투기"를 제시했습니다. 어떤 상대에 대한 적개심, 누군가와 말이나 행동으로 다투는 일, 또 어떤 사람을 시기하고 질투하는 것, 누군가에게 분노를 표현하는 것, 다른 사람들 앞에서 자기를 내세우고 지키고자 하는 이기심, 사람들 사이에서 분쟁을 일으키고 이단(분파 또는 파당)을 만드는 것, 집단과 집단 또는 나라와 나라 사이에서 분쟁을 일으키는 것, 다툼이나 분쟁이나 투기(21절 앞부분, 질투)를 통해 분열을 일으키고 분파가 생기게 하는 것이 결국 "육체의 일"임을 명심하고 이러한 일을 하지 않기를 바랍니다. 마가복음 15장 9-10절 "빌라도가 대답하여 가로되 너희는 내가 유대인의 왕을 너희에게 놓아 주기를 원하느냐 하니 이는 저가 대제사장들이 시기로 예수를 넘겨준 줄 앎이러라"는 말씀을 통해 알 수 있는 사실은 허다한 사람들이 자기들을 우러러보기보다는 예수 그리스도에게로 향하는 것을 시기한 끝에 십자가에 넘기는 일까지 하게 되었다는 것입니다. 시기와 질투를 조금 구분해서 생각해보면, 시기는 어떤 대상을 미워하고 멀리하는 것이고, 질투는 어떤 사람이 가지고 있는 소유나 지위를 탐내고 차지하고자 하는 악한 감정이라 할 수 있습니다. 대제사장들은 그들의 기득권과 현재 상태 (status quo)를 지키기 위해 예수 그리스도를 시기한 끝에 십자가의 죽음 으로 밀어냈던 것입니다. 우리 역시 이러한 시기와 질투의 감정이 싹트 지 않도록 철저히 죄를 죽이는 일에 힘을 쓰기 바랍니다.

마지막으로 바울 사도는 자기 스스로 절제하지 못하는 행위가 바로 "육체의 일"이라고 했습니다. 21절 "투기" 다음부터 나오는 말인데 "술 취함과 방탕함과 또 그와 같은 것들"입니다. 프랑스 올림픽 개막식 때 그리스-로마신화에 나오는 술의 신 '디오니소스'(Dionysos, 로마신화 Bacchus)를 형상화한 드래그 퀸(drag queen, 여장 남자, 또는 지나치게 여성성을 과시한 복장을 한 사람)이 등장해서 화제가 되었고, 기독교인들의 비난을 받기도 했습니다. 고대올림픽이 시작된 신전에서는 항상 술 취함과 방탕한 파티가 이어졌습니다. 신마르크스주의자들이 바이블처럼 여기는 것이 바로 이탈리아 공산주의자 안토니오 그람시의 〈조용한 혁명 11계명〉입니다. 전에 언급한 적이 있었는데 다시 한번 언급하자면 다음과 같습니다.

1. 지속적 사회 변화로 혼란을 조성하라.
2. 학교와 교사의 권위를 약화시키라.
3. 가족을 해체하라.
4. 어린이들에게 성교육 및 동성애 교육을 실시하라.
5. 교회를 해체하라.
6. 대량 이주와 이민으로 민족 정체성을 파괴하라.
7. 인종차별을 범죄로 규정하라.
8. 사법 시스템을 신뢰할 수 없도록 만들라.

9. 복지 정책을 강화해 국가나 기관 보조금에 의존하는 사람이 늘게 하라.
10. 언론을 조정하고 대중매체 수준을 저하시키라.
11. 과도한 음주를 홍보하라

　마지막에 "*과도한 음주를 홍보하라*"는 내용이 나옵니다. 지나친 음주를 권장해서 "*육체의 소욕*"을 따르게 하라는 것입니다. 방탕한 삶을 유도하는 것입니다. 미국의 민주당 주류가 된 정치인들이 지금 이런 그람시의 사상을 이어받아서 미국을 방탕한 나라로 끌고 가려고 하고 있습니다. 우리나라도 술을 많이 마시는 나라에 속합니다. WHO 통계에 의하면, 2019년 기준 한국인의 연간 알코올 소비량은 8.7L라고 합니다. 일본 7.1L, 이탈리아 7.7L보다도 높은 양입니다. 전 세계 평균 연간 알코올 소비량은 5.8L인데, 우리나라는 그만큼 소비량이 훨씬 많습니다. 술을 많이 마신다는 것은 개인적으로는 건강상의 문제를 많이 일으키기도 하지만, 가정에서는 불화를 일으키고 사회에서는 사건과 사고를 많이 일으키기도 합니다. 음주운전도 심각한 수준입니다. 게다가 육체를 즐겁게 하는 일이기에 하나님을 더욱 멀리하게 되고 방탕하고 타락한 삶으로 빠지기 쉽습니다. "*또 그와 같은 것들*"은 바울이 무엇을 말하려고 한 것인지 정확히 알 수는 없지만, 대략 어떤 것들인지 우리는 우리 현재 대중문화 속에서 유추해볼 수 있습니다. 기본적으로는 절제가 필요한 일들임을 알 수 있습니다. 우리는 일상생활에서 절제가 필요한 행위들이나 일들이 많습니다. 먹고 보고 놀고 즐기는 것들이 그런 예들입니다. 흔히 중독이라는 말을 많이 사용하는데, 어떤 것이 있을까요? 우리 각자가 한두 개 정도는 그런 중독증상이 있다고 생각할 것입니다. 나쁜 것들에 대한 중독도 있지만, 설령 좋은 것이라 할지라도 지나치면 의존을 넘어서고 중독이 될 수 있고, 자기와 남에게 피해가 될 수 있습니다. 자기의 몸이라 할지라도, 지혜롭고 적절하게 절제하는 삶이 그리스도인들에게는 반드시 있어야 합니다. 부부간의 관계도 어느 정도 절제가 필요합니다. 기도와 경건 생활을 위해서 절제의 삶이 있어야 합니다. 학생들이나 젊은이들도 친구들을 만나서 노는 일에도 절제가 필요합니다. 그들이 믿는 자들이 아니라면 무절제하고 방탕한 일이 될 수 있습니다. 성령을 따르는 일이 아니라 "육체의 일"이기 때문입니다. 심지어 운동과 용돈을 쓰는 일과 군것질하는 행위에도 절제가 필요합니다. 갈라디아 교회들을 향해 바울은 절제하지 못한 방탕한 행위들 즉 흥청대며 먹고 마시는 것도 "육체의 일"이라고 했음을 명심하기를 바랍니다.

바울은 결론적으로 21절 하반절에 기록되어 있듯이 "전에 너희에게 경계한 것 같이 경계하노니 이런 일을 하는 자들은 하나님의 나라를 유업으로 받지 못할 것이요"라고 했습니다. "육체의 일"을 계속 이어가는 자들은 죄악을 계속 이어가는 자들로 "하나님의 나라를 유업으로 받지 못할 것"이라고 경고했습니다. 다르게 표현하면 하나님의 나라를 상속받을 사람들은 죄악의 삶을 이어가는 자들이 아니라, 성령을 따라 경건하고 절제하고 거룩한 삶을 이어가는 사람들임을 확실히 알고 갈라디아서 5장 16절 "너희는 성령을 따라 행하라 그리하면 육체의 욕심을 이루지 아니하리라"는 말씀을 마음에 깊이 새기기를 바랍니다. 아멘.

(2024년 10월 20일)

Ὦ ἀνόητοι Γαλάται, τίς ὑμᾶς ἐβάσκανεν

어리석도다 갈라디아 사람들아, 누가 너희를 꾀더냐(갈 3:1)

제30강

성령의 열매

갈라디아서 5장 22–23절

22. 오직 성령의 열매는 사랑과 희락과 화평과 오래 참음과 자비와 양선과 충성과
23. 온유와 절제니 이 같은 것을 금지할 법이 없느니라

지난 주일에는 "육체의 소욕"에 따라 살아갈 때 필연적으로 나타나는 열다섯 개의 구체적인 죄악에 대해서 네 개 범주로 나누어 살펴보았습니다. 오늘은 반대로 "성령을 따라"(16절) 살아갈 때 나타나는 아홉 가지 열매에 대해 알아봄으로써, 우리 각자의 삶과 비교해볼 수 있기를 바라고, "성령의 열매"(22절)를 풍성하게 맺는 삶을 통해서 하나님을 믿는 자의 삶을 확실히 드러내기를 바랍니다.

22절 "오직"은 앞에 열거된 "육체의 일"(19절)과 대조되는 내용이 나온다는 사실을 말해주는 것으로 '그러나' 또는 '반면에'와 같은 뜻입니다. 아울러 "육체의 일"과 대조되는 "성령의 열매"를 소개한 내용임을 확실히 알아야 합니다. 성령의 인도하심을 받지 않는 자들은 자기 육체가 원하는 일을 하게 마련이고, 성령의 인도하심을 받는 자들은 비록 같은 육체를 가진 존재지만 성령에 의해서 새로운 모습이 나타난다는 뜻입니다. 이런 모습이 바로 그리스도인과 일반인 사이에서 뚜렷한 차이를 나타냄을 알기를 바랍니다.

먼저 아홉 가지로 소개된 열매(여러 가지로 구분되어 있지만 오로지 성령에 의해 모든 신자에게 똑같이 주어진 것이므로 단수로 사용되었음)를 세 개 범주로 나누면 이와 같습니다. 첫째, 근본적이고 공통적인 열매로 성령

의 인도하심을 받는 사람들에게 반드시 나타나는 은사입니다. 이는 하나님의 은혜를 받았다는 확실한 증표와 같은 것입니다. 둘째, 첫 번째 범주에 속한 세 가지를 받게 됨으로써 하나님은 물론 사람들과의 관계에서 나타나는 거룩한 성품입니다. 셋째, 자기 자신에 대한 것으로, 자기 육체의 욕심을 절제할 수 있는 능력입니다. 첫 번째 범주부터 살펴보면, 성령을 따라 살아갈 때 *"사랑과 희락과 화평"* 또는 *"사랑과 기쁨과 평안"*을 누리게 되는데, 세 가지 모두 하나님으로부터 사랑받을 때 나타나는 열매입니다. 그래서 하나님을 사랑하고 이웃을 사랑하는 열매를 먼저 맺게 되는 것입니다. 하나님을 알지 못하는 사람들은 사랑의 출발점이 자기 자신이지만, 하나님을 아는 그리스도인들은 사랑의 출발점이 하나님입니다. 그래서 하나님에 대한 사랑을 알고 하나님께 대한 반응으로써 하나님을 사랑하는 것이며, 하나님이 명령하신 이웃 사랑에 대해서도 실천할 수 있게 됩니다(마 22:37-40). 헬라어에는 사랑을 뜻하는 단어가 네 가지가 있습니다. 먼저 '아가페'($\alpha\gamma\acute{\alpha}\pi\eta$, agape)로 거룩한 사랑, 신적인 사랑, 무조건적 사랑, 헌신을 뜻합니다. 두 번째로 '에로스'($\check{\epsilon}\rho\omega\varsigma$, eros)인데 이는 이성 간의 육체적 사랑을 말할 때 사용하는 단어입니다. 세 번째로는 '스톨게'($\sigma\tau\rho\gamma\acute{\eta}$, stolge)인데 가족 간의 사랑을 뜻합니다. 마지막 네 번째로 '필레오'($\varphi\iota\lambda\acute{\epsilon}\omega$, phileo)인데 이는 친구나 동료 간의 사랑 또는 우정을 말할 때 사용합니다. 하나님의 은혜를 받은 그리스도인들이 다른 일반 사람들과 근본적으로 다른 것 하나는 바로 '아가페' 사랑을 시작할 수 있다는 것입니다. 일반 사람들도 어머니로서 자식에 대한 희생적이고 숭고하고 헌신적인 사랑을 할 수 있습니다. 그러나 하나님에 대한 사랑이 없다면 그 사랑은 자기 자신에게서 비롯된 이기적이고 불완전하고 일시적인 사랑입니다. 게다가 가족 간에서 누구나 할 수 있는 '스톨게' 사랑일 뿐입니다. 하나님이 베푸신 구원의 은혜를 받고 그 은혜에 대해 알게 될 때 진정한 '아가페' 사랑을 할 수 있게 됨을 깨닫기를 바랍니다.

다음으로 하나님의 사랑을 받게 될 때 나타나는 열매가 "희락"(또는 "기쁨")입니다. "내가 이것을 너희에게 이름은 내 기쁨이 너희 안에 있어 너희 기쁨을 충만하게 하려 함이라"(요 15:11)는 말씀과 같이 그리스도인들은 세상이 누릴 수 없는 기쁨 즉 희락을 누리게 됩니다. 그리스도를 믿고 따르는 자들에게는 반드시 기쁨이 선물로 주어지고, 그 기쁨은 결코 세상이 빼앗아 갈 수 없는 영원한 것입니다. "지금은 너희가 근심하나 내가 다시 너희를 보리니 너희 마음이 기쁠 것이요 너희 기쁨을 빼앗을 자가 없으리라"(요 16:22)고 예수님이 말씀하셨습니다. 또한 "오직 여호와의 율법을 즐거워하여 그의 율법을 주야로 묵상하는도다"(시 1:2)는 말씀과 같이 하나님으로부터 기쁨을 얻게 된 자는 하나님의 말씀을 즐거워하게 됩니다(시편 119편). 그리고 슬픔과 고통의 삶 속에서도 기쁨을 누리게 되고, 다른 사람들에게 그 기쁨의 모습을 나타낼 수 있습니다. 그래서 다윗은 "주께서 나의 슬픔이 변하여 내게 춤이 되게 하시며 나의 베옷을 벗기고 기쁨으로 띠 띠우셨나이다"(시 30:11)라고 고백했습니다. 이사야 선지자는 "여호와께 구속받은 자들이 돌아와 노래하며 시온으로 돌아오니 영원한 기쁨이 그들의 머리 위에 있고 슬픔과 탄식이 달아나리이다"(사 51:11)라고 선포했고, "내가 여호와로 말미암아 크게 기뻐하며 내 영혼이 나의 하나님으로 말미암아 즐거워하리니 이는 그가 구원의 옷을 내게 입히시며 공의의 겉옷을 내게 더하심이 신랑이 사모를 쓰며 신부가 자기 보석으로 단장함 같게 하셨음이라"(사 61:10)고 하나님의 백성이 누릴 기쁨을 전했습니다. 그래서 우리는 마땅히 기뻐할 수 있고, 언제나 기뻐해야 합니다. "항상 기

뻐하라…그리스도 예수 안에서 너희를 향하신 하나님의 뜻이니라"(살전 5:16, 18)는 말씀을 잊지 말기를 바랍니다.

하나님으로부터 사랑받게 될 때 누리게 되는 또 다른 열매는 "평안", "평강", "화평" 또는 "평화"입니다. 예수님은 근심하는 제자들에게 *"평안을 너희에게 끼치노니 곧 나의 평안을 너희에게 주노라 내가 너희에게 주는 것은 세상이 주는 것과 같지 아니하니라 너희는 마음에 근심하지도 말고 두려워하지도 말라"*(요 14:27)고 하셨습니다. 골로새서 3장 15절 *"그리스도의 평강이 너희 마음을 주장하게 하라 너희는 평강을 위하여 한 몸으로 부르심을 받았나니 너희는 또한 감사하는 자가 되라"*(골 3:15)는 말씀은 그리스도께서 주시는 평강을 누리도록 부르심을 받았다는 뜻입니다. 다른 번역으로 보면, *"그리스도의 평화가 여러분의 마음을 지배하게 하십시오. 이 평화를 누리도록 여러분은 부르심을 받아 한 몸이 되었습니다. 또 여러분은 감사하는 사람이 되십시오."*《새번역》라고 번역되어 있습니다. 사도 바울은 빌립보 교회를 향해 *"아무것도 염려하지 말고 다만 모든 일에 기도와 간구로, 너희 구할 것을 감사함으로 하나님께 아뢰라 그리하면 모든 지각에 뛰어난 하나님의 평강이 그리스도 예수 안에서 너희 마음과 생각을 지키시리라"*(빌 4:6-7)고 교훈했습니다. 이처럼 하나님의 평강을 성령의 열매로 누리기를 바랍니다.

그런데 어떤 면에서는 세 가지 근본적인 열매는 하나님을 믿지 않는 세상 사람들에게도 있다고 주장할 수도 있을 것입니다. 그러나 우리가 알아야 할 것은 일반 사람들도 가지고 있는 것처럼 보이는 것은 일시적이고 불완전한 것으로, 하나님으로부터 주어진 것이 아니라는 사실입니다. 반면에 하나님이 주신 "사랑과 희락과 화평"은 근본적으로 세상이 주는 것과는 다른 것입니다. "나의 평안을 너희에게 주노라 내가 너희에게 주는 것은 세상이 주는 것과 같지 아니하니라"는 말씀과 같이 세 가지 근본적인 열매는 세상이 주는 사랑도 아니고, 세상이 주는 희락도 아니며, 세상이 주는 화평도 아님을 확실히 깨닫기를 바랍니다. "내가 주는 물을 마시는 자는 영원히 목마르지 아니하리니 내가 주는 물은 그 속에서 영생하도록 솟아나는 샘물이 되리라"(요 4:14)고 하신 예수님의 말씀과 같이 하나님의 은혜로써 누리는 "사랑과 희락과 화평"은 일시적이지 않고 영원한 것이고, 불완전한 것이 아니라 완전한 것이며, 부족함 없이 충만한 것임을 확실히 믿기를 바랍니다.

위와 같이 성령을 따라 살아가는 사람들은 육체의 소욕에 따라 살아가는 사람들과는 확연한 차이가 있습니다. 육체의 소욕을 따라 살아가는 모든 세상 사람들은 필연적으로 "음행과 더러움과 방탕"을 즐기거나 추구하고 갈망하는 삶을 살다가 죽게 됩니다. 이들에게 가장 중요하고 우선적이고 근본적인 것은 육체적 사랑이고, 육체적 쾌락이며, 육체적 평안(건강과 안전)입니다. 사람이 주거나 스스로 만들거나 세상이 주는 사랑과 기쁨과 평안입니다. 우리는 세상이 평화를 원하면서도 실제로는 항상 갈등과 전쟁의 연속이라는 것을 알아야 합니다. 인류 역사는 평화의 역사라기보다 전쟁의 역사입니다. 또한 항상 기쁨을 누리고 싶어 하지만 세상을 살아가면서 슬픔과 괴로움에서 완전히 벗어날 수가 없습니다. 세상에서 아무리 훌륭하고 숭고한 사랑이라도 이기적인 사랑이거나 일시적이고 불완전한 사랑일 수밖에 없습니다. 세상에는 언제나 미움과 증오와 혐오가 존재하고 시기와 질투가 존재하기 마련입니다. 오직 하나님이 주시는 "사랑과 희락과 화평"을 누린 자들만이 세상에서 그러한 "*사랑과 희락과 화평*"의 모습을 드러낼 수 있음을 확실히 깨닫기를 바랍니다. 그리스도인이 주일에 하나님을 예배하는 것은 하나님이 주시는 "*사랑과 희락과 화평*"을 누리기 때문입니다. 세상이 주는 사랑과 기쁨과 평안은 하나님이 주시는 것과 결코 비교될 수 없습니다. 불신자가 주일에 하나님을 예배하지 않는 것은 스스로 생각하기에 세상이 주는 일시적이고 불완전한 사랑과 기쁨과 화평에 나름대로는 만족하기 때문이고, 또 한편으로는 "*음행과 더러움과 방탕*"의 삶이 더 본성에 합당하게 느껴지고, 심지어 그런 삶을 추구하기 때문입니다. 지난 주일에도 언급했듯이 디도서 1장 15절에 의하면 그리스도를 믿지 않는 사람들은 "*더러운 사람*"입니다. 누군가 자신은 더러운 행동과 전혀 관계가 없다고 말할 수도 있겠지만 "*그들의 마음과 양심이 더러운지라*"는 말씀처럼 이미 더러워진 사람들입니다. 우리가 일반적으로 생각할 때 수행을 많이 하는 불교 국가 사람들이 육체의 욕심을 덜 따를 것 같지만, 결코 아닙니다. 인구의 95%가 불교로 최상위 불교 국가 중 하나인 태국은 세계에서 가장 많이 외도하는 나라로 조사된 바 있습니다. "끽"이라 하는 타락한 성문화가 태국과 라오스에 만연해 있고, 태국은 트랜스젠더와 동성애자들이 많은 나라로도 유명합니다. 우리는 육체의 소욕에 지배당하는 삶이 아니라 성령의 열매로 육체적 삶을 억제하고 "*사랑과 기쁨과 화평*"을 우선순위로 누림으로써 사람들에게 그리스도가 주시는 사랑, 기쁨, 평강이 무엇인지 나타내고 전하는 삶을 살아가야 합니다. 우리는 여기서 육체를 바탕으로 살아가는 불신자들과 성령을 따라 살아가는 신자들의 삶이 근본적으로 어떻게 다른지 알아야 합니다. 그리스도인들에게는 "*사랑과 희락과 화평*"을 누리고 추구하는 삶이 최고이지만, 일반 사람들에게는 "*음행과 더러움과 방탕*"의 삶이 최고입니다. 겉으로는 이런 삶을 혐오하고 그들과 거리가 먼 삶이라 주장할지라도 그것은 거짓입니다. 인간의 타락한 본성은 속일 수 없고, 감출 수 없고, 고칠 수도 없습니다. 예수 그리스도를 믿음으로써 하나님의 은혜를 받기 전까지는 어떤 사람도 "음행과 더러움과 방탕"에서 자유로울 수 없다는 사실을 분명히 기억하기를 바랍니다.

다음으로 "오래 참음과 자비와 양선과 충성과 온유와 절제"라는 내용을 살펴보고자 합니다. "오래 참음"은 '긴 마음'이라는 말로, 감정이 상한 일이 있더라도 오래도록 견디며 참는 마음이라는 뜻입니다. 사람들에 의해 직접적으로 마음이 상할 수도 있지만, 그리스도인들은 세상에 만연하는 불의와 죄악에 대해서도 마음이 상하고 지치게 됩니다. 그렇다고 하더라도 그리스도인들은 하나님의 심판을 믿고, 하나님이 불의한 자들과 죄인들을 모두 심판하시는 날을 기다리되 평안한 마음으로 기다려야 합니다(롬 2:7-8, 약 5:7-8). 평강을 누리면서 오래 참는 여러분이 되기를 바랍니다. 이어서 열거된 "자비와 양선"은 서로 비슷한데 "자비"가 타인에 대한 관대한 태도로써 넓은 마음이라면, "양선"은 적극적으로 이웃에게 선을 베푸는 것을 뜻합니다(롬 15:14, 엡 5:9, 살후 1:11). 다음으로 "충성"은 믿음(faith)과 같은 단어로 원래 하나님께 대한 신실함을 뜻하는 말이지만 여기서는 사람 즉 이웃과의 관계에서 충실하고 믿음을 주는 태도와 행동을 뜻합니다. 그다음은 "온유"(溫柔)로 우리말 뜻으로는 따뜻하고 부드러운 성격이나 태도를 말합니다. 영어로 번역하면 'meekness'인데, 우리말과 다른 뜻이 더 있습니다. 바로 겸손히 순종하는 행위라는 뜻입니다. 하나님께 대해서는 겸손히 하나님의 뜻을 따르는 마음이지만, 사람에게 사용할 때는 친절하고 따뜻하고 부드러운 미덕을 베푸는 것을 뜻합니다. "온유"는 특별히 예수 그리스도의 대표적인 성품이라 할 수 있습니다(마 11:29, 빌 2:1-11). 온유한 삶, 그리고 "오래 참음과 자비와 양선과 충성"의 삶을 살아가기를 바랍니다.

마지막으로 "절제"인데 앞서 말한 것처럼 자기 자신에 대한 것으로 자기 육체의 욕심을 절제할 수 있는 능력입니다. 우리는 지난 주일에 "육체의 일" 또는 행위가 어떤 것들인지 살펴보았습니다. 네 가지 범주로 나누어서, 첫째는 부도덕하고 불법적인 성행위, 둘째는 우상숭배와 주술(마술) 행위, 셋째는 사람들의 마음과 관계를 손상하는 행위, 넷째는 자기 스스로 절제하지 못하는 행위였습니다. 둘째와 셋째 범주를 합치면 하나님에 대해서든, 사람에 대해서든 관계를 손상하는 행위임을 알 수 있습니다. 결국 넷째 범주와 오늘 본문의 셋째 범주가 절제와 무절제로써 서로 대조됨을 알 수 있습니다. 그러므로 "육체의 일" 열다섯 가지와 "성령의 열매" 아홉 가지가 서로 대조되어 나열되어 있습니다. 하나님을 모르는 자들은 그리스도인들을 향해 무슨 재미로 세상을 사느냐고 질문을 하거나 조롱하기도 합니다. 세상 사람들은 "음행과 더러움과 방탕"의 삶이 재밌다고 여기고 그런 삶을 추구하는 것입니다. 그러나 그리스도인들은 육체가 아니라 심령으로 누리는 "사랑과 희락과 화평"이 있음을 명심하기를 바랍니다. 세상이 '에로스' 즉 육체적 사랑을 최고로 여길 때, 그리스도인들은 '아가페' 즉 하나님의 거룩한 사랑을 누리게 됨을 깨닫기를 바랍니다. 이렇게 해서 마지막 범주가 절제와 무절제로 서로 비교되는 것입니다. 그리스도인들은 "성령의 열매"로 "절제"가 있는 삶을 살아가지만, 불신자들은 절제하지 못하고 살아갑니다. 설령 절제하는 모습을 보인다 해도 억지로 하는 절제요, 위선적인 절제요, 일시적인 절제이며, 고통스럽고 힘든 절제입니다. 기쁜 마음에서 우러나는 절제가 아님을 깨닫기를 바랍니다.

바울 사도는 아홉 가지 열매를 나열한 후 "이 같은 것을 금지할 법이 없느니라"고 했습니다. 아홉 가지 열매는 전적으로 하나님이 주신 것이기에 사람이 막는다고 해서 열매를 못 맺는 것은 결코 아닙니다. 이 열매는 사람의 노력으로 얻는 것도 아님을 알기를 바랍니다. 또한 세상의 그 어떤 법도, 심지어 율법주의자들이 가장 무섭게 여기는 율법이라 할지라도 그리스도인들에게서 나오는 성령의 열매를 막지 못한다는 뜻입니다. 사람의 힘으로도 얻을 수는 없지만, "성령을 따라" 살아가는 그리스도인이라면 정도의 차이는 있을지라도 누구나 보편적으로 받아 누리게 된다는 사실을 확실히 믿기를 바랍니다. 그러므로 "육체의 소욕"에 따라 살아갈 때 필연적으로 열다섯 개의 구체적인 죄악이 나타나는 것처럼 "성령을 따라"(16절) 살아갈 때 아홉 가지 열매가 당연히 나타난다는 사실을 명심하고, 또한 성령의 인도하심을 받는 자들은 비록 같은 육체를 가진 존재지만 성령에 의해서 새로운 모습 즉 그리스도의 성품이 나타난다는 사실을 분명히 알고, 그리스도를 믿는 자의 삶을 세상에서 빛과 소금처럼 드러내며 살기를 바랍니다. 아멘.

(2024년 10월 27일)

῏Ω ἀνόητοι Γαλάται, τίς ὑμᾶς ἐβάσκανεν

어리석도다 갈라디아 사람들아, 누가 너희를 꾀더냐(갈 3:1)

제31강

정욕과 탐심

24. 그리스도 예수의 사람들은 육체와 함께 그 정욕과 탐심을 십자가에 못 박았느니라
25. 만일 우리가 성령으로 살면 또한 성령으로 행할지니
26. 헛된 영광을 구하여 서로 노엽게 하거나 서로 투기하지 말지니라

지난 두 번의 주일에 걸쳐 "육체의 소욕"(갈 5:17)에 따라 살아갈 때 필연적으로 나타나는 열다섯 개의 구체적인 죄악에 대해서 네 개 범주로 나누어 살펴보았고, 반대로 "성령을 따라"(갈 5:16) 살아갈 때 나타나는 아홉 가지 열매에 대해 세 가지 범주로 나누어 살펴보았습니다. 오늘은 5장 16절 "내가 이르노니 너희는 성령을 따라 행하라 그리하면 육체의 욕심을 이루지 아니하리라"는 말씀부터 지난주일 본문 마지막 절 23절까지 내용에 대한 결론 부분이라 할 수 있는 24-26절을 살펴봄으로써, 죄를 십자가에 못 박고 성령의 인도하심을 따르는 삶에 대해 확실히 깨닫는 시간이 되기를 바랍니다.

24절 "그리스도 예수의 사람들은 육체와 함께 그 정욕과 탐심을 십자가에 못 박았느니라"는 말씀을 통해 두 가지 분명한 사실을 알 수 있습니다. 하나는 "그리스도 예수의 사람들"이라는 표현의 등장인데, 이는 갈라디아 교회들은 물론 모든 그리스도인에 대한 호칭입니다. 모든 바울 서신에서 이곳에만 나타나는 표현으로 세상 사람들과 확연히 구분되는 특별한 정체성을 나타내는 호칭입니다. 여러분은 스스로 "그리스도 예수의 사람들"임을 확실히 믿습니까? 그렇다면 다른 사실 하나를 잊어버려서는 안 됩니다. 바로 "육체와 함께 그 정욕과 탐심을 십자

가에 못 박았느니라"는 말씀이 주는 교훈입니다. 이 두 가지 사실은 먼저 우리가 누구인지, 다음으로 우리는 어떤 삶을 살아야 하는지 명확히 보여주고 있음을 깨닫기를 바랍니다.

"그리스도 예수의 사람들"은 오로지 그리스도 예수의 것입니다. 자기들의 삶을 자기들 것이라고 주장하지 말아야 할 사람들입니다. 그 이유는 그리스도께서 우리 대신 십자가에 못 박혀 피 흘려 돌아가셨기 때문입니다. 갈라디아서 1장 4절 "그리스도께서 하나님 곧 우리 아버지의 뜻을 따라 이 악한 세대에서 우리를 건지시려고 우리 죄를 대속하기 위하여 자기 몸을 주셨으니"라는 말씀에서 알 수 있습니다. 또한 갈라디아서 2장 20절 "내가 그리스도와 함께 십자가에 못 박혔나니 그런즉 이제는 내가 사는 것이 아니요 오직 내 안에 그리스도께서 사시는 것이라 이제 내가 육체 가운데 사는 것은 나를 사랑하사 나를 위하여 자기 자신을 버리신 하나님의 아들을 믿는 믿음 안에서 사는 것이라"는 말씀을 통해서도 알 수 있습니다. 우리 인생을 우리 것이라 주장하지 말아야 하는 또 하나의 이유는 육체는 물론이고 그 육체가 가지고 있는 "정욕과 탐심"을 우리가 "십자가에 못 박았"기 때문입니다. 그리스도를 구원자로 믿는 그리스도인들은 단지 그리스도가 십자가에 못 박혀 돌아가셨다는 사실을 아는 것으로써 끝이 아닙니다. 그리스도를 믿는다는 것은 그리스도와 연합을 의미하는 것으로, 하나님의 뜻을 거역하는 악한 본성으로 이기적이고 탐욕적인 삶을 살아온 우리가 그리스도의 십자가에 함께 매달린 것을 의미합니다. 그리스도를 믿고 회개하고 성령으로 세례를 받게 됨으로써 그리스도의 죽음과 부활에 동참하게 된 것이기 때문에 능동적으로 자기 자신을 십자가에 못 박은 것입니다. 그러므로 자기 자신을 그리스도인이라고 여긴다면 반드시 그 육체가 십자가에 못 박혀 있다는 말씀임을 깨닫기를 바랍니다. 부활과 영광스러운 내세를 기다리는 자들은 지금 이곳에서 십자가에 자기 자신을 못 박은 자들이어야 하고, 그들이 바로 "그리스도 예수의 사람들"임을 명심하기를 바랍니다.

이제 "육체"와 "정욕과 탐심"에 대해 알아보고자 합니다. 먼저 "육체"($\sigma\grave{\alpha}\rho\xi$[sarx])는 영어로 'flesh' 또는 'sinful nature'라고 번역됩니다. 쉽게 표현하자면 하나는 '몸' 즉 '고깃덩어리'라는 뜻이고, 다른 하나는 육체가 가지고 있는 '악한 본성'입니다. 뱀에 비유해서 설명하자면, 다리가 없이 몸이 둥글고 긴 동물을 생각하게 되지만, 동시에 독을 가진 특성이 있다는 사실을 떠올리게 되는 것과 같습니다. 또한 컴퓨터를 생각할 때 먼저 부품으로 이루어진 하드웨어를 생각하지만, 또 한편으로는 그 컴퓨터가 실행하는 다양한 프로그램인 소프트웨어를 생각하는 이치와 같습니다. 그래서 "육체"를 이해할 때 일반 사람들은 몸만 떠올리게 되지만, 그리스도인들은 그 육체가 지닌 악한 본성이 있음을 명심해야 합니다. 사람을 볼 때 얼굴 생김새와 몸매를 보는 것으로 끝이 아님을 알아야 합니다. 누구든지 그 육체 안에 악한 본성이 있음을 알기를 바랍니다. 그러나 거듭난 사람들은 그 악한 본성이 십자가에 못 박혀 있는 상태고, 아직 거듭나지 않은 사람들은 악한 본성이 그대로 있는 상태라 할 수 있습니다. 이것이 바로 두 부류의 근본적인 차이입니다. 악한 본성이 그대로 있느냐, 아니면 십자가에 못 박혀 서서히 죽고 있느냐가 서로 하늘과 땅의 차이를 만든다는 사실을 잊지 말기를 바랍니다.

다음으로 알아볼 단어 "정욕"($\pi\acute{\alpha}\theta\eta\mu\alpha$[páthēma])은 영어로 'passion'(욕

정, 열정) 또는 'affection'(정, 애정)이라 할 수 있는데, 이기심에서 비롯된 강렬하고 능동적인 욕망을 뜻합니다. 마치 불꽃처럼 이글거리는 욕망이라 할 수 있습니다. 마지막으로 "탐심"은 일반적으로 가지고 있는 욕심으로 적극적이거나 능동적인 "정욕"보다는 약한 정도라 할 수 있습니다. 다만 사도 바울은 "정욕과 탐심"이라고 말함으로써 19절부터 21절까지 언급된 "육체의 일"에 대한 열다섯 가지를 대표해서 사용한 것입니다. 결국 육체는 욕망덩어리입니다. 사탄은 욕망을 가진 사람들의 본성 가장 안쪽 방까지 침투해서 속삭이고, 성령을 따라 살아가지 않는 사람들은 그 욕망을 추구하면서 점점 대담하고 적극적으로 행동하게 됩니다. 야고보 사도는 "오직 각 사람이 시험을 받는 것은 자기 욕심에 끌려 미혹됨이니 욕심이 잉태한즉 죄를 낳고 죄가 장성한즉 사망을 낳느니라 내 사랑하는 형제들아 속지 말라"(약 1:14-16)고 교훈했습니다. 욕망을 채우도록 부추기는 "거짓의 아비"(요 8:44) 마귀의 속임에 절대 넘어가지 않도록 깨어 있기를 바랍니다. 사람이 그렇게 미혹되면 자기 자신은 적극적으로 욕심을 부리지 않았기에 괜찮을 것으로 생각할 수 있습니다. 그러나 설령 소극적이고 수동적이었다 할지라도 미혹에 넘어가는 것 자체가 큰 죄가 된다는 사실을 명심해야 합니다. 만약 부대를 지키는 어떤 경계병이 위장해서 침투한 적을 알아차리지 못하고 부대 안으로 들여보내 준다면, 그렇게 함으로써 크게 피해당하게 되면 그 경계병은 임무 실패에 대한 큰 책임이 있는 것입니다. 만약 수많은 해군 함정들이 특정 지역에서 큰 훈련을 하고 있었을 때 적 잠수함으로부터 일부 기습당했다면, 게다가 도망하는 그 잠수함을 전혀 반격하지도 알아차리지도 못했다면 그 훈련은 완전한 실패가 됩니다. 어느 누가 "정욕과 탐심"과 대항해서 싸워 이기기 위해 항상 훈련하다가 어느 순간 전혀 알아차리지 못할 정도로 교묘한 유혹에 빠져 결정적인 죄를 짓게 되었다면, 그에게는 상이나 훈장을 주면 안 되는 일입니다. 그는 당연히 벌을 받거나 불명예스러운 사람으로 취급받아야 합니다. "정욕과 탐심"을 십자가에 못 박기는커녕 쉽게 넘어가는 사람이 되지 않도록 힘쓰기를 바랍니다.

이어서 "십자가에 못 박았느니라"는 말씀을 살펴보고자 합니다. 이는 그리스도인들은 이미 "육체와 함께 그 정욕과 탐심을" 못 박았다는 것으로, 먼저 예수 그리스도께서 십자가에 못 박혀 돌아가셨듯이 그리스도인들의 육체 역시 십자가에 못 박히게 되었다는 뜻입니다. 바울은 "내가 그리스도와 함께 십자가에 못 박혔나니 그런즉 이제는 내가 사는 것이 아니요 오직 내 안에 그리스도께서 사시는 것이라 이제 내가 육체 가운데 사는 것은 나를 사랑하사 나를 위하여 자기 자신을 버리신 하나님의 아들을 믿는 믿음 안에서 사는 것이라"(갈 2:20)고 했습니다. "그런즉 누구든지 그리스도 안에 있으면 새로운 피조물이라 이전 것은 지나갔으니 보라 새 것이 되었도다"(고후 5:17)는 말씀처럼 "십자가에 못 박았느니라"는 말씀은 그리스도와 연합한 새로운 존재가 되었다는 뜻입니다. 그러나 새로운 존재가 된 그리스도인임에도 불구하고 여전히 육체를 가지고 살고 있습니다. 이것이 항상 세상을 살아가는 모든 그리스도인의 시험 거리가 될 수 있습니다. 그 이유는 우리의 본성이 여전히 존재하기 때문입니다. 청교도 존 플라벨(John Flavel, 1628-1691)은 "십자가에 못 박았느니라"는 말씀이 부패한 본성을 지배하는 힘을 없앴다고 한 것이지 본성을 완전히 도려냈다는 의미가 아니라고 했습니다(플라벨, 『은혜의 방식』, 488쪽). 그의 가르침에 따르면 본성은 여전히 존속되는 것이고, 사람이 십자가에 못 박히면 그 상태로 서서히 죽어가듯이 죄의 본성 역시 그렇다는 것입니다. 어떤 자들은 "세상 죄를 지고 가는 하나님의 어린 양이로다"(요 1:29)라는 말씀을 근거로 들면서 우리 죄를 그리스도가 지고 십자가에서 돌아가셨기에 거듭난 사람에게는 더 이상 죄가 없어서 평생 회개할 필요도 없고 죄의식을 가질 필요도 없다고 합니다. 또 어떤 자들은 죄를 짓는 모든 결과가 사탄 때문이라고 하면서 자기들은 사탄에 속은 것이기에 죄에 대한 책임이 없다고 떠들기도 합니다. 이렇게 되면 세상을 살아가면서 짓게 되는 죄에 대해서 무감각하게 되어 죄를 더 대담하게 짓게 됩니다. "십자가에 못 박았느니라"는 말씀은 죄가 완전히 사라진 상태가 되었다는 것이 아니라, 오히려 죄를 짓지 않도록 능동적으로 힘쓰는 일, 다른 말로 죄를 죽이는 일을 계속하는 것이며, 그럼으로써 서서히 죄가 죽어 감을 뜻한다는 사실을 반드시 기억하기를 바랍니다.

25절 "만일 우리가 성령으로 살면 또한 성령으로 행할지니"라는 말씀을 살펴보고자 합니다. 이 말씀이 "만일"이라는 가정(假定)으로 번역되어 있지만 결코 가정을 말하는 것이 아닙니다. 사실을 더 사실적으로 표현하기 위해 수사적인 조건 구를 사용한 것입니다. 그래서 "우리가 성령을 따라 살고 있기에 마땅히 성령을 따라 행동해야 합니다."로 이해해야 합니다. 어떤 종이 주인을 따라 길을 간다면, 그 여정에서 종이 가고 싶은 다른 곳으로 갈 수 없고, 종이 원하는 어떤 일도 할 수 없습니다. 종은 오로지 주인을 따라 행동해야 합니다. 그러므로 우리는 성령을 따라 살기 때문에 성령의 아홉 가지 열매(사랑, 희락, 화평, 오래 참음, 자비, 양선, 충성, 온유, 절제)를 확실히 맺는 삶을 살아야 함을 기억하기를 바랍니다.

끝으로 26절 "헛된 영광을 구하여 서로 노엽게 하거나 서로 투기하지 말지니라"는 말씀은 성령을 거슬러 행동하지 말라는 것입니다. 갈라디아 교회들 속에 율법을 따르는 자들이 있었는데, 그들은 곧 육체를 따르는 자들이요, "헛된 영광"을 구하는 자들이라 했습니다. 할례를 받음으로써 진정한 하나님의 백성이 되고, 남들보다 특별하고 우월하다는 자만에 빠진 그들의 신앙이 곧 열매 없는 허무한 삶이라고 한 것입니다. 성령의 인도함을 받지 않고 본성에 따라 살아가는 이 세상 모든 사람의 삶이 하나님과 사람들의 관계를 훼손하듯이, 율법을 지킴으로써 의를 얻으려는 교만과 헛된 생각이 결국 하나님과 갈라디아 사람들의 관계를 깨뜨리는 것이라고 교훈했습니다. 할례 문제로 분열된 갈라디아 교회들이 결국 육체를 내세우고 자랑하려는 자들에 의해 서로 싸우고 분열되었음을 지적한 것입니다. 그러나 바울 사도는 이런 사람들을 무조건 악하다고 지적하지 않고, 지금은 악하지만 언제든지 회개하고 성령을 따르는 자들이 될 수 있음을 강조하기 위해 "서로 노엽게 하거나 서로 투기하지 말지니라"는 표현을 사용했습니다. 서로 신앙적인 면을 비교하면서 시비를 걸고 화를 내지 말라고 교훈하고, 서로 시기하면서 싸우는 일이 없도록 가르친 것입니다. 육체의 욕망을 따라 살아가는 삶, 즉 육체적 욕구를 추구하는 삶은 곧 육체를 자랑하려는 삶과 같다는 것을 깨닫기를 바랍니다. 둘 다 육체를 만족시키는 면에서는 다를 바 없다는 사실입니다. 악한 본성을 가진 육체가 얻은 것을 자랑하는 것이나 스스로 가지거나 누리려고 하는 것은 모두 "육체의 소욕"을 따르는 것임을 깨닫기를 바랍니다.

결론적으로 몸을 만족시키려고 하거나, 가슴을 만족시키려 하거나, 머리를 만족시키고자 하는 것은 그 어떤 것이라 할지라도 성령을 따르는 삶이 아니라 육체를 따르는 삶이라는 교훈입니다. 결국에는 하나님과 사람들의 관계를 훼손하고 파괴하는 행위입니다. 당연히 자기 자신도 상하게 하는 행위입니다. 또한 남의 것을 탐내는 것, 자기 것이나 자신을 드러내고 자랑하려는 것 모두 "헛된 영광"을 추구하는 것입니다. 그렇게 해서 얻어봐야 주어진 것은 사실 빈껍데기라는 교훈입니다. 교회는 자신의 영광을 드러내는 자들의 모임도 아니고, 자신이 가진 것을 자랑하는 자들의 모임 즉 "이생의 자랑"(요일 2:16)을 위한 모임도 아니며, 자신의 욕망을 추구하는 자들의 모임도 아니라는 사실을 명심하기를 바랍니다. 교회는 "육체와 함께 그 정욕과 탐심을 십자가에 못박"은, 즉 회개한 그리스도인들의 모임이요 죄를 죽이기 위해 힘쓰는 자들의 모임입니다. 예수님은 "수고하고 무거운 짐진 자들아 다 내게로 오라 내가 너희를 쉬게 하리라 나는 마음이 온유하고 겸손하니 나의 멍에를 메고 내게 배우라 그리하면 너희 마음이 쉼을 얻으리니 이는 내 멍에는 쉽고 내 짐은 가벼움이라"(마 11:28-30)고 하셨습니다. 일차적으로 율법의 의무를 진 민중을 향해서 하신 말씀이지만, 육체가 지고 있는 다양한 형태의 무거운 짐으로 인해 세상에서 쉼을 누리지 못하는 자들을 향해 가까이 오라고 하셨고, 예수님의 멍에를 메고 예수님으로부터 배우라고 하셨습니다. 그러므로 예수님께 나아온 자들인 교회는 성령의 인도하심에 따라 살아가는 자들의 모임이기 때문에 "성령으로" 행하는 자들의 모임이라는 사실을 명심하고 그렇게 살아가기를 바랍니다. 아멘.

(2024년 11월 3일)

제32강

신령한 사람들

지난 주일에는 5장 24-26절을 살펴봄으로써, 죄를 십자가에 못 박고 성령의 인도하심을 따르는 삶에 대해 알아보았습니다. 이제부터 우리가 살펴볼 내용은 6장 1절부터 10절인데, 이 부분은 당시 갈라디아 교회들을 향해 어떻게 사랑을 실천하고 섬기는 삶을 살아가야 하는지 교훈한 내용입니다. 1절은 죄를 지었거나 잘못을 저지른 사람들에 대해, 2절부터 5절은 짐을 진 사람들에 대해, 6절부터 9절까지는 목사와 교사에 대해, 그리고 10절은 모든 사람에 대해서 교훈한 권면의 말씀입니다. 이 네 가지 대상 중에서 오늘은 먼저 죄를 지었거나 잘못을 저지른 사람들에 대한 권면을 살펴봄으로써 죄인을 향한 예수 그리스도의 사랑을 깨닫고 그런 사랑을 본받는 삶을 살아가기를 바랍니다.

1절 "형제들아 사람이 만일 무슨 범죄한 일이 드러나거든 신령한 너희는 온유한 심령으로 그러한 자를 바로잡고 너 자신을 살펴보아 너도 시험을 받을까 두려워하라"고 함으로써 문제에 대한 해결책을 제시했습니다. 해결책을 보기에 앞서 문제부터 보면 바로 "범죄한 일"입니다. 여기서 "범죄"는 원래 단어 그대로 풀이하자면 '아래로 떨어진' 일입니다. 있어야 할 자리에 있지 않고 이탈하거나 벗어난 것을 뜻합니다. 좀 더 자세히 풀이하자면, 그리스도인이 육체가 가지고 있는 본성으로 인해서 자기도 모르게 그만, 또는 어쩌다 보니 올바른 길을 벗어나 곁길로 빠져버린 일을 의미합니다. 몇 개 번역본을 살펴보면 이렇습니다.

> *사람이 만일 무슨 범죄한 일이 드러나거든 《개역개정》, 《개역한글》*
> *어떤 사람이 어떤 죄에 빠진 일이 드러나면 《새번역》*
> *어떤 사람이 잘못을 범했다면 《현대인의성경》*
> *만일 어떤 사람이 죄에 빠져 있으면 《원문번역주석성경》*
> *if anyone is caught in any sin 《Amplified Bible》*
> *even if anyone is caught in any trespass 《NASB》*
> *if someone is caught in a sin 《NIV》*

사도 바울이 가리키는 문제는 어떤 사람(들)의 범죄 또는 잘못을 범한 일인데, 바로 앞에 언급된 5장 26절과 밀접한 관련이 있습니다. 26절은 "헛된 영광을 구하여 서로 노엽게 하거나 서로 투기하지 말지니라"는 말씀인데, 이는 성령을 거슬러 행동한 잘못에 대해 지적한 내용이고 그런 잘못을 더 이상 범하지 말라는 경고입니다. 갈라디아 교회들 가운데는 성령을 따라 살아가지 않고 율법을 따라 살아가는 사람들이 있었는데, 그들은 율법을 지킴으로써 의를 얻으려는 교만하고 헛된 생각을 가진 자들이었고, 그로 인해 하나님과 사람들의 관계를 훼손하는 결과를 낳았던 것입니다. 이런 사람들이든, 그리스도인으로 세상을 살아가면서 고의적이지 않지만 실수하거나 잘못을 범한 사람들이든, 교회는 어떻게 해야 할까요? 할례 문제로 시작된 갈라디아 교회들의 갈등과 분열을 어떻게 해결할까요? 지난 주일에 살펴보았듯이 사도 바울은 이런 사람들을 무조건 악하다고 지적하지 않았고, 지금은 악하지만 언제든지 회개하고 성령을 따르는 자들이 될 수 있음을 강조하기 위해 "서로 노엽게 하거나 서로 투기하지 말지니라"는 표현을 사용했습니다. 물론 처음에는 그들로 인해 분노와 실망의 마음을 금할 수 없었고, 계속해서 그들을 훈계하고 그들의 잘못에 대해 엄중히 꾸짖었습니다. 하지만 바울은 마지막에 가서는 그들까지 포함해서 "형제들아"라고 부르면서 성령의 인도하심을 받는 자들이 되라고 했습니다. 갈라디아 지역 믿음의 공동체를 건물로 비유했을 때 육체의 욕심을 따라 살아가는 율법주의자들(주요 세력은 유대인)과 유대화주의자들(중심세력은 이방인)로 인해 건물 벽에 금이 가고 갈라지고 기둥이 흔들리는 상황이 된 것입니다. 복음을 그대로 믿고 성령의 인도하심에 따라 신실하게 살아가는 사람들에게는 큰 아픔과 괴로움이요 고민거리와 근심거리였던 것입니다. 이런 종류의 일은 어느 지역 교회에서도, 어느 믿음의 가정에서도 언제든지 일어날 수 있는 일입니다. 형식주의적인 신앙에 빠진 교만한 율법주의자들이 제시한 할례는 성인이 된 갈라디아 교회 이방인 신자들이 받아들이기엔 큰 각오가 필요했고, 위험을 감수해야만 했습니다. 고대는 물론 현대에도 여자들이든 남자들이든 할례를 받는 일이 종교적 의무사항으로 또는 전통과 성인식이라는 이름으로 세계 곳곳에서 행해지고 있습니다. 선진국인 영국에서도 심각한 사회문제가 되고 있습니다. 지난 7월 영국 의회에서 조사한 바에 따르면, 영국에서만 17만 명의 여성이 성기절제(FGM: Female Genital Mutilation)를 당한 것으로 파악되었고, 아프리카와 중동 29개 나라에서 1억 3천만 명의 소녀들과 여성들이 성기절제를 시술받은 상태라고 합니다. 이들은 배변조차 힘들 정도로 큰 고통을 당해야 하고, 허가받은 의료진에 의해 받는 것이 아니라서 시술 과정에서 감염증이나 과다출혈로 목숨을 잃기도 한다고 합니다〈경향신문, 2024. 7. 22. "세계 여성 1억 3,000만명 '성기절제' 피해… 런던 '소녀들의 정상회의' 보고서"〉. 게다가 여성 성기절제는 사망률 10%라고 알려져 있습니다. 여성보다 심하지는 않지만, 고대에는 남자가 성인이 되어 할례를 받는 경우 심각한 부작용이나 후유증은 물론이고 생명을 잃기도 하는 매우 위험한 것이었습니다. 이런 위험한 할례를 율법주의 유대인들이 갈라디아 이방인 그리스도인들에게 받으라고 강요하거나 설득했던 것입니다. 이들은 큰 시험 거리를 만들어서 교회들을 어지럽히고 복음에서 멀어지게 했으며, 바울 사도와 교회들 사이를 이간질했던 것입니다. 이들로 인해 갈라디아 교회들이 입은 피해와 고통과 혼란이 매우 컸습니다. 그러함에도 불구하고 사도 바울은 끝에 가서는 그들을 측은히 여기고 *"신령한 너희는 온유한 심령으로 그러한 자를 바로잡고 너 자신을 살펴보아 너도 시험을 받을까 두려워하라"*고 한 것임을 깨닫고 사도 바울의 마음을 통해 그리스도의 사랑을 볼 수 있기를 바랍니다.

이제 문제가 아닌 해결책을 중심으로 살펴보고자 합니다. 바울은 피해당하고 혼란스러운 일을 당한 갈라디아 이방인 신자들을 향해 *"신령한 너희는"*이라고 불렀다는 점이 중요합니다. 사실 율법주의 유대인들이 그들 스스로 *"신령한"* 또는 '영적인' 사람들이라고 여겼을 것이 분명합니다. 그들은 유대인들이었기에 신앙적으로 훌륭한 전통을 이어받았고 특별히 할례를 받은 백성에 속한 사람들이라는 의식을 가짐으로써 자만과 특권의식에 빠져 있었기에 그들 자신이야말로 하나님께 인정받는 *"신령한"* 자들이라고 믿는 것은 당연했습니다. 그래서 놀랍게도 '이단'이라는 개념 자체도 AD 50년대 율법주의 유대인들과 그들을 따랐던 유대화주의자들이 사용하기 시작했는데, 그들에게는 사도 바울이 오히려 적(敵)그리스도요 이단이었던 것입니다. 이들은 바울이 전한 복음과 교훈을 반대했고, 교회의 '헬라화'를 막고 '유대화'를 위해 적극적으로 앞장섰습니다(폴 존슨[Paul Johnson], 『기독교의 역사』, p.94.). 그들의 목적을 달성하기 위한 수단 중 가장 강력한 것이 할례였던 것입니다.

그러므로 당시 갈라디아 지역 율법주의자들과 유대화주의자들은 바울을 그리스도의 사도가 아닌 이단으로 생각하고, 바울의 흔적과 영향력을 완전히 없애려고 했던 것입니다. 그러나 그들은 '영적인' 자들이 아니라 오히려 육체를 따르는 '육적인' 자들이었습니다. 육체의 욕심을 따르는 자들이었습니다. 그들이야말로 진짜 '이단'이었던 것입니다. 초대교회 첫 번째 이단이 바로 '유대화주의자들'(Judaizers)이었습니다. 일부 율법주의 유대인 그리스도인들이 할례와 율법의 행위들을 강조해서 이방인 그리스도인들이 그런 유대교 관습을 따르게 한 후 '유대인답게'(참조, 갈 2:14) 만들고자 했습니다. 사도 바울의 교훈에 회개하지 않고 끝까지 바울이 전한 복음을 왜곡한 자들이 첫 번째로 등장한 이단이 되었습니다. 이들 사상은 더 발전해서 기독교와 유대교의 혼합주의 이단 에비온파(Ebionites)가 되었습니다. 반면에 할례를 받으라는 설득과 강요에 넘어가지 않은 이방인 그리스도인들은 바울에 의해 "신령한" 즉 '영적인' 자들이라고 불린 것입니다. 우리 역시 성령을 따르는 자들이 됨으로써 하나님으로부터 "신령한" 자들이라고 인정받아야 합니다. 어떤 이단 사이비 사상에도 속지 않고 미혹을 당하지 않는, 육체의 정욕과 탐심에 넘어가지 않는 그리스도인들이 "신령한" 사람들입니다. 세상 사람들은 주술사, 음양사, 도사(道士), 무당, 점성술사(占星術師), 마법사(魔法師), 요술사(妖術師), 승려(僧侶), 수도승(修道僧), 이맘(imam), 랍비(rabbi) 등과 같은 사람들을 신령한 사람들이라고 여기지만, 사탄이나 귀신과 같은 악한 영을 따르는 사람들에 불과합니다. 아무리 이들이 영적 존재와 깊이 연관되어 있다고 하더라도 악한 영을 따른다면 결코 '신령한 사람들'이 될 수 없습니다. 진정으로 '신령한 사람들'은 하나님의 영 즉 성령을 따르는 사람들임을 명심하기를 바랍니다.

다음은 "온유한 심령으로 그러한 자를 바로잡고"라는 말씀입니다. 할례를 중시한 율법주의자들은 이방인 신자들을 그들의 신앙과 전통에 맞추려고 했습니다. 이방인들이 예수 그리스도를 믿고 새로운 하나님의 백성이 되었음에도 할례를 받지 않는다는 것 자체가 그들로서는 수용하기 어려운 일이어서 이방인 신자들을 그들 방식으로 "바로잡고" 싶었던 것입니다. 그런데 오히려 바울 사도는 이방인 그리스도인들을 향해 "온유한 심령으로 그러한 자를 바로잡고"라고 했습니다. 이제 잠깐 속아서 할례를 받았거나 그렇지 않았거나 그리스도를 믿는 신앙으로 바로 서 있는 이방인 그리스도인들을 향해 율법주의 유대인들과 유대주의자들을 "온유한 심령으로" 대하라고 교훈했습니다. 이어서 "그러한 자를 바로잡고"라고 함으로써 잘못된 신앙을 고치는 일에 적극적으로 나서라고 당부했습니다. 우리 역시 누군가 잘못된 신앙으로 빠지고 있다면, 복음에서 멀어지고 있다면, 개혁교회가 제시한 교리에서 어긋나는 삶을 추구한다면, 바로 잡을 수 있기를 바랍니다. 자녀들이 올바른 길에서 벗어난다면, 그들을 바로잡을 수 있는 부모가 되기를 바랍니다. 베드로 사도는 "마지막으로 말하노니 너희가 다 마음을 같이하여 동정하며 형제를 사랑하며 불쌍히 여기며 겸손하며"(벧전 3:8)라고 교훈했습니다. 비록 잘못을 범한 자들이 있더라도 그들이 돌아오면, 모두가 한마음으로 그들의 마음을 헤아리고, 사랑하고 불쌍히 여기는 마음으로 대하기를 바랍니다. 그리고 중요한 것은 그렇게 대할 때 겸손하기를 바랍니다. 우리도 언제든지 죄를 범할 수 있고, 잘못된 판단과 행동을 할 수 있기 때문입니다.

누가복음 15장에 기록된 예수님의 비유는 갈라디아 교회들은 물론이고 모든 교회에 주는 큰 교훈입니다. 함께 찾아 읽어보도록 하겠습니다.

1. 모든 세리와 죄인들이 말씀을 들으러 가까이 나아오니

2. 바리새인과 서기관들이 수군거려 이르되 이 사람이 죄인을 영접하고 음식을 같이 먹는다 하더라

3. 예수께서 그들에게 이 비유로 이르시되

4. 너희 중에 어떤 사람이 양 백 마리가 있는데 그 중의 하나를 잃으면 아흔아홉 마리를 들에 두고 그 잃은 것을 찾아내기까지 찾아다니지 아니하겠느냐

5. 또 찾아낸즉 즐거워 어깨에 메고

6. 집에 와서 그 벗과 이웃을 불러 모으고 말하되 나와 함께 즐기자 나의 잃은 양을 찾아내었노라 하리라

7. 내가 너희에게 이르노니 이와 같이 죄인 한 사람이 회개하면 하늘에서는 회개할 것 없는 의인 아흔아홉으로 말미암아 기뻐하는 것보다 더하리라

8. 어떤 여자가 열 드라크마가 있는데 하나를 잃으면 등불을 켜고 집을 쓸며 찾아내기까지 부지런히 찾지 아니하겠느냐

9. 또 찾아낸즉 벗과 이웃을 불러 모으고 말하되 나와 함께 즐기자 잃은 드라크마를 찾아내었노라 하리라

10. 내가 너희에게 이르노니 이와 같이 죄인 한 사람이 회개하면 하나님의 사자들 앞에 기쁨이 되느니라

11. 또 이르시되 어떤 사람에게 두 아들이 있는데

12. 그 둘째가 아버지에게 말하되 아버지여 재산 중에서 내게 돌아올 분깃을 내게 주소서 하는지라 아버지가 그 살림을 각각 나눠 주었더니

13. 그 후 며칠이 안 되어 둘째 아들이 재물을 다 모아 가지고 먼 나라에 가 거기서 허랑방탕하여 그 재산을 낭비하더니

14. 다 없앤 후 그 나라에 크게 흉년이 들어 그가 비로소 궁핍한지라

15. 가서 그 나라 백성 중 한 사람에게 붙여 사니 그가 그를 들로 보내어 돼지를 치게 하였는데

16. 그가 돼지 먹는 쥐엄 열매로 배를 채우고자 하되 주는 자가 없는지라

17. 이에 스스로 돌이켜 이르되 내 아버지에게는 양식이 풍족한 품꾼이 얼마나 많은가 나는 여기서 주려 죽는구나

18. 내가 일어나 아버지께 가서 이르기를 아버지 내가 하늘과 아버지께 죄를 지었사오니

19. 지금부터는 아버지의 아들이라 일컬음을 감당하지 못하겠나이다 나를 품꾼의 하나로 보소서 하리라 하고

20. 이에 일어나서 아버지께로 돌아가니라 아직도 거리가 먼데 아버지가 그를 보고 측은히 여겨 달려가 목을 안고 입을 맞추니

21. 아들이 이르되 아버지 내가 하늘과 아버지께 죄를 지었사오니 지금부터는 아버지의 아들이라 일컬음을 감당하지 못하겠나이다 하나

22. 아버지는 종들에게 이르되 제일 좋은 옷을 내어다가 입히고 손에 가락지를 끼우고 발에 신을 신기라

23. 그리고 살진 송아지를 끌어다가 잡으라 우리가 먹고 즐기자

24. 이 내 아들은 죽었다가 다시 살아났으며 내가 잃었다가 다시 얻었노라 하니 그들이 즐거워하더라

25. 맏아들은 밭에 있다가 돌아와 집에 가까이 왔을 때에 풍악과 춤추는 소리를 듣고

26. 한 종을 불러 이 무슨 일인가 물은대

27. 대답하되 당신의 동생이 돌아왔으매 당신의 아버지가 건강한 그를 다시 맞아들이게 됨으로 인하여 살진 송아지를 잡았나이다 하니

28. 그가 노하여 들어가고자 하지 아니하거늘 아버지가 나와서 권한대

29. 아버지께 대답하여 이르되 내가 여러 해 아버지를 섬겨 명을 어김이 없거늘 내게는 염소 새끼라도 주어 나와 내 벗으로 즐기게 하신 일이 없더니

30. 아버지의 살림을 창녀들과 함께 삼켜 버린 이 아들이 돌아오매 이를 위하여 살진 송아지를 잡으셨나이다

31. 아버지가 이르되 얘 너는 항상 나와 함께 있으니 내 것이 다 네 것이로되

32. 이 네 동생은 죽었다가 살아났으며 내가 잃었다가 얻었기로 우리가 즐거워하고 기뻐하는 것이 마땅하다 하니라

30절을 다시 보면 "아버지의 살림을 창녀들과 함께 삼켜 버린 이 아들"이라는 말이 나옵니다. 재산을 탕진하지 않고 집에 있었고 집안에 큰 문제를 일으키지 않은 형이 볼 때 어리석은 동생의 행동이 얼마나 충격적이고 실망스럽고 원망스러웠으면 그렇게 표현했겠습니까? 돈을 모두 써버리고 거지가 된 동생이 집으로 돌아온 사실을 알게 된 형은 아버지에게로 돌아온 동생을 위해 잔치를 벌인 아버지를 이해하지 못했고 그의 감정은 분노로 가득 차고 말았습니다. 반면에 "거리가 먼데 아버지가 그를 보고 측은히 여겨 달려가 목을 안고 입을 맞추니"라는 말씀에서 알 수 있듯이 아버지는 어리석고 못난 자식을 하루도 빠짐없이 기다리고 있었던 것입니다. 그리고 그 못난 아들이 집으로 돌아오자 잘못에 대한 책임을 묻지 않고 "측은히" 즉 불쌍히 여겼습니다. 갈라디아 교회 율법주의자들, 그리고 그들에게 빠졌던 유대주의자들(Judaizers)이 회개하면 "온유한 심령으로 그러한 자를 바로잡"으라고 했습니다. "온유한 심령"이 바로 모든 것을 용서하는 그리스도의 마음이고, 불쌍히 여기고 측은히 여기는 마음입니다. 이런 마음을 가질 수 있기를 바랍니다.

그다음이 바로 "그러한 자를 바로잡고"라는 말씀인데, 이는 곧바로 책망하고 징계하라는 것이 아닙니다. "바로잡고"라는 말은 망가지고 고장이 난 것을 고쳐 원래대로 기능하도록 하라는 뜻입니다. 갈기갈기 찢어진 그물을 하나하나 깁는 것을 뜻합니다(막 1:19). 그물을 깁는 일은 쉬운 일이 아닙니다. 많은 시간과 정성과 인내가 필요한 일입니다. 그런데 그렇게 하라는 말씀입니다. 또한 분쟁을 그치게 하고 화해를 시키는 것을 뜻하는 말입니다. "형제들아 내가 우리 주 예수 그리스도의 이름으로 너희를 권하노니 모두가 같은 말을 하고 너희 가운데 분쟁이 없이 같은 마음과 같은 뜻으로 온전히 합하라"(고전 1:10)는 말씀에서 "분쟁이 없이 같은 마음과 같은 뜻으로 온전히 합하라"는 말씀에 해당하는 말입니다. 그러므로 '바로잡는' 일은 한마음으로 서로 사랑하면서 인내와 정성과 시간을 들여서 회복시키는 일임을 깨닫기를 바랍니다. 돌아온 탕자 비유에서 아버지는 "이 네 동생은 죽었다가 살아났으며 내가 잃었다가 얻었기로 우리가 즐거워하고 기뻐하는 것이 마땅하다"라고 했습니다. 돈은 잃었지만 죽었다고 생각한 자식을 다시 얻었기에 그무엇보다 기쁘다고 했습니다. 그런 아버지를 둔 둘째 아들은 그다음 어떻게 살았을까요? '육적인' 삶을, '욕심에 이끌린' 삶을 살았을까요? 그는 분명히 "신령한" 삶, '영적인' 삶을 살았을 것이라 확신합니다. 그래서 예수님은 이 비유를 들어 교훈하신 것입니다.

마지막으로 "너 자신을 살펴보아 너도 시험을 받을까 두려워하라"라는 교훈을 살펴보고자 합니다. 우리는 세상을 살아갈 때 유독 범죄자를 크게 비난하고 엄격한 잣대를 들이 내밀면서 자신을 의롭게 보이도록 하는 자들이 있음을 보게 됩니다. 특히 바리새인들이 그랬습니다(요 8:3). 그들은 자기들을 의롭게 보이려고 남들이 죄를 짓는 것을 그냥 지나치지 않았습니다. 예수님이 성전에서 복음을 전하실 때 바리새인들은 간음하다가 현장에서 잡힌 여자를 끌고 와서 많은 사람이 보는 앞에서 이런 여자는 율법에 따르면 돌로 쳐서 죽여야 하는데 예수님은 어떻게 처리할 것인지 시험했던 것입니다. 예수님은 "너희 중에 죄 없는 자가 먼저 돌로 치라"(요 8:7)고 하셨습니다. 결국 사람들이 양심의 가책을 느끼고 하나둘 사라지기 시작해서 결국 예수님과 그 여자만 남았고, 예수님은 그 여자를 정죄하지 않고 *"가서 다시는 죄를 범하지 말라"*(요 8:11)고 하신 후 돌려보내셨습니다. 예수 그리스도를 믿은 우리는 다만 의롭다고 여김을 받은 것뿐이지 육체를 가지고 살아가는 한 모두 죄인입니다. 우리는 단 하루도 죄의 본성에서 떠날 수 없습니다. 그러나 예수 그리스도를 통해 죄 사함을 받았으면, 육체의 욕심을 따라 사는 것이 아니라 성령의 인도하심을 따라 살아가야 합니다. 또한 교회 중에 잘못을 저지른 자가 있으면, 그런 잘못이나 범죄를 저지른 사실이 드러나면 우리는 우리 자신을 스스로 살펴보아야 합니다. *"너 자신을 살펴보아 너도 시험을 받을까 두려워하라"*라는 이 명령은 우리에게 매우 소중하고 복된 말씀임을 깨닫기를 바랍니다. 우리 중에 누가 잘못을 범했거나 시험에 빠진 일이 있다면 예수님의 비유 속에 등장하는 아버지가 집으로 돌아온 둘째 아들을 측은히 여겼던 것처럼 그렇게 할 수 있기를 바랍니다. 큰 재산을 미리 아버지로부터 받았을 정도면 정말 되먹지 못한 아들이었음이 분명합니다. 그 재산을 모두 창녀와 놀아나고 술과 유흥비로 다 써버리고 거지가 된 것입니다. 그러나 그것보다 더 중요한 것은 바로 그런 상황에서 스스로 목숨을 끊지 않고 아버지한테로, 집으로 돌아갔다는 사실입니다. 야단맞을 것을 각오하고, 부끄러움과 수치를 당할 각오를 하고, 온 식구들과 친척들과 이웃들로부터 받을 비난을 각오하고 돌아갔다는 것이 그 비유를 통해 예수님이 가르치신 큰 교훈입니다. 여러분, 우리는 언제든지 실패할 수 있고, 실수할 수 있고, 큰 잘못을 범할 수 있고, 회복하기 어려운 일을 저지를 수 있습니다. 그러나 중요한 것은 그러한 상태에서 마음을 다잡고 돌아오는 것임을 명심하기를 바랍니다. 회복하기 힘든 절망적이고 극한 상황에서 돌아오는 자가 인생의 승리자입니다. 많은 사람에게 피해를 주고 상처를 주고 고통을 주었거나 주게 될 상황에서도 돌아오는 자가 진정한 하나님의 자녀요 그리스도인입니다. 또한 *"온유한 심령으로 그러한 자를"* 회복하도록 돕는 자들이 참된 그리스도의 교회입니다. 끝으로 *"너 자신을 살펴보아 너도 시험을 받을까 두려워하라"*는 말씀처럼, 그리고 *"그런즉 선 줄로 생각하는 자는 넘어질까 조심하라"*(고전 10:12)는 말씀처럼 자신을 살펴서 넘어지지 않도록, 속아 넘어가지 않도록, 잘못이나 죄를 범하지 않도록 근신하고 삼가는 여러분이 되기를 바랍니다. 아멘.

(2024년 11월 10일)

제33강

두 가지 짐
("함짐" & "혼짐")

갈라디아서 6장 2-5절

2. 너희가 짐을 서로 지라 그리하여 그리스도의 법을 성취하라
3. 만일 누가 아무 것도 되지 못하고 된 줄로 생각하면 스스로 속임이라
4. 각각 자기의 일을 살피라 그리하면 자랑할 것이 자기에게는 있어도 남에게는 있지 아니하리니
5. 각각 자기의 짐을 질 것이라

지난 주일에는 6장 1절을 통해서 죄를 지었거나 잘못을 저지른 사람들에 대해 교회가 어떻게 사랑을 실천해야 하는지 살펴보았습니다. 오늘은 2절부터 5절을 살펴볼 것인데, '두 가지 짐'에 대한 바울의 권면을 하나님의 말씀으로 듣고 순종하는 마음으로 받아들이기를 바랍니다.

2절 "너희가 짐을 서로 지라 그리하여 그리스도의 법을 성취하라"는 말씀의 의미를 먼저 명확히 알기를 바랍니다. 1절에서 형제들 가운데 죄를 범한 사실이나 잘못을 저지른 사실이 드러날 때 어떻게 대해야 하는지를 교훈했다면, 2절은 짐을 지게 된 사람들에 대한 구체적이고 실천적인 권면입니다. 갈라디아 교회들 가운데 어떤 사람들이 죄를 범한 일 또는 잘못이나 실수를 저지른 일로 인해 나머지 사람들이 고통스럽고 무척 힘든 짐을 지게 되었는데, 마음의 짐뿐만 아니라 그들 생활 속에서 실질적인 짐까지 기꺼이 짐으로써 "그리스도의 법을 성취하라"고 명령한 것입니다. "너희가 짐을 서로 지라"고 했는데 그렇게 말한 이유 중 하나가 바로 "짐"($\beta\acute{\alpha}\rho o\varsigma$, baros)이라고 하는 단어에 있습니다. 이 단어는 사람이 혼자 감당할 수 없는 매우 무거운 짐을 뜻합니다. 반드시 함께 져야만 하는 무거운 짐("함짐")입니다. 또한 "지라"고 한 명령

은 한 번 지라는 의미가 아니라 계속해서 지라는 의미입니다. 어떤 사람이 혼자서는 결코 질 수 없는 짐을 교회가 함께 계속 나누어 짐으로써 "그리스도의 법을 성취하라"고 명령했습니다. 즉 그리스도께서 말씀하신 모든 교훈에 기초한 참된 사랑을 실천하라는 뜻입니다. 그 대상이 어느 순간 방심하여 육체의 욕심을 따르다가 큰 잘못을 범한 그리스도인들이든, 회개한 율법주의 그리스도인들이든, 그들의 강요에 못이겨 할례를 받고 심지어 여러 규정과 절기를 지키다가 돌이킨 자들이든, 이러한 사람들로 인해 피해나 고통을 입은 사람들이든, 이들 모두가 원래 상태로 회복될 수 있도록 교회가 모두 함께 짐을 짐으로써 "그리스도의 법을 성취하라"고 한 것임을 깨닫기를 바랍니다. 짐을 함께 져야 하는 이유는 짐이 혼자 감당할 수 없는 매우 무거운 짐이라는 사실이고, 또 다른 이유는 "이와 같이 우리 많은 사람이 그리스도 안에서 한 몸이 되어 서로 지체가 되었느니라"(롬 12:5)는 말씀과 "너희는 그리스도의 몸이요 지체의 각 부분이라"(고전 12:27)는 말씀처럼 잘못을 저질렀거나 피해당한 그런 대상이 주 안에서 우리 몸의 일부이기 때문입니다. "너희가 짐을 서로 지라 그리하여 그리스도의 법을 성취하라"는 명령은 갈라디아 교회들은 물론 오늘 우리에게도 주어졌음을 잊지 말기를 바랍니다.

이제 어떤 짐이길래 혼자 감당할 수 없는 것이었는지 갈라디아 교회들의 상황을 들여다보고자 합니다. 먼저 성경이 어떤 짐인지 그 내용을 보여주지 않기 때문에 정확히 알 수는 없습니다. 그래서 이 부분을 온전히 해석하기에는 한계가 있습니다. 우리는 이 부분과 관련지어서 유추해볼 수 있는 상황까지만, 그리고 조심스럽게 살펴보아야 합니다. 우리가 알다시피 갈라디아 교회들의 여러 문제 중에서 가장 큰 것은 역시 이방인 그리스도인들의 할례에 대한 문제였습니다. 그래서 사도 바울은 이방인 신자들에게도 할례를 주장한 율법주의자들이 복음을 왜곡했고, 신자들은 하나님을 떠나고 있다면서 분노에 찬 어투로 편지를 시작했습니다(갈 1:6-7). 율법주의자들은 오직 믿음만이 아니라 할례와 같은 율법의 행위를 통해서 온전한 하나님의 자녀가 된다고 가르치고 있었기에 바울은 "내가 할례를 받는 각 사람에게 다시 증언하노니 그는 율법 전체를 행할 의무를 가진 자라 율법 안에서 의롭다 함을 얻으려 하는 너희는 그리스도에게서 끊어지고 은혜에서 떨어진 자로다"(갈 5:3-4)라고 강력하게 표현했습니다. 바울의 분노는 "너희를 어지럽게 하는 자들은 스스로 베어 버리기를 원하노라"는 5장 12절 말씀을 통해 크게 폭발하고 말았습니다. 이 같은 표현을 통해 짐작할 수 있는 것은 갈라디아 교회들을 율법주의 유대인 교사들이 혼란스럽고 어지럽게 만들었다는 사실입니다. 갈라디아 교회들은 영적인 눈으로 보자면, 마치 좌초된 배처럼 움직이지 못하는 처참한 상황이 된 것입니다. 스스로 움직일 수 없는 상태가 된 것입니다. 바울이 "너희가 날과 달과 절기와 해를 삼가 지키니 내가 너희를 위하여 수고한 것이 헛될까 두려워하노라"(갈 4:10-11)고 탄식한 것을 통해서 그들이 영적으로 얼마나 크게 피해당했는지 충분히 짐작할 수 있습니다. 그렇다고 하면 할례로 인한 신체적인 문제나 가정불화나 경제적인 문제는 없었을까요? 우리는 조심스럽게 그런 실질적인 문제를 유추해볼 수 있습니다. 유대인의 할례는 "여덟째 날에는 그 아이의 포피를 벨 것이요"(레 12:3)라는 명령에 따라 가장 고통을 덜 느끼고 출혈도 심하지 않은 신생아 시기에 거행하기 때문에 비교적 안전하다고 여길 수 있지만(의학적으로 증명이 되었음), 이방인들은 성인이 된 상태에서 받아야 하므로 여러 가지 문제와 고통과 위험이 있었습니다. 당시 이방인들이 그들이 속한 사회에서 할례를 받는다는 것으로도 사회적 단절을 겪을 수 있었습니다. 그리스-로마 문화는 할례를 혐오하는 문화였습니다. 고대 그리스인들은 성적으로 매우 개방되어 있어서 운동할 때 나체 상태로 땀을 흘리고, 달리기 등의 경기를 할 때도 나체 상태로 했는데, 이는 근육질 남성의 육체를 자랑하는 것이기도 했고, 그들이 섬기는 신에 대한 의식적인 행위이기도 했습니다. 다만 옷을 다 벗고 하되 반드시 성기 끝인 귀두가 보이지 않아야 했습니다. 이런 관습은 로마 시대로도 이어졌는데, 문제는 유대인들이나 이집트인들이었습니다. 이들은 할례를 받았기에 몸을 드러내놓고 운동이나 시합을 할 수 없었고, 만약 드러내놓게 되면 야만적인 사람으로 취급당했으며 혐오의 대상이 되었습니다. 특히 목욕 문화가 발달했던 지중해 연안에서는 남자들이 함께 목욕하면서 서로 대화하고 교제하는 것이 일반적이었습니다. 그런데 그런 이방인들이 그리스도를 믿고 율법주의자들과 유대주의자들의 요구에 따라 할례까지받게 되어 중요 부위를 드러내게 되면, 사회적으로 따돌림을 당하거나아예 관계가 단절되기도 했습니다. 가계를 꾸려나가기 힘들거나 경제적으로 큰 어려움에 봉착할 수 있는 중대한 사건이 되기도 했습니다. 그러므로 갈라디아 교회들 가운데 할례를 받은 이방인 그리스도인들의경우 사회적으로나 경제적으로 큰 어려움을 겪게 된 경우가 대부분이었을 것입니다.

이방인 그리스도인들이 할례를 받음으로써 당하게 되는 또 다른 큰문제는 고통을 감수해야 하는 것과 죽을 수도 있는 큰 위험이었습니다. 마취제도 없이 할례를 받는 일은 큰 고통을 견뎌야 하는 끔찍한 경험이었고, 한동안 일을 할 수 없어서 경제적인 문제도 클 수밖에 없었습니다. 게다가 염증이나 감염증, 과다출혈 등으로 부작용이나 후유증을 겪기도 하고, 심지어 사망을 당하는 일도 종종 있었습니다. 할례를 받다 사망하게 되면 그 가정과 친족 사회에 엄청난 문제를 안기게 됩니다. 그리스도를 믿는 신앙이 크게 배척을 당하게 되고, 전도의 문이 막히게 됩니다. 부작용이든 사망이든 피해당하게 된 가정은 파탄에 이르게 될 수도 있었습니다. 유대인들은 어느 곳에서도 동화되지 않는 그들만의 문화와 종교적 삶을 추구하는 공동체가 있어서 할례를 받더라도 살아갈 수 있었지만, 이방인들은 로마제국 내에서 할례를 받는 경우 큰 고통과 위험을 감수해야만 했습니다. 이런 점에서 볼 때, 율법주의자들의 강요에 따라 할례를 받은 갈라디아 교회 신자들 대부분 사회적으로나 경제적으로, 또는 신체적으로 심각한 문제를 겪게 되었을 것이 분명합니다. 그들뿐만 아니라 그들의 가족까지도 심각한 상황이었을 것입니다. 바로 이런 문제 때문에 할례를 받은 당사자 한 사람이 짐을 다 지기에는 불가능했던 것입니다. 할례를 받은 일로 인해서 그 지역사회에서 경제활동이 어려워진 가정들의 경우 다른 신자들의 도움이 계속 필요했던 것입니다. 심각한 부작용과 후유증을 겪는 사람들의 치료비 역시 큰 부담이었을 것이고, 그들이 하지 못하는 경제생활까지 큰 부담이었을 것입니다. 오늘날 포경수술을 하더라도 2주의 회복 기간이 필요하고 수술 전과 같은 일상적인 생활이 가능하기 위해서는 대략 1개월은 필요한데, 2,000년 전에 했던 할례의 경우, 자연 회복 시간은 지금과 별 차이가 없더라도 부작용이나 감염 때문에 훨씬 긴 기간을 정상적으로 생활하지 못한 경우가 있었고, 그런 경우 경제생활에 큰 문제를 겪어야만 했습니다. 그래서 이방인 그리스도인 중 율법주의 교사들의 교훈을 따라 유대주의자가 된 사람들에게 할례는 큰 고통과 위험과 어려움을 겪게 되는 일이었기에, 그들은 할례를 받고 회복된 후에는 갈라디아 교회들 앞에서 영광스러운 훈장을 하나 몸에 달게 된 것

쯤으로 여기고 자랑삼았던 것이고, 율법주의자들(유대인 그리스도인들)
은 그렇게 할례받은 이방인 신자들이 늘어날수록, 즉 유대주의자들이
늘어날수록 자기들의 영향력이 커지고 자랑거리가 늘어났던 것입니다.

　그러한 상황에서 바울이 생각하기에 할례로 인한 실질적인 문제만큼
큰 문제는 그들에 대한 신앙의 회복이었습니다. 율법주의자들의 거짓
가르침에 넘어간 그들을 신앙적으로 회복하게 만들어서 원래 상태로
되돌리는 일, 즉 '바로 잡는 일' 역시 바울에게는 큰 짐이었습니다. 신
앙적인 것 외에도, 성경이 자세히 말해주지 않는 내용이지만 당시 사회
에서 흔히 일어나는 일들이었기에 교회가 서로 나누어서 계속 져야 할
실질적인 짐 또한 무엇인지 충분히 유추해볼 수 있습니다. 그러므로 우
리 역시 교회 가운데 큰 고통을 당하고 어려움을 당하는 사람이나 가
정이 있다면 함께 짐을 져야 함을 깨닫고 "그리스도의 법"을 실천하고
성취하기를 바랍니다.

　다음으로 2–3절 "만일 누가 아무 것도 되지 못하고 된 줄로 생각하
면 스스로 속임이라 각각 자기의 일을 살피라 그리하면 자랑할 것이 자
기에게는 있어도 남에게는 있지 아니하리니"라는 말씀을 살펴보고자
합니다. 당시 갈라디아 교회에 속해있었던 유대인들은 사실상 이방인
그리스도인들에게 '할례'라는 큰 짐을 지운 것입니다. 당시 이방인 그리
스도인들에게는 매우 지기 힘든 짐이었습니다. 그런데 할례의 짐 외에
도 할례를 받고 난 이후에 생겨난 더 큰 짐에 대해서도 율법주의자들
은 소극적이었다고 생각할 수 있습니다. 우선 유대인 교사들의 습성 자
체가 그렇습니다. "또 무거운 짐을 묶어 사람의 어깨에 지우되 자기는
이것을 한 손가락으로도 움직이려 하지 아니하며"(마 23:4)라는 말씀,

그리고 "이르시되 화 있을진저 또 너희 율법교사여 지기 어려운 짐을 사람에게 지우고 너희는 한 손가락도 이 짐에 대지 않는도다"(눅 11:46) 는 예수님의 말씀을 통해 분명히 알 수 있습니다. 그들에게는 사랑이 없었습니다. 오직 율법의 짐을 남에게 지우고, 율법에 따라 남을 판단하는 일만 하는 경향이 있었습니다. 그저 율법의 행위들을 지키기에 열심이었고 남들에게도 지키게 함으로써 그들 스스로 자랑스럽게 여겼던 것입니다. 사도 바울은 그런 자들을 향해 "만일 누가 아무 것도 되지 못하고 된 줄로 생각하면 스스로 속임이라"고 교훈했습니다. 다른 사람의 짐을 함께 지지도 않으면서 자기 자신은 율법을 잘 지킨다고 생각하고 남들 앞에 자신을 과시하는 자는 "아무 것도" 아니라는 말씀입니다. 결코 대단한 사람이 아니라는 뜻입니다. "아무 것도" 아닌데 "된 줄로 생각"하는 어리석은 자라는 말씀입니다. 게다가 그런 것은 "스스로 속임이라"고 했습니다. 이 말은 "스스로 마음을 타락하게 하다" 또는 "멸망을 자초하다"라는 뜻입니다. 이는 자기 육체를 따르는 것으로써 멸망에 이르는 것이지 결코 성령을 따르는 것이 아니라는 말씀입니다. 야고보 사도는 "하나님이 교만한 자를 물리치시고 겸손한 자에게 은혜를 주신다 하였느니라"(약 4:6)고 잠언의 말씀을 인용해서 교훈했습니다. 잠언 16장 18-19절 "교만은 패망의 선봉이요 거만한 마음은 넘어짐의 앞잡이니라 겸손한 자와 함께 하여 마음을 낮추는 것이 교만한 자와 함께 하여 탈취물을 나누는 것보다 나으니라"는 교훈을 잊지 말기를 바랍니다.

바울은 이어서 "각각 자기의 일을 살피라 그리하면 자랑할 것이 자기에게는 있어도 남에게는 있지 아니하리니"라고 했습니다. 《현대인의성경》을 보면, "각자 자기 행위를 살피십시오. 그러면 남과 비교하지 않고도 자기 자신이 한 일을 자랑스럽게 여길 수 있을 것입니다."라고 쉽게 번역되어 있습니다. 또 다른 번역으로는 "각자 자기 행동을 살펴보십시오. 그러면 자기 자신에게는 자랑거리가 있다고 해도 남에게 자랑할 것은 없을 것입니다."《원문번역주석성경》라고 되어 있습니다. 성령을 따르는 자들은 각기 자기 자신을 자세히 살펴야 하는데, 맡은 직무나 삶의 태도나 행동을 그렇게 돌아보아야 한다는 뜻입니다. 사람들은 자기 자신보다는 남들이 하는 일이나 행동이나 태도를 보고 평가하고 비교하는 습성을 가지고 있으면서, 자기보다 약하고 부족한 사람들과 비교하거나 실수와 잘못을 저지르거나 죄를 범한 사람들과 비교해서 자기 태도나 행동을 자랑하기도 합니다. 그러나 바울은 남들이 하는 일이나 행동이나 태도를 보고 자기 자신을 높이 평가하고 자랑할 것이 아니라, 자기 자신의 일과 행동에 대해 자세히 살핌으로써 칭찬받을만한 것이 있다면 개인적으로 만족하고 기뻐하라고 교훈한 것임을 깨닫기를 바랍니다. 또 한편으로는, 자기 자신에 대해 자세히 살펴보면, 결국에는 남에게 자랑할만하고 내세울 만한 것은 그 어떤 것도 없다는 사실을 깨닫게 된다는 뜻으로도 이해할 수 있기를 바랍니다.

끝으로 5절 "각각 자기의 짐을 질 것이라"는 내용을 보면, 2절 "너희가 짐을 서로 지라"는 말씀과 모순된다고 생각할 수 있습니다. 우리말로는 같은 단어이기 때문에 앞에서는 짐을 함께 지라는 뜻으로 알고, 뒤에서는 짐을 각자 혼자 지라는 뜻으로 단순하게 받아들일 수 있습니다. 그러나 여기에 각각 사용된 "짐"은 원어 성경으로 볼 때 단어 자체가 다르다는 것을 알 수 있습니다. 게다가 짐에 대한 종류도 다름을 알아야 합니다. 서두에서 언급했듯이 2절의 "짐"(βάρος, baros)은 사람이 혼자 감당할 수 없는 매우 무거운 짐을 뜻합니다. 그래서 모두가 함께 져야 할 짐입니다. 그러나 5절의 "짐"(φορτίον, phortion)은 우리가 개인적으로 흔히 사용하는 배낭(백팩, backpack)을 뜻합니다. 원래 군인이 행군할 때 등에 메는 군장을 뜻하는 단어였습니다. 그래서 5절의 "짐"은 반드시 혼자 스스로 메야 하는 짐("혼짐")입니다. 이는 그리스도인들 각자가 교회든 가정이든 직장이든 의무적으로 해야 할 일을 뜻합니다. 성령의 인도하심을 따라 살아가는 그리스도인들은 각자가 해야 할 의무가 있는데, 즉 각자 감당해야 할 짐이 있는데, 이 짐은 두 가지 면으로 생각해야 합니다. 하나는 적극적인 것으로 맡은 바 일들을 해나가는 것입니다. 다른 하나는 아주 중요한 것인데, 먼저 말한 것으로 항상 자신 앞에 주어져 있고, 눈에 보이는 일이고, 예상되는 일이라면, 이 일은 망각하기 쉬운 것으로 소극적(消極的)인 일입니다. 사전적 의미로 소극적이라는 뜻은 '자진하여 나아가려는 태도나 마음가짐이 부족하고 활동적이 아닌 것'이라고 정의되어 있습니다. 소극적인 일의 한 예를 들면, 이단 교리나 사이비 종교에 속아 넘어가지 않는 것입니다. 이런 일은 각자 개인이 스스로 철저히 져야 할 짐입니다. *"예수께서 이르시되 너희가 사람의 미혹을 받지 않도록 주의하라"*(막 13:5)는 말씀처럼 우리 각자가 해야 할 일로 미혹을 당하지 않는 일입니다. 속지 않는 일입니다. *"악한 사람들과 속이는 자들은 더욱 악하여져서 속이기도 하고 속기도 하나니"*(딤후 3:13)라는 말씀에서 알 수 있듯이 *"악한 사람들과 속이는 자들"*은 근본적으로 속이는 자들이고 그들 또한 다른 사람들에 의해 속기도 합니다. 만약 우리가 그런 사람들에게 속는다면 이것 역시 *"악한"* 일이 됩니다. 비록 고의적인 악행은 아니지만, 스스로 져야 할 짐을 제대로 지지 못한 것이기 때문입니다. 어떤 군부대에서 경계병이나 보초병이 적의 침투를 발견하지 못하게 되면 마땅히 지켜야 할 의무를 다하지 못해서 큰 문제를 초래하게 됩니다. 많은 병사가 죽을 수 있습니다. 자기가 져야 할 *"짐"*(phortion)을 지지 못해서 나머지 모든 병사가 함께 져야 할 무거운 *"짐"*(baros)이 되는 것입니다. 갈라디아 교회 신자들 한 사람 한 사람이 각자 짐을 지고 그리스도인의 삶을 살아야 했습니다. 그런데 짐을 지지 못하게 됨으로써 있어야 할 자리에서 이탈하게 되었고, 감당해야 할 일을 감당하지 못하게 되었으며, 그로 인해서 개인적으로는 도저히 감당할 수 없는 심각하고도 중대한 짐들이 생겨났고, 모든 사람이 함께 그 짐들을 나눠서 져야 하는 상황에 이르게 된 것입니다. 그러므로 *"각각 자기의 짐을 질 것이라"*는 말씀이 주는 교훈이 얼마나 중요한지 깨닫기를 바랍니다. 이 말씀은 바울 사도가 단순하고도 의례적으로 권면한 것 같지만 대단히 중요한 말씀입니다. 갈라디아서 내용 중 사실상 가장 핵심적인 교훈입니다. 우리에게도 이 말씀은 아무리 반복하고 강조해도 지나치지 않을 정도로 중요한 말씀임을 명심하기를 바랍니다. 갈라디아 교회들 가운데 심각한 문제가 생긴 것은 각자 한 사람 한 사람이 져야 할 짐을 지지 못해서 생겨났고, 지지 못한 짐은 나중에 스스로 해결할 수 없는 큰 짐이 되어버렸습니다. 결국 갈라디아 그리스도인들 전체가 함께 질 수밖에 없는 큰 짐("함짐")이 된 것입니다. 성문을 지키는 성문지기가 적군의 속임에 넘어가 문을 열어 주면 엄청난 규모의 적군이 순식간에 들어오게 되어 성 전체가 충격과 공포와 두려움에 휩싸이게 되는 것입니다. 이쁘고 곱게 자란 딸이 친절하게 접근하는 나쁜 남자에게 속아 몸을 빼앗기고 돈을 빼앗기고 정신과 신앙까지 큰 타격을 입게 되면, 딸은 물론 그 가정은 상처와 고통을 회복하는데 얼마나 긴 시간이 필요하겠습니까? 그러므로 우리 각자가 있어야 할 자리에 변함없이 있어야 합니다. 아주 사소하고 보잘 것이 없이 보인다고 함부로 생각하면 큰일입니다. 위험과 죽음을 초래한 성전 지기처럼, 보초병처럼 말입니다. *"파수꾼이 사자 같*

이 부르짖기를 주여 내가 낮에 늘 망대에 서 있었고 밤이 새도록 파수하는 곳에 있었더니"(사 21:8)라는 구절에서 알 수 있는 것은 파수꾼이라면 항상 같은 자리에 밤이든 낮이든 방심하지 않고 지키고 서 있어야 하는 것입니다. 수많은 적을 물리치는 장수에 비교하면 사소한 역할처럼 보이지만, 결코 사소한 역할이 아님을 명심하기를 바랍니다. 그가 역할을 감당하지 못하면 성안에서 믿고 잠을 자던 장수가 죽을 수 있듯이 우리가 맡은 역할을 소홀히 여길 때 다른 사람들에게 큰 고통을 줄 수 있음을 잊지 말기를 바랍니다. 우리 각자가 있어야 할 자리에 변함없이 있고, 해야 할 일을 묵묵히 하는 것이 우리 각자가 져야 할 작은 짐입니다. 아주 작은 짐이지만 그 짐을 온전히 지지 못했을 때는 엄청난 무게의 짐을 나머지 사람들에게 안기게 됨을 잊지 말기를 바랍니다. 우리는 모두 짐을 지는 사람들입니다. 각자의 짐을 지고 있고, 그런 짐을 누군가 지지 못했을 때 마땅히 나눠서 져야 하는 짐이 언제든지 생길 수 있습니다. 전자는 내가 져야 할 기본적인 짐으로 배낭(백팩)과 같은 "혼짐"이고, 후자는 예상치 못한 상황에서 분담하게 되는 갑작스럽고 난처한 짐 또는 처음부터 혼자 질 수 없는 큰 짐으로 "함짐"입니다. 해야 할 일을 변함없이 하고, 율법주의자들의 거짓 가르침이나 이단·사이비 사상이나 사기꾼의 말에 속지 않는다면, 짐을 지는 사람들로서 해야 할 일들과 하지 말아야 할 일들을 분명히 알고 자기 자리를 지키는 그리스도인이 된다는 사실을 명심하기를 바랍니다. 아멘.

(2024년 11월 17일)

῍Ω ἀνόητοι Γαλάται, τίς ὑμᾶς ἐβάσκανεν

어리석도다 갈라디아 사람들아, 누가 너희를 꾀더냐(갈 3:1)

제34강

무엇을 심든지
그대로 거두리라

갈라디아서 6장 6-9절

6. 가르침을 받는 자는 말씀을 가르치는 자와 모든 좋은 것을 함께 하라

7. 스스로 속이지 말라 하나님은 업신여김을 받지 아니하시나니 사람이 무엇으로 심든지 그대로 거두리라

8. 자기의 육체를 위하여 심는 자는 육체로부터 썩어질 것을 거두고 성령을 위하여 심는 자는 성령으로부터 영생을 거두리라

9. 우리가 선을 행하되 낙심하지 말지니 포기하지 아니하면 때가 이르매 거두리라

지난 주일에는 6장 2절부터 5절을 통해 두 가지 짐과 그 짐을 져야 할 사람들에 대한 바울의 권면을 살펴보았는데, 오늘은 6절부터 9절 내용 즉 목사와 교사에 관련된 권면을 살펴보고자 합니다. 몇 주 전에 언급했듯이 6장 1절부터 10절까지 내용은 당시 갈라디아 교회들을 향해 어떻게 사랑을 실천하고 섬기는 삶을 살아가야 하는지 교훈한 내용입니다. 1절은 죄를 지었거나 잘못을 저지른 사람들에 대해, 2절부터 5절은 두 가지 짐을 진 사람들에 대해, 6절부터 9절까지는 목사와 교사에 대해, 그리고 10절은 모든 사람에 대해서 교훈한 권면의 말씀입니다. 이 중에서 목사와 교사에 대한 권면은 그런 사람들을 교회가 어떻게 대해야 하는지를 보여주는 말씀입니다. 함께 자세히 들여다보고 우리라면 당시 상황에서 어떻게 행동했을지 생각해보고 교훈을 얻기를 바랍니다.

6절 "가르침을 받는 자는 말씀을 가르치는 자와 모든 좋은 것을 함께 하라"는 말씀은 오늘날 목사와 교사에 해당하는 사람들에 대한 섬김을 교훈합니다. 그러나 갈라디아 교회들로 볼 때는, 오늘날처럼 정확

히 구분되었다기보다는 바울과 바나바처럼 말씀을 전하는 사도들로부터 시작해서, 사도들을 도와서 함께 복음을 전하는 자들, 그리고 현지에서 잠시 교회를 맡아 말씀을 전하고 가르치는 일로 섬기는 장로들(행 14:23)이나 교사들을 포함하는 사람들을 뜻한 것으로 이해하는 것이 바람직합니다. 또한 갈라디아서 1장 2절을 보면 바울이 편지를 쓸 때 자기와 함께 했던 대상을 *"함께 있는 모든 형제"*라고 했는데, 여기서 *"함께 있는 모든 형제"*는 아마도 사도행전 13장 1절*("안디옥 교회에 선지자들과 교사들이 있으니 곧 바나바와 니게르라 하는 시므온과 구레네 사람 루기오와 분봉 왕 헤롯의 젖동생 마나엔과 및 사울이라")*에 언급된 안디옥 교회 선지자들과 교사들처럼 갈라디아에서 복음을 전하고 가르치기 위해 함께 한 동역자일 것입니다. 이상과 같이 볼 때, 바울이 말한 *"말씀을 가르치는 자"*는 여러 지역을 순회하며 복음을 전하는 사도들이나 전도자들, 갈라디아 지역에 머무르면서 말씀을 전하고 가르치는 선지자, 교사, 장로와 같은 사람들이라고 볼 수 있습니다. 반면에 *"가르침을 받는 자"*는 복음을 듣고 말씀으로 양육을 받고 있었던 갈라디아 지역 교회들 전체를 대상으로 한 것이고, 이는 오늘날 우리에게도 적용된다는 사실을 기억하기를 바랍니다.

*"모든 좋은 것을 함께 하라"*는 명령을 통해 갈라디아 교회들 상황을 확실히 바꾸어나갈 것을 요청하고 있음을 알아야 합니다. 먼저 *"모든 좋은 것"*은 일차적으로는 물질적이지만, 정신적이고 영적인 것까지 포괄하는 뜻입니다. 왜냐하면 다음에 이어지는 *"함께 하라"*는 말이 담고 있는 뜻이 물질적이고 신체적이고 정신적이고 영적인 것을 모두 포괄하기 때문입니다. 헬라어 *"함께 하라"*는 '코이노네이토'(Κοινωνείτω)가 의미하는 것들은 어려운 일을 함께하거나 짐을 함께 지는 것(벧전 4:13),

영적으로 친교를 나누는 것(고전 1:9), 그리고 물질을 통용하는 것(빌 4:15) 등이라는 사실을 통해 알 수 있습니다. 그런데 갈라디아 교회들은 그렇게 하지 못했습니다. 가장 큰 문제는 복음을 전하고 가르치는 자들을 존귀하게 여기기보다는 율법주의자들을 존경하고, 그들의 가르침이 복음보다 더 권위가 있다고 여겼던 것입니다. 바울과 그 일행이 떠난 뒤에도 계속해서 복음에 대해 가르치고 신자들이 신앙적으로 성장하도록 돕는 지도자들(목사와 교사 역할을 하는 사람들)이 있었지만, 이들에 대한 섬김보다 유대인 율법 교사들을 더 따르고 그들의 가르침이 더 권위가 있는 것으로 믿었으며, 심지어 할례까지 받고 각종 절기와 규례를 따를 정도가 되었기에(갈 4:10) 복음을 가르치는 교사들이나 갈라디아 여러 지역을 순회하는 전도자들은 사실상 찬밥 신세가 된 것입니다. 그들의 영적 권위는 땅에 떨어졌고, 물질적으로 어려운 상황에서 도움을 받지도 못한 것입니다. 만약에 이들 가운데 할례까지 받은 사람들이 생겼다면, 그들은 더욱 어려운 상황이었을 것입니다. 그리스-로마 문화에서 할례를 받은 유대인은 조롱당하고 멸시당했기에 이런 사회적 단절을 피하려고 일부 유대인들은 할례받은 표시를 없애려고 했고, 나체로 하는 운동경기에 참여하고 그리스-로마 사회에 동화되려고 유대교 전통을 버릴 정도였기에(참조. 외경 마카비전서 1:13-15, 마카비후서 4:10-17), 이와 반대로 이방인들이 유대교 전통인 할례를 받는 것은 경제적으로나 사회적으로 어려운 상황을 초래하는 일이었습니다. 폴 존슨의『유대인의 역사(A History of the Jews)』에 따르면 할례는 "근대 사회에서 생활하는 데 장애가 되는" 것이었습니다(김한성 역, p. 228.). 할례를 받은 몸이 유대인들에게 사회적으로 큰 장애가 되었다면, 이방인들이 할례를 받는 경우는 매우 큰 장애가 되었기에 사회적 단절을 각오해야 했던 것입니다. 로마 시대에서 할례는 일종의 거세

21세기 한국교회를 위한 **갈라디아서 강설**

(카스트라토, castrato)와 같은 성기 절단 행위로 여겨졌고 혐오스러운 것이었습니다(폴 존슨, p. 242.). 그러므로 갈라디아 교회들 가운데 할례를 받은 교사들이나 신자들은 사회적으로나 경제적으로 어려운 생활을 할 수밖에 없었습니다. 게다가 교회 내에서는 율법주의 유대인 교사들이 더 존중받는 상황이 되었기에 할례를 받지 않은 교사들이나 전도자들은 교회로부터 경제적으로 충분한 도움을 받지 못했을 것이 분명합니다. 이런 상황에 있는 갈라디아 교회들을 향해 바울은 *"말씀을 가르치는 자와 모든 좋은 것을 함께 하라"*고 명령한 것임을 깨닫기를 바랍니다. 그렇다고 해서 현대 교회의 목회자들까지 전적으로 교회가 경제적인 책임을 지라는 의무는 아닙니다. 반대로 목회자들까지 일반 신자들처럼 똑같이 경제활동을 해야 한다는 것도 아닙니다. 구약의 율법을 지키듯이 제사장 제도처럼 따를 의무도 없고, 그렇다고 해서 많은 시간을 자신과 가족을 부양하기 위해 경제활동에 전념한다면 말씀을 전하고 가르치는 일과 기도하는 일이 줄어들 수밖에 없습니다. 목회자 개인의 능력과 여건에 따라 차이가 있긴 하지만 교회의 상황과 형편을 고려해서 목회자가 교회의 부담을 덜어주고 솔선수범하는 모습이 필요하기도 하고, 반대로 교회가 목회자 가정의 생계가 가능하도록 돕거나 지원하는 일은 항상 우선순위로 삼아야 합니다. 그러나 갈라디아 교회들 당시에는 전적으로 교회가 말씀을 전하고 가르치는 자들의 생계를 맡아야 했습니다. 그 이유는 유대인들처럼 십일조가 모든 백성의 법적 의무가 아니었고, 이방 종교에서처럼 다양한 방식으로 제사장이나 종교적 일에 헌신한 사람들의 생계를 지원하기 위한 요금제도가 없었기 때문입니다. 즉, 국가 또는 사회가 책임을 지는 시스템이 아니라 전적으로 교회가 책임져야 할 문제였기 때문입니다. 다만 법적이고 의무적인 책임이 아니라 교회가 행하는 자발적 책임이었습니다. 그런데 갈라디아

교회들은 자발적인 책임의 대상을 복음을 전하고 가르치는 자들에게 삼는 대신에 율법주의 및 유대화주의 교사들에게 삼았던 것입니다. 바울은 갈라디아 교회들을 권면하고 바로 잡으면서 이제는 그들이 소홀히 했던 복음의 일꾼들에게 마음을 돌려 어려운 생계를 보살피라고 명령한 것임을 깨닫기를 바랍니다.

7절 "스스로 속이지 말라 하나님은 업신여김을 받지 아니하시나니 사람이 무엇으로 심든지 그대로 거두리라"는 말씀을 통해서 앞서 언급한 자신의 명령을 실천하도록 권면한 것인데, "스스로 속이지 말라"는 말은 지난 주일에 살펴본 3절 "만일 누가 아무것도 되지 못하고 된 줄로 생각하면 스스로 속임이라"는 말씀에 나오는 "스스로 속임이라"는 말과는 전혀 다른 뜻임을 알아야 합니다. "스스로 속임이라"는 말의 의미가 '스스로 마음을 타락하게 하다' 또는 '멸망을 자초하다'라는 뜻이고(적극적인 악), "스스로 속이지 말라"는 '미혹 당하지 않도록 하라' 또는 '진리에서 벗어나지 않도록 하라'(소극적인 선)는 뜻입니다. 예수님이 제자들에게 "너희가 사람의 미혹을 받지 않도록 주의하라"(마 24:4)고 교훈하셨던 것처럼, 사도 바울이 갈라디아 교회들에게 그들 가운데서 활동한 율법주의자들의 거짓 가르침에 미혹되어 진리에서 벗어나고, 그들에게 그리스도의 복음을 전하고 가르치는 전도자들과 교사들을 소홀히 여긴 것을 책망하는 뜻으로 사용한 말입니다. 이어서 "하나님은 업신여김을 받지 아니하시나니"라고 했는데, 하나님의 일을 하는 복음 전도자들과 교사들이 냉대와 소홀히 여김을 받는다는 것은 용납할 수 없는 일이라는 말입니다. 마치 하나님이 소홀히 여김을 받고 업신여김을 받는 것이라는 뜻이 됩니다. 하나님이 세우신 일꾼이 푸대접받는 일은 결국 하나님이 푸대접받는 일이요, 조롱당하는 일이라는 뜻입니다. 어느 지역 교회에서 하나님의 말씀을 전하고 가르치는 목사가 있고, 그 목사가 어려움을 당하고 있을 때 돌아보기는커녕, 신비스러운 기적을 보이고 가짜로 방언하고 예언하는 유명 사이비 교주에게 미혹되어 몸과 돈과 재산을 바치는 일은 하나님을 업신여기고 조롱하는 행위라고 교훈한 것임을 확실히 깨닫기를 바랍니다. 그러므로 *"사람이 무엇으로 심든지 그대로 거두리라"*는 말씀처럼 잘못된 교훈과 욕심에 이끌려 재물을 쓰거나 낭비하는 일은 악을 위해 심는 것이고 마침내 악의 열매를 맺는다는 뜻입니다. 이 땅에 살아가는 동안 하나님을 모욕하고 조롱하는 일에 재물과 힘과 시간을 쏟는다면 그런 사람은 반드시 하나님 앞에서 심판의 결말을 보게 될 것이라는 뜻임을 기억하기를 바랍니다.

8절도 똑같이 이어지는 말씀인데, *"자기의 육체를 위하여 심는 자는 육체로부터 썩어질 것을 거두고 성령을 위하여 심는 자는 성령으로부터 영생을 거두리라"*고 했습니다. 보편적으로 농사에서 얻을 수 있는 심고 거두는 자연법칙을 통한 교훈입니다. 5장 16절 *"내가 이르노니 너희는 성령을 따라 행하라 그리하면 육체의 욕심을 이루지 아니하리라"*고 교훈한 말씀과 같은 맥락에서 이해할 수 있는 내용입니다. *"육체의 욕심"*을 따르는 것은 *"육체를 위하여 심는"* 것으로 *"육체로부터 썩어질 것"*을 거두게 된다는 사실, 즉 그 결과가 사망이라는 진리의 말씀을 명심하기를 바랍니다. 반면에 *"성령을 위하여 심는"* 것은 *"성령으로부터 영생"*을 얻는다는 교훈을 잊지 말기를 바랍니다. 그러므로 스스로 짐을 져야 할 짐을 망각하고 율법주의 유대인 교사들의 거짓 교훈에 미혹된 일이나, 그 일로 인해 복음을 위해 섬기는 자들을 소홀히 여기고 그들의 어려운 생계를 외면한 것이나, 미혹되어 할례를 받은 후에 사회적으로나 경제적으로 신체적으로 고통과 어려움을 당한 것이나, 그런 사람들이 초래한 큰 짐을 지지 않고 외면하는 일이나, 또 자기 육체의 욕심에 이끌려 방탕한 삶을 추구하는 것이나 모두 "*자기의 육체를 위하여 심는*" 것임을 잊지 말기를 바랍니다. 또한 우리 모두 "*성령을 위하여 심는 자는 성령으로부터 영생을 거두리라*"는 교훈을 가슴 깊이 새김으로써 진리에서 이탈하는 일이 없기를 바랍니다.

그런데 교훈대로 사는 것이 쉬운 일이 아니라는 것이 문제입니다. 그래서 바울 사도가 "*우리가 선을 행하되 낙심하지 말지니 포기하지 아니하면 때가 이르매 거두리라*"고 덧붙여 교훈한 것입니다. 심고 나서 추수 때를 기다리는 일은 쉬운 일이 아닙니다. 하루하루 곡식이 자라는 모습을 현격히 볼 수 있는 것도 아닙니다. 추수 때를 기다리는 일은 인내가 필요한 일입니다. 마찬가지로 선을 행하는 일, 즉 성령의 인도하심을 따라 살아가는 일은 이 세상에서 매우 힘든 일입니다. 선을 행하는 일은 앞서 언급한 대로 "*성령을 위하여 심는*" 일입니다. 그래서 이러한 일은 개인 또는 교회가 종말의 날을 염두에 두고 계속해서 쉬지 않고 행하는 일입니다. 파종하고 추수 때를 기다리는 일이 길게 느껴지는 것처럼, 성령으로 씨앗을 심고 하나님이 정하신 추수 때를 기다리는 일은 길고도 힘든 기다림의 연속입니다. 기다리는 동안 마귀는 우리를 항상 미혹하려고 할 것입니다. 우리의 신앙적 삶이 바로 길고도 힘든 영적 싸움입니다. 신체적으로, 경제적으로, 사회적으로 힘든 상황에 빠지더라도, 절망적인 늪에서 허우적거리더라도 낙심하거나 포기하지 말아야 합니다. 포기하는 것은 낙심한 나머지 긴장을 풀고 주저앉아 마귀에게 자신을 내어주는 것입니다. "*그러나 여호와가 이르노라 스룹바벨아 스스로 굳세게 할지어다 여호사닥의 아들 대제사장 여호수아야 스스로 굳세게 할지어다 여호와의 말이니라 이 땅 모든 백성아*

스스로 굳세게 하여 일할지어다 내가 너희와 함께 하노라 만군의 여호와의 말이니라"(학 2:4)는 명령을 마음에 새겨서 "스스로 굳세게" 하고 세상과 마귀에게 미혹을 당하지 않고 오히려 대적해서 승리함으로써 마지막 날에 하나님으로부터 승리의 면류관을 받아 쓰는 여러분이 되기를 바랍니다. 아멘.

(2024년 11월 24일)

제35강

왜 세계의 절반은
굶주리는가?

갈라디아서 6장 10절

10. 그러므로 우리는 기회 있는 대로 모든 이에게 착한 일을 하되 더욱 믿음의 가정들에게 할지니라

오늘 살펴볼 6장 10절은 6장 1절부터 9절까지 내용에 대한 결론 부분이라 할 수 있습니다. 할례로 시작된 갈라디아 교회들의 분열과 갈등과 불신으로 비롯된 신자들의 생활고와 어려운 경제적 형편을 해결하기 위한 해결책이기도 하지만 "네 이웃을 네 자신 같이 사랑하라"(마 22:39)는 예수님의 명령에 대한 순종임을 깨닫고, 하나님에 대한 사랑은 이웃에 대한 사랑을 통해 성취된다는 교훈을 실천하는 기회로 삼기를 바랍니다.

유엔인권위원회 자문위원 출신으로 스위스 정치가, 사회행동주의자, 기아 문제 전문가 장 지글러(Jean Ziegler, 1934-)는 『왜 세계의 절반은 굶주리는가?』라는 책을 써서 굶주림의 문제가 진화론이 주장하는 경쟁과 도태에서 비롯된 것이 아니라, 첫째는 도시의 부와 부의 생산을 장악하고 있는 자본가들의 식량 투기에 있다고 했고, 둘째는 엄청난 양의 곡식을 통해 바이오 연료를 만들기 때문이며, 셋째로는 사업가들의 과도한 출혈경쟁이라 했습니다. 그 밖에도 탐욕스럽고 부패한 정치 관료들, 내란이나 전쟁, 이익을 극대화하기 위한 환경파괴 등을 주장했는데, 특별히 신자유주의를 심각한 악영향으로 진단했습니다. 부자들은 자유를 추구하게 마련이고 그들의 자유가 투기와 가격경쟁과 전쟁과 환경파괴를 일으키는 원인이라는 것입니다. 그로 인해 굶어 죽는 사람들이 끊임없이 생겨나고 있는 것이라 했습니다. 종합적으로 볼 때 지

글러의 주장은 어떤 개인과 집단의 문제라기보다는 정치와 경제의 권력 구조에서 비롯된 다국적 기업 시스템과 금융 시스템을 근본적인 문제로 본 것입니다. 그러면서 지글러는 가난한 자들의 아픔을 외면하지 말라고 이 시대 사람들에게 촉구하면서 "인간은 다른 사람이 처한 고통에 함께 아파할 수 있는 유일한 생물이다."(p.169.)라고 했습니다. 지글러는 부유한 가정에서 태어났지만, 어렸을 때 가난을 마주칠 때마다 충격을 받았고, 아버지로부터 "저렇게 되도록 하나님이 뜻하셨다"는 말을 들을 때마다 그는 이해할 수 없었고 받아들일 수 없었다고 합니다. 결국 그는 가난한 자들에 대한 아버지의 말 때문에 장 폴 사르트르(Jean-Paul Sartre, 1905-1980)와 같은 실존주의자의 영향을 받게 된 것입니다. 그가 비록 실존주의 영향을 받아 사회행동주의자가 되었지만, 가난한 사람들의 가난을 당연시하고 하나님의 뜻으로 받아들이고 그런 사람들을 위해 행동하지 않은 아버지의 왜곡된 기독교 신앙을 부정적으로 본 것을 통해 우리는 우리 자신을 돌아볼 수 있어야 합니다.

사도 바울은 갈라디아 교회들을 향해 "그러므로 우리는 기회 있는 대로 모든 이에게 착한 일을 하되 더욱 믿음의 가정들에게 할지니라"고 명령함으로써 그리스도인들이 "착한 일"을 하며 살아야 한다고 교훈했습니다. 여기서 바울이 말한 "착한 일"은 사람들에게 베푸는 동정심과 긍휼을 뜻합니다. 9절에 사용된 "선"과 비교할 때 사용된 단어는 다르지만 일의 본질은 같은 것으로 아름다운 일이고 덕을 베푸는 일이며, 도덕적인 일임을 깨닫기를 바랍니다. 그런데 바울이 말한 "착한 일"에 있어서 그 대상과 시기와 강조점이 분명하다는 것입니다. 먼저 대상은 "모든 이에게"라고 했듯이 모든 사람입니다. 근본적으로 사람이라고 하면 누구나 다 해당하는 것입니다. 이 점에 있어서 장 지글러와 같은 행동주의자의 외침을 그리스도인들은 외면할 수 없는 것입니다. 다음으로 "기회 있는 대로"입니다. 이것은 기회가 주어질 때마다 언제나 하라는 것입니다. 땅에서 밭을 갈고 씨를 뿌리는 일은 사시사철 언제나 할 수 있는 일이 아니라 정확한 때가 있는 일인데, 그것은 해도 되고 안 해도 되는 때가 아니라 반드시 해야 하는 때를 말합니다. 농부가 지난해에 풍년이었다고 해서 올해 씨를 뿌리지 않는 법은 없습니다. 풍년 후에 흉년이 올 수 있기에 주어진 기회를 그냥 지나쳐버리지 않습니다. 항상 기회가 되면, 때가 되면, 시기가 되면 농부는 씨를 뿌립니다. 마찬가지로 그리스도인들이 이웃을 돕는 일은 반드시 해야 하는 일이라는 교훈입니다. 이웃을 도울 상황이 된 것은 바로 씨를 뿌릴 때가 된 것임을, 기회 또는 때가 된 것임을 알고 "착한 일"을 행하기를 바랍니다. 그런데 바울 사도가 특별히 강조한 점이 있음을 놓치지 말아야 합니다. "더욱 믿음의 가정들에게"라고 한 사실입니다. 여기서 바울이 강조한 대상이 바로 복음을 통해서 그리스도인이 된 가정과 지역 교회입니다. 바울은 그리스도를 믿는 자들을 향해 "그의 몸된 교회"(골 1:2)라고 했습니다. 신체적 표현으로써 그리스도를 머리로 한 몸이라는 뜻이고, 사회적 표현으로써 가장(家長)인 그리스도에게 속한 식구들이라는 뜻입니다. 갈라디아 교회들은 서로 믿음으로 하나가 되었기에 믿음을 가진 어려운 모든 가정을 서로 돌봐야 한다는 교훈을 한 것입니다. 이상과 같이 경제적으로 어려운 가정을 돕는 일에 있어서 바울이 말한 대상과 시기와 강조점을 항상 잊지 말기를 바랍니다.

먼저 "착한 일"에 대해 좀 더 살펴보고자 합니다. 예수님은 "긍휼히 여기는 자는 복이 있나니 그들이 긍휼히 여김을 받을 것임이요"(마 5:7)라고 교훈하셨는데, 이웃을 긍휼히 여기는 일이 바로 "착한 일"입니다.

누가복음 10장 25-37절에 등장하는 '선한 사마리아인의 비유'는 그리스도인이 아닌 일반인들에게도 큰 감화를 주는 교훈입니다. 이 비유에서 말로만 교리적으로만 이웃을 사랑하는 것을 앵무새처럼 암송하고 있었던 어느 율법주의자에게 하나님을 사랑하고 이웃을 사랑하는 삶이 어떤 것인지 구체적으로 예를 들어 보여주신 예수님의 교훈을 마음에 새기고 우리도 실천할 수 있기를 바랍니다.

25. 어떤 율법교사가 일어나 예수를 시험하여 이르되 선생님 내가 무엇을 하여야 영생을 얻으리이까

26. 예수께서 이르시되 율법에 무엇이라 기록되었으며 네가 어떻게 읽느냐

27. 대답하여 이르되 네 마음을 다하며 목숨을 다하며 힘을 다하며 뜻을 다하여 주 너의 하나님을 사랑하고 또한 네 이웃을 네 자신 같이 사랑하라 하였나이다

28. 예수께서 이르시되 네 대답이 옳도다 이를 행하라 그러면 살리라 하시니

29. 그 사람이 자기를 옳게 보이려고 예수께 여짜오되 그러면 내 이웃이 누구니이까

30. 예수께서 대답하여 이르시되 어떤 사람이 예루살렘에서 여리고로 내려가다가 강도를 만나매 강도들이 그 옷을 벗기고 때려 거의 죽은 것을 버리고 갔더라

31. 마침 한 제사장이 그 길로 내려가다가 그를 보고 피하여 지나가고

32. 또 이와 같이 한 레위인도 그 곳에 이르러 그를 보고 피하여 지나가되

33. 어떤 사마리아 사람은 여행하는 중 거기 이르러 그를 보고 불쌍히 여겨

34. 가까이 가서 기름과 포도주를 그 상처에 붓고 싸매고 자기 짐승에 태워 주막으로 데리고 가서 돌보아 주니라

35. 그 이튿날 그가 주막 주인에게 데나리온 둘을 내어 주며 이르되 이 사람을 돌보아 주라 비용이 더 들면 내가 돌아올 때에 갚으리라 하였으니

36. 네 생각에는 이 세 사람 중에 누가 강도 만난 자의 이웃이 되겠느냐

37. 이르되 자비를 베푼 자니이다 예수께서 이르시되 가서 너도 이와 같이 하라 하시니라

이 교훈에 근거해서 기독교 영향을 많이 받은 국가들 즉 유럽을 비롯한 미국과 캐나다에서는 '착한 사마리아인법'이 세워지게 되었습니다. 비록 특별한 관계가 없고 알지 못하는 타인이라 할지라도 위급한 상황에서 도움이 절실한 사람을 돕도록 사회 분위기를 만들고자 하는 법입니다. 특이한 사실은 기독교 영향력이 미미했던 우리나라도 일제 강점기에 이런 법이 적용되었다는 것입니다. 이는 일본이 법을 만들 때 유럽과 미국의 법을 도입해서 만들었기에 자연스럽게 '착한 사마리아인법'도 포함되었던 것이고, 그 법이 일제 강점기에 우리에게도 적용되었던 것입니다. 그러나 해방 이후 전쟁을 겪으면서 굶어 죽는 사람들이 많이 생기고 다른 사람을 도울 여력이 없어지자 1953년 이 법을 삭제했습니다. 그렇지만 그리스도인은 어려운 사람들을 "긍휼히 여기는 자"임을 잊지 말아야 합니다. 남을 "긍휼이 여기는" "착한 일"은 구원의 근거가 되지는 않습니다. 하지만 그런 일은 구원받은 증거가 된다는 사실을 잊지 말아야 합니다(토마스 왓슨[Thomas Watson, 1620-1686], 『팔복해설』, p.227.). 청교도 토마스 왓슨은 로마서 7장 4절 "우리가 하나님을 위하여 열매를 맺게 하려 함"이라는 말씀을 인용하면서 불쌍한 사람들을 긍휼히 여기는 일은 믿음 위에 세워지는 행함이요 믿음의 열매라고 강조했습니다. 반대로 이러한 열매를 맺지 못하게 하는 것이 탐욕이라고 하면서 탐욕이 우리 자신의 신앙생활을 깨뜨리지 않도록 조심해야 한다고 했습니다(p.23.).

우리는 이런 탐욕에서 벗어나 자선과 긍휼을 베푸는 일에 있어서 일부 부유한 청교도들의 편협한 사고방식을 따르지도 말아야 합니다. 『로빈슨 크루소』의 작가 영국 소설가 대니얼 디포(Daniel Defoe, 1660-1731)는 자신이 출간한 팜플릿(제목: 시혜를 베푸는 것은 사랑이 아니며, 빈민들을 고용하는 것은 온 나라의 민폐가 된다)에 "만약 빈민들이 구호를 받게 된다면 임금을 얻기 위해 노동하지 않으려 들것이며,……"라고 실었습니다. 그러자 얼마 후 네덜란드 출신 영국 철학자 버나드 맨더빌(Bernard Mandeville, 1670-1733)은 『꿀벌의 우화』를 통해 '꿀벌 나라'가 번영하는 것은 벌들에게 허영심과 시기심과 악덕과 낭비가 있기 때문이며, 오히려 그런 것들은 꼭 필요한 악덕이라고 주장했습니다. 공동체를 위해서는 고상한 자선보다는 악덕이 필수적이라고 주장한 것입니다. 결국 검소한 청교도 상인들조차 사치와 허영을 자연스럽고 소박한 욕구로 받아들일 정도가 된 것이고, 오늘날 영국과 미국이 이끄는 자유주의 시장의 길을 열게 된 것입니다(칼 폴라니[Karl Polanyi], 『거대한 전환』, pp.323-336.). 그런데 갈라디아 교회들 속에도 이런 편협한 사고방식이 자리 잡게 되었습니다. 할례에 대한 율법주의자들의 교훈으로 인해 바울 사도와 그의 동역자들에 대해 교회들이 불신을 가지게 되었고(심지어 바울을 이단으로 여겼음), 교회들은 분열과 갈등으로 사랑이 식어버린 상태가 되었습니다. 율법주의자들을 더 따르다 보니, 복음을 전하고 가르치느라 경제적으로 어려움을 당하게 된 전도자들과 교사들을 동정과 긍휼을 베풀 대상으로 보기보다는 오히려 피하고 싶은 큰 짐과 다름없는 대상으로 여기게 된 것입니다. 그래서 바울은 갈라디아 교회들의 분열과 갈등과 불신으로 비롯된 신자들의 생활고와 어려운 경제적 형편을 해결하기 위해 "그러므로 우리는 기회 있는 대로 모든 이에게 착한 일을 하되 더욱 믿음의 가정들에게 할지니라"라고 명령한 것임을 깨닫기를 바랍니다.

갈라디아 교회들이 할례파와 무할례파로 나뉘어 갈등과 분열에 휩싸였다면, 사도들에 의해 첫 교회로 세워진 예루살렘 교회에서는 히브리파 유대인 과부들과 헬라파 유대인 과부들 사이에 생겨난 갈등이 큰 문제였습니다. 서로 언어적으로나 문화적으로 차이가 있긴 했지만, 히브리파 유대인들의 기득권 의식과 헬라파 유대인들을 향한 편견이 결국에는 과부들에게 음식을 제공하는 일에 있어서 헬라파 유대인 과부들을 배제해버린 것입니다. *"그 때에 제자가 더 많아졌는데 헬라파 유대인들이 자기의 과부들이 매일의 구제에 빠지므로 히브리파 사람을 원망하니"*(행 6:1)라는 말씀에서 알 수 있습니다. 이 일로 인해서 일곱 명의 집사가 세워지게 되었습니다(행 6:3-6). 집사들의 주요 직무는 교회가 함께 먹을 음식을 준비하고, 가난한 자들(과부, 고아, 나그네 포함)과 병든 자를 돌보는 일이었습니다. 이 외에도 구제를 위한 물질을 모으고 나눠주는 일을 했습니다(필립 샤프[Philip Schaff], 『교회사 전집-제1권』 pp.398-399.). 아무리 하나님의 은혜를 받은 사람들이라 할지라도 악한 인간의 본성으로부터 완전한 자유를 누릴 수 없고 본성의 영향 속에 살고 있기에 분열과 갈등은 생기게 마련입니다. 그러나 분열과 갈등이 지속되도록 해서 원수처럼 대하는 것은 결코 예수님이 용납하시지 않음을 알기를 바랍니다. 교회 밖의 원수까지도 사랑하라고 예수님은 말씀하셨습니다. 이와 관련해서 마태복음 5장 42-48절에 기록된 예수님의 교훈은 다음과 같습니다.

42. 네게 구하는 자에게 주며 네게 꾸고자 하는 자에게 거절하지 말라
43. 또 네 이웃을 사랑하고 네 원수를 미워하라 하였다는 것을 너희가 들었으나

44. 나는 너희에게 이르노니 너희 원수를 사랑하며 너희를 박해하는 자를 위하여 기도하라

45. 이같이 한즉 하늘에 계신 너희 아버지의 아들이 되리니 이는 하나님이 그 해를 악인과 선인에게 비추시며 비를 의로운 자와 불의한 자에게 내려 주심이라

46. 너희가 너희를 사랑하는 자를 사랑하면 무슨 상이 있으리요 세리도 이같이 아니하느냐

47. 또 너희가 너희 형제에게만 문안하면 남보다 더하는 것이 무엇이냐 이방인들도 이같이 아니하느냐

48. 그러므로 하늘에 계신 너희 아버지의 온전하심과 같이 너희도 온전하라

이처럼 예수님이 하신 말씀을 통해 구제와 자선을 베푸는 일에 있어 그 대상이 한정되어 있지 않음을 명확히 알 수 있습니다. 또한 기회가 되는 대로 해야 함을 알기를 바랍니다. 기회(καιρòν)는 사람들에게 기대감을 주는 말이기도 합니다. 일반인들은 기회를 이익 창출을 위한 적절한 때라고 여기기 때문에 그렇습니다. 전적으로 자기 자신에게 이익을 주는 일이기 때문에 특별한 때나 시기가 중요한 것입니다. 그러나 그리스도인들은 궁극적으로는 자기 자신에게 영적 유익을 주는 일이지만 표면적으로 볼 때, 기회는 결코 자기를 위한 때나 시기가 아니라 도움이 필요한 사람들이 느끼는 간절하고 절실한 시간과 때요, 시기라는 점을 기억하기를 바랍니다. "기회 있는 대로"는 씨를 가지고 있는 사람이 아무 때나 씨를 마구 뿌려대는 게 아니고, 자기가 씨를 뿌리고 싶을 때 뿌리는 것도 아니며, 땅이 결실을 위해 씨를 필요로 하는 최적의 때를 말합니다. 이것은 아주 상식적인 것입니다. 예수님은 "또 왼편에 있는 자들에게 이르시되 저주를 받은 자들아 나를 떠나 마귀와 그 사자들을 위하여 예비된 영원한 불에 들어가라 내가 주릴 때에 너희가 먹을 것을 주지 아니하였고 목마를 때에 마시게 하지 아니하였고 나그네 되었을 때에 영접하지 아니하였고 헐벗었을 때에 옷 입히지 아니하였고 병들었을 때와 옥에 갇혔을 때에 돌보지 아니하였느니라"(마 25:41-43) 고 말씀하셨습니다. 그러므로 바울이 말한 "기회 있는 대로"가 무슨 의미인지 확실히 깨닫고, 항상 남을 위한 구제와 자선에 앞장서기를 바랍니다.

끝으로 바울이 특별히 강조한 부분을 더 살펴보고자 합니다. "그러므로 우리는 기회 있는 대로 모든 이에게 착한 일을 하되 더욱 믿음의 가정들에게 할지니라"는 말씀에서 특별히 강조된 부분이 바로 "더욱 믿음의 가정들에게 할지니라"입니다. 바로 이 일을 위해 초대 예루살렘 교회에서 일곱 집사가 임명된 것이고, 이후 교회들이 지금까지 이 명령을 받들어온 것입니다. 바울은 에베소 교회를 향해 "그러므로 이제부터 너희는 외인도 아니요 나그네도 아니요 오직 성도들과 동일한 시민이요 하나님의 권속이라"(엡 2:19)고 했습니다. 예수 그리스도를 통해 구원의 은혜를 받기 전까지는 그들 역시 "허물과 죄로 죽었던" 자들이었고, "이 세상 풍조를 따르고 공중의 권세 잡은 자를 따랐"던 자들이며, "육체의 욕심을 따라" 살았던 "본질상 진노의 자녀"였던 것입니다(엡 2:1-3). 그런데 그리스도께서 그들의 죄를 사하시고 "하나님의 권속" 즉 하나님의 가족으로 삼아주신 것입니다. "하나님의 권속"이 되었다는 말은 죄인에서 의인으로 칭함을 받게 되었다는 것입니다. 주기철 목사의 막내 넷째 아들 주광조 장로에 대한 간증을 인터넷 영상을 통해 들은 적이 있습니다. 주기철 목사는 신사참배 거부와 반대운동으로 감옥생활을 하다가 모진 고문 끝에 옥중에서 후유증으로 1944년에 사망했습니다. 1945년 해방 후에 인민군이 북쪽을 장악하게 되면서 김일성은 항일운동 인사들에게 상을 내리는 일을 시작했는데 이때 암에 걸려 앓고 있는 오정모 사모와 아들 광조가 집에 있을 때 인민군 장교가 찾아와서 인민 화폐 다발과 지주들에게서 뺏은 땅과 집문서 꾸러미를 하사하려는데 오정모 사모는 그것들을 받지 않고 돌려보내 버렸습니다. 이때 어린 광조는 편하고 배부르게 먹고살 수 있는 기회를 던져버린 어머니가 못내 섭섭하고 못마땅했습니다. 그러나 어머니는 자신이 죽기 전에 물려줄 유산이 따로 있다면서 시편 37편 25절 "내가 어려서부터 늙기까지 의인이 버림을 당하거나 그의 자손이 걸식함을 보지 못하였도다"는 말씀을 들려주었습니다. "하나님의 자녀요 주기철 목사의 자식인 너를 하나님이 내버려 두시지 않을 것이라"고 하면서 용기를 주었다고 합니다. 그는 마음에 크게 와닿은 그 말씀을 소중히 여겼고, 남쪽으로 내려와 열심히 살다가 훗날 영락교회에서 장로가 되었으며, 극동석유 사장이 되었습니다. 하나님의 가족은 하나님이 친히 책임져 주신다는 사실을 믿기를 바랍니다. 반면에, 하나님은 사람들을 통해 일하시기 때문에 교회들이 마땅히 해야 할 의무임을 깨닫기를 바랍니다. 그래서 갈라디아 교회들이든, 어느 시대 어느 지역에 존재하는 교회든 "믿음의 가정들"을 계속해서 돕고 보살펴야 한다는 교훈입니다. 무엇보다도 사도 바울은 "다만 우리에게 가난한 자들을 기억하도록 부탁하였으니 이것은 나도 본래부터 힘써 행하여 왔노라"(갈 2:10)고 했는데, 예루살렘 교회가 그리스도를 믿는 그 믿음 때문에 핍박당하고 경제적 어려움을 당했을 때 예루살렘 사도들이 바울에게 도움을 부탁한 일을 떠올리며 자기가 그와 같은 구제에 관련하여 늘 힘써왔다고 한 것입니다. 이제 바울은 갈라디아 교회들의 문제를 해결해야 할 상황이 되었습니다. 교리적으로도 올바른 교훈을 통해서 잘못된 신앙을 바로 잡아서 원래대로 회복시켜야 했고, 할례 문제로 신체적으로나 사회적으로나 경제적으로 어려움을 당한 믿음의 사람들과 그 가족들을 위해, 그리고 언제나 존재하게 마련인 가난한 신자들을 위해 모든 신자가 함께 짐을 짐으로써 동참하도록 촉구했습니다. 그들은 그리스도를 머리로 삼은 한 몸과 같은 지체이기에 함께 어려움과 고통을 분담해야 했습니다. 그래서 특별히 "믿음의 가정들"을 돕는 일을 가장 우선으로 하라고 명령한 것임을 깨닫기를 바랍니다. "믿음의 가정들"은 육체적 혈연관계가 아니지만, 영적 혈연관계입니다. 그리스도의 피를 함께 나눈 지체입니다. "이제는 전에 멀리 있던 너희가 그리스도 예수 안에서 그리스도의 피로 가까워졌느니라"(엡 2:13)는 말씀과 같이 예수 그리스도의 보혈로 인해 한 몸을 이루게 되었기에 육신의 가족이 서로 돌보는 것처럼 그 이상으로 돌봐야 함을 깨닫기를 바랍니다. 또한 야고보 사도는 "만일 형제나 자매가 헐벗고 일용할 양식이 없는데 너희 중에 누구든지 그에게 이르되 평안히 가라, 덥게 하라, 배부르게 하라 하며 그 몸에 쓸 것을 주지 아니하면 무슨 유익이 있으리요 이와 같이 행함이 없는 믿음은 그 자체가 죽은 것이라"(약 2:15-17)고 강조했습니다. 이처럼 갈라디아 교회들은 이제 철저한 변화를 일으켜야 했습니다. 할례 문제로 시작되어 교회들 가운데 심각한 분열과 갈등이 존재했고, 교회들은 사도 바울까지 불신하는 상황으로 치닫고 있었습니다. 그런 와중에 할례를 받느냐 받지 않느냐의 문제가 신자들의 생활고와 어려운 경제 형편에 대한 해결보다 우선순위가 된 것입니다. 결국 사랑과 섬김은 식어가고 복음이 아닌 율법주의가 갈라디아 교회들을 더 심각한 상황으로 이끌었던 것이고, 이에 대한 해결책의 중심 교훈이 바로 "그러므로 우리는 기회 있는 대로 모든 이에게 착한 일을 하되 더욱 믿음의 가정들에게 할지니라"는 말씀이었음을 깨닫고 "네 이웃을 네 자신 같이 사랑하라"(마 22:39)는 명령에 순종하기를 바랍니다. 아멘.

(2024년 12월 1일)

῏Ω ἀνόητοι Γαλάται, τίς ὑμᾶς ἐβάσκανεν
어리석도다 갈라디아 사람들아, 누가 너희를 꾀더냐(갈 3:1)

제36강

자기를 과시하는 자들

갈라디아서 6장 11-13절

11. 내 손으로 너희에게 이렇게 큰 글자로 쓴 것을 보라

12. 무릇 육체의 모양을 내려 하는 자들이 억지로 너희에게 할례를 받게 함은 그들이 그리스도의 십자가로 말미암아 박해를 면하려 함뿐이라

13. 할례를 받은 그들이라도 스스로 율법은 지키지 아니하고 너희에게 할례를 받게 하려 하는 것은 그들이 너희의 육체로 자랑하려 함이라

갈라디아서 내용을 서론, 본론, 결론으로 나눈다면, 1장 1-10절은 서론, 1장 11절-6장 10절은 본론, 그리고 6장 11-18절은 결론에 해당합니다. 이제 결론부를 세 부분으로 다시 나누어서 살펴보고자 합니다. 먼저 오늘은 11-13절, 다음은 14-16절, 그리고 17-18절이 마지막이 될 것입니다.

11절 "내 손으로 너희에게 이렇게 큰 글자로 쓴 것을 보라"는 의미를 먼저 파악하고자 합니다. 문자 그대로 받아들이면, 바울이 친히 자기 손으로 글자를 크게 썼다는 것인데, 오늘날 우리 생각으로 접근하면 이해하기 어렵습니다. 우리는 필기도구가 좋아서 쉽게 글을 쓸 수 있습니다. 그러나 바울 당시에는 파피루스(라. papyrus, 그. papyros)라는 재료에 글을 썼는데, 대개는 전문적인 필기자가 대필했습니다. 바울도 마찬가지로 대필자를 활용했습니다. 바울에게 안질이 있었다면 더욱 대필자를 활용했을 것입니다. 비록 대필자를 통해 편지를 쓰더라도 마지막에 자신의 이름을 직접 써넣어서 자신이 쓴 편지임을 반드시 표시했습니다(살후 3:17). 반면에 "내 손으로 너희에게 이렇게 큰 글자로 쓴 것을 보라"는 내용으로 볼 때 이 갈라디아서만큼은 처음부터 끝까지 바울

스스로 큰 글자로 쓴 것이라고 볼 수 있습니다. 하지만 마지막 부분에 자신의 이름을 써넣은 후 바울 자신이 써서 보내는 편지라는 진정성을 강조하려는 목적에서 한 말일 수도 있습니다. 대필가를 통해 쓴 편지든, 자신이 직접 처음부터 끝까지 쓴 편지든 분명한 사실은 바울이 갈라디아 교회들에게 보내는 긴급하고도 중요한 편지라는 것입니다. 이 편지는 또한 오늘 이 시대를 살아가는 우리에게 전달되는 매우 특별한 편지요, 준엄한 하나님의 말씀임을 확실히 믿기를 바랍니다.

바울 사도는 "무릇 육체의 모양을 내려 하는 자들이 억지로 너희에게 할례를 받게 함은 그들이 그리스도의 십자가로 말미암아 박해를 면하려 함뿐이라"고 하면서 그동안 말하지 않았던 사실을 작심하고 내뱉은 것입니다. 사실 바울이 처음부터 진짜 말하고 싶었던 내용이었을 것입니다. 그러나 갈라디아 교회들이 바울의 사도직까지 의심했고, 그로 인해 바울에 대한 불신이 퍼져있었기 때문에, 또한 바울과의 관계는 멀어지고 거짓 교사들과의 관계는 더욱 가까워졌기에, 바울은 복음에 의해 형성된 관계를 강조할 필요가 있었고, 성경에 근거하여 충분하고도 자세한 설명을 먼저 할 필요가 있었습니다. 분노와 실망감도 드러내고, 호소와 설득도 하고, 책망과 경고도 하고, 비교와 설명도 하고, 비유로 교훈도 하고, 명령과 부탁도 해가면서 마지막으로 율법주의 거짓 교사들로부터 완전히 벗어나도록 결정적인 말을 한 것입니다. 바울은 그들의 정체를 드러내기를 "육체의 모양을 내려 하는 자들"이라고 했습니다. 다른 번역으로는 "겉치레만을 일삼는 사람들"《현대인의성경》입니다. 그리고 그들이 하는 일은 "억지로 너희에게 할례를 받게 함"이라는 말에서 알 수 있듯이 갈라디아 교회들 전체가 할례받도록 하는 일이었다는 것입니다. 조금 쉽게 요즘 말로 표현하자면, 거짓 교사들이었던 율법주의 유대인들이 갈라디아 전체 이방인 그리스도인들을 대상으로 한 큰 프로젝트가 있었는데, 그것이 바로 그들을 속이고 미혹해서 모두 할례를 받도록 만드는 일이었습니다. 그것은 바로 '유대화 프로젝트'로 이방인 그리스도인들을 모두 유대주의자들(Judaizers)로 만드는 일이었습니다. 이방인 그리스도인들은 할례를 받아야 할 필요나 의무가 전혀 없는 신자들인데, "율법 안에서 의롭다 함을 얻으려 하는"(갈 5:4) '율법주의 신자들'을 만들고자 이들을 속여 할례를 받게 하는 일이 거짓 교사들의 거대한 프로젝트였습니다. 그들은 그렇게 신자들을 설득하고 속여서 속는 자들을 통해 "육체의 모양을 내려"고 했음을 깨닫기를 바랍니다. 즉 사람들에게 자기들의 존재감을 드러내는 일에 진심이었음을 잊지 말기를 바랍니다.

율법주의자들은 바울이 떠난 후에 그와 같은 거대한 프로젝트를 차근차근 진행했는데, 목적은 크게 두 가지였습니다. 바울은 마치 정곡을 찌르듯 그들의 목적을 정확히 드러냈습니다. 이 두 가지 목적을 살펴봄으로써 거짓 교사들의 비루하고 비겁하고 안일한 속셈을 분명히 알게 될 것이고, 추종자를 많이 만들어서 세력을 확장해나가는 비열하고 사악한 속셈도 알게 될 것입니다. 바울 사도가 이들의 속셈을 알고 있었기에 처음부터 말하고 싶었겠지만, 마지막으로 율법주의 거짓 교사들의 정체를 제대로 밝히는 결정적인 말을 끝에서 하고자 했던 것입니다. "무릇 육체의 모양을 내려 하는 자들이 억지로 너희에게 할례를 받게 함은 그들이 그리스도의 십자가로 말미암아 박해를 면하려 함 뿐이라"는 말씀에서 그들이 억지로 할례를 받게 한 것을 알 수 있는데, 바로 "그리스도의 십자가로 말미암아 박해를 면하려"는 목적이 있었습니다. 그들은 십자가를 전하는 복음 때문에 받게 될 박해가 무서웠다는 것입니다. 자기들이 박해받기 싫어서 남들에게 할례를 강요한 것입니다. 복음을 믿는 것만으로는 불완전하기에 율법이 요구하는 행위를 따라야 완전한 구원을 받는다는 가르침 차원에서 이방인 신자들에게 할례를 받으라고 강요하거나 설득했지만, 진짜 속셈은 할례를 방패막이로 사용하는 것이었습니다. 그렇다면 어떻게 할례가 율법주의 유대인 신자들의 방패막이가 될 수 있었는지 알아보고자 합니다. 사도행전 7장과 8장에 기록되어 있듯이 유대인들의 박해로 인해 일곱 집사 중 스데반이 죽었고, 계속해서 예루살렘에서 큰 박해가 이어지자 유대와 사마리아 지역까지 그리스도를 믿는 제자들이 박해를 피해 흩어졌고, 박해가 계속 이어지는 가운데 부활하신 그리스도로부터 사도로 세움을 받기 전이었던 바울(사울)은 그리스도를 믿는 제자들의 집에 들어가 그들을 강압적으로 잡아내서 감옥에 보내는 일을 했습니다. 9장에는 사울이 대제사장에게서 공문을 받아 다메섹까지 쫓아가서 제자들을 잡아 오려 했으나 예수님을 만나게 된 내용이 기록되어 있습니다. 이 정도로 유대인들의 박해가 심했던 것입니다. 여호와 하나님을 유일신으로 믿어 온 유대인들에게는 하나님의 아들이라고 하면서 죄를 용서한다는 예수 그리스도를 신성 모독자로 여겼습니다(막 2:7, 마 9:3-6). 마태복음 26장에도 신성 모독에 관한 내용이 자세히 기록되어 있습니다.

62. *대제사장이 일어서서 예수께 묻되 아무 대답도 없느냐 이 사람들이 너를 치는 증거가 어떠하냐 하되*
63. *예수께서 침묵하시거늘 대제사장이 이르되 내가 너로 살아 계신 하나님께 맹세하게 하노니 네가 하나님의 아들 그리스도인지 우리에게 말하라*

64. 예수께서 이르시되 네가 말하였느니라 그러나 내가 너희에게 이르노니 이 후에 인자가 권능의 우편에 앉아 있는 것과 하늘 구름을 타고 오는 것을 너희가 보리라 하시니

65. 이에 대제사장이 자기 옷을 찢으며 이르되 그가 신성 모독 하는 말을 하였으니 어찌 더 증인을 요구하리요 보라 너희가 지금 이 신성 모독 하는 말을 들었도다

66. 너희 생각은 어떠하냐 대답하여 이르되 그는 사형에 해당하니라 하고

67. 이에 예수의 얼굴에 침 뱉으며 주먹으로 치고 어떤 사람은 손바닥으로 때리며

68. 이르되 그리스도야 우리에게 선지자 노릇을 하라 너를 친 자가 누구냐 하더라

이처럼 예수 그리스도는 대제사장을 포함한 당시 유대인들에게 신성을 모독한 자로 여겨졌고, 결국에는 십자가형을 당하게 되었습니다. 이후로 유대인들은 그리스도를 믿는 제자들을 여호와 하나님을 믿는 신앙을 무너뜨리는 신흥 이단 종교 추종자들처럼 여기게 된 것입니다. 그들에게 예수는 이단의 괴수였고, 그 추종자들은 더 이상 할례와 율법의 행위들을 지키지도 않는 이단 추종 세력이 된 것입니다. 오순절에 수많은 유대인이 각지로부터 몰려왔을 때 베드로가 복음을 전하니 한 번에 삼천 명이 회개하고 세례를 받는 일이 일어나자(행 2:41) 유대인들은 더욱 제자들을 경계하고 핍박하기 시작했고, 그리스도의 제자들이 전하는 메시지를 들었을 때 유대인들은 하나님의 아들 메시아(그리스도)를 죽인 범죄자가 된 것이었기에(행 3:14-15) 듣고 회개하든지, 아니면 귀를 막고 박해하든지 둘 중 하나를 선택해야만 하는 상황을 마주하게 된 것입니다. 그러나 문제는 복음을 듣고 회개함으로써 그리스도를 따르는 제자가 된 순간 유대인들의 박해를 피할 수 없게 된 것입니

다. 갈라디아 지역에 살고 있었던 헬라파 유대인들 역시 복음을 받아들이는 순간 동족의 핍박을 피할 수 없었던 것입니다. 그래서 그들은 복음을 듣고 그리스도를 믿는 자들이 됨과 동시에 이방인 신자들에게 할례를 강요하거나 설득함으로써, 자기들이 비록 그리스도를 믿고 복음을 전하는 자들이 되었을지라도 결코 유대교 전통을 버리지 않은 자들임을 나타내고자 했던 것입니다. 새롭게 신앙의 대세를 만들어가는 복음도 받아들이고 옛 전통도 그대로 유지함으로써, 그리고 유대교를 여전히 전파하고 있음을 나타냄으로써 동족의 핍박을 피하고자 했던 것입니다. 그런 면에서 볼 때 그들은 정통 율법주의 유대인들이 아니라 현실 속 대세와 타협하는 기회주의자들이었음을 깨닫기를 바랍니다. 그들은 "육체의 모양을 내려 하는 자들"로 회색분자와 같은 삶을 추구했습니다. 검은색을 향해서는 우리도 검은 편이라고 주장했고, 흰색을 향해서는 우리도 흰 편이라고 주장했습니다. 유대인에게는 우리도 유대인이라고 했고, 그리스도인에게는 우리도 그리스도인이라고 했던 것입니다. 이것이 바로 혼합주의 신앙입니다. 기독교 최초의 이단이자, 언제나, 그리고 세상 끝까지 존재하는 이단 사상입니다. 예수님을 믿으면서 제사, 고사, 차례 등을 지키고 버리지 않는 것은 하나님과 귀신 또는 우상을 겸하여 섬기는 것이요 혼합주의 신앙입니다. 또한 추도예배 등의 행위도 혼합주의 신앙이요 절충주의 신앙으로 위험한 신앙입니다. 불교나 유교적 전통을 거부하지 못하고 타협하고 절충하는 신앙입니다. 벗어나지 않고 그런 신앙을 계속 유지한다면 결코 그리스도인이 아닙니다. 예수님은 "한 사람이 두 주인을 섬기지 못할 것이니 혹 이를 미워하고 저를 사랑하거나 혹 이를 중히 여기고 저를 경히 여김이라 너희가 하나님과 재물을 겸하여 섬기지 못하느니라"(마 6:24)라고 하심으로써 하나님과 돈(또는 우상) 둘 중 하나를 섬기라 하셨습니다. 바울 사도는 신자들 사이에 우상숭배가 남아있고 그런 영향 가운데 있었던 고린도 교회를 향해 "무릇 이방인이 제사하는 것은 귀신에게 하는 것이요 하나님께 제사하는 것이 아니니 나는 너희가 귀신과 교제하는 자가 되기를 원하지 아니하노라 너희가 주의 잔과 귀신의 잔을 겸하여 마시지 못하고 주의 식탁과 귀신의 식탁에 겸하여 참여하지 못하리라"(고전 10:20-21)라고 교훈했다는 사실을 기억하기를 바랍니다.

다음으로, "할례를 받은 그들이라도 스스로 율법은 지키지 아니하고 너희에게 할례를 받게 하려 하는 것은 그들이 너희의 육체로 자랑하려 함이라"는 말씀에서 알 수 있듯이 갈라디아 그리스도인들이 할례를 많이 받으면 받을수록 율법주의 거짓 교사들은 자랑거리가 생긴다는 사실입니다. 그리스도를 믿고도 유대교를 버리지 않은 그들은 비록 할례를 받기는 했지만 다른 유대교 전통은 제대로 지키지 않은 자들이었습니다. 당시 이방인 지역에서 흩어져 살고 있었던 헬라파 유대인들은 이미 헬라화된 삶을 살고 있었기 때문에 유대교 전통을 엄격하게 따르지 않았습니다. 그러함에도 불구하고 그들은 자기들의 영향력을 과시하기 위해 이방인 그리스도인들에게 할례를 설득하거나 강요한 것입니다. 그들의 자랑거리를 들여다봤을 때 그들이 복음의 진리를 따른다는 것에 자긍심을 가진 것도 아니고, 그렇다고 율법의 행위들을 온전히 따르지도 않았기 때문에 그들은 율법의 행위들을 준수하는 것을 자랑삼을 수도 없었습니다. 그들은 단지 그들을 추종하는 사람들(유대화주의자들, Judaizers)이 많이 생겼다는 것으로 자랑삼고자 했던 것입니다. 그것이 곧 "너희에게 할례를 받게 하려 하는 것은 그들이 너희의 육체로 자랑하려 함이라"는 말씀이 뜻하는 것이었습니다. 갈라디아 신자들이 할례를 많이 받게 되면 바울을 따르던 복음주의자들이 바울 사도가 싫어

하는 율법주의를 따르는 일이 되기에 결과적으로는 유대교 신앙이 승리하게 됩니다. 결국 바울보다는 율법주의 교사들을 더 신뢰하고 따르는 결과가 됩니다. 그럼으로써 율법주의자들은 자기들의 영향력을 과시하고 자랑할 수 있었던 것입니다.

예나 지금이나 사람들은 자기의 영향력을 자랑하기 위해 자기 주변으로 사람들이 모이게 하려는 본능이 있습니다. 음주나 놀기를 좋아하는 사람들이 자기를 중심으로 해서 함께 술을 마시거나 놀기를 원합니다. 그래서 술을 마시고 즐기는 일에 끌어들입니다. 술을 억지로 마시게 해서 자기와 함께 술을 즐기도록 만들고자 합니다. 일본의 사무라이는 술 문화로도 유명합니다. 상대방을 존중하고 섬기는 의미로 술을 계속 따라주지만, 실제 속셈은 술로 상대방과 경쟁해서 쓰러뜨림으로써 승자가 되기도 하고, 같이 술을 마시고 취함으로써 같은 공동체 의식을 가지게 합니다. 최근 미국에서는 도널드 트럼프가 2025년 1월 20일 대통령으로 취임하면 하게 될 일들에 대해 몇 가지 발언했는데, 그중에 일부만 공개되었던 제프리 엡스타인(Jeffrey E. Epstein, 1953–2019) 고객목록을 모두 공개하는 것, 사춘기에 성전환수술을 유도하고 지원해주는 법을 없애는 것, 그리고 "P. Diddy Party" 목록 등입니다. 이 중에서 "Diddy Party"는 세계적인 래퍼와 프로듀서이며 사업가인 유명한 숀 디디(Sean Diddy, 또는 Puff Daddy)가 주최하는 술과 마약과 변태 성행위가 어우러진 파티인데, 일명 "화이트 파티"(White Party)라고 하는 모임에 거물급 인사들과 유명 연예인들을 초대해서 드레스 코드(dress code)를 흰색으로 한 그 파티가 끝나면, 본격적으로 "Freak Off"(술이나 마약 등에 취해 기괴하게 되는 상태) 파티가 이어집니다. 다른 장소로 이동해서 하기도 하는데, 화이트 파티에 참여한 일부가 계속해서 하는 파티로 미국과 전 세계에 충격을 준 파티입니다. 디디는 올해 여러 가지 충격적인 범죄 혐의로 기소가 되어 뉴욕에 구속 중입니다. 지난 3월에 수사관들이 플로리다(Florida)주 마이애미(Miami)와 캘리포니아주 LA에 있는 집을 급습해서 증거를 찾아냈는데 상상을 초월한 증거물 (1,000개가 넘는 베이비 오일 및 윤활제 등)이 발견되었습니다. 디디는 1990년부터 지금까지 자기의 영향력을 키워왔고, 많은 연예인이 그를 통해서 성공하기도 했습니다. 유명 인사들이나 연예인들을 그가 주최한 파티에 참여하게 함으로써 추악한 행동에 가담하도록 했고, 그런 추악한 일을 모두 사진이나 영상으로 찍어 협박용으로 쓰고자 보관했으며, 자기의 영향력을 과시하고 자랑하기 위한 범죄를 계속해왔습니다. 그러나 전 애인의 고소·고발 후 사건이 널리 알려지기 시작했고 그에게 피해당했다는 수많은 피해자가 줄을 잇게 되었습니다. 트럼프는 이 사건도 완전히 밝히겠다고 했습니다. 다른 사람들을 심적으로 고통스럽고 부끄럽게 해놓고 자기는 남들이 부러워하는 영향력을 세상에 과시했던 디디와 같이 갈라디아 지역 교회들 속에 있었던 율법주의 거짓 교사들은 이제 막 복음을 듣고 그리스도를 믿게 된 이방인 그리스도인들에게 할례를 받도록 해서, 그들이 신체적으로나 경제적으로나 사회적으로나 신앙적으로 힘든 상태에 있든 말든 자기들의 영향력을 과시하고자 했던 것입니다. 그들은 유대교 전통을 온전히 따르는 자들도 아니었고, 그렇다고 그리스도의 복음을 확실히 믿는 자들도 아니었습니다. 그들의 자랑은 할례도 아니었고, 복음도 아니었습니다. 그들의 자랑은 할례를 통해 추종자들을 많이 만들어서 그것으로 영향력을 나타내 보이는 것이었습니다. 사도 바울은 그들의 속셈을 꿰뚫고 있었습니다. 사탄은 사람들이 그리스도를 믿고 천국에 가는 것을 언제나 방해하고 막고자 합니다. 현대에 와서는 사탄이 그리스도인들에 대한 직접적인 박해보다는 혼합주의 신앙을 통해 사탄의 영향력 가운데 있도록 하는 것이 주된 책략입니다. 기복주의와 신비주의를 추구하는 목사들은 자기들을 따르는 수많은 신자를 통해 자기들의 영향력을 과시하고 자랑하는 것을 가장 큰 일로 삼고 있습니다. 율법주의적인 행위 중심의 신앙 행태를 만들어서 복음도 믿고 행위도 추구하게 만들어서 혼합주의에 빠뜨리는 목사들도 많습니다. 이들은 갈라디아 교회 율법주의 교사들과 크게 다르지 않습니다. 혼합주의 신앙을 통해 하나님과 사탄을 동시에 만족시키려 하고, 또한 많은 사람이 자기 주변에 모이도록 해서 자기들을 자랑삼고 자기들의 영향력을 과시합니다. 복음을 제대로 믿고 구원에 이르는 신앙보다 자기의 추종자를 많이 만드는 것을 더 중요하게 여기는 자들입니다. 바울 사도는 바로 그런 혼합주의자들과 기회주의자들을 따르지 말고 복음을 통해 그리스도만을 온전히 따르라고 교훈했다는 사실을 확실히 믿고, 오로지 진리의 복음만을 따르기를 바랍니다. 아멘.

(2024년 12월 8일)

제37강

우리 주 예수 그리스도

갈라디아서 6장 14-16절

14. 그러나 내게는 우리 주 예수 그리스도의 십자가 외에 결코 자랑할 것이 없으니 그리스도로 말미암아 세상이 나를 대하여 십자가에 못 박히고 내가 또한 세상을 대하여 그러하니라
15. 할례나 무할례가 아무 것도 아니로되 오직 새로 지으심을 받는 것만이 중요하니라
16. 무릇 이 규례를 행하는 자에게와 하나님의 이스라엘에게 평강과 긍휼이 있을지어다

지난 주일에는 6장 12절 내용 중 "육체의 모양을 내려 하는 자들"이 어떤 의미인지 분명히 살펴보았습니다. 사도 바울은 율법주의 유대인 교사들에 대해 할례를 통해 자기들의 존재감을 과시하는 자들이라고 했습니다. 그들은 이방인 그리스도인들에게 할례를 받으라고 강요함으로써 자기들이 유대교 전통을 버리지 않을 뿐만 아니라, 오히려 이방인들에게까지도 전파했다는 것을 드러냄으로써 십자가 복음으로 인해 받게 될 박해를 피하고자 했습니다. 그들은 그리스도를 믿게 됨으로써 예상되는 동족의 핍박이 가장 큰 걱정거리였던 것입니다. 다음으로 바울은 13절 "그들이 너희의 육체로 자랑하려 함이라"는 말씀을 통해 또 그들의 속셈을 드러냈는데, 그들은 할례를 통해 추종자들을 많이 만들어서 그것으로 자기들의 영향력을 나타내 보임으로써 교회와 지역 사회에서 자랑삼는 것이었습니다. 그들은 할례를 통해 그들이 받게 될 박해도 피하고자 했고, 복음의 사도들과 교사들의 출현으로 입지가 좁아진 자기들의 영향력을 확대하려 했던 것입니다. 그들은 이방인 그리스도인들이 할례를 받게 됨으로써 생기게 마련이었던 신체적 고통, 경제적 또는 사회적 어려움, 또는 신앙적 문제에 대해 별 관심이 없었습

니다. 그러나 오늘 살펴보게 될 바울의 자랑거리는 그들의 자랑거리와는 전적으로 다른 것이었음을 알게 될 것입니다. 바울에게는 자랑거리는 무엇이었고, 무엇이 바울에게 중요한 것이었는지 살펴봄으로써 우리의 신앙을 점검하는 기회가 되기를 바랍니다.

원래 유대인들의 자랑과 긍지는 할례를 받았다는 사실에 있었습니다. 이는 여호와 하나님으로부터 선택받은 백성이라는 표시로, 하나님이 선민의 조상 아브라함과 맺은 언약의 증표요 상징이었습니다(창 17:11). 그래서 전통적으로 유대인들에게는 할례받은 흔적 또는 할례받은 성기 자체가 자랑과 긍지였다면, 갈라디아 지역에서 살았던 헬라파 유대인 중 복음을 듣고 그리스도인이 되었다고 하면서 이방인 그리스도인들에게 할례를 강요했던 자들은 그들의 가르침과 강요에 따라 할례받은 이방인 그리스도인들의 숫자가 늘어나는 것이 그들의 자랑이었던 것입니다. 그들은 복음에도 큰 관심이 없었고, 유대교 전통도 히브리파 유대인처럼 엄격히 지키지는 않았습니다. 다만 할례받는 이방인들 숫자가 늘어나는 것에만 큰 관심이 있었습니다. 오늘날 역시 복음에는 별 관심이 없고 적당히 성경을 왜곡하면서 세례받는 신자들 늘어나는 것에, 헌금 늘어나는 것에, 또는 교회에 등록하는 신자들 수가 늘어나는 것에 혈안이 되어 있는 목사들과 별반 다를 바 없습니다. 이런 목사들은 그런 것들로 인해 그들의 영향력이 커지기 때문에, 결국 그들의 자랑거리는 신자들 숫자와 헌금 액수가 될 수 있습니다. 결과적으로 교회를 점점 세속화되도록 함으로써 거듭나지 않은 종교인들을 양산해냅니다. CCM이나 온갖 세속적인 프로그램을 도입해서 조직을 키워나가듯이 교세를 키워나갑니다. 온갖 세속적인 집회와 프로그램으로 인해 신자들은 피곤하고 지치게 됩니다. 그러나 사도 바울은 달랐습니다. 14절 "그러나 내게는 우리 주 예수 그리스도의 십자가 외에 결코 자랑할 것이 없으니 그리스도로 말미암아 세상이 나를 대하여 십자가에 못 박히고 내가 또한 세상을 대하여 그러하니라"는 말씀을 통해 알 수 있습니다. "그러나 내게는"이라고 함으로써 바울 자신의 자랑거리는 그들의 자랑거리와 차원이 다른 것임을 강조했습니다. 바로 "우리 주 예수 그리스도의 십자가"가 그의 자랑거리였다고 했습니다. 바울의 고백은 갈라디아 교회들에게 그 무엇보다도 강력한 메시지로 전달되었고, 오늘 우리에게도 주는 교훈임을 확실히 깨닫기를 바랍니다.

지금까지 우리는 갈라디아서를 살펴봄으로써 할례가 가장 큰 이슈였음을 알게 되었습니다. 갈라디아 교회에서 율법주의 유대인 그리스도인들에 의해 강요된 할례는 성인이 되어 받아야 하는 이방인 그리스도인들에게 단순히 위험하고 혐오스러운 것만이 아니었습니다. 받은 후에도 불편함과 번거로운 일들을 겪어야 했습니다. 그들도 유대교 전통을 따르는 일종의 유대교인이 되는 것이기에 유대인 교사들이 가르치고 요구하는 세세한 것들을 지키고 따라야 했습니다. 당시 갈라디아 지역의 헬라파 유대인들이 비록 이스라엘 지역에 사는 히브리파 유대인들에 비해 율법과 전통을 철저히 지키지 않았다 하더라도 그 당시부터 집대성이 되기 시작한 유대인의 구전인 미쉬나(Mishna)를 따르는 삶을 피할 수는 없었습니다. 후대 사람들은 이 미쉬나에 대한 주해 작업을 했는데 4~5세기에 예루살렘 탈무드, 6~7세기에 바빌로니아 탈무드가 완성되었습니다. 유대인들에게 3대 경전이 토라, 미쉬나, 탈무드인데, 당시 갈라디아 교회 시대로 볼 때 탈무드까지 완성되는데 5백 년 정도 걸린 것입니다. 이는 복음이 전 세계로 퍼지고 있었을 때 유대인들은 그들이 지켜온 율법과 전통을 더욱 확고하게 하면서 동시에 그들의 신앙과 삶에 대한 규범을 방대한 양의 문서로 만들어서 가지게 되었습니다. 바울이 복음을 전하기 시작한 시대에 태어난 저명한 랍비 엘르에셀(Rabbi Eliezer, 40-120)은 바울보다 한 세대 다음 사람으로, 남자가 소변을 볼 때 자기의 성기를 손으로 잡는 것을 금지했는데(그것은 자위행위나 성적 유혹을 피하기 위한 목적임), 상식적으로 이해하기 힘든 이런 규정은 나중에 탈무드에도 기록되어 엄격히 지키도록 했습니다(바빌로니아 탈무드, Niddah 13a-b.). 유대인들은 출생과 관련 없이 정액을 낭비하는 일은 노아 시대에 일어난 홍수심판의 원인이라고 믿었을 정도로 생활 규정이 까다롭고 엄격했습니다. 그래서 미쉬나에 "*남자들 가운데 자위하는 손은 잘라 버려라!*"(미쉬나, Nidda 2장 1절)고 기록되었을 정도입니다. "소변 규정"은 비록 갈라디아 교회가 할례 문제로 시끄러웠을 때보다 몇십 년 후에 제안된 사항이지만, 이방인들이 할례를 받고 나면 결국에는 유대인들이 지키는 사소한 규정들까지 지켜야 하는 의무에서 벗어나기 힘들었습니다. 그러므로 갈라디아 교회들을 향해 "*너희가 날과 달과 절기와 해를 삼가 지키니 내가 너희를 위하여 수고한 것이 헛될까 두려워하노라*"(갈 4:10-11)고 바울이 심히 걱정했던 것을 통해 알 수 있는 것은 단순히 할례만 받고 끝나지 않았다는 것이었습니다. 율법주의자들이 요구한 율법과 구전에 규정된 행위들을 지키도록 계속 요구받았고, 복음을 통해 얻은 자유를 잃어버리고 대신 온갖 율법의 행위를 지켜야 하는 속박의 삶으로 빠지게 되었습니다. 한번 신앙적으로 잘못된 가르침에 미혹되거나 혼합주의에 타협하게 되면, 점점 복음에서 멀어진다는 사실을 잊지 말기를 바랍니다.

갈라디아 교회 당시 율법주의 교사들은 복음을 통해 그리스도를 믿게 되었으나 동족 유대인으로부터 받게 될 핍박이 두려워서 이방인 그리스도인들에게 율법의 행위들을 지키게 함으로써, 특히 할례를 받게 함으로써 유대교 전통을 저버리지 않고 붙잡고 있음을 증명하고자 했고, 더 나아가 율법주의 유대교 신앙을 이방인들에게 전하고 있다는 사실을 통해서, 또한 그들을 따르는 추종자들이 많다는 것을 통해서 그들의 영향력을 자랑하고자 했던 것입니다. 그러나 예루살렘에서 바리새파 유대인 중에서 그리스도를 믿게 된 경우는 좀 달랐습니다. "바리새파 중에 어떤 믿는 사람들이 일어나 말하되 이방인에게 할례를 행하고 모세의 율법을 지키라 명하는 것이 마땅하다"(행 15:5)고 했는데, 이들은 "어떤 사람들이 유대로부터 내려와서 형제들을 가르치되 너희가 모세의 법대로 할례를 받지 아니하면 능히 구원을 받지 못하리라"는 15장 1절 말씀처럼 훨씬 더 강경하게 주장했습니다. 유대인들이 지켜온 율법과 전통이 무너질지 모른다는 염려 때문에 적어도 할례를 포함한 율법을 반드시 지키게 하자는 의견을 제시한 것입니다. 이들은 박해를 모면하기 위해 할례를 강요한 것이 아니었습니다. 이들은 복음이 이방인들에게 널리 전해지면 전해질수록 할례를 포함한 율법에 대한 규례와 전통이 무너지게 될 것이라는 염려 때문에 그랬던 것입니다. 반면에 바울은 그들 두 부류와 전혀 달랐습니다. "그러나 내게는 우리 주 예수 그리스도의 십자가 외에 결코 자랑할 것이 없으니 그리스도로 말미암아 세상이 나를 대하여 십자가에 못 박히고 내가 또한 세상을 대하여 그러하니라"고 했습니다. 바울은 갈라디아 교회 율법주의자들처럼 할례받는 자들이 많아지게 함으로써 자랑을 삼지도 않았고, 예루살렘 교회 율법주의자들처럼 할례 자체와 모세율법을 자랑스러워하지도 않았습니다. 바울은 오직 "우리 주 예수 그리스도의 십자가"를 자랑삼았음을 알기를 바랍니다.

이제 "우리 주 예수 그리스도의 십자가"를 알아보고자 합니다. "그 시체를 나무 위에 밤새도록 두지 말고 그 날에 장사하여 네 하나님 여호와께서 네게 기업으로 주시는 땅을 더럽히지 말라 나무에 달린 자는 하나님께 저주를 받았음이니라"는 신명기 21장 23절 말씀을 통해 알 수 있듯이 "나무에 달린 자" 즉 십자가에 매달려 죽임을 당한 자는 하나님의 저주를 받은 자라고 믿어 왔기에 유대인들에게는 두려운 것이었습니다. 바울은 고린도 교회에 편지를 쓰면서 "우리는 십자가에 못 박힌 그리스도를 전하니 유대인에게는 거리끼는 것이요 이방인에게는 미련한 것이로되"(고전 1:23)라고 했습니다. 십자가를 "거리끼는 것"으로 생각했는데, 이는 하나님으로부터 저주받았다는 뜻으로 여겨졌기에 받아들일 수 없는 것이요 꺼림직한 것이었습니다. 반면에 "이방인에게는 미련한 것"이었다고 말한 이유는 잠꼬대처럼 여길 정도로 황당한 이야기로 들렸기 때문입니다. 십자가형(十字架刑, crucifixion)은 그리스-로마 시대 형벌 중 가장 무섭고 잔인한 형벌로 주인을 살해한 노예들 또는 사회에서 반란을 일으킨 노예들, 극악무도한 살인자들이나 흉악한 강도들이 받곤 했습니다. 로마 사회에서는 이들은 용서할 수 없고 살려둘 수 없는 인간쓰레기로 여겨졌습니다. 내셔널 지오그래픽(National Geographic) 다큐멘터리에서 어느 역사학자는 죄수가 십자가에 못 박혀 처형되면 인간이 죽음의 과정에서 겪을 수 있는 모든 차원의 고통을 겪은 후에야 죽는다고 했습니다. 그런데 이런 고통 이전에 십자가형을 당하는 곳까지 무게 50kg이 되는 무거운 십자가를 지고 가기 전에 쇳조각이나 동물 뼛조각이 달린 채찍으로 온몸을 맞는 동안 엄청난 고통을 겪게 되고, 심지어 십자가형을 당하기 전에 쇼크로 죽기도 한 사례가 있다고 합니다. 교회 역사가 유세비우스(Eusebius, 263-339)에 의하면, 채찍을 당하면 정맥이 밖으로 드러나거나 근육과 근골, 그리고 내장 일부가 노출되었다고 합니다. 이렇게 고통스러운 태형을 당하고 십자가를 지고 처형장까지 걸어가야 했습니다. 예수님이 가신 길은 약 800미터 정도로 알려져 있는데 이 길을 '비아 돌로로사'(Via Dolorosa) 즉 '고통(고난, 슬픔)의 길'이라고 합니다. 본디오 빌라도(Pontius Pilatus) 법정에서부터 골고다(Golgotha) 언덕까지 거리입니다. 십자가에 못을 박을 때 쇠못의 길이는 15~20cm 정도였다고 합니다. 못이 박히는 순간부터 신경을 통해 극심한 고통을 겪으면서 기절을 반복하는데 심지어 1,000번의 반복이 이어지고, 호흡곤란이 이어지며, 보통 하루 만에 사망하게 되는데 어떤 경우는 사흘간 극심한 고통을 당하다가 죽었다고 합니다. 죽는 과정이 공개적으로 노출되고 끔찍하고 상상을 초월한 장면이 사람들에게 보이기 때문에, 십자가형은 사람들에게 가장 두렵고 치욕스럽고 잔인한 것이었습니다. 그런데 "강도 둘을 예수와 함께 십자가에 못 박으니 하나는 그의 우편에, 하나는 좌편에 있더라"(막 15:27)는 말씀과 같이 예수님이 이런 치욕과 고통을 당하셨습니다. 십자가형에 대한 과정과 고통을 모두 말하기에는 너무나 끔찍하고 잔인하기에 극히 일부분만 언급했습니다.

이와 반대로 십자가를 복의 상징 또는 승리의 상징으로 믿고 십자가 모양의 물건이나 상징물을 지니고 다니는 이교도들도 많았습니다. 고대 이집트인, 인도 불교도, 고대 멕시코인, 로마가톨릭 십자군들, 이 외에도 이교도들이 복과 승리 또는 저주의 상징으로 십자가를 사용했습니다(필립 샤프[Philip Schaff, 1819-1893], 『교회사 전집』 제2권, p.262.). 오늘날 교회가 지나치게 십자가 상징이나 십자가 모양의 물건을 많이 사용하는데 이는 성경적으로 바람직하지 않습니다. 2세기 초부터 십자가 상징이 남용되었고, 십자가 성호를 손으로 긋는 미신적 행위가 시작되었습니다. 그로 인해 이교도들로부터 십자가 숭배자들이라고 불리기도 했는데, 이제는 십자가가 교회나 신자들 신앙의 상징이요 장식품이되었습니다. 참으로 안타까운 일입니다. 십자가는 저주와 수치의 상징이요, 하나님의 심판을 나타내는 상징이어야 합니다. 십자가는 신앙의상징도 경건의 상징도 교회의 상징도 아닙니다. 십자가는 죄로 인한 죽음의 상징이요 저주의 상징입니다. 성경적 신앙의 상징을 말하자면 세례와 성찬입니다. 오늘날 교회들이 사용하는 세련된 십자가는 오히려죽음의 본질을 미화하는 것에 불과합니다. 바울 사도가 말한 "우리 주예수 그리스도의 십자가"는 눈에 보이는 그 나무 십자가를 말한 것이아닙니다. 우리가 성경이라고 할 때 그것은 종이와 글자를 말하는 것이아니라, 하나님의 말씀이라는 사실을 말하듯이 십자가는 바로 하나님이 계획하시고 예수 그리스도를 통해 이루신 죄에 대한 심판이요 구속의 사랑임을 깨닫기를 바랍니다. 역사의 현장에서 구원자 예수 그리스도가 십자가에 달려 돌아가심으로써 하나님의 백성이 당해야 할 저주를 대신 받음으로써 하나님의 구원계획이 성취되었다는 복음입니다(요19장, 요 9:30). 십자가에서 우리 죄 대신 하나님의 저주를 받은 예수님이 우리의 구원자가 되었다는 복음을 뜻합니다. 예수님이 "나로 말미암지 않고는 아버지께로 올 자가 없느니라"(요 14:6)고 하신 것처럼 예수님이 우리를 대신해서 십자가에서 속죄하셨기에 하나님께로 나아갈 수가있게 되었음을 확실히 믿기를 바랍니다. "염소와 송아지의 피로 하지아니하고 오직 자기의 피로 영원한 속죄를 이루사 단번에 성소에 들어가셨느니라"(히 9:12)는 말씀과 "이로 말미암아 그는 새 언약의 중보자시니 이는 첫 언약 때에 범한 죄에서 속량하려고 죽으사 부르심을 입은 자로 하여금 영원한 기업의 약속을 얻게 하려 하심이라"(히 9:15)는말씀이 바로 바울이 말한 "십자가"입니다.

예수님이 십자가에 달려 돌아가심과 동시에 예루살렘 성전 성소의 휘장이 찢어져서 오직 대제사장만 짐승의 피를 들고 1년에 한 번 들어갈 수 있었으나 더 이상 그럴 필요가 없어졌습니다. "이에 성소 휘장이 위로부터 아래까지 찢어져 둘이 되고 땅이 진동하며 바위가 터지고"(마 27:51)라는 말씀의 의미는 누구나 그리스도와 함께 하나님이 계시는 성소에 들어갈 수 있는 천지개벽의 사건이 일어났다는 뜻임을 깨닫기를 바랍니다. 그러므로 바울은 "우리 주 예수 그리스도의 *십자가*"만을 자랑한다고 한 것입니다. 이는 십자가의 복음을 부끄러워하고 대신 할례를 자랑했던 율법주의 유대인들과는 달리 오로지 예수 그리스도와 복음 외에는 그 어떤 것도 바울과 교회의 새로운 삶에 의미를 주지 못한다는 뜻입니다.

이제 "*그리스도로 말미암아 세상이 나를 대하여 십자가에 못 박히고 내가 또한 세상을 대하여 그러하니라*"의 의미를 알아보고자 합니다. 《새번역》으로 보면 "*그리스도로 말미암아, 내 쪽에서 보면 세상이 죽었고, 세상 쪽에서 보면 내가 죽었습니다.*"라고 되어 있습니다. 세상 사람들이 볼 때 바울은 그리스도를 믿음으로 하찮은 자가 된 것입니다. 복음 때문에 세상에서 누릴 수 있는 권세와 명예를 버렸으니 세상은 바울을 어리석고 미련한 자로 여겼다는 뜻입니다. 반면에 바울이 생각하기에 이제는 전에 떠받들었던 자기가 속한 사회와 세상이 하찮고 쓸모없는 세상이 되었다는 뜻입니다. 세상은 사도 바울이 저주스럽고 수치스러운 십자가에 달려 죽은 것으로 여겼다는 것이고, 반면에 바울은 세상이 십자가에 달려 하나님의 저주와 심판을 받았다고 말한 것입니다. 결국 세상은 틀렸고, 바울은 옳았다는 사실입니다. 왜냐하면 바울은 그리스도와 함께 십자가에 못 박힌 것이기 때문입니다(갈 2:20).

세상은 십자가의 사랑을 믿는 그리스도인들을 이해하지 못하고 심지어 조롱하고 모욕합니다. 마치 우리를 십자가에 매달린 죄수처럼 여깁니다. 그러나 그리스도인들은 예수 그리스도와 함께 십자가에 못 박힘으로써 죄악의 심판에서 벗어나게 되었음을 확실히 믿습니다(롬 6:17-23). 오히려 십자가에 달린 예수를 믿는 그리스도인들을 조롱하는 세상이야말로 하나님의 준엄한 지옥의 심판을 상징하는 십자가에 달려 있음을 확실히 깨닫기를 바랍니다.

그러므로 바울에게는 본문 15절과 같이 "할례나 무할례가 아무 것도 아니로되 오직 새로 지으심을 받는 것만이 중요하니라"고 교훈한 것입니다. 구원받는 일에 있어서는 누가 할례를 받았는가 받지 않았는가가 중요한 것이 아니라, 예수 그리스도의 십자가 복음이 중요합니다. 하나님이 세상에 보내신 구원자 예수 그리스도를 믿고 성령으로 거듭나 새롭게 되는 것이 바로 인생 최대의 축복임을 깨닫기를 바랍니다. 할례를 받았다고 자랑할 필요도 없고, 받지 못했다고 해서 부족함을 느끼거나 걱정할 필요가 전혀 없다는 뜻입니다. 우리는 "나와 그대가 하나님 앞에서 동일하니 나도 흙으로 지으심을 입었은즉"(욥 33:6)이라는 말씀처럼 흙으로 지음을 받은 육체입니다. 그러나 "하나님을 따라 의와 진리의 거룩함으로 지으심을 받은 새 사람을 입으라"는 에베소서 4장 24절 말씀처럼 예수 그리스도를 믿고 새로운 피조물이 되는 것이 중요합니다. "그런즉 누구든지 그리스도 안에 있으면 새로운 피조물이라 이전 것은 지나갔으니 보라 새것이 되었도다"(고후 5:17)라는 말씀이 인생에서 가장 중요하고 복된 말씀임을 깨닫기를 바랍니다. "할례나 무할례가 아무 것도 아니로되 오직 새로 지으심을 받는 것만이 중요하니라"고 함으로써 갈라디아 교회들이 얼마나 불필요한 일에 힘과 시간과 돈을 들였는지 돌아보게 했습니다. 지금 이 시대 교회들도 마찬가지입니다. "오직 새로 지으심을 받는 것만이 중요하니라"는 말씀은 안중에도 없고 불필요한 일에 마음과 뜻과 힘을 다하고 있습니다. 12월이 되면 경쟁적으로 교회당과 그 주변에 크리스마스트리를 만들어 장식하고 각종 행사를 하는 것을 봅니다. 청교도 아더 핑크(Arthur W. Pink, 1886~1952)는 크리스마스와 관련해서 이렇게 설교했습니다.

그럼 크리스마스를 기념하는 장본인은 누구입니까? 그것은 바로 모든 문명인들입니다. 어린양의 피를 믿지 않으며, 그분을 멸시하고 거절하는 이들, 그리고 그분을 따른다고 떠들어 대지만 행위로는 그분을 부인하며, 주 예수의 생일을 기념한다는 미명 아래 흥청망청 먹고 마시는 이들, 그들이 크리스마스를 기념하고 있지요.······그러나 하나님은 서커스나 극장보다도 로마가톨릭과 기독교회의 크리스마스 행사를 훨씬 더 가증하게 여기십니다. 왜 그렇습니까? 전자는 우리 주님의 이름과 상관없이 이루어지지만, 후자는 그리스도의 거룩한 이름 아래 자행되기 때문입니다.

불필요한 일에 돈과 시간을 쓰고, 마음과 뜻과 힘을 다할 필요가 없습니다. 하나님은 우리에게 "너는 마음을 다하고 뜻을 다하고 힘을 다하여 네 하나님 여호와를 사랑하라"(신 6:5)고 말씀하십니다. 우리가 써야 할 돈과 시간, 우리가 다해야 할 마음과 뜻과 힘은 하나님을 사랑하는 일에 있음을 잊지 말기를 바랍니다. "우리 주 예수 그리스도의 십자가" 복음을 통해 "새로 지으심을 받는 것만이 중요"한 일임을 명심하기를 바랍니다.

끝으로, "무릇 이 규례를 행하는 자에게와 하나님의 이스라엘에게 평강과 긍휼이 있을지어다"라고 한 바울의 인사를 살펴보고자 합니다. 여기서 "규례"는 '곧은 막대기'(canon)라는 뜻으로, 예수 그리스도를 믿음으로써 의롭게 되어 새사람이 된다는 복음의 진리를 뜻하고, 복음에 나타난 기본교리나 가르침을 뜻합니다. 즉 할례나 율법의 어떤 규정을 이행함으로써 "새로 지으심을 받는 것"이 아니라, 복음의 진리를 믿음으로써 "새로 지으심을 받는 것"이고, 그 복음에 제시된 기본적인 가르침을 따라 행하는 것이 "새로 지으심을 받는" 자의 합당한 삶이라는 것입니다. 바로 그렇게 살아가는 자들 즉 "하나님의 이스라엘"(그리스도의 교회)에게 바울 사도는 "평강과 긍휼이 있을지어다"라고 축복했습니다. 이제 예수 그리스도의 십자가 사건으로 인해 할례를 받느냐 안 받느냐의 문제는 가장 중요한 문제가 아니라 가장 의미 없는 문제가 되었다고 선언했습니다. 하나님의 평강과 자비는 십자가 복음을 믿고, 그 복음의 교훈에 따라 살아가는 자들에게만 있음을 확실히 믿기를 바랍니다. 아멘.

(2024년 12월 15일)

제38강

할례의 흔적
vs. 예수의 흔적

17. 이 후로는 누구든지 나를 괴롭게 하지 말라 내가 내 몸에 예수의 흔적을 지니고 있노라
18. 형제들아 우리 주 예수 그리스도의 은혜가 너희 심령에 있을지어다 아멘

이제 갈라디아서 마지막 강론 시간이 되었습니다. 우리가 처음부터 살펴본 바와 같이 갈라디아 지역 교회들의 근본적인 문제는 할례에 대한 것이었습니다. 할례를 주장한 율법주의 거짓 교사들로 인해 율법의 행위가 강조되면서 복음이 왜곡되었고 복음의 진실성은 크게 훼손되었습니다. 이들 때문에 갈라디아 지역에 복음을 전했던 바울의 사도직까지 의심받게 됨으로써 사도의 진정성마저 흔들려버렸습니다. 할례를 받아야 할 의무도 없고 필요조차 없는 이방인 그리스도인들이 점점 할례를 받고 율법주의 교훈에 미혹되면서 그 지역 교회들은 그리스도의 십자가 복음에서 벗어나기 시작했고 여러 부차적인 문제들을 겪을 수밖에 없는 상황으로 전개되었습니다. 갈수록 문제는 커지게 되었지만, 율법주의 유대인들은 아랑곳하지 않고 할례를 비롯한 유대인의 전통을 지키도록 강요하기에 급급했습니다. 그로 인해서 율법주의 유대인 그리스도인들은 동족 유대인의 박해를 피할 수 있게 되었고, 할례를 받는 이방인들의 숫자가 늘어남으로써 그들의 영향력은 더욱 커져서 자랑거리가 되었으며, 반대로 바울의 영향력은 점점 사라지게 되는 상황이 되었습니다.

지난 주일에 살펴보았듯이 율법주의 유대인 교사들의 자랑은 할례와 할례를 받는 이방인들 수에 있었지만, 사도 바울의 자랑은 오직 "우리

주 예수 그리스도의 십자가"였습니다. 그는 "내게는 우리 주 예수 그리스도의 십자가 외에 결코 자랑할 것이 없으니"(6:14)라고 했습니다. 그리고 이어서 "할례나 무할례가 아무 것도 아니로되 오직 새로 지으심을 받는 것만이 중요하니라"(6:15)고 함으로써, 그가 가장 전하고 싶었던 말을 짧지만 강하게 피력했습니다. 그런데 왜 유대인 그리스도인들이 할례를 그렇게 중요하게 여겼고, 이방인 그리스도인들에게 할례를 받도록 설득하고 강요했는지 알 수 있는 내용이 사도행전 13장에 다음과 같이 나옵니다.

> *43. 회당의 모임이 끝난 후에 유대인과 유대교에 입교한 경건한 사람들이 많이 바울과 바나바를 따르니 두 사도가 더불어 말하고 항상 하나님의 은혜 가운데 있으라 권하니라*
> *44. 그 다음 안식일에는 온 시민이 거의 다 하나님의 말씀을 듣고자 하여 모이니*
> *45. 유대인들이 그 무리를 보고 시기가 가득하여 바울이 말한 것을 반박하고 비방하거늘*

여기서 "유대교에 입교한 경건한 사람들"로 언급된 사람들은 고넬료(행 10:1-2), 루디아(행 16:14), 디도 유스도(행 18:7)와 같은 '경건한 이방인' 또는 '하나님을 경외하는 자'(God-fearer)에 속한 사람들이었습니다. 이런 사람들은 유대인들의 영향으로 하나님을 믿게 된 자들이었으나 할례를 받고 공식적으로 유대인이 되지는 않았습니다. 즉, 개종한 유대인(full converts, proselytes)은 아니었습니다. 비록 유대인들처럼 안식일을 지키고, 회당에 들어가 예배에 참여하고, 율법을 읽고 배웠지만, 할례는 받지 않은 사람들로 다만 "유대교에 입교한 경건한 사람들"이었습니다. 요세푸스(Flavius Josephus)나 다른 학자들도 대부분 이들을 부분적

개종자들(partial converts, gate proselytes)이라 했습니다. 그런데 사도들이 복음을 전했을 때 먼저 이들을 중심으로 놀라운 변화가 일어났습니다. 복음을 듣고 회개하고 그리스도 예수를 믿기 시작한 것입니다. 이때부터 유대인들의 시기가 가득해졌습니다. 갈라디아 지역에서 전도한 내용이 사도행전 13장과 14장에 나오는데, 유대인들의 시기가 더욱 심해졌습니다. 사도행전 13장 45절 *"유대인들이 그 무리를 보고 시기가 가득하여 바울이 말한 것을 반박하고 비방하거늘"*이라는 말씀을 통해 확실히 알 수 있습니다. 그래서 바울이 떠난 후에 율법주의자들이 본격적으로 갈라디아 지역 이방인 그리스도인들을 대상으로 할례를 받도록 설득하고, 나중에는 그 수가 많아지자 나머지 신자들에게 할례를 강요하는 일이 벌어졌습니다. 복음을 통해 회개한 무리에는 유대인들과 이방인들이 함께 있었는데, 유대인 그리스도인들은 시기와 분노로 가득한 동족 유대인들의 박해를 피하려고 함께 회개한 이방인 신자들에게 할례를 설득했던 것이고, 그들은 할례받는 이방인들이 많아지도록 함으로써 자기들의 자랑거리로 삼고 영향력을 과시하게 된 것입니다. 그러다 보니 그들은 자기도 모르게 점점, 또는 처음부터 유대교 전통도 따르고 복음도 받아들이는 혼합주의를 추구하면서 '율법주의 유대인 그리스도인'이 되고 말았던 것입니다. 갈라디아 지역에서 바울과 바나바가 고통을 당한 것도 시기심으로 가득 찬 유대인들 때문이었습니다. *"이에 유대인들이 경건한 귀부인들과 그 시내 유력자들을 선동하여 바울과 바나바를 박해하게 하여 그 지역에서 쫓아내니"*(행 13:50)라는 말씀과 *"유대인들이 안디옥과 이고니온에서 와서 무리를 충동하니 그들이 돌로 바울을 쳐서 죽은 줄로 알고 시외로 끌어 내치니라"*(행 14:19)는 말씀을 통해 알 수 있습니다.

바울은 갈라디아 지역을 순회하며 전도하는 동안 큰 결실도 얻었지만, 가까스로 죽음의 위기를 모면할 정도로 고통을 당했습니다. 또한 어렵고 힘들게 세운 교회가 "다른 복음"(갈 1:6-9) 즉 잘못된 가르침 때문에 흔들리고 무너지게 될 지경이 되었습니다. 그래서 "내게는 우리 주 예수 그리스도의 십자가 외에 결코 자랑할 것이 없으니 할례나 무할례가 아무 것도 아니로되 오직 새로 지으심을 받는 것만이 중요하니라"(6:14-15)고 결론적 교훈을 전한 다음 "이 후로는 누구든지 나를 괴롭게 하지 말라 내가 내 몸에 예수의 흔적을 지니고 있노라"(17절)고 호소했습니다. 사실 처음부터 괴로움을 준 갈라디아 사람들이었는데 계속해서 괴로움을 준 것입니다. 다만 괴로움을 주는 사람들의 구성 형태가 조금 달라졌을 뿐입니다. 처음에는 복음을 거부한 유대인들이 바울을 괴롭혔다면, 나중에는 그들 중 그리스도를 믿은 사람들(이들은 대개 복음도 믿고 유대교 전통도 지키는 혼합주의와 절충주의 노선을 따랐음), 그리고 일부지만 그리스도를 믿는 사람처럼 위장해서 유대교 전통을 따르도록 미혹한 사악한 기회주의자들(이들은 할례를 받는 이방인 추종자들이 많아지자 그것을 과시하며 자랑삼은 거짓 교사들이었음)이 바울을 괴롭혔습니다. 그래서 바울은 "이 후로는 누구든지 나를 괴롭게 하지 말라"고 함으로써 더 이상 할례로 인한 문제를 일으키지 말 것을 간곡히 당부했습니다. 이방인들에게는 할례 그 자체도 위험한 일이었지만 할례받은 후에도 문제였습니다. 거짓 교사들은 신앙을 왜곡하고 미혹하는 데 할례를 이용했고, 이방인 신자들이 할례를 받은 후에는 신체적으로, 경제적으로, 사회적으로 또 다른 문제를 당하게 됨으로써 교회에 큰 짐이 생기게 되었습니다. 이런 위험과 어려움이 있었기에 할례를 받도록 강요한 유대인 신자들이든, 할례를 받게 된 이방인 신자들이든 할례 그 자체와 할례를 받은 표시 즉 흔적은 그들에게는 일종의 훈장처럼 여겨졌고, 사람들에게 자랑거리요 "영광스럽고 거룩한" 상처 (stigma)로 여겨질 정도가 된 것입니다. 그러나 이런 할례의 흔적이든, 근현대 시대의 의사들이 추천하고 설득해서 받게 된 포경수술의 흔적이든 결코 자랑스러운 것도 아니고, 특별한 것도 아니라는 사실을 깨닫기를 바랍니다. 현대에 와서 아이들에게 대부분 해주는 포경수술도 이제는 유익하기보다는 오히려 무익하고 손해가 크다는 사실도 많이 드러났다는 점을 알기를 바랍니다. 세상의 흐름을 따르고, 유행을 따르는 일을 특히 경계하기를 바랍니다.

다음으로 "내가 내 몸에 예수의 흔적을 지니고 있노라"고 했는데 매우 의미심장한 말입니다. 몇 가지 의미를 내포한 말이기도 합니다. 먼저 예수 그리스도를 믿고 복음을 전하고 가르치는 사도가 됨으로써 그리스도께서 짊어진 십자가의 고난에 동참했다는 뜻입니다. 갈라디아서 1장에 그의 사도직에 대한 진정성을 강조한 내용이 길게 나오는데 "내가 내 몸에 예수의 흔적을 지니고 있노라"는 말 한마디가 그들에게 더 이상 길게 설명할 필요가 없을 정도로 강력한 메시지가 된다는 사실을 깨닫기를 바랍니다.

또한 "흔적"(στίγματα, stigma)이라고 하는 '낙인'이 어떤 주인의 소유를 뜻하기 때문에, 사도 바울 자신이야말로 예수 그리스도의 낙인이 찍힌, 즉 예수의 소유가 된 참된 종이라는 뜻입니다. 할례를 강요한 율법주의 교사들은 "예수의 흔적"이 없는 자들로, '예수의 소유'가 아닌 가짜 종들이라는 사실을 말하고 있습니다. 율법주의자들은 예수의 '낙인'이 없는 자들로 그리스도로부터 보내심을 받지 않은 '매버릭' (maverick)과 같은 자들입니다. 매버릭은 무소속 정치인, 낙인이 없는 소, 자유로운 영혼, 독불장군 등의 뜻이 있는데 새뮤얼 매버릭(Samuel Maverick, 1803–1870)이라는 사람의 이름을 따서 생긴 말입니다. 법률가요 사업가요 정치인이었던 그는 처음에는 미국 동남부 지역에 살다가 1835년에 텍사스주 샌 안토니오(San Antonio)로 이주해서도 정치인과 법조인으로 살았기에 그가 소유한 거대한 목장과 소 떼 중에서 땅에 더 관심을 가진 나머지 소에 낙인을 찍지 않았다고 합니다. 그로 인해서 다른 목장주들이 낙인이 없는 소를 보고 '매버릭'이라고 했고, 그의 손자인 텍사스 출신 민주당 하원의원 모리 매버릭(Maury Maverick, 1895–1954)에 의해서 본격적으로 '매버릭'이라는 말이 유명해졌다고 합니다. 이런 점에서 율법주의 교사들은 일종의 '매버릭'으로 예수님께 속하지도 예수님의 낙인도 없는 자들로 예수님의 소유도 아니요, 예수님의 종도 아니었던 것입니다. 그들 가운데 회개하지 않고 끝까지 바울을 괴롭히고 바울의 사도직을 인정하지 않는 자들은 결국 하나님의 뜻과는 다르게 독불장군식으로 할례를 강요하는 독단적인 이단 교사들로 남게 된 것입니다. 바울의 편지를 받고도 바울을 외면하고 오히려 이단처럼 여긴 이들 율법주의 유대인 교사들과 이들에 의해 할례를 받고 개종 유대교인이 된 그리스도인들을 '유대주의자들'(Judaizers) 또는 유대화주의자들(명목상 그리스도인이면서 실제로는 유대교를 더 신봉하는 자들)이라고 합니다. 바로 최초의 기독교 이단 무리가 된 것입니다.

다음으로, "흔적"에 한 가지 뜻을 더 말하자면, 예수님이 당한 고난의 흔적이 바울 사도 몸에 실제로 남아있다는 뜻입니다. 낙인처럼 지워지지 않는 끔찍한 상처가 여전히 바울 사도의 몸 곳곳에 남아있다는 뜻임을 기억하기를 바랍니다. 사도로서 그가 당한 고난과 고통이 얼마나 컸는지 고린도 교회에 보낸 편지에 자세히 기록되어 있습니다.

22. 그들이 히브리인이냐 나도 그러하며 그들이 이스라엘인이냐 나도 그러하며 그들이 아브라함의 후손이냐 나도 그러하며

23. 그들이 그리스도의 일꾼이냐 정신 없는 말을 하거니와 나는 더욱 그러하도다 내가 수고를 넘치도록 하고 옥에 갇히기도 더 많이 하고 매도 수없이 맞고 여러 번 죽을 뻔하였으니

24. 유대인들에게 사십에서 하나 감한 매를 다섯 번 맞았으며

25. 세 번 태장으로 맞고 한 번 돌로 맞고 세 번 파선하고 일 주야를 깊은 바다에서 지냈으며

26. 여러 번 여행하면서 강의 위험과 강도의 위험과 동족의 위험과 이방인의 위험과 시내의 위험과 광야의 위험과 바다의 위험과 거짓 형제 중의 위험을 당하고

27. 또 수고하며 애쓰고 여러 번 자지 못하고 주리며 목마르고 여러 번 굶고 춥고 헐벗었노라

28. 이 외의 일은 고사하고 아직도 날마다 내 속에 눌리는 일이 있으니 곧 모든 교회를 위하여 염려하는 것이라(고후 11:22-28)

특히 24절과 25절만 보더라도 얼마나 큰 고통을 당했는지 알 수 있습니다. "유대인들에게 사십에서 하나 감한 매를 다섯 번 맞았으며 세 번 태장으로 맞고 한 번 돌로 맞고 세 번 파선하고 일 주야를 깊은 바다에서 지냈으며"라고 고백했습니다. 여기서 "세 번 태장으로 맞고"는 막대기(rod)로 맞은 것이라는 번역도 있지만 로마의 형벌 중 채찍질에 해당한 것으로 보입니다(행 16:21-23). 신체에 벌을 가하는 체형(體刑) 중에 일반적인 것이 채찍이나 막대기로 벌을 주는 태형(笞刑)이 있고, 곤장(棍杖)이나 몽둥이로 벌을 가하는 장형(杖刑)이 있습니다. 유대인들이든 로마인들이든 당시 태형은 대부분 채찍형이었습니다. 오늘날에도 체형을 가하는 나라들이 있는데 싱가포르가 유명합니다. 16세에서 50

세까지만 받는 태형은 최대 24대까지 정해져 있는데, 태형 집행인이 휘두르는 매를 3대 이상 맞으면 피부가 찢어져서 출혈이 시작되고 금방 쇼크 상태에 빠질 수 있으며, 탈장을 막기 위해 허리띠를 단단히 조인다고 합니다. 의료인력이 입회해서 상태를 확인하고, 집행 후 항생제와 진통제를 투여합니다. 그렇게 몇 대를 맞고 나면 한 달 이상은 앉거나 누울 수도 없어서 서 있거나 엎드린 상태로 생활해야 하고, 상처가 아문 후에도 흉터는 영구히 남는다고 합니다(법률신문 2024. 9.28., "싱가포르 '태형'에 열광하는 이유"). 우리나라도 옛날에 체형 중에서 태형(10~50회)과 장형(60~100회)이 일반적이었지만, 1919년 3·1운동 후 4월 상해 임시정부의 첫 헌법으로 공포된 '대한민국 임시헌장'에서 신체형이 폐지되었습니다. 일제 역시 3·1운동 후에 우리나라 사람들에 대한 유화적인 정책으로 조선태형령을 1920년에 폐지했습니다. 이런 면에서 우리는 3·1운동에 참여하고 희생당한 사람들에 대한 고마움을 잊지 말아야 합니다.

고대 태형을 알아보자면, 함무라비 법전 202조에는 60대까지, 앗수르 법에는 40대 또는 50대까지, 구약 율법에는 40대까지 가능했습니다. 신명기 25장 1–3절을 보면, "사람들 사이에 시비가 생겨 재판을 청하면 재판장은 그들을 재판하여 의인은 의롭다 하고 악인은 정죄할 것이며 악인에게 태형이 합당하면 재판장은 그를 엎드리게 하고 그 앞에서 그의 죄에 따라 수를 맞추어 때리게 하라 사십까지는 때리려니와 그것을 넘기지는 못할지니 만일 그것을 넘겨 매를 지나치게 때리면 네가 네 형제를 경히 여기는 것이 될까 하노라"는 율법 조항이 있습니다. 범죄자라 하더라도 인권이 있기에 하나님이 40대까지만 허용하셨는데, 후대에 가서는 율법주의자들이 수를 세다가 실수로 40을 넘지 않도록

39대를 그들만의 구전 전통으로 삼았고 율법이나 다름없는 규정이 되었습니다. 나중에는 유대인들이 모이는 회당에서 그들이 규정한 법에 저촉되면 체형을 내릴 수 있도록 확대 적용했습니다. 유대인 랍비들은 168가지 채찍형 처벌 규정을 정해놓았고, 채찍형을 위해 소가죽으로 만든 세 가닥 채찍을 준비해두었으며, 형을 부과할 때 작은 기둥에 손을 묶어 앞으로 기대가 하고, 옷을 벗기고 등에서부터 허리까지 때렸습니다. 이러한 형벌은 신약시대 이전부터 이어져 왔기에 바울이 받았던 태형이 어떤 것이었는지 짐작할 수 있습니다. 미쉬나 마코트(Makkot, 매질) 3장 10-15절에 따르면 채찍질 수는 최대 40대보다 하나 적은 수(39대)이고, 양쪽 기둥에 두 손을 묶고, 회당장이 채찍을 맞을 사람의 옷이 찢어질 정도로 목까지 들어 올립니다. 39대 중 3분의 1인 13대는 가슴을 때리고, 3분의 2인 26대는 등(목에서 허리까지)을 때렸습니다. 재판장이 죄수에게 몸을 구부리라고 명령했고, 때리는 자(집행인)는 온 힘을 다해서 한 손으로만 때려야 했습니다. 바울은 회당에서 이런 태형을 당한 횟수만 언급했고 자세한 내용을 기록하지는 않았습니다. 그는 고린도 교회에 편지하면서 *"그들이 그리스도의 일꾼이냐 정신없는 말을 하거니와 나는 더욱 그러하도다 내가 수고를 넘치도록 하고 옥에 갇히기도 더 많이 하고 매도 수없이 맞고 여러 번 죽을 뻔하였으니"*(고후 11:23)라고 하면서 많은 매를 맞았고, 여러 차례 죽을 뻔했다고 했습니다. 이어서 그는 *"유대인들에게 사십에서 하나 감한 매를 다섯 번 맞았으며 세 번 태장으로 맞고 한 번 돌로 맞고 세 번 파선하고 일 주야를 깊은 바다에서 지냈으며"*(고후 11:24-25)라고 했습니다. 유대인에게 태형을 다섯 번 받았고, 로마시민이라면 맞을 수도 없는 태형을 세 번이나 받았다고 했습니다(맞다가 기절하거나 쇼크로 죽기도 했음). 회당에 들어가서 전도하는 방법이 가장 좋은 선택이었기에 바울은 그 방법을 택했고, 그로 인해 회당 법에 따라 다섯 번이나 '39대 태형'을 당하면서도 회당 전도를 이어갔습니다. 한 회당에서 범죄자로 지목이 되어 '39대 태형'을 당하면 모든 죄를 용서받고 다시 다른 회당에서 복음을 전할 수 있었기 때문에 다른 지역의 회당에 들어가 복음을 전한 것입니다. 그는 이렇게 예수 그리스도를 전함에 있어서 목숨을 걸고 고통을 감수하고 다녔던 것입니다. 그가 처음에는 누구보다도 유대교에 열심을 가졌던 사람이었습니다. 그는 갈라디아 교회에 편지하면서 *"내가 내 동족 중 여러 연갑자보다 유대교를 지나치게 믿어 내 조상의 전통에 대하여 더욱 열심이 있었으나"*(갈 1:14)라고 말했을 정도입니다. 바울이 빌립보에서 맞은 일(행 16:21-23, 살전 2:2)과 돌에 맞아 죽을 뻔한 일(행 14:19, 딤후 3:11) 외에는 자세히 기록되어 있지 않아서 정확히 알 수는 없지만, 자기 고향 다소(Tarsus)에 가서 복음을 전했던 것으로 추정되는 약 8년의 세월 동안 가족과 친척과 고향 사람들에게 외면당하고 버림당하고 박해받았을 때, 다섯 번이나 *"사십에서 하나 감한 매"*를 맞았을 것입니다. 이 매를 한 번만 맞아도 크게 위험한 상태가 되는 경우가 있었는데, 게다가 상처가 죽을 때까지 남고, 회복 후 일상생활을 하기에는 몇 개월에서 몇 년이 될 수도 있었는데, 사도 바울은 '39대 태형'을 총 다섯 차례나 받았으니 그의 몸이 얼마나 심각한 상태가 되었겠습니까? 아마 살아있는 것이 기적이었을 것입니다. 십자가 복음을 전하다가 그런 매를 맞고 죽을 뻔한 위기를 넘기고 나서, 다시 다른 회당을 찾아 그리스도 예수를 전하는 일이 가능할까요? 일반적인 사람이라면 결코 두 번 다시는 복음을 전하지 못할 것입니다. 매번 순교를 각오하고 그가 예수 그리스도의 십자가 복음을 전했다는 사실을 알 수 있습니다.

예수님은 제자들이 당할 고난과 채찍질을 미리 내다보시고 "보라 내가 너희를 보냄이 양을 이리 가운데로 보냄과 같도다 그러므로 너희는 뱀 같이 지혜롭고 비둘기 같이 순결하라 사람들을 삼가라 그들이 너희를 공회에 넘겨 주겠고 그들의 회당에서 채찍질하리라"(마 10:16-17)고 말씀하셨습니다. 사도행전 5장 33절 "그들이 듣고 크게 노하여 사도들을 없이하고자 할새"라는 말씀을 통해 알 수 있습니다. 이때 바울의 스승이었던 율법 교사 바리새인 가말리엘(행 5:34)의 중재로 죽을 수 있는 상황에서 채찍질로 끝났습니다. "그들이 옳게 여겨 사도들을 불러들여 채찍질하며 예수의 이름으로 말하는 것을 금하고 놓으니"(행 5:40)라는 말씀에서 알 수 있듯이 예수님의 제자들(사도들)은 채찍질을 당했고, 예수 그리스도의 이름으로 전하는 복음을 더 이상 전파하지 말라는 명령을 들어야 했습니다. 사도 바울도 예외는 아니었습니다. 오히려 더 극심한 박해와 고통을 당해야 했습니다. 그는 "예수의 흔적"이 온몸에 새겨졌습니다. 예수님이 당하신 고통과 고난의 흔적이 그의 몸에 켜켜이 새겨졌습니다. 그는 마치 영웅처럼 그가 지닌 고난의 상처를 사람들에게 자랑하지도 과시하지도 않았습니다. 그가 자랑하는 것이 있다면 오로지 "우리 주 예수 그리스도의 십자가"(6:14) 즉 구원의 복음이었습니다. 결코 그의 온몸에 새겨진 고통의 흔적을 과시하지 않았습니다. 그가 "이 후로는 누구든지 나를 괴롭게 하지 말라 내가 내 몸에 예수의 흔적을 지니고 있노라"고 한 것은 유대인들과 이방인들에 의해 받은 고통의 흔적으로 인해 여전히 힘들고 괴로운 삶을 이어가고 있는데, 이제는 유대인이든 이방인이든, 할례를 받았든 받지 않았든, 그리스도 안에서 같은 형제인 갈라디아 교회 신자들로 인해 심적 고통을 당하고 있는 현실이 너무나 괴로웠던 것입니다. 이것은 우리 관점에서 보면 남들로부터 비난받고 상처받고 아픔을 당하다가, 친지들과 친구들과 가족들로부터 버림받고 외면당하고 상처받는 상황이라 할 수 있습니다. 그런데 바울은 이미 예수 그리스도의 복음을 전하는 일 때문에 가족과 친척, 동료들과 이웃들과 고향 사람들로부터 완전히 버림을 당한 사람입니다. 그에게는 새로운 가족이 생겼습니다. 바로 예수 그리스도의 몸인 교회입니다. 그런데 갈라디아 교회들이 바울을 이단 사상을 가르치는 사람 취급하고 가짜 사도라고 의심했을 때 얼마나 마음이 아팠겠습니까? 얼마나 괴롭고 고통스러웠겠습니까?

여기서 우리는 "예수의 흔적"과 관련해서 두 가지를 우리 자신에게 적용해서 생각해보기를 원합니다. 첫째, 나는 "예수의 흔적"을 가지고 있는가? 둘째, 나는 "예수의 흔적"을 가진 사람(들)을 괴롭게 하고 상처를 준 적은 없는가? 이에 대해 스스로 돌아보고 회개하기를 바랍니다.

유대인들처럼 갈라디아 교회 신자들 역시 할례를 받았다는 사실에 자랑과 긍지를 두고 있었습니다. 유대인들처럼 그들 역시 할례받은 흔적 또는 할례받은 성기 자체가 마치 구원받은 표시나 된 것처럼 믿었던 것입니다. 할례 흔적이 있는 사람들이 많아질수록 그들은 점점 바울의 가르침에서 멀어졌고, "우리 주 예수 그리스도의 십자가"는 더 이상 자랑거리가 되지 못했습니다. 저마다 육체의 중심인 성기에 보이는 할례 흔적(stigma)이 자랑스러웠던 것입니다. 그러나 바울은 자기 자신의 자랑거리는 오로지 "우리 주 예수 그리스도의 십자가"라 했습니다. 오히려 그리스도의 고난에 동참함으로 인해 온몸에 생긴 상처 즉 마치 낙인(stigma)처럼 지워지지 않는 상처조차 과시를 위한 흔적으로 내세우지 않았습니다. 그 어떤 사도들보다 크고 많은 상처가 있기에 그것으로 자신이 복음을 위해 해온 일과 자신의 영적 권위를 드러낼 법도 한데 결코 그렇게 하지 않았습니다. 오히려 그는 자신이 그동안 입어 온 상처를 갈라디아 교회 신자들에게 상기시키며 더 이상 그 상처 위에 또 다른 상처를 입히지 말라고 했습니다. 이 말은 간절한 부탁이었습니다. 온몸이 상처투성이인데, 마음속까지 상처를 입히지 말아 달라고 마지막으로 간절히 호소한 것임을 깨닫기를 바랍니다.

마지막 호소와 함께 바울은 그들을 향해 뜨겁게 사랑하는 마음으로 "형제들아"라고 부르면서 축복했습니다. "형제들아 우리 주 예수 그리스도의 은혜가 너희 심령에 있을지어다 아멘"이라고 했습니다. 이것이 바로 자식을 향한 부모의 마음이요, 갈라디아 교회들을 향한 사도 바울의 마음이요, 우리와 모든 교회를 향한 예수 그리스도의 마음이라는 사실을 잊지 말기를 바랍니다. 아멘.

(2024년 12월 22일)

῍Ω ἀνόητοι Γαλάται, τίς ὑμᾶς ἐβάσκανεν
어리석도다 갈라디아 사람들아, 누가 너희를 꾀더냐(갈 3:1)

갈라디아서

갈라디아서 1장

1. 사람들에게서 난 것도 아니요 사람으로 말미암은 것도 아니요 오직 예수 그리스도와 그를 죽은 자 가운데서 살리신 하나님 아버지로 말미암아 사도 된 바울은

2. 함께 있는 모든 형제와 더불어 갈라디아 여러 교회들에게

3. 우리 하나님 아버지와 주 예수 그리스도로부터 은혜와 평강이 있기를 원하노라

4. 그리스도께서 하나님 곧 우리 아버지의 뜻을 따라 이 악한 세대에서 우리를 건지시려고 우리 죄를 대속하기 위하여 자기 몸을 주셨으니

5. 영광이 그에게 세세토록 있을지어다 아멘

6. 그리스도의 은혜로 너희를 부르신 이를 이같이 속히 떠나 다른 복음을 따르는 것을 내가 이상하게 여기노라

7. 다른 복음은 없나니 다만 어떤 사람들이 너희를 교란하여 그리스도의 복음을 변하게 하려 함이라

8. 그러나 우리나 혹은 하늘로부터 온 천사라도 우리가 너희에게 전한 복음 외에 다른 복음을 전하면 저주를 받을지어다

9. 우리가 전에 말하였거니와 내가 지금 다시 말하노니 만일 누구든지 너희가 받은 것 외에 다른 복음을 전하면 저주를 받을지어다

10. 이제 내가 사람들에게 좋게 하랴 하나님께 좋게 하랴 사람들에게 기쁨을 구하랴 내가 지금까지 사람들의 기쁨을 구하였다면 그리스도의 종이 아니니라

11. 형제들아 내가 너희에게 알게 하노니 내가 전한 복음은 사람의 뜻을 따라

된 것이 아니니라

12. 이는 내가 사람에게서 받은 것도 아니요 배운 것도 아니요 오직 예수 그리스도의 계시로 말미암은 것이라

13. 내가 이전에 유대교에 있을 때에 행한 일을 너희가 들었거니와 하나님의 교회를 심히 박해하여 멸하고

14. 내가 내 동족 중 여러 연갑자보다 유대교를 지나치게 믿어 내 조상의 전통에 대하여 더욱 열심이 있었으나

15. 그러나 내 어머니의 태로부터 나를 택정하시고 그의 은혜로 나를 부르신 이가

16. 그의 아들을 이방에 전하기 위하여 그를 내 속에 나타내시기를 기뻐하셨을 때에 내가 곧 혈육과 의논하지 아니하고

17. 또 나보다 먼저 사도 된 자들을 만나려고 예루살렘으로 가지 아니하고 아라비아로 갔다가 다시 다메섹으로 돌아갔노라

18. 그 후 삼 년 만에 내가 게바를 방문하려고 예루살렘에 올라가서 그와 함께 십오 일을 머무는 동안

19. 주의 형제 야고보 외에 다른 사도들을 보지 못하였노라

20. 보라 내가 너희에게 쓰는 것은 하나님 앞에서 거짓말이 아니로다

21. 그 후에 내가 수리아와 길리기아 지방에 이르렀으나

22. 그리스도 안에 있는 유대의 교회들이 나를 얼굴로는 알지 못하고

23. 다만 우리를 박해하던 자가 전에 멸하려던 그 믿음을 지금 전한다 함을 듣고

24. 나로 말미암아 하나님께 영광을 돌리니라

갈라디아서 2장

1. 십사 년 후에 내가 바나바와 함께 디도를 데리고 다시 예루살렘에 올라갔나니

2. 계시를 따라 올라가 내가 이방 가운데서 전파하는 복음을 그들에게 제시하되 유력한 자들에게 사사로이 한 것은 내가 달음질하는 것이나 달음질한 것이 헛되지 않게 하려 함이라

3. 그러나 나와 함께 있는 헬라인 디도까지도 억지로 할례를 받게 하지 아니하였으니

4. 이는 가만히 들어온 거짓 형제들 때문이라 그들이 가만히 들어온 것은 그리스도 예수 안에서 우리가 가진 자유를 엿보고 우리를 종으로 삼고자 함이로되

5. 그들에게 우리가 한시도 복종하지 아니하였으니 이는 복음의 진리가 항상 너희 가운데 있게 하려 함이라

6. 유력하다는 이들 중에 (본래 어떤 이들이든지 내게 상관이 없으며 하나님은 사람을 외모로 취하지 아니하시나니) 저 유력한 이들은 내게 의무를 더하여 준 것이 없고

7. 도리어 그들은 내가 무할례자에게 복음 전함을 맡은 것이 베드로가 할례자에게 맡음과 같은 것을 보았고

8. 베드로에게 역사하사 그를 할례자의 사도로 삼으신 이가 또한 내게 역사하사 나를 이방인의 사도로 삼으셨느니라

9. 또 기둥 같이 여기는 야고보와 게바와 요한도 내게 주신 은혜를 알므로 나와 바나바에게 친교의 악수를 하였으니 우리는 이방인에게로, 그들은 할례자에게로 가게 하려 함이라

10. 다만 우리에게 가난한 자들을 기억하도록 부탁하였으니 이것은 나도 본래부터 힘써 행하여 왔노라

11. 게바가 안디옥에 이르렀을 때에 책망 받을 일이 있기로 내가 그를 대면하여 책망하였노라

12. 야고보에게서 온 어떤 이들이 이르기 전에 게바가 이방인과 함께 먹다가 그들이 오매 그가 할례자들을 두려워하여 떠나 물러가매

13. 남은 유대인들도 그와 같이 외식하므로 바나바도 그들의 외식에 유혹되

었느니라

14. 그러므로 나는 그들이 복음의 진리를 따라 바르게 행하지 아니함을 보고 모든 자 앞에서 게바에게 이르되 네가 유대인으로서 이방인을 따르고 유대인답게 살지 아니하면서 어찌하여 억지로 이방인을 유대인답게 살게 하려느냐 하였노라

15. 우리는 본래 유대인이요 이방 죄인이 아니로되

16. 사람이 의롭게 되는 것은 율법의 행위로 말미암음이 아니요 오직 예수 그리스도를 믿음으로 말미암는 줄 알므로 우리도 그리스도 예수를 믿나니 이는 우리가 율법의 행위로써가 아니고 그리스도를 믿음으로써 의롭다 함을 얻으려 함이라 율법의 행위로써는 의롭다 함을 얻을 육체가 없느니라

17. 만일 우리가 그리스도 안에서 의롭게 되려 하다가 죄인으로 드러나면 그리스도께서 죄를 짓게 하는 자냐 결코 그럴 수 없느니라

19. 만일 내가 헐었던 것을 다시 세우면 내가 나를 범법한 자로 만드는 것이라

20. 내가 율법으로 말미암아 율법에 대하여 죽었나니 이는 하나님에 대하여 살려 함이라
내가 그리스도와 함께 십자가에 못 박혔나니 그런즉 이제는 내가 사는 것이 아니요 오직 내 안에 그리스도께서 사시는 것이라 이제 내가 육체 가운데 사는 것은 나를 사랑하사 나를 위하여 자기 자신을 버리신 하나님의 아들을 믿는 믿음 안에서 사는 것이라

21. 내가 하나님의 은혜를 폐하지 아니하노니 만일 의롭게 되는 것이 율법으로 말미암으면 그리스도께서 헛되이 죽으셨느니라

갈라디아서 3장

1. 어리석도다 갈라디아 사람들아 예수 그리스도께서 십자가에 못 박히신 것

이 너희 눈 앞에 밝히 보이거늘 누가 너희를 꾀더냐

2. 내가 너희에게서 다만 이것을 알려 하노니 너희가 성령을 받은 것이 율법의 행위로냐 혹은 듣고 믿음으로냐

3. 너희가 이같이 어리석으냐 성령으로 시작하였다가 이제는 육체로 마치겠느냐

4. 너희가 이같이 많은 괴로움을 헛되이 받았느냐 과연 헛되냐

5. 너희에게 성령을 주시고 너희 가운데서 능력을 행하시는 이의 일이 율법의 행위에서냐 혹은 듣고 믿음에서냐

6. 아브라함이 하나님을 믿으매 그것을 그에게 의로 정하셨다 함과 같으니라

7. 그런즉 믿음으로 말미암은 자들은 아브라함의 자손인 줄 알지어다

8. 또 하나님이 이방을 믿음으로 말미암아 의로 정하실 것을 성경이 미리 알고 먼저 아브라함에게 복음을 전하되 모든 이방인이 너로 말미암아 복을 받으리라 하였느니라

9. 그러므로 믿음으로 말미암은 자는 믿음이 있는 아브라함과 함께 복을 받느니라

10. 무릇 율법 행위에 속한 자들은 저주 아래에 있나니 기록된 바 누구든지 율법 책에 기록된 대로 모든 일을 항상 행하지 아니하는 자는 저주 아래에 있는 자라 하였음이라

11. 또 하나님 앞에서 아무도 율법으로 말미암아 의롭게 되지 못할 것이 분명하니 이는 의인은 믿음으로 살리라 하였음이라

12. 율법은 믿음에서 난 것이 아니니 율법을 행하는 자는 그 가운데서 살리라 하였느니라

13. 그리스도께서 우리를 위하여 저주를 받은 바 되사 율법의 저주에서 우리를 속량하셨으니 기록된 바 나무에 달린 자마다 저주 아래에 있는 자라 하였음이라

14. 이는 그리스도 예수 안에서 아브라함의 복이 이방인에게 미치게 하고 또 우리로 하여금 믿음으로 말미암아 성령의 약속을 받게 하려 함이라

15. 형제들아 내가 사람의 예대로 말하노니 사람의 언약이라도 정한 후에는 아무도 폐하거나 더하거나 하지 못하느니라

16. 이 약속들은 아브라함과 그 자손에게 말씀하신 것인데 여럿을 가리켜 그 자손들이라 하지 아니하시고 오직 한 사람을 가리켜 네 자손이라 하셨으니 곧 그리스도라

17. 내가 이것을 말하노니 하나님께서 미리 정하신 언약을 사백삼십 년 후에 생긴 율법이 폐기하지 못하고 그 약속을 헛되게 하지 못하리라

18. 만일 그 유업이 율법에서 난 것이면 약속에서 난 것이 아니리라 그러나 하나님이 약속으로 말미암아 아브라함에게 주신 것이라

19. 그런즉 율법은 무엇이냐 범법하므로 더하여진 것이라 천사들을 통하여 한 중보자의 손으로 베푸신 것인데 약속하신 자손이 오시기까지 있을 것이라

20. 그 중보자는 한 편만 위한 자가 아니나 하나님은 한 분이시니라

21. 그러면 율법이 하나님의 약속들과 반대되는 것이냐 결코 그럴 수 없느니라 만일 능히 살게 하는 율법을 주셨더라면 의가 반드시 율법으로 말미암았으리라

22. 그러나 성경이 모든 것을 죄 아래에 가두었으니 이는 예수 그리스도를 믿음으로 말미암는 약속을 믿는 자들에게 주려 함이라

23. 믿음이 오기 전에 우리는 율법 아래에 매인 바 되고 계시될 믿음의 때까지 갇혔느니라

24. 이같이 율법이 우리를 그리스도께로 인도하는 초등교사가 되어 우리로 하여금 믿음으로 말미암아 의롭다 함을 얻게 하려 함이라

25. 믿음이 온 후로는 우리가 초등교사 아래에 있지 아니하도다

26. 너희가 다 믿음으로 말미암아 그리스도 예수 안에서 하나님의 아들이 되었으니

27. 누구든지 그리스도와 합하기 위하여 세례를 받은 자는 그리스도로 옷 입었느니라

28. 너희는 유대인이나 헬라인이나 종이나 자유인이나 남자나 여자나 다 그리스도 예수 안에서 하나이니라

29. 너희가 그리스도의 것이면 곧 아브라함의 자손이요 약속대로 유업을 이을 자니라

갈라디아서 4장

1. 내가 또 말하노니 유업을 이을 자가 모든 것의 주인이나 어렸을 동안에는 종과 다름이 없어서

2. 그 아버지가 정한 때까지 후견인과 청지기 아래에 있나니

3. 이와 같이 우리도 어렸을 때에 이 세상의 초등학문 아래에 있어서 종 노릇 하였더니

4. 때가 차매 하나님이 그 아들을 보내사 여자에게서 나게 하시고 율법 아래에 나게 하신 것은

5. 율법 아래에 있는 자들을 속량하시고 우리로 아들의 명분을 얻게 하려 하심이라

6. 너희가 아들이므로 하나님이 그 아들의 영을 우리 마음 가운데 보내사 아빠 아버지라 부르게 하셨느니라

7. 그러므로 네가 이 후로는 종이 아니요 아들이니 아들이면 하나님으로 말미암아 유업을 받을 자니라

8. 그러나 너희가 그 때에는 하나님을 알지 못하여 본질상 하나님이 아닌 자들에게 종 노릇 하였더니

9. 이제는 너희가 하나님을 알 뿐 아니라 더욱이 하나님이 아신 바 되었거늘 어찌하여 다시 약하고 천박한 초등학문으로 돌아가서 다시 그들에게 종 노릇 하려 하느냐

10. 너희가 날과 달과 절기와 해를 삼가 지키니

11. 내가 너희를 위하여 수고한 것이 헛될까 두려워하노라

12. 형제들아 내가 너희와 같이 되었은즉 너희도 나와 같이 되기를 구하노라 너희가 내게 해롭게 하지 아니하였느니라

13. 내가 처음에 육체의 약함으로 말미암아 너희에게 복음을 전한 것을 너희가 아는 바라

14. 너희를 시험하는 것이 내 육체에 있으되 이것을 너희가 업신여기지도 아니하며 버리지도 아니하고 오직 나를 하나님의 천사와 같이 또는 그리스도 예수와 같이 영접하였도다

15. 너희의 복이 지금 어디 있느냐 내가 너희에게 증언하노니 너희가 할 수만 있었더라면 너희의 눈이라도 빼어 나에게 주었으리라

16. 그런즉 내가 너희에게 참된 말을 하므로 원수가 되었느냐

17. 그들이 너희에게 대하여 열심 내는 것은 좋은 뜻이 아니요 오직 너희를 이간시켜 너희로 그들에게 대하여 열심을 내게 하려 함이라

18. 좋은 일에 대하여 열심으로 사모함을 받음은 내가 너희를 대하였을 때뿐 아니라 언제든지 좋으니라

19. 나의 자녀들아 너희 속에 그리스도의 형상을 이루기까지 다시 너희를 위하여 해산하는 수고를 하노니

20. 내가 이제라도 너희와 함께 있어 내 언성을 높이려 함은 너희에 대하여 의혹이 있음이라

21. 내게 말하라 율법 아래에 있고자 하는 자들아 율법을 듣지 못하였느냐

22. 기록된 바 아브라함에게 두 아들이 있으니 하나는 여종에게서, 하나는 자유 있는 여자에게서 났다 하였으며

23. 여종에게서는 육체를 따라 났고 자유 있는 여자에게서는 약속으로 말미암았느니라

24. 이것은 비유니 이 여자들은 두 언약이라 하나는 시내 산으로부터 종을 낳은 자니 곧 하갈이라

25. 이 하갈은 아라비아에 있는 시내 산으로서 지금 있는 예루살렘과 같은 곳이니 그가 그 자녀들과 더불어 종 노릇 하고

26. 오직 위에 있는 예루살렘은 자유자니 곧 우리 어머니라

27. 기록된 바 잉태하지 못한 자여 즐거워하라 산고를 모르는 자여 소리 질러 외치라 이는 홀로 사는 자의 자녀가 남편 있는 자의 자녀보다 많음이라 하였으니

28. 형제들아 너희는 이삭과 같이 약속의 자녀라

29. 그러나 그 때에 육체를 따라 난 자가 성령을 따라 난 자를 박해한 것 같이 이제도 그러하도다

30. 그러나 성경이 무엇을 말하느냐 여종과 그 아들을 내쫓으라 여종의 아들이 자유 있는 여자의 아들과 더불어 유업을 얻지 못하리라 하였느니라

31. 그런즉 형제들아 우리는 여종의 자녀가 아니요 자유 있는 여자의 자녀니라

갈라디아서 5장

1. 그리스도께서 우리를 자유롭게 하려고 자유를 주셨으니 그러므로 굳건하게 서서 다시는 종의 멍에를 메지 말라

2. 보라 나 바울은 너희에게 말하노니 너희가 만일 할례를 받으면 그리스도께서 너희에게 아무 유익이 없으리라

3. 내가 할례를 받는 각 사람에게 다시 증언하노니 그는 율법 전체를 행할 의무를 가진 자라

4. 율법 안에서 의롭다 함을 얻으려 하는 너희는 그리스도에게서 끊어지고 은혜에서 떨어진 자로다

5. 우리가 성령으로 믿음을 따라 의의 소망을 기다리노니

6. 그리스도 예수 안에서는 할례나 무할례나 효력이 없으되 사랑으로써 역사하는 믿음뿐이니라

7. 너희가 달음질을 잘 하더니 누가 너희를 막아 진리를 순종하지 못하게 하더냐

8. 그 권면은 너희를 부르신 이에게서 난 것이 아니니라

9. 적은 누룩이 온 덩이에 퍼지느니라

10. 나는 너희가 아무 다른 마음을 품지 아니할 줄을 주 안에서 확신하노라 그러나 너희를 요동하게 하는 자는 누구든지 심판을 받으리라

11. 형제들아 내가 지금까지 할례를 전한다면 어찌하여 지금까지 박해를 받으리요 그리하였으면 십자가의 걸림돌이 제거되었으리니

12. 너희를 어지럽게 하는 자들은 스스로 베어 버리기를 원하노라

13. 형제들아 너희가 자유를 위하여 부르심을 입었으나 그러나 그 자유로 육체의 기회를 삼지 말고 오직 사랑으로 서로 종 노릇 하라

14. 온 율법은 네 이웃 사랑하기를 네 자신 같이 하라 하신 한 말씀에서 이루어졌나니

15. 만일 서로 물고 먹으면 피차 멸망할까 조심하라

16. 내가 이르노니 너희는 성령을 따라 행하라 그리하면 육체의 욕심을 이루지 아니하리라

17. 육체의 소욕은 성령을 거스르고 성령은 육체를 거스르나니 이 둘이 서로 대적함으로 너희가 원하는 것을 하지 못하게 하려 함이니라

18. 너희가 만일 성령의 인도하시는 바가 되면 율법 아래에 있지 아니하리라

19. 육체의 일은 분명하니 곧 음행과 더러운 것과 호색과

20. 우상 숭배와 주술과 원수 맺는 것과 분쟁과 시기와 분냄과 당 짓는 것과 분열함과 이단과

21. 투기와 술 취함과 방탕함과 또 그와 같은 것들이라 전에 너희에게 경계한 것 같이 경계하노니 이런 일을 하는 자들은 하나님의 나라를 유업으로 받지 못할 것이요

22. 오직 성령의 열매는 사랑과 희락과 화평과 오래 참음과 자비와 양선과 충성과

23. 온유와 절제니 이같은 것을 금지할 법이 없느니라

24. 그리스도 예수의 사람들은 육체와 함께 그 정욕과 탐심을 십자가에 못

박았느니라

25. 만일 우리가 성령으로 살면 또한 성령으로 행할지니

26. 헛된 영광을 구하여 서로 노엽게 하거나 서로 투기하지 말지니라

갈라디아서 6장

1. 형제들아 사람이 만일 무슨 범죄한 일이 드러나거든 신령한 너희는 온유한 심령으로 그러한 자를 바로잡고 너 자신을 살펴보아 너도 시험을 받을까 두려워하라

2. 너희가 짐을 서로 지라 그리하여 그리스도의 법을 성취하라

3. 만일 누가 아무 것도 되지 못하고 된 줄로 생각하면 스스로 속임이라

4. 각각 자기의 일을 살피라 그리하면 자랑할 것이 자기에게는 있어도 남에게는 있지 아니하리니

5. 각각 자기의 짐을 질 것이라

6. 가르침을 받는 자는 말씀을 가르치는 자와 모든 좋은 것을 함께 하라

7. 스스로 속이지 말라 하나님은 업신여김을 받지 아니하시나니 사람이 무엇으로 심든지 그대로 거두리라

8. 자기의 육체를 위하여 심는 자는 육체로부터 썩어질 것을 거두고 성령을 위하여 심는 자는 성령으로부터 영생을 거두리라

9. 우리가 선을 행하되 낙심하지 말지니 포기하지 아니하면 때가 이르매 거두리라

10. 그러므로 우리는 기회 있는 대로 모든 이에게 착한 일을 하되 더욱 믿음의 가정들에게 할지니라

11. 내 손으로 너희에게 이렇게 큰 글자로 쓴 것을 보라

12. 무릇 육체의 모양을 내려 하는 자들이 억지로 너희에게 할례를 받게 함은 그들이 그리스도의 십자가로 말미암아 박해를 면하려 함뿐이라

13. 할례를 받은 그들이라도 스스로 율법은 지키지 아니하고 너희에게 할례

를 받게 하려 하는 것은 그들이 너희의 육체로 자랑하려 함이라

14. 그러나 내게는 우리 주 예수 그리스도의 십자가 외에 결코 자랑할 것이 없으니 그리스도로 말미암아 세상이 나를 대하여 십자가에 못 박히고 내가 또한 세상을 대하여 그러하니라

15. 할례나 무할례가 아무 것도 아니로되 오직 새로 지으심을 받는 것만이 중요하니라

16. 무릇 이 규례를 행하는 자에게와 하나님의 이스라엘에게 평강과 긍휼이 있을지어다

17. 이 후로는 누구든지 나를 괴롭게 하지 말라 내가 내 몸에 예수의 흔적을 지니고 있노라

18. 형제들아 우리 주 예수 그리스도의 은혜가 너희 심령에 있을지어다 아멘

《개역개정》

:: 색인

ㄴ

ㅇ

ㅈ

:: 참고도서

〔성경〕

- Amplified Bible
- Greek–English Bible
- New American Standard Bible(NASB)
- New International Version(NIV)
- 개역개정
- 개역한글
- 고영민. 『원문번역주석성경(신약)』 서울: 쿰란출판사, 2015.
- 공동번역
- 방경혁 역. 『제2의 성경 외경』 대구: 보문출판사, 1994.
- 표준새번역
- 현대인의 성경

〔도서〕

- Witherington III, Ben . The Paul Quest: The Renewed Search for The Jew of Tarsus. Downers Grove, IL: InterVarsity Press, 1998.
- D. A. 카슨(Carson). 『교회와 문화, 그 위태로운 관계』 김은홍 옮김. 서울: 국제제 자훈련원, 2013.
- Fisher, David. The 21st Century Pastor: A Vision Based on the Ministry of Paul. Grand Rapids, MI: Zondervan, 1996.
- Ferguson, Everett. Backgrounds of Early Christianity, 2nd ed. Grand Rapids, MI: B. Eerdmans Publishing Co., 1993.
- F. F. 브루스(Bruce). 『바울』 박문재 옮김. 서울: 크리스챤다이제스트, 1995.
- Herodotus. The Histories of Herodotus. Translated by A. D. Godley. MA: Harvard University Press, 1920.
- Benton, John. Christians in a PC World. Grand Rapids, MI: EP Books, 2013.
- Brown, Raymond E. An Introduction To The New Testament. New York, NY: Doubleday Publishing, 1997.
- McKnight, Scot. The NIV Application Commentary: Galatians. Grand Rapids, MI: Zondervan Publishing House, 1995.
- Buttler, Trent C. Ed. Holman Bible Dictionary. Nashville, TN: Holman Bible Publishers, 1991.
- 가이 워터스(Guy Waters) & 게리 존슨(Gary Johnson). 『칭의 교리에 대한 도전에 답하다』 권오성 옮김. 파주: 솔라피데출판사, 2012.
- 가이 프렌티스 워터스(Guy Prentiss Waters). 『바울에 관한 새 관점』 배종열 옮김. 서울: P&R Korea, 2012.
- 강성호. 『한국기독교 흑역사』 서울: 도서출판 짓다, 2016.
- 강인철. 『종속과 자율: 대한민국의 형성과 종교정치』 오산: 한신대학교출판부, 2013.
- 강항. 『간양록: 조선 선비 왜국 포로가 되다』 김찬순 옮김. 파주: 보리출판사, 2006.
- 강희남 외. 『환단고기에서 희망의 빛을 보다: 단군, 환단고기, 그리고 주체사관』 인천: 도서출판 말, 2022.

- 게리 길리(Gary Gilley). 『다른 복음을 전하는 교회들』 김세민 옮김. 서울: 부흥과 개혁사, 2011.
- 게하더스 보스(Geerhardus J. Vos). 『바울의 종말론』 박규태 옮김. 서울: 좋은씨 앗, 2016.
- 고경태 외. 『현대 칭의론 논쟁』 서울: CLC, 2017.
- 김근주, 배덕만, 변상욱, 김형원. 『권력과 맘몬에 물든 한국교회: 한국교회 보수화, 무엇이 문제인가?』 대전: 도서출판 대장간, 2016.
- 김세민. 『교리가 이끄는 삶: 경건과 개혁을 위한 기초교리 학습교재』 서울: 밴드 오브 퓨리탄스, 2012.
- ____. 『영한대역 제네바교회 요리문답』 서울: 한솜미디어, 2015.
- 김세윤. 『바울 신학과 새 관점』 정옥배 옮김. 서울: 두란노아카데미, 2002.
- 김영재. 『기독교 신앙고백: 사도신경에서 로잔협약까지』 수원: 영음사, 2011.
- 김의환 편역. 『한눈에 보는 대조 설명판 개혁주의 신앙고백』 서울: 대한예수교장 로회총회, 2013.
- 김재성. 『개혁주의 성령론』 서울: CLC, 2012.
- 김진호. 『권력과 교회』 파주: 창비, 2018.
- 김학모 편역. 『개혁주의 신앙고백』 서울: 부흥과개혁사, 2015.
- 김홍만. 『조선의 유토피아 십승지를 걷다』 서울: 믹스커피, 2019.
- 남민. 『52주 스터디 도르트신조』 서울:
- 데이비드 골래허(David L. Gollaher). 『할례, 포경수술, 성기훼손: 세계에서 가장 논쟁이 된 외과수술의 역사』 변기찬, 이정 옮김. 서울: 문화디자인, 2004.
- 도널드 거쓰리(Dornald Guthrie). 『신약개론』 나용화, 박영호 옮김. 서울: CLC, 1988.
- 독립개신교회 교육위원회 역. 『웨스트민스터 소요리문답』 서울: 성약출판사, 2011.
- 레이몬드 설버그(Raymond. F. Surburg) 김의원 옮김. 서울: CLC, 1984.
- 루시오 데 소우사 & 오카 미호코. 『대항해 시대의 일본인 노예』 신주현 옮김. 부산: 산지니, 2021.
- 마이클 셔머(Michael Shermer). 『왜 사람들은 이상한 것을 믿는가』 류운 옮김. 서울: 바다출판사, 2007.
- 마이클 호튼(Michael Horton). 『언약신학』 백금산 옮김. 서울: 부흥과개혁사, 2009.

- _____. 『그리스도 없는 기독교』 김성웅 옮김. 서울: 부흥과개혁사, 2011.
- 매튜 미드(Matthew Mead). 『유사 그리스도인』 김은홍 옮김. 서울: 지평서원, 2012.
- 맥스웰 밀러(J. Maxwell Miller) & 존 헤이스(John H. Hayes). 『고대 이스라엘 역사』 서울: 크리스챤다이제스트, 1998.
- 박석순 & 데이비드 크레이그. 『기후 종말론』 서울: 어문학사, 2023.
- 박석순. 『트럼프는 왜 기후협약을 탈퇴했나?: 미국의 새로운 기후에너지 정책』 서울: 세상바로보기, 2024.
- 백중현. 『대통령과 종교』 서울: 인물과사상사, 2014.
- 변순복 외. 『미쉬나 1–6』 고양: 하임, 2024.
- 성헌식. 『산서성의 지배자 고구리』 부천: 시민혁명 출판사, 2024.
- 손종태. 『팝 음악에 나타난 사탄의 활동』 서울: 크리스챤서적, 1995.
- 쉘튼 주니어(L. R. Shelton, Jr.) & 어네스트 리싱어(Ernest Reisinger). 『참복음과 거짓복음』 정태윤 옮김. 서울: 밴드 오브 퓨리탄스, 2009.
- 신채호. 『조선상고사』 김종성 옮김. 고양: 위즈덤하우스, 2020.
- 안인섭. 『칼빈, 하나님의 영광을 위한 열정의 사람』 서울: 익투스, 2015.
- 안토니오 그람시(Antonio Gramsi). 『옥중수고 1』 이상훈 옮김. 전주: 거름출판사, 1999.
- _____. 『옥중수고 2』 이상훈 옮김. 전주: 거름출판사, 1999.
- 알렌 카든(Allen Carden). 『청교도 정신: 17세기 미국 청교도들의 신앙과 생활』 박영호 옮김. 서울: CLC, 1993.
- 앨버트 몰러(R. Albert Mohler, Jr.). 『십계명』 김병하 옮김. 서울: 부흥과개혁사, 2011.
- 야곱 판 브럭헌(Jakob van Bruggen). 『목회서신들의 역사적 배열』 김병국 옮김. 서울: 도서출판 솔로몬, 1997.
- 에드워드 월러스틴(Edward Wallerstein). Circumcision: An American health fallacy. NY City:Springer Pub Co., 1980.
- 오순제. 『고구려는 어떻게 역사가 되었는가』 서울: 체륜서, 2019.
- 윌리엄 스트러더스(Wiliam M. Struthers). 『포르노그래피로부터의 자유』 황혜숙 옮김. 서울: 대성 Korea.com, 2011.
- 이광호. 『교회, 변화인가 변질인가』 서울: 세움북스, 2015.
- 이상웅. 『조나단 에드워즈 성령론』 서울: 부흥과개혁사, 2013.

- 이용훈. 『찐 삼국사: 고구려 본기』 부천: 시민혁명 출판사, 2023.
- 이창신. 『인류 혐오의 역사』 서울: 지식공감, 2022.
- 임덕규. 『개혁교회를 무너뜨리는 톰 라이트: 종교개혁 5대 솔라(sola)를 통한 비판』 서울: CLC, 2016.
- 장 지글러(Jeab Ziegler). 『왜 세계의 절반은 굶주리는가?』 유영미 옮김. 서울: 갈라파고스, 2016.
- 전광식 외. 『칼빈과 21세기』 서울: 부흥과개혁사, 2009.
- 제러미 블랙(Jeremy Black). 『거의 모든 전쟁의 역사』 유나영 옮김. 파주: 서해문집, 2022.
- 제임스 패커. 『청교도 사상』 박영호 옮김. 서울: CLC, 1992.
- 제자원 편. 『그랜드 종합주석』 15권. 서울: 성서교재간행사, 1995.
- 조셉 파이파(Joseph A. Pipa). 『웨스트민스터 신앙고백&교리문답 스터디북』 소을순 옮김. 서울: 부흥과개혁사, 2011.
- 조신권. 『문화 속의 기독교 세계관: 베어울프부터 초서까지』 서울: 아가페문화사, 2013.
- 조엘 비키(Joel R. Beeke) & 마크 존스(Mark Jones). 『청교도 신학의 모든 것』 김귀탁 옮김. 서울: 부흥과개혁사, 2015.
- _____. 『칼빈주의: 하나님의 영광을 위한 삶』 신호섭 옮김. 서울: 지평서원, 2008.
- 존 오웬(John Owen). 『그리스도의 죽으심: 택함 받은 자를 위한 대속의 은혜』 조계광 옮김. 서울: 생명의말씀사, 2014.
- _____. 『영의 생각, 육신의 생각』 서울: 청교도신앙사, 2011.
- _____. 『죄 죽임』 김귀탁 옮김. 서울: 부흥과개혁사, 2011.
- 존 칼빈(John Calvin). 『기독교강요: 상/중/하』 원광연 옮김. 고양: 크리스찬다이제스트, 2003.
- _____. 『성경주석: 고린도전서·갈라디아서』 김영진 발행. 서울: 성서교재간행사, 1995.
- 존 파이퍼(John Piper). 『나는 나를 구원할 수 없습니다: 존 파이퍼가 풀어 쓴 칼빈주의 5대 강령』 윤종석 옮김. 서울: 두란노, 2015.
- 존 플라벨(John Flavel). 『은혜의 방식』 서문강 옮김. 서울: 청교도신앙사, 2012.
- 최춘태. 『갑골음으로 잡는 식민사학·동북공정』 서울: 북랩, 2017.
- 칼 폴라니(Karl Polanyi). 『거대한 전환』 홍기빈 옮김. 서울: 도서출판 길, 2013.

- 클라렌스 바우만(Clarence Bouwman). 『벨직 신앙고백서 해설』 손정원 옮김. 서울: 솔로몬, 2016.
- 토마스 왓슨(Thomas Watson). 『예수님의 팔복해설』 라형택 옮김. 서울: CLC, 1990.
- 토머스 보스턴(Thoams Boston). 『인간 본성의 4중 상태』 스데반 황. 서울: 부흥과개혁사, 2016.
- 폴 존슨(Paul Johnson). 『기독교의 역사』 김주한 옮김. 서울: 포이에마, 2013.
- _____. 『유대인의 역사』 김한성 옮김. 서울: 포이에마, 2014.
- 프란시스 쉐퍼(Francis A. Schaeffer). 『프란시스 쉐퍼 전집: 기독교사회관』 김창영 펴냄. 서울: 생명의말씀사, 2010.
- 필립 그레이엄 라이큰(Philip Graham Ryken). 『돌판에 새긴 말씀: 십계명과 오늘날의 도덕적 위기』 안영미 옮김. 서울: P&R Korea, 2015.
- 필립 샤프(Philip Schaff). 『교회사전집1 사도적 기독교』 이길상 옮김. 서울: 크리스챤다이제스트, 2004.
- 행크 해너그라프(Hank Hanegraaff). 『빈야드와 신사도의 가짜 부흥 운동』 이선숙 옮김. 서울: 부흥과개혁사, 2010.
- 헤르만 헤세(Hermann Hesse). 『데미안』 전영애 옮김. 서울: 민음사, 2009.

〔기타 자료〕

- Science and the Bible(Chicago: Moody Press, 1978.), pp.243-244.
- KBS 9시 뉴스. "교황이 고여 왕에게 보낸 '친서' 발견"(2016. 10. 04.)
- 반도사관 https://www.jadam.kr/news/articleView.html?idxno=3778
- 바빌로니아 탈무드, Nidda https://www.halakhah.com/niddah/niddah_13.html
- Works of Jonathan Edwards. 22 vols. New Haven: Yale University Press, 1957-2003.
- 동아일보, 한국 찾은 노벨상 수상자 "정치적 목적으로 과학 악용하는 사람 있어" (2026년 6월 26일)
- 아더 핑크(Arthur Pink), "성탄절 관련 설교"(본문, 렘 10:1-3) https://www.apuritansmind.com/puritan-worship/christmas-and-the-regulative-principle/christmas-by-a-w-pink/
- 리폼드 투데이(Reformed Today), "메시아닉 쥬(Messianic Jews)는 크리스찬인가?"(2022. 05. 09.)
- https://www.reformedtoday.net/news/articleView.html?idxno=1288

감사의 글

지난 2024년 12월 3일 대통령의 비상계엄령 선포가 있기 약 1년 전부터, 그리고 갈라디아서를 강설하는 중에도 세계정세와 우리나라 시국과 관련해서 한반도 전쟁 가능성에 대한 언급을 종종 했었는데, 지나고 보니 정말로 일어날 뻔했다. 그러나 2025년 2월이 다가오는 현재까지 전쟁이 일어나지 않아서 먼저 하나님께 감사를 드린다. 이제 경제적으로 어렵고 정치적으로 혼란스러운 시국이 빨리 안정되기를 바라는 마음이다.

갈라디아서를 강설하는 동안 인내와 관심을 가지고 38주 동안 귀를 기울여 준 하늘마을장로교회 교우들에게 큰 감사의 마음을 전한다. 이 기간 인생에서 가장 슬프고 괴롭고 힘든 일을 겪은 교우들이 있었는데, 모두 믿음으로 이겨내고 일어서게 되어 격려와 감사의 마음을 전한다. 또한 어렵고 슬플 때 함께 짐을 짐으로써 '우리 주 예수 그리스도'의 사랑을 실천한(갈 6:2) 나머지 교우들에게도 감사의 마음을 전한다. 가족과 교우들이 아니었으면 하루하루 세상을 살아가기 힘든 '그 사람' 역시 고마운 존재다. 마땅히 스스로 져야 할 짐(갈 6:5)을 지지 못해 다른 사람들에게 크고 힘든 짐을 지도록 만들었지만, 나날이 회복되고 있어서 앞으로 더 강해질 것이라 믿는다.

최근 탈고의 기쁨을 누릴 즈음에 1년여 전 결혼한 큰딸 진실(사위 최홍서)로부터 임신 소식을 듣게 되었다. 기쁨을 준 두 사람에게 고맙고,

새 생명의 잉태를 선물로 주신 하나님께 감사를 드린다. 언제나 맡은 일에 최선을 다하는 큰아들 진아와 막내 진서도 고맙고, 항상 친구처럼 지난 몇 년 동안 많은 이야기를 나눈 최재규 선생님도 고마운 사람이다. 고통스럽고 절망적이었던 긴 어둠의 터널을 빠져나와 행복한 가정생활을 하는 최 선생님과 그의 가족에게 하나님의 은혜가 임하기를 기도한다. 끝으로 기둥처럼 변함없이 교회를 섬기고 이 책이 출간되도록 비용을 지원해 준 박형근 집사에게 특별히 고마운 마음을 전하고 이 책을 그에게 바친다.

저자 김세민

21세기 한국교회를 위한

갈라디아서 강설

초판 1쇄   2025년 2월 20일

지은이   김세민
발행인   김재홍
교정/교열   김혜린
디자인   박효은
마케팅   이연실

발행처   도서출판지식공감
등록번호   제2019-000164호
주소   서울특별시 영등포구 경인로82길 3-4 센터플러스 1117호(문래동1가)
전화   02-3141-2700
팩스   02-322-3089
홈페이지   www.bookdaum.com
이메일   jisikwon@naver.com

가격   20,000원
ISBN   979-11-5622-919-3 93230